武 汉 大 学 百 年 名 典
社 会 科 学 类 编 审 委 员 会

朱雷（1937—2021），浙江省海盐县人，生于上海，1955年考入武汉大学历史系本科，1959年考取史学大师唐长孺先生的研究生，1962年研究生毕业后留校任教。1988年获国家有突出贡献中青年专家称号。历任武汉大学中国三至九世纪研究所所长、教授、博士生导师，国务院学位委员会学科评议组成员、国家社科基金评审组成员、（美）罗杰伟唐研究基金会学术委员、中国唐史学会会长、中国史学会理事、中国敦煌吐鲁番学会理事、湖北省中国史学会副会长等职，又任浙江大学、天津师大、陕西师大、江西师大等校兼职教授、客座教授。毕生致力于魏晋南北朝隋唐史、敦煌吐鲁番文书整理与研究，是唐长孺教授主编的《吐鲁番出土文书》整理小组的主要参加者之一。发表论文《吐鲁番出土北凉赀簿考释》《敦煌两种写本〈燕子赋〉中所见唐代浮逃户处置的变化及其他》等数十篇，后结集为《敦煌吐鲁番文书论丛》，荣获第三届中国高校人文社会科学研究优秀成果奖二等奖。完成国家社科基金重点项目《海内外所藏吐鲁番文书的整理与研究》《敦煌吐鲁番出土文书补编》等重要课题。

武汉大学
百年名典

敦煌吐鲁番文书论丛

朱雷 著

武汉大学出版社

WUHAN UNIVERSITY PRESS

图书在版编目(CIP)数据

敦煌吐鲁番文书论丛/朱雷著.—武汉:武汉大学出版社,2023.12
武汉大学百年名典
ISBN 978-7-307-24093-3

Ⅰ.敦… Ⅱ.朱… Ⅲ.敦煌学—文书—研究—文集 Ⅳ.K870.64-53

中国国家版本馆 CIP 数据核字(2023)第 205662 号

责任编辑:黄河清　　　　责任校对:汪欣怡　　　　版式设计:马　佳

出版发行:**武汉大学出版社**　　(430072　武昌　珞珈山)
　　　　　　(电子邮箱:cbs22@ whu.edu.cn　网址:www.wdp.com.cn)
印刷:武汉中远印务有限公司
开本:720×1000　1/16　印张:28　字数:403 千字　插页:4
版次:2023 年 12 月第 1 版　　2023 年 12 月第 1 次印刷
ISBN 978-7-307-24093-3　　定价:158.00 元

《武汉大学百年名典》出版前言

百年武汉大学，走过的是学术传承、学术发展和学术创新的辉煌路程；世纪珞珈山水，承沐的是学者大师们学术风范、学术精神和学术风格的润泽。在武汉大学发展的不同年代，一批批著名学者和学术大师在这里辛勤耕耘，教书育人，著书立说。他们在学术上精品、上品纷呈，有的在继承传统中开创新论，有的集众家之说而独成一派，也有的学贯中西而独领风骚，还有的因顺应时代发展潮流而开学术学科先河。所有这些，构成了武汉大学百年学府最深厚、最深刻的学术底蕴。

武汉大学历年累积的学术精品、上品，不仅凸现了武汉大学"自强、弘毅、求是、拓新"的学术风格和学术风范，而且也丰富了武汉大学"自强、弘毅、求是、拓新"的学术气派和学术精神；不仅深刻反映了武汉大学有过的人文社会科学和自然科学的辉煌的学术成就，而且也从多方面映现了20世纪中国人文社会科学和自然科学发展的最具代表性的学术成就。高等学府，自当以学者为敬，以学术为尊，以学风为重；自当在尊重不同学术成就中增进学术繁荣，在包容不同学术观点中提升学术品质。为此，我们纵览武汉大学百年学术源流，取其上品，掬其精华，结集出版，是为《武汉大学百年名典》。

"根深叶茂，实大声洪。山高水长，流风甚美。"这是董必武同志1963年11月为武汉大学校庆题写的诗句，长期以来为武汉大学师生传颂。我们以此诗句为《武汉大学百年名典》的封面题词，实是希望武汉大学留存的那些泽被当时、惠及后人的学术精品、上品，能在现时代得到更为广泛的发扬和传承；实是希望《武汉大学百年名典》这一恢宏的出版工程，能为中华优秀文化的积累和当代中国学术的繁荣有所建树。

《武汉大学百年名典》编审委员会

出 版 说 明

朱雷先生的《敦煌吐鲁番文书论丛》曾于 2000 年由甘肃人民出版社出版，上海古籍出版社在此基础上有所增补，于 2012 年出版《朱雷敦煌吐鲁番文书论丛》。我社现根据 2012 年版，出版《敦煌吐鲁番文书论丛》，列入《武汉大学百年名典》丛书以资纪念。此次出版在力求保持全书原貌的前提下，对一些文字标点符号的明显错误做了订正。

武汉大学出版社

2023 年 10 月

目　　录

1

吐鲁番出土北凉赀簿考释

"赀"同"资",本意即是"资产"。按照资产多寡划分等第,据此以征发赋役等,是汉魏以迄于南北朝所通行的一种制度。居延出土汉简中,已见汉代算赀简。古楼兰故地所出残书信中,亦可见到西晋时期计赀制度的某些情况。吐鲁番出土十六国时期北凉赀簿残片的发现,为我们研究这一制度的演变以及北凉税制提供了宝贵的资料,同时为赀簿某些细节的进一步考释提供了若干新情况。目前国内已见到的北凉赀簿残卷,分藏于中国科学院图书馆及北京大学图书馆善本室,承有关方面大力支持,得以见到。今整理出来,提供大家研究。

中国科学院图书馆(以下简称科图)所藏有关计赀制度文书计三件,原件照片及部分录文首次发表在 1958 年上海人民出版社出版的贺昌群先生所著《汉唐间封建的国有土地制与均田制》一书中。此后,日本学者池田温、堀敏一分别在他们的著作中引用了此件。① 特别是池田温氏对此作了许多有价值的说明。但由于当时尚缺乏有关文书供对比研究,故在释文及问题的阐述上,都还存在着一些值得商榷的地方。今再次核对原件,并参照有关资料,重行释文,整理排比。

科图所藏共三件,均系两面书写,完残程度不一,出土情况不明。据记载,系购自"二孟斋",原出于新疆吐鲁番县胜金口。旧无整理编号,今暂分别定为科图(一)、(二)、(三)。

科图(一)较完整,纸宽约 12.25 厘米,由两片纸粘接而成。一

---

① 池田温:《〈西域文化研究第二敦煌吐鲁番社会经济资料(上)〉的批评与介绍》,《史学杂志》69 卷 8 号。堀敏一:《均田制の研究》,岩波书店 1975 年版。

面记冯照、康豪二户赀，今定为（a）面。二纸粘接缝揭开，前纸记冯照户赀，计12行，字呈蓝黑色。后纸已将前部剪去若干，剩字7行，再与前纸粘接成卷，故康豪户前一行"赀合二百六十三斛"8字粘压于前纸第12行"赀合二百五十七斛"之下。后纸7行，字均呈黑色。此粘接缝处背面押署"有慈"二字。又此纸末端背面亦见残存押署"有慈"二字之左半侧，当系原粘接之卷子脱落所致。两处押署字均呈蓝黑色。"有慈"二字当系造簿人名，为防作弊，凡粘接缝处背部均押署为记。① 另面书孝敬里齐都户赀，字呈黑色，今定为（b）面。该户赀合统计数右侧略压书于粘接缝上，且"赀"、"斛"二字右侧压书于粘接缝押署"有慈"二字之左侧。从（a）、（b）面笔迹辨识，（a）面虽二纸粘合，且墨色似不一，然出自一人手笔。（b）面则系另一人手笔。

科图（二）纸宽约12.3厘米，一面书阚衍等户赀，计残剩10行，字呈黑色，笔迹与前冯照等户同。今定为（a）面。另面书一阙名户赀，残剩7行，字呈黑色，笔迹与前孝敬里齐都户相同。今定为（b）面。

科图（三）系一锐角形之残片，一面残剩2行，字呈黑色，笔迹与前冯照、康豪、阚衍等户相同。今定为（a）面。另面残甚，不可辨识，今姑舍去。如上所述，可见此三件之（a）面，均出自一人之手笔。粘接缝背部押署虽或残，或被掩盖，但就笔锋观之，似仍出自前一人手笔。（b）面则出自另一人。

北京大学图书馆善本室所藏有关计赀文书共二件，过去宿白先生曾在其所编教材中作过部分简介，旧题为"晋人书西陲田赋残荝，新城王氏旧藏，吐鲁番出土"。据此知是清末曾在新疆为官多年的王树楠携至北京售与商人。二片旧无整理编号。其一原剪为鞋底样，保存较为完整。今暂定为北（大）图（一）。其一面书□预等户赀，有字17行。今定为（a）面。两侧纸边背部分别残剩押署"有慈"二字之左、右

---

① 从吐鲁番出土文书中可以看到，凡官文书粘接缝处背面均有造簿立籍者的签署，以防作弊。

侧。上述字均呈蓝黑色。观其笔迹及文书格式，与前科图（一）（a）冯照等户、科图（二）（a）阙衍等户均同。另面残剩冯法政、符震弘二户赀，有字 12 行，字呈黑色。今定为（b）面。其笔迹与前科图（一）（b）孝敬里齐都户相同。其二原剪成一鞋帮样，由四片残纸粘接而成。分别定为北（大）图（二）、（三）、（四）、（五）。北（大）图（二）一面记潘靖等户赀，残剩字 10 行，字呈黑色。细观其笔迹与上述诸件均微异，似是出自第三人之手。今定为（a）面。另面记隗㕖（氏）平等户赀，残剩 10 行，字呈黑色，有涂抹处，其笔迹则与前科图（一）（b）孝敬里齐都户、北（大）图（一）（b）冯法政等户相同。北（大）图（三）一面记一阙名户赀，残剩 5 行，字呈黑色，笔迹与前科图（一）（a）冯照等户、北（大）图（一）（a）□预等户相同。今定为（a）面。另面记韩登、韩昌二户赀，残剩 3 行，字呈黑色，其笔迹与前科图（一）（b）孝敬里齐都户、北（大）图（一）（b）冯法政等户相同。今定为（b）面。

北（大）图（四）一面记一阙名户赀，残剩字 3 行，字呈黑色，笔迹与前科图（一）（a）冯照等户、北（大）图（一）（a）□预等户、（三）（a）阙名户相同。今定为（a）面。另面亦记一阙名户赀，残剩 4 行，字呈黑色，笔迹与前科图（一）（b）孝敬里齐都户、北（大）图（一）（b）冯法政等户相同。今定为（b）面。

北（大）图（五）一面记一阙名户，残剩 3 行，字呈黑色，其笔迹与科图（一）（a）冯照等户、北（大）图（一）（a）□预等户相同。今定为（a）面。另面残剩 3 字，字呈黑色，字虽少，但笔迹仍与科图（一）（b）孝敬里齐都户、北（大）图（一）（b）冯法政、符震弘等户相同。

通过对科图及北（大）图所藏计赀文书的对比，我们可以判定，除北（大）图（二）（a）潘靖等户一面外，两处所有五件本来就是分属不同人先后所造的两份赀簿。（a）面书法工整，抄录格式谨严，粘接缝处背部均有押署，故应是首次所造正式计赀文书。（b）面书法较潦草，并有涂改处，抄录格式亦较紊乱，粘接缝处背部亦不见有押署。又上引北（大）图（二）其（a）面笔迹不同于其它件之（a）面，而其（b）面笔迹又同于其它件之（b）面，故知所有（b）面均系另一人造孝敬里

3

计赀文书时利用若干废弃之旧赀簿重新粘接成卷，作再次统计之草稿用。由此推之，科图三件亦很可能原来就是王树楠所得之一部分。现在把这五件文书加以整理，按字迹、墨色、赀合多寡等排列，附录于后，以供大家探讨。

关于这批文书的定名，北大所藏旧题跋称之为"田赋残荝"，贺昌群先生称之为"赀合"文书，池田温、堀敏一氏沿用了贺先生的定名。"荝"即契券，① 实与此毫不相关。"文书"则是一种泛称，非确切定名。根据刘宋大明年间羊希的建议，凡官吏及"百姓"，按规定占有山泽，"皆依定格，条上赀簿。"②表明刘宋时，计算赀产的文书就叫赀簿。而北（大）图（2）（a）潘靖等户计赀中，末处记：

赀合八十斛　薄（簿）后刖

与前引互证，此一文书的定名应为"赀簿"。

这几份赀簿本身残缺，又辗转收购，出土情况不明，但据有关记载，都提及出自吐鲁番。又赀簿中统计各户田、园，其上有的标明为"田地"者，应指该项田、园坐落在田地县。③ 而其余大部则未标明所在处，我们认为应即在造簿所在地。科图（一）（b）齐都户赀合末尾记：

——右孝敬里

表明乃是孝敬里所造赀簿。吐鲁番出土 63TAM1，西凉建初十四年韩渠妻随葬衣物疏内记有：

高昌郡高县都乡孝敬里民韩渠妻绝命早终

---

① 王先谦：《释名疏证补》卷六《释书契》第 19。
② 《宋书》卷五四《羊玄保附兄子希传》，中华书局 1974 年版，第 1537 页。
③ 田地县在唐为柳中县，今新疆维吾尔自治区鄯善县东南鲁克沁一带。

"高县"之"高"下当脱一"昌"字。可知凡（b）面均系高昌县都乡孝敬里所造该里赀簿之草稿。（a）面第一次所造正式赀簿目下虽不能断言即是孝敬里所造，亦必然是高昌县下某里所造。

在解决赀簿的定名及造簿地点后，更有必要进一步解决造簿时代问题。贺昌群先生说："据其字迹观察，当是北朝末至唐初之物。"[1]池田温氏说："大体是高昌末年时期之物。"[2]堀敏一氏说："这是在吐鲁番建国的高昌国的文书。"[3]池田、堀氏并用它来论证麴氏高昌时期租佃关系的发展。提法虽不尽同，但都倾向于是麴氏高昌时期所造。

如前所述，这几份赀簿出自三人手笔。但总观其书法风格却是一致的，都带有较浓厚的隶意，所谓"波磔"之味颇重。从书法史的角度来讲，正是处于隶书向真书演变的阶段，当属东晋十六国时期。北大所藏赀簿旧题跋称为"晋人书"的说法，当也是据书法判断。目前，我们已掌握了大量十六国时期、麴氏高昌到唐代中期的官、私文书，古籍及佛经抄本，大体上了解了高昌地区在上述三个不同历史时期书法风格的演变规律，可以看出赀簿的书法风格明显地不同于麴氏高昌和唐代。如果把它同吐鲁番出土的西凉建初七年妙法莲华经第一、北凉承玄二年妙法莲华经方便品、北凉太缘二年佛说首楞严三昧经下、北凉承平十五年佛说菩萨藏经第一等抄本相比较，即可看出不仅书法风格极为相似，且手抄本佛经中所通行的六朝别字及异体字，同样出现在赀簿中。诚然，书法风格的变化有其自身的独特规律，当时统治该地区的政权易姓频繁也不尽能引起书法风格的立刻变化，因此还必须从赀簿本身的内涵去考察，才能找到更为重要的依据。

---

① 贺昌群：《汉唐间封建的国有土地制与均田制》，上海人民出版社 1958年版，第 106 页。

② 池田温：《〈西域文化研究第二敦煌吐鲁番社会经济资料（上）〉的批评与介绍》，《史学杂志》69 卷 8 号。

③ 堀敏一：《均田制の研究》，岩波书店 1975 年版。

赀簿内多处提到田地县，史称前凉张骏于东晋成帝咸和二年（327）"置高昌郡，立田地县"，[①] 田地之名始见于此时。又赀簿内关于"石田"的记载，为数颇多，据史书所记，前凉张骏推行治理"石田"。[②] 赀簿内大量"石田"的出现，疑与此有关。以上说明赀簿成立时代的上限，不能早于张骏时则是毫无疑问的了。

我们还看到赀簿内关于田的类别记载，除"常田"、"潢田"、"卤田"外，还有众多的"石田"、"无他田"、"沙车田"。这种类别划分制度，必然是依据当时当地生产特点与民间习俗而定的。但其中除"常田"、"潢田"之外，其余诸如"石田"、"沙车田"、"无他田"等，均不见于麴氏高昌及唐代文书中。反之，麴氏高昌及唐代所习见的"部田"以及"薄田"亦不见于赀簿中。"石田"等类到后代的消失，当然只是名称的消失，随着生产的发展，以及民间习俗的相应改变，从而引起制度名称的改变，"石田"之类或许已分别归纳入"部田"或"薄田"之中了。这种习俗与制度名称的差异，正反映了时代的不同，表明赀簿并非麴氏高昌到唐代之物。

赀簿的(a)面第一次所造正式赀簿及粘接缝背部押署如前所述，有不少字墨色呈蓝黑，大约在书写过程中渗用了某种蓝色颜料，这正是吐鲁番所出土十六国文书中的一个特点。目前吐鲁番出土文书中，有16份蓝色（或蓝黑色）书写的官、私文书，其中标明为西凉、北凉年号的官文书就占9件之多，这种现象在大量麴氏高昌到唐代的文书中，则属罕见的。根据这些特点，我们推断造此赀簿的时代必在麴氏高昌以前，当属十六国时期据有吐鲁番盆地的某个小王朝。

十六国时期统治过吐鲁番盆地的小王朝颇多，根据文献及出土文书可知自前凉张氏于太清十四年（376）亡后，相继占有该地区的有前秦苻氏、后凉吕氏、西凉李氏、北凉段业及沮渠氏，以及自立为高昌太守的阚爽。除前凉外，统治吐鲁番盆地较长的为西凉及北凉。赀簿造作时代究属上述哪一小王朝，推断虽有困难，但究非毫无蛛丝马迹

---

① 徐坚：《初学记》卷八引顾野王《舆地志》。
② 《魏书》卷九九《张寔附子骏传》，中华书局1974年版，第2194页。

可寻。

赀簿中，北(大)图(三)(a)记：

> 出郡上卤田二亩 ☐☐☐

又见北(大)图(一)(b)记：

> 田地郡下卤田廿二亩

前者"郡上"之"郡"未标郡名，据前考，应指高昌郡。赀簿中田地之名多见，据前考，应指田地县。那么此处"田地郡"应作何解？史载麴嘉之子，一为交河公，一为田地公，[①] 麴氏高昌时期墓志中，亦见有田地郡之名，而此前不见文献记载。本件既记有田地郡，似乎时代要推后，但麴氏高昌时有田地郡，并不能认为此时始置田地郡。

在沮渠无讳进入高昌前，据有此地的阚爽只自称"高昌太守"，可知自东晋咸和二年至此时，吐鲁番盆地只置高昌一郡。但直到阚爽，高昌是北凉所属的一个郡，而沮渠无讳进入高昌后情况不同了，据《北凉承平三年(445)沮渠安周造寺碑》，本年他已称凉王，[②] 凉王的位号下只有一个郡是不太相称的。史籍记载，沮渠无讳先在敦煌，为北魏所逼，他先命弟安周率5000人西伐鄯善，继又率万余家弃敦煌西就安周。[③] 后又率众由鄯善进入高昌，这时虽由于战争和"渡流沙，士卒渴死者大半"，[④] 估计到达高昌的人数仍然很多。到了承平六年(448)，安周又和柔然合兵攻占车师前部王城。[⑤] 凉王领域内人口激增，疆土扩大，增设郡县也就是意中之事了。因此，我们认为田

---

① 《周书》卷五〇《高昌传》，中华书局1971年版，第914页。
② 王树楠：《新疆访古录》。
③ 参阅《宋书》卷九八《氐胡传》，第2417页。
④ 《魏书》卷九九《沮渠传》，第2210页。
⑤ 参阅《魏书》卷三〇《车伊洛传》，第723页。

地、交河二郡均在承平年间设置，田地似更设置在前。麹氏高昌只是沿沮渠氏之旧而已。

又北(大)图(一)(b)中，有一侯遥，此名又见于哈拉和卓 96 号墓所出"仓吏侯遥启"中，很可能同是一人。该墓已据新博考定，断为北凉时期墓葬。①

根据上、下纸边保存较完整的科图(一)、(二)两件宽度实测，分别为 12.25 厘米至 12.3 厘米左右。今以标明北凉年号纸校之，其纸宽实测得大约在 24.3 厘米至 24.8 厘米之间。② 表明赀簿乃用齐腰裁为两段的纸书写，粘接成卷。作为正式官文书却如此节省，不仅不见于麹氏高昌及唐代，在十六国文书中亦仅此一见。原因或许是北凉孤据吐鲁番盆地后本地造纸产量有限，而外地来源也因北魏占领整个河西走廊后而日益枯竭。

根据以上分析，我们有理由认为这几份赀簿很可能就是北凉残余政权承平年间(443—460)所造。

这几份赀簿虽然残缺，又乏文献可征引，但仍然能从中窥见若干当时计赀制度的主要内容和公文程式的特点。计赀的统计以里为单位，按户计算。首标人名，其下记录各色田、园若干，赀合若干，其形制与居延所出算赀简相似，③ 由此可见其承袭关系。冯照一户内又记有冯兴、冯洴二人田、园各若干，当是反映合户共籍异财现象的存在。④ 阚衍等户赀簿内记：

道人知逢常田七亩赀廿一斛寄(寄)赀

则应是知逢因故将田寄托某人代理，故一面须将此项田产数记入所寄

①　新疆博物馆：《吐鲁番哈拉和卓古墓群发掘报告》，《文物》1978 年 6 月。
②　原纸存新疆博物馆。
③　劳幹：《居延汉简》所载侯长礼忠算赀简。
④　这种情况直到唐代还存在，将在另文中论及。

户赀合总数内，同时又注明是"寄赀"，以明产权归属。

关于"寄赀"之名，最早见于古楼兰所出西晋残书信中：

> 乃当下赀讫及露车一乘，与沙麻巨写平议，与李叔平使寄，约当使无他，今得故月廿日书，车皆当自著□，为当取还何如……秋瓜不欲上著赀，当取更寄之，今县□□□尔在府下，与今防设督邮覆行，沙麻□□□有讳错，当作何计？①

这里表明物主不欲自"著赀"时，则"寄"于他人名下，并因之付出一定代价，将所"寄"之露车供受寄户使用。从信中云政府规定"车皆当自著赀"以及"寄"后又怕官府查出，担心"有讳错"，可以看出国家是限制"寄"赀的。我们认为这种现象的出现，是因西晋户调的征收，系采用计赀方式。《晋书·食货志》云："每户纳绢三匹，绵三斤。"但在具体征收时，则"书为公赋，九品相通"。② 即按赀产多寡，分为九等来征收。故人户往往采取分散财产的办法，以降低等第，减少交纳的户调。被寄之户之所以接受"寄"赀，当应有某种特权，可以荫蔽，并因受寄而获得某些好处，否则不会愿意接受寄赀而增加自己的户调负担。政府之所以禁止，而以"督邮覆行"，则是防止通过寄赀方式逃避户调等的征收，而造成国家赋税收入的减少。

此处赀簿中出现的道人知逴"寄赀"，已公开写进簿书之中的现象，显然是合乎当时法令的，其原因或与上述情况有关，或因故不能自理而托寄他人，故在簿书中注明"寄赀"。

赀簿中所反映的计赀对象，看来是包括各色类别的田、园。我们知道汉代的计赀除土地外，还包括房屋、奴婢、牲口、车辆等，当时南朝的宋、齐至少还包括房屋、桑树。我们还不了解十六国时期北方是否存在过这种只计土地的计赀办法，也还弄不清当时除了这种计算

---

① AUGUST CONRADY：DIE CHINESISCHEN HANDSCHRIFTEN-UNDSONSTIGEN KLEINFUNDE SVEN HEDINS IN LOU-LAN P. 81.

② 徐坚：《初学记》卷二七《宝器部·绢》第九引《晋故事》。

土地的赀簿外，是否另有以房屋、奴婢、牲口、车辆等合赀的赀簿。推测起来应该还有，我们从上引古楼兰所出文书中，看到"车"已是著赀的，而且上自汉代，旁及南朝无不计及土地以外的赀产。

按赀簿所记，当时把田分为"常田"、"卤田"、"潢田"、"石田"、"无他田"、"沙车田"等几个主要类型，并构成计赀的不同等级，正如池田温所指出："将田地面积按一定比率换算为赀额。"这种划分必以土质、水源诸条件，以及由此所决定的产量为依据。目前限于资料，同时对该地区农业发展的历史缺乏了解，要正确解释这些类型土地的等级、赀额均有困难。此处据有关资料及池田温氏的考证略作解释。

"常田"，过去仅据唐西州户籍中永业田一项的脚注，有云是"常田"，故推断"常田"即"永业田"。① 其实旧出西州籍中早已有以"部田"、"潢田"充永业的记载。② 永业田是唐代均田制中相对于"口分田"的专名，而"常田"则是指某种等级的土地。也有同志据"常"字解释为恒常可耕，无需轮休的土地。今检麹氏高昌到唐代的租佃契约，凡佃"常田"租纳实物者，皆分夏、秋两季交纳。虽然租额有差别，但都规定夏到五月交大麦，秋至十月交床或粟，表明这类土地一岁可种两造。而凡是佃"部田"租纳实物者，只交一季租，表明一岁只可种一造。据《北史·高昌传》记："厥土良沃，谷麦一岁再熟。"当即是指此"常田"而言。故从赀簿中看到"常田"计赀最高，一亩三斛。

"潢田"，"潢"字本意指蓄水之小塘，是一种灌溉用水利设施。③ 故张平子《南都赋》云："朝云不兴，而潢潦独臻，决渫则暵，为溉为

① 参见贺昌群：《汉唐间封建的国有土地制与均田制》，上海人民出版社1958年版。

② 中国科学院历史研究所资料室编：《敦煌资料》第1辑，户籍类引 S6090《柳中县户籍残卷》，中华书局 1961 年版。按定名有误，实为西州高昌县户籍残卷。

③ 《十三经注疏》之《左传正义》，左隐三年条注引服虔曰。释玄应：《一切经音义》卷一五、一七《阿毗昙婆沙论》第 8 卷引《说文》，丛书集成本。

陆。"①马雍同志在考释吐鲁番出土麹氏高昌时所立"宁朔将军麹斌造寺碑"时，曾据对"潢"字的考释，从而断定"潢田""应当指靠潢水灌溉的田"。② 现引有关"潢田"记载如下：

壹段叁亩潢田　城东卅里柳中县魏略渠　东废寺　西至渠南至荒　北至渠

壹段壹亩潢田　城东卅里柳中县　东至渠　西康义才　南至渠　北曹龙达

壹段壹亩半潢田　城东卅里柳中县杜渠　东安君善　西安善南至荒　北康海龙③

一、三两则注明此二段潢田分属柳中县的魏略及杜渠灌溉系统，且一则所记潢田有西、北二至邻渠，二则一段潢田虽未标明属何渠灌溉系统，但四至中，有东、南二至邻渠。此三段潢田共计5.5亩，都不与"潢"相邻，又明指靠渠水灌溉，这种绝非偶然的现象，正表明"潢田"之得名，并非近潢，依靠潢水灌溉。麹斌造寺碑中所见"寺下潢田"四至记载，与马雍同志据碑文所记绘制的"设想图"也未能明显证实这块"潢田"与"潢"相邻。那么"潢田"的确切含义就有必要重作解释了。

"潢"或作"湟"。《夏小正》云："湟潦生苹，湟下处也，有湟然后有潦，有潦而后有苹草。"④可见"潢"字本意包含有"下处"之意。因而那些由于地势低洼，又近渠潢，或平时由于渠、潢水的渗透，或在行水浇灌之时易于造成水浸渍现象的土地被称为潢田⑤。高昌地区主要种麦、床、粟之类旱地作物，而水浸渍则影响作物生长，故其产

① 《昭明文选》卷四。
② 马雍：《麹斌造寺碑所反映的高昌土地问题》，《文物》1976年第12期。
③ 本件出自吐鲁番，编号为72TAM189：14，存新疆博物馆，尚未公开发表。
④ 《大戴礼记·夏小正》第47，七月条。
⑤ 承程喜霖同志见告，今河南息县尚将水浸渍的低洼地称为"潢田"。

量必低于"常田"。在出土唐代文书中，我们看到有关"常田"与"潢田"比价材料二则：

一段壹亩捌拾步^{潢田折}_{常田} [   ]①
大女张买是一段贰亩^{潢田折}_{壹□} [   ]②

根据第一则，第二则阙字可补全，应是"（贰亩）潢田折 常 田壹 亩 "。此虽是唐制，但仍可见潢田必次于常田。这种差别的造成必非水源之不同，而是由各自产量所决定。根据赀簿的记载，潢田每亩计赀二斛。

"石田"，此名古已有之。《左传》记伍子胥语："得志于齐，犹获石田也，无所用之。"隋末祖君彦为李密檄炀帝文云："石田得而无堪，鸡肋啖而何用。"③这里"石田"是作为无用之代词。又见屠本《十六国春秋》记董景道语："吾在方山中，草木可以庇风雨，石田可以见饘粥。"④此处所云则是一种低产田。史载前凉张骏曾在境内推行治理"石田"，当时参军索孚持异议，云："今欲徙石为田，运土殖谷，计所损用，亩盈百石，所收不过三石而已。"⑤这里所议，当指前凉境内之事。高昌"地多石碛"，⑥ 随着人口增多，生产发展，势必要进行改造"石碛"——戈壁滩的生产活动。据索孚所说石田的治理一是"徙石"，二是"运土"，有类于今日改造戈壁滩的某些做法，但费工，

---

① 西域文化研究会：《敦煌吐鲁番社会经济资料》（上），图版18，大谷2826号，日本京都法藏馆1959年版。
② 西域文化研究会：《敦煌吐鲁番社会经济资料》（上），图版29，大谷1237号。
③ 《十三经注疏》之《左传正义》卷五八，哀公十一年条。
④ 案此条不见于汤球所辑《十六国春秋》，亦不见于《晋书》本传，检《太平御览》亦未见此条。惟见于屠本，明人所见古书，亦较后世为多，此条亦必有所本。
⑤ 《魏书》卷九九《张寔附子骏传》，第2194—2195页。
⑥ 《魏书》卷一〇一《高昌传》，第2243页。

收获亦不高，故赀簿所记，每亩二斛。

"无他田"，"无"字贺昌群先生及池田、堀二氏均释作"其"，实误。吐鲁番所出六朝人写经中，"無"字皆作"无"。"他"字本作"它"，亦作"佗"。后汉光武帝诏隗嚣云："若束手自诣，父子相见，保无佗也。"①前所引楼兰所出残书信中所云将车给与所寄赀之人使用的条件是"当使无他"。故"无他"即无灾祸，损害之意。因而"无他田"从字面上讲可释作无有灾害的田，其等级似应与"常田"相当。据池田温氏考证，每亩计赀三斛。但它与常田应有何种区别？又见赀簿记有"无他渠（渠）田"，"无他潢田"，应作何种解释？限于资料，目前尚难贸然推论。

"沙车田"，此类不见于史书记载，但据赀簿所记，凡"沙车田"上，皆冠以"田地"二字，可见此类田不见于高昌县，惟田地县有之。田地县东南为大砂碛，唐之大沙海即是。② 可能这类田即是沙碛边沿地带开发出的。据池田温氏考证，每亩计赀二斛。

"卤田"，当即盐碱地。据池田温氏考证每亩亦计赀二斛。

计赀对象中另一大类则是经营多年生的种植园，包括葡萄、枣、桑之类。高昌地区盛产葡萄、桑、枣已见于古籍及出土文书，赀簿中所见，亦是按亩计赀。但具体数字，不见记载，池田温氏的推算，桑、葡萄、枣每亩计赀亦是三斛。今据赀簿所记，尚可补证枣、桑的计赀材料。见于赀簿中冯照户内记：

> 田地枯枣五亩，破为石田，亩二斛

可见枯枣一亩犹计赀二斛，则枣之计赀必高于石田。又看阚衍户内记：

> 田地枣十三亩半　三斛

---

① 《后汉书》卷一三《隗嚣传》，中华书局 1965 年版，第 530 页。
② 《鸣沙石室佚书》之《西州图经》。

13

又似指枣一亩计赀三斛而言。又□预户内记：

> 得冯坓(之)桑一亩半 赀五斛

若以亩数除计赀数，则商数小数点后是一循环数，故当是因某种情况，不按照规定计赀，有所变通。但结合池田温氏考证，并据此推测，很可能桑每亩亦计赀三斛。

这种计赀方法与南朝显然不同。刘宋时人周朗说："乃令桑长一尺，围以为价。"① 萧子良说，南齐之制是"围桑"，"以准赀课"，② 表明刘宋、南齐均是随着桑树的生长而增加赀额，本件的特点则是按亩折成一固定数。

分类是为计赀提供依据，因此赀簿内要详记何色田、园。北(大)图(二)(a)所记"新开田半亩种桑"，即是指明这块新开的田作桑园，按此类别计赀。同号赀簿内所记"空地一亩一斛"，则有强制耕作，杜绝空荒，增加计赀收入之意。

在计赀过程中还有若干变通的特殊规定，也是值得注意的。如科图(二)(b)所记：

> 赀合二百廿一斛五斗
> 　八十九斛□□□除
> 其
> 　百卅□□□

该户赀合达二百余斛，当然是个地主。"除"即"复除"。顾宪之说南齐"凡有赀者，多是士人复除"。③ 由是推断该户很可能就是享有"复

---

① 《宋书》卷八二《周朗传》，中华书局1972年版，第2094页。
② 《南齐书》卷四〇《萧子良传》，中华书局1972年版，第696页。
③ 《南齐书》卷四六《陆慧晓附顾宪之传》，中华书局1972年版，第808页。

除"特权的"士人"，从而表明当时的北凉统治者规定了某些地主享受"复除"特权。

计赀对象是田、园，为确保实行计赀制度的关键则是准确掌握各户田、园产权的转移动态。当户内出卖了土地，要注明何色田、园若干亩入何人，而买进户内则必须注明得何人何色田、园若干。赀簿中，阚衍户内记载常田"七亩入冯泮"，则冯照户内记"得阚衍常田七亩"。又韩登户内记"出桑一亩入韩昌"，其后韩昌户内记"得韩登桑一亩"。① 其余各户因残缺过甚，未能一一核对，但此二件土地产权转移记录已足以表明计赀制度的关键所在。一户内所有土地的变化，该户"赀合"总额亦随之变化。北（大）图（二）（b）所记：

宋通息桑二亩入张得成
　　赀尽

表明宋通息仅有的二亩桑已"入"张得成户，故无赀可计。

关于赀簿中"出"、"入"及"得"的记载频繁出现，池田及堀二氏已作了详尽的说明，② 在这里试图作另种解释的尝试。根据前面考查计赀制度的实质及特点，即根据人户赀产多寡而定，产权转移，随之计赀额亦发生变化，因此上述的现象只能说明当时土地买卖、兼并盛行。故可将"出"、"入"解为"出卖"和"以入"，将"得"解为"买得"。赀簿中的这种记载，正是为了掌握产权的转移情况，

① 按韩登户名已阙，但据内容所记，可补韩登户名。
② 池田温：《〈西域文化研究第二敦煌吐鲁番社会经济资料（上）〉的批评与介绍》；堀敏一：《均田制の研究》。池田氏认为是"相互间的租佃关系"，所以一方面算入现实耕作者，即得者的赀额，又要附书于出者的名的原因。大约所有权还保留在出者手中之故。堀氏发挥了这一见解并来论证麹氏高昌时期租佃关系的发展。但所见麹氏高昌时期，凡义和、重光年号以前租佃契中皆规定田主所应负之义务，皆云"赀租百役，仰田主了"，确又表明即使在租佃关系下，计赀仍据产权属田主，而向田主征收，与佃人无关。

以保证税收。以里为单位的各户计赀完毕后，结尾先书"扣竟"，次书"校竟"。应是赀簿完毕的公文程式。"扣"与"叩"同音通用。《史记·伯夷列传》云："叩马而谏。"《左传》襄公十八年条云："太子与郭荣扣马。"可见二字古代通用。《论语》子罕云："我叩其两端而竭焉。"故此处"扣竟"也即询问，调查各户赀产，"条上赀簿"的手续已完毕之意。"校"本指校对，"校竟"即查对完毕。我们还看到北凉时期写经的最后亦写上"校竟"二字。① 经过最后这道手续，赀簿也就制定出来了。

尽管北凉或稍后时期赀簿只有此件，又乏文献可引征，但从上我们可以看到当时实行着一套严密的计赀制度，它上承汉晋，而与南朝又有相异之处。计赀既然是按各户财产征收赋税，似乎多少体现了一些平等，但在封建社会内，阶级的对抗使这种"平等"没有任何实际意义。首先，我们看到赀簿中所反映的是总的赀额偏低。如常田，一年两造，一亩计赀只三斛。但在租佃契中，虽是麴氏高昌时期，若交实物，还须两季共交麦、床（或粟）达十斛之多。又如石田，据索孚所说每亩"所收不过三石"。索孚反对治石田，故极言其弊，必不会夸大石田产量，但计赀亦只每亩二斛。其次，我们看到好田与坏田的比较，好田又相对较次田计赀为低。如上所引常田、石田材料，无疑是常田相对于石田计赀偏低。而这两点都是有利于那些占有土地面积大、土质好的地主阶级的。我们还看到赀簿中有"复除"的记载，某些享受特权的地主还可据此逃避计赀征税。因而尽管实行计赀制度，但沉重的封建剥削还是落在贫苦农民的身上。

新博多年在吐鲁番地区的考古工作，收获颇大，并正在整理的过程中，其间颇不乏有关北凉计赀制度的文书。在这里殷切希望能早日出版，以使这一问题的研究得以在深度和广度上展开。

最后，我应当向宿白教授和北大图书馆善本书室同志殷切致谢，没有他们的帮助，本文是不可能写出来的。

---

① 《书道全集》3，北凉承平十五年，《佛说菩萨藏经第一》。

附录：

北凉承平年间（443—460）？
高昌郡高昌县赀簿

一、□预等户赀簿

［一］

（前缺）

1 苜（苜）宿（蓿）四亩空地一亩半□□□□

2 赀合二百廿八斛 五 □

3 □预蒲陶十亩半破三亩 半 □□□□

4 桑八亩半　常田十六亩□□□□

5 无他田五亩

6 田地桑一亩空地二亩入田地□□□□

7 得冯善姣（爱）蒲陶二亩常□□□□

8 桑一亩半入张蕖奴

9 田地桑一亩半枣一亩半空□□□□

10 得道人頠（愿）道常田五亩半以四亩□□□□

11 得吴连卤田十亩

12 得冯屮（之）桑田一亩半赀五斛

13 得贯得奴田地卤田三亩半

14 田地沙车田五亩

15 无他涞（渠）田五亩

16 得齐浡卤田十一亩

17 赀合二百五十七斛①

[北(大)图(一)(a)]

[二]

1 冯照蒲陶二亩半　桑二亩

2 常田十亩半

3 无他田十五亩

4 田地枯枣五亩破为石田亩二斛

5 兴蒲陶二亩半桑二亩

6 常田十八亩半　无他田七亩

7 泮桑二亩半

8 得张阿典(兴)蒲陶二亩半

9 得阚衍常田七亩

10 得韩千哉田地沙车田五亩

11 得张绪无他田四亩半甽(瓜)二亩半

12 赀合二百五十七斛

13 赀合二百六十三斛②

14 康豪得田地辛冲蒲陶五亩

15 得韩豊田地蒲陶五亩

16 枣十亩　得牛纤常田五亩

17 得阚桃保田地桑六亩入韩豊

18 得阚荣典田地常田五亩半

19 得阚戬田地桑半亩蒲陶一亩卤田十亩入

20 ＿＿＿＿＿｜贾｜□

(后缺)

[科图(一)(a)]

---

① 此17行及背两侧粘接缝押署字迹均呈蓝黑色。

② 此行8字原粘压于前一行下，此处粘接缝背部押署"有慈"二字，又此行前12行及背部押署字迹均呈蓝黑色，余字迹呈黑色。

[三]

（前缺）

1 次常□□□□□

2 得范周□□□□□

3 得画猗奴□□□□□

4 田地沙车田□□□□□

5 道人知逢常田七亩赀廿一斛寄（寄）赀

6 赀合二百卅三斛五斗

7 阚衍　桑四亩

8 常十七亩　七亩入冯泮

9 卤田十八亩半亩地枣十三亩半三斛

10 蒲陶□□□□亩二斛

（后缺）

[科图（二）（a）]

[四]

（前缺）

1 □□□□无 他 田

2 □□□□无他田四亩

（后缺）

[科图（三）（a）]

[五]

（前缺）

1 □□□□常田六亩半

2 □□□□入赵显

3 □□□□亩

（后缺）

[北（大）图（五）（a）]

[六]

（前缺）

1 蒲陶五亩半　桑廿亩

2 常田十四亩半　无他潢田十二亩

3 无他田五亩

（后缺）

[北（大）图（四）（a）]

[七]

（前缺）

1 出郡上卤田二亩

2 出蒲陶二亩入黄良

3 出桑四亩入黄良

4 出常田七亩入黄良

5 入黄良

（后缺）

[北（大）图（三）（a）]

二、潘靖等户赀簿

（前缺）

1 卤田廿一亩

2 田地枣六亩半蒲陶六亩半

3 空地一亩一斛

4 新开田半亩种桑

5 赀合二百一

6 潘靖常田六亩

7 桑三亩卤

8 得道人昙普桑二亩半

9 赀合八十斛薄①后别

———————

① 薄，即"簿"字。

10 ☐☐☐☐六亩　蒲陶五亩半

（后缺）

［北（大）图（二）（a）］

三、孝敬里冯法政等户赀簿

［一］

（前缺）

1…☐有☐…………☐慈☐①……

2 ☐冯☐法政　常田四亩

3 赀合十二斛

4 ☐符☐震弘常田七亩半

5 石田九亩　蒲陶三亩☐半☐

6 田地桑二亩　田地常田卅☐亩☐

7 田地郡下卤田廿二亩

8 得廉頵（愿）田地桑二亩

9 得田地道人僧威常田②☐☐☐☐

10 ☐得☐王煭（整）田地桑一亩空地☐☐☐☐

11 ☐张慈桑一亩半

12…☐有☐…………☐慈☐……

［北（大）图（一）（b）］

［二］

（前缺）

1 ☐☐☐☐桑一亩半

2 得沙车庤石田半亩

---

① 此纸首尾端押署字呈蓝黑色。

② "田"字下残剩字非"二"即"三"。

3 赀合廿八斛

4 隗卪(氏)平桑二亩入 ☐☐

5 庚暹桑二亩 ☐☐

6 出枣两亩半入史 ☐☐

7 ☒ 赀合廿斛

8 宋？通息桑二亩入张得成

9 赀尽

10 ☐☐ 得 ☒ 道人惠并常田二亩半入张

(后缺)

[北(大)图(二)(b)]

[三]

(前缺)

1 出桑一亩入韩昌①

2 赀合廿六斛

韩 昌 得 韩 登 桑 一 亩

(后缺)

[北(大)图(三)(b)]

[四]

(前缺)

1☐ 合 ☐☐

2 ☐☐ 桑三亩半

3 ☐☐ 田三亩

4☐ 合 廿 ② 斛

(后缺)

[北(大)图(四)(b)]

[五]

① 按韩登户名已阙，但据内容所记，可补韩登名。
② 此字残，非"廿"即"卅"。据户内所记推算，疑为"廿"字。

（前缺）

1 ☐☐☐☐桑四亩

（后缺）

[北（大）图（五）（b）]

[六]

（前缺）

1 得吕 ☐☐☐ 田 一 亩 半

2 出卤田四亩入田地道人惠政

3 出卤田四亩入宋居

4 赀合二百廿一斛五斗

八十九 斛 ☐☐☐ 除

5 其

百卅 ☐☐

[科图（二）（b）]

[七]

（前缺）

1 齐都卤田八亩半常田七亩

2 枣七亩石田三亩桑二亩半

3 得吴并卤田四亩半

4 …赀有…合…八…十…斛慈①

5 ——右孝敬里

6 扣　　竟

7 校　　竟

8 有……慈……

[科图（一）（b）]

（原载《武汉大学学报》（哲学社会科学版）1980 年第 4 期）

---

① 此行"赀"、"斛"二字右侧压书于"有"、"慈"二字左侧上。

吐鲁番出土文书中所见的北凉
"按赀配生马"制度

    新疆吐鲁番地区文管所于 1979 年发掘阿斯塔那古墓葬区时，获得不少十六国时期的官、私文书。其中主要是北凉的文书，多为以前历次发掘所未见者。这批文书具有重要的史料价值，为研究北凉政权的赋役制度、水利管理制度等问题，提供了重要的文字资料。

    这批文书中，有一件辞，内容为：

> 缘禾六年二月廿日阚连兴辞：所具赀马，前取给虏使。使至赤尖，马于彼不还。
> 辞邌(达)，隋请(?)给贾(价)。谨辞。
> 誎

辞中所押署之"誎"，又见于《吐鲁番出土文书》第一册所收哈拉和卓91 号墓文书中的北凉某年《兵曹行罚幢校文书》①、北凉《建□(平)某年兵曹下高昌横截田地三县符为发骑守海事》②、北凉建平某年《兵曹条次往守海人名文书》③，故上引之"缘禾"，必为北凉所行用之年号无疑。辞中阚连兴诉说"所具赀马"被"虏使"乘骑到"赤尖"，

---

    ① 本件纪年残，但文中押衔之"校曹主簿嘉"，又见于同墓所出"北凉义和三年兵曹条知治幢墼文书"中押衔"典军主簿嘉"，故本件当作于北凉某年。"誎"在此件中为"主簿"。

    ② "誎"在此件中为"校曹主簿"。

    ③ 本件纪年残，"誎"在本件中亦为"校曹主簿"。本件之"兵曹掾赵若"亦见于上件中。又两件皆云田地守海事。故本件当亦作于北凉之建平某年。

没有还给他，故而向官府申请"给贾"（价）"。辞中提到"赀马"一词，在与之同时出土的北凉《缘禾五年民杜犊辞》中也有关于"赀"、"马"、"马头"等的记载。马与"赀"相联，合称"赀马"，此当与北凉的计赀制度有关。关于北凉的土地等级分类计赀制度前已作过探讨，① 本文试对"赀马"问题略加讨论。

新疆博物馆的同志已将吐鲁番哈拉和卓 91 号墓确定为北凉时期墓葬。② 该墓共出 44 件文书，除一件有西凉建初四年纪年外，其余据年号、押衔题名或有关内容，知皆为北凉王朝时物。其中一件纪年有脱损的文书记载：

1 建□□□□到六月□□□
2 煎苏藕亡马鞍荐（鞯），至今不得。
3 □张有赀六斛，配生马。去年五月廿九日买马□（中缺）
4 赀一斛，次八月内买马并赁马都扣赀□
5 二月，马谷草一皆不得。
6 赵士有赀六斛，配生马，去八月内买马贾（价）并
（后缺）

本件整理者在第 1 行"建□"二字下注云："'建'下一字模糊，似是'平'字。"③承李征、马雍二同志协助多次查对文书原件，证实为"平"字无疑。在吐鲁番出土文书中，"建平"年号已屡见，有记五年、六年的。今据考，"建平"系北凉沮渠牧犍于永（承）和五年或六年所改。牧犍又外奉魏之"正朔"，用"缘禾"年号。牧犍为北魏所灭之后，

① 《吐鲁番出土北凉赀簿考释》，《武汉大学学报》（哲学社会科学版）1980年第 4 期。

② 《吐鲁番哈拉和卓古墓群发掘简报》，《文物》1978 年第 6 期。下文中所引该墓出土文书参见《吐鲁番出土文书》第 1 册，文书之编号系整理者所加，后同。

③ 《吐鲁番出土文书》第 1 册，文物出版社 1981 年版，第 157 页注。

沮渠无讳等退据敦煌，并一度降魏，受其封号。此时阚爽在高昌地区自立为太守，沿用牧犍时之"缘禾"，故这批出土文中有"缘禾"十年的纪年。后沮渠无讳、安周等又叛北魏，取高昌，赶走了阚爽，公元443年无讳称凉王，建元承平。从无讳等取高昌到称凉王改元承平这段时间内，所用年号应是沮渠牧犍的"建平"，不会继续沿用"缘禾"。

这件文簿中记"□张有赀六斛，配生马"，"赵士有赀六斛，配生马"。据这二则，其第四行"赀一斛"下当脱漏"配生马"三字。以上记载表明北凉施行计赀制度的目的之一，就是按照赀的多寡"配生马"。引文中最高赀合数不过六斛，大约相当于常田或是桑、枣、葡萄园二亩，或是沙车田、石田等三亩的赀合数。而仅有赀一斛的户，他所有的田就更少了。另外，我们还看到同墓所出《刘□明启》中记：

> 刘、晁合赀具□□□□
> 马头，岁岁从伯□□□□①

看来还有两户"合赀"配养的现象。大约这两户贫穷，每人户下合赀额尚不到一斛，故需两户合赀"配生马"。既是两户合养，应有一人负责，这一人大约就称为"马头"。

根据《缘禾五年杜犊辞》所记，杜"有赀七十八斛"，宋相明"有赀十六斛"，二人之"有赀"也都与马相联。杜犊的赀合达78斛，相当于常田26亩的赀合数，在高昌地区应是个中、小地主。杜犊"自为马头"，而宋相明所"配生马"，则属于杜犊这个"马头"管理，这大约是宋相明有赀数低于杜犊之故。

关于"配生马"的含义，或释"生马"为"未调驯过的马"。但据前引文书，皆云按赀配，而非按有无驯马技能配，故这种解释未必恰当。"生"字本义有养育之意，② 在这里应释为北凉政权根据"赀簿"

① 《吐鲁番出土文书》第1册，文物出版社1981年版，第152页。
② 按《史记》卷七五《孟尝君列传》云："其母窃举生之。"司马贞《索隐》云："生谓长养之也。"

所计赀合数配养马匹。前引建平某年文书即应是《按赀配生马帐》。北凉《缘禾六年阚连兴辞》中"赀马"的含义，即应是按照阚连兴之赀合数所配生马。"赀马"是将官马按赀配给各户养，还是由被配户自备，不见于史籍记载，出土文书中的记载也含糊不清。根据哈拉和卓91号墓出土的《冯渊上主将启为马死不能更买事》所记：

> 2 马，马去春中恶死。渊私理□□□□□
> 3 贫穷，加□有折，□□能更
> 4 买，坐□阅马 逋 □□□□□
> 5 当往□芳守……

按第 3 行"能"字上缺文，据前后文意，必为一"不"字。据此可知，冯渊所配"赀马"死去，因家境贫穷，"不能更买"。此处用"更买"，表明所"配生马"是要各户出钱自买的，所以马死后还要出钱"更买"。

从前引建平某年《按赀配生马帐》中，也可看到与买马有关的记载。前面已推知该文书第 4 行的"赀一斛"下脱"配生马"三字。这份文书也记载了何时"买马"及"马价"等，反映了由各户自己置备马匹的情况。所以前引《缘禾六年阚连兴辞》中，阚因其"赀马"被"虏使"骑走未还而向政府投辞，请求偿还"马价"。如果阚的"赀马"是政府的，其投辞不过是说明情况，或是请求再配给，而无请求"给价"的理由了。

根据文书记载，不仅马匹，就连鞍鞯也须由各户自备，《按赀配生马帐》第 2 行记：

> 煎苏藕亡马鞍荐(鞯)，至今不得。

这里固然是讲鞍鞯的丢失，但与"配生马"联系起来，可知鞍鞯亦由各户自备。若再结合第 4 行所记，该户只有赀一斛，不过折合半亩石田的赀合数，"配生马"后，已在"次八月内买"，紧接着写的"赁马"

不应再指马匹，而应是指马具之类，是为书写时脱落了"鞍鞯"二字。该户鞍鞯是赁的，可能是因为买不起。

马和鞍鞯备齐后，还要备足饲料，这同样是一个沉重负担。同上文书中记载："二月，马谷草一皆不得。"从前引《刘□明启》中，我们还看到两户"合赍"配养马时，因一方拿不出马谷草而发生争执的记载。

北凉官府还定期检查配养情况，若发现没有养好马，马死后未立即补上，即以"阅马逋"的罪名加以处罚。上引《冯渊启》中，冯诉因马死"不能更买"，"坐阅马逋"，"当往□（白）芳守"。与《冯渊启》同墓所出《坐阅马逋谪守白芳文书》中，记载有"五人坐阅马逋，有谪白芳"。① 由此可知，"阅马逋"是有关按赍配马制度的一种违法罪名，犯有这种罪名的，罚往白芳城去戍守。至于戍守的期限，出土文书中未见记载。根据哈拉和卓 91 号墓所出北凉《兵曹掾张预条往守白芳人名文书一》所记：

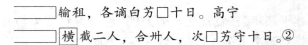

> ＿＿＿＿＿＿输租，各谪白芳□十日。高宁
> ＿＿＿＿＿＿横截二人，合卅人，次□芳守十日。②

应是高宁、横截等县的这些人输租不时，故受到谪守白芳的处罚，期限为 10 日。因"阅马逋"而谪守白芳的，或许也是"十日"，或与此数相距不大。受处罚后，所"配生马"大概仍须补上。

"白芳"，即《北史·高昌传》中的"白棘"，"芳"字亦应当读作"棘"。③ 史籍中往往写作"白力"、"白刀"，并误。据考，"白芳"在今新疆吐鲁番地区鄯善县东南之辟展，④ 为北凉的军事要塞。

---

① 《吐鲁番出土文书》第 1 册，文物出版社 1981 年版，第 151 页。
② 《吐鲁番出土文书》第 1 册，文物出版社 1981 年版，第 142 页。
③ "芳"应作"棘"，见《资治通鉴》卷二四九，唐宣宗大中十二年正月至交趾条胡注。
④ 参见冯承钧：《高昌城镇与唐代蒲昌》，《西域南海史地考证论著汇辑》，中华书局 1957 年版。

北凉政府按赀配养的马匹用途何在？通过出土文书的整理，我们看到的几乎都是供军队乘骑。北凉《建平某年兵曹下高昌横截田地三县符为发骑守海事》载：

> 2 隤杜福、帛午、任□三人乘所配马。田□（地）
>
> 3 三骑，通身合七骑，次往海守十日，以休领。

"隤"，应是北凉时期的军事编制，此见《北凉玄始十二年兵曹牒》。① 所指可能是骑兵，但步兵在行军时，也有乘骑马匹的记载。在一件《无马人名籍》中记载 17 名无马人姓名，其中的令狐玩、孙澹、孙佛狗、张保、张保受等 5 人，② 就列在《细射、步稍等兵人名籍》中的 10 名"步稍"内，③ 足证他们原来是步兵，大约因军情紧急，也发给马匹以供乘骑。根据前引《缘禾六年阚连兴辞》所记，配养的马匹也有供作"驿乘"之用的，辞中所记的"虏使"，应是柔然使臣，他出使至高昌郡，北凉政府即将赀马供他乘骑。

由于马匹分散在各户饲养，所以分配乘骑时，皆书××乘××马，如哈拉和卓 91 号墓所出《分配乘马文书》记：

> 1 _____车末都乘虎威马，冯奇乘阚
>
> 2 _____凌江马。思头幕乘□□马。启健
>
> 3 _____乘赵司马马。唤屯□□司马马。
>
> 4 阿览提、□□□二人乘官马，左□乘张预马。④

这里的记载，正反映了北凉的配乘制度，还表明了如"虎威"、"凌江"这类杂号将军及"司马"这类官吏亦同一般地主、农民，均按赀配

---

① 《吐鲁番出土文书》第 1 册，文物出版社 1981 年版，第 64 页。

② 《吐鲁番出土文书》第 1 册，文物出版社 1981 年版，第 173 页。

③ 《吐鲁番出土文书》第 1 册，文物出版社 1981 年版，第 172 页。

④ 《吐鲁番出土文书》第 1 册，文物出版社 1981 年版，第 149 页。

养马匹。

根据现有的资料，我们知道北凉计赀之后，按此配养马匹，至于是否还按赀征收什么，以及配养马匹数与赀额的关系等问题目前还不清楚。同时，是北凉境内部分地区按户配养马，还是所有地区皆如此，也不清楚。

按赀配养马制度，不见于北魏及东晋南朝。只有在高昌地区，根据吐鲁番出土的麹氏高昌王朝文书，可以看到直至麹朝，依旧在一定程度上承袭着这套独具地方特色的制度。

（原载《文物》1983 年第 1 期）

出土石刻及文书中北凉沮渠氏
不见于史籍的年号

　　十六国时期史料缺乏，许多疑难问题往往因考古发掘之收获而得以解决。但出土资料本身又因缺乏可征之文献印证，又提出了若干新问题。本文探讨的"承阳"、"建平"两年号之归属，即是此类。

一

　　建国前，甘肃省酒泉有"承阳二年马德惠塔"出土，史岩、王毅等先生曾著文研究。① 该塔有如下之题款：

　　　　承阳二年岁在[丙]寅次于鹑火十月五日马德惠于酒泉西城
　　　立为父母报恩

今遍检史籍，历代建元中未见有"承阳"年号，此处为首见。
　　据史、王二位先生介绍，酒泉先后出土类似纪年石塔还有：
　　北凉承玄元年(428)高善穆塔
　　北凉承玄二年(429)田弘塔
　　北凉缘禾三年(434)白双且塔
　　北凉太缘二年(436)程段儿塔
以上四塔及马德惠塔，据王毅先生所考，皆出土于酒泉旧城老南门一

---

　　① 史岩：《酒泉文殊山的石窟寺院遗迹》，《文物参考资料》1956年第7期。王毅：《北凉石塔》，《文物资料丛刊》1977年第1期。

带，地名俗称石佛寺湾子。据此推知，这一地区在北凉时期必为宗教活动之中心。据高、田、白、程四塔题款纪年，知是北凉沮渠蒙逊及沮渠牧犍父子统治时期所造。① 为我们进一步考察马塔承阳纪年归属，提供了线索。

高、田、白、程四塔的顶部及底座已逸失，从现存塔身的雕刻手法、布局及内容看，有许多相似之处：龛内多刻有坐姿或交脚相的佛像；经文及发愿文的书体为具有六朝风格的隶书，经文文字虽略有差异，但同属于某经之一段；线刻的"天人"像侧多刻有"八卦"符号，反映了某一特定时代的造塔风格。而马德惠塔上所据的经文、字体及雕刻风格，据宿白先生的研究都与前四塔类似。石塔本身，史、王、宿诸位先生已有研究，本文仅就诸塔镌刻经文所据译本，以及当时当地佛教流派诸问题，进行考察，以判断马德惠塔的纪年问题。

王毅先生认为，这五塔所刻经文与敦煌文研所所藏婆罗谜文与汉文合书经文及千佛洞南老君堂出土之石塔的经文，"文字虽有差异，但它是一篇经文的前后部分。该佛经系东晋时罽宾三藏瞿昙僧伽提婆所译的《增一阿含经》之卷第四十二、结禁品第四十六。"向达先生曾将婆罗谜文与汉文合书经文拓本寄印度，经戈哈理考定，是《缘起经》的一段残文。戈哈理并据婆罗谜文书体，断定其时代为公元 5 世纪后半期。② 德人勒柯克从吐鲁番窃去的"宋庆及妻张氏所造塔"，不仅形制与前数塔相同，而且所刻经文亦同。经文前并有题铭云："佛说十二因缘经。"③诸塔所刻经文，虽略有文字差异，但基本相同，而与僧伽提婆译本《增一阿含经》"结禁品第四十六"经文相比较，则有颇大出入。这些方面，王毅先生已作过排比研究，以下仅择关键

① 有关"缘禾"、"太缘"纪年，参见《吐鲁番出土文书》第 1 册阿斯塔那 62 号文书；又参见前引史岩先生文。

② 觉明居士：《记敦煌出六朝婆罗谜字因缘经经幢残石》，《现代佛学》1963 年第 1 期。戈哈理：《敦煌所出婆罗谜字石刻（拓本）之研究》，《现代佛学》1963 年第 1 期。

③ A. von Le Coq: Chotsche Facsimile-Wiedergaben der wichtigeren Funde der ersten königlich preussischen Expedition nach Turfan in Ost-Turkestan, Tafel 60。

之"十二因缘"，略作比较：

<table>
<tr><td>石塔所刻经文</td><td>僧伽提婆本经文</td></tr>
<tr><td>更乐缘爱，爱缘痛，</td><td>更乐缘痛，痛缘爱，</td></tr>
<tr><td>痛缘受，受缘有，有</td><td>爱缘受，受缘有。</td></tr>
<tr><td>缘生，生缘死。</td><td></td></tr>
<tr><td>六入尽更乐尽，更乐</td><td>六入尽更乐痛尽，</td></tr>
<tr><td>尽爱尽，爱尽痛尽，</td><td>更乐痛尽爱尽，爱尽</td></tr>
<tr><td>痛尽受尽，受尽有尽，</td><td>受尽，受尽有尽，有</td></tr>
<tr><td>有尽生尽，生尽</td><td>尽死尽。</td></tr>
<tr><td>死尽。①</td><td></td></tr>
</table>

显而易见，二者颇有相异之处。

中土之有《增一阿含经》，据释道安所云：

> 有外国沙门昙摩难提者……以秦建元二十年来诣长安……武威太守赵文业求令出焉，佛念译传，昙嵩笔受，岁在甲申夏出，至来年春乃讫。为四十一卷，分为上、下部。②

"甲申"之来年，即前秦建元二十一年（385）。此经后又经僧伽提婆修正，③ 而修正本"与难提本小异"。④ 昙摩难提本今已不存，未知二本之"小异"何在？但以石塔本经文与今存提婆修正本相对照，不仅文有异处（如石塔本两段作"爱"，提婆本皆作"痛"；石塔本两段作

---

① 石刻诸塔经文略有数字不同，但无碍于全文，故不一一注出相异处，详见前引文。

② 《大正藏》之《出三藏记集》卷九第九。《大正藏》结字一《出三藏记集》录上卷第二，新集经论录第一；又同书第一三，昙摩难提传，"赵文业"作"赵政"。

③ 《大正藏》：《高僧传》卷一《僧伽提婆传》；又参见吕徵《新编汉文大藏经目录》阿含部，05570。

④ 《大正藏》：费长房《历代三宝记》第七，《增一阿含经》50 卷。

"痛"，提婆本则皆作"爱"。），而且以此两段而言，提婆本皆较石塔本有脱漏之处，如提婆本前段脱"有缘生，生缘死"二句，后段则又少"有尽生尽，生尽死尽"二句，故疑石刻所本未必就是僧伽提婆修正本。

据前引吐鲁番所出宋庆夫妇所造塔，题云《佛说十二因缘经》，与难提及提婆本经名皆不同。按西晋之竺法护译有《十二因缘经》一卷，后误作吴支谦译，题改为《贝多树下思惟十二因缘经》。① 把它与石塔刻经对校，亦有出入。据记载，尤精阿毗昙学的安世高亦曾译有《十二因缘经》一部。② 惜已失传。释道宣《大唐内典录》云：《增一阿含经》自"东晋前秦建元年前后，别译二十六部，在文出设，与义全同"。因此，石塔所刻经文未必本于僧伽提婆译本。这别译之 26 部今多已失传，不敢妄断石塔刻经究属何种译本。这里仅须指出，石塔刻经所据应是同一译本，说明了它们的作塔时代亦应相当。

同时，诸塔均刻《十二因缘经》中有关"十二因缘"之章节，与当时佛教流派亦有关系。东晋十六国时期，"江南盛弘成实，河北遍尚毗昙。"③ 北方重"毗昙"，则"小乘禅法"得到相应的发展。后秦弘始三年（401），鸠摩罗什曾编译《禅要》三卷，"讲究对治"，"视学者的具体情况而有所偏重……痴重的人，应修习'十二因缘'"。④ 诸石塔所刻，均是《十二因缘》，亦表明当时河西走廊直到高昌佛教小乘流派盛行，重视"禅法"，尤重修习《十二因缘》以治"痴"。从而也表明这些石塔是在同一宗教流派思潮指导下，在同一时期，集中在一地区内建造的。

马塔既与北凉沮渠蒙逊父子统治时期所建高、田、白、陈诸塔同属一个时期，那么，马塔所记干支"丙寅"，亦应距此四塔干支不远，

① 《大正藏》之《出三藏记集》卷二；又参见吕徵《新编汉文大藏经目录》阿含部，0631。

② 《大正藏》之《出三藏记集》卷二。

③ 《大正藏》：唐·湛然《法华玄义释集》卷二。

④ 吕徵：《中国佛学源流略讲》，中华书局 1979 年版，第 75 页。

今试列表如下：

    高塔：承玄元年戊辰岁　428 年

    田塔：承玄二年己巳岁　429 年

    白塔：缘禾三年甲戌岁　434 年

    程塔：太缘二年丙子岁　436 年

丙子以下最近一"丙寅"，为北魏太和十年（486）。其时，北魏已统治河西走廊，故在酒泉地区必不会公然出现一"僭伪"年号并镌刻在石塔上。故此"承阳"丙寅岁必非此时。又，距戊辰岁以上最近之一"丙寅"，是公元 426 年，其时北凉沮渠氏尚割据酒泉地区。据史籍记载，北凉于 412 年壬子岁建元为玄始，则 426 年之丙寅应是玄始十五年。但据吐鲁番出土文书以及其他地区出土石刻，结合文献资料，得知北凉不仅有自己年号，而且还往往奉行着一个强大王国、皇朝的年号，今列表如下：

公元	干支	史籍所记北凉年号	出土文书中所见北凉行用的年号	出土石刻所见北凉行用的年号
422	壬戌	玄始十一年	玄始十一年	
423	癸亥	十二年	十二年	
424	甲子	十三年	真兴六年	
425	乙丑	十四年	七年①	
426	丙寅	十五年		
427	丁卯	十六年		
428	戊辰	承玄元年		承玄元年
429	己巳	二年		承玄二年②

---

    ① 《吐鲁番出土文书》第 1 册，哈拉和卓 96 号墓有真兴六、七年文书；又哈拉和卓 91 号墓有真兴七年文书。

    ② 此后北凉尚奉行北魏正朔，因与此无关，故不列入。

由表中可见，北凉在玄始十二年后，至少在两年内奉行了赫连勃勃的夏真兴年号。

公元417年，赫连勃勃攻下长安后，还统万城，"以宫殿大成，于是赦其境内，又改元曰真兴，刻石都南，颂其功德……名其南门曰朝宋门，东门曰招魏门，西门曰服凉门，北门曰平朔门"。① 大有一统天下之势，故自云："朕方一统天下，君临万邦，宜名新城曰统万。"②这时，正是夏赫连勃勃鼎盛时期。

北凉虽于421年灭了西凉李氏，但在此后与西秦乞伏氏的战争中却节节失利。玄始十一年（422）五涧一战，西秦乞伏炽磐之征北将军木弈干大败北凉军，虏北凉建节将军沮渠苟生，斩首二千。③ 玄始十三年（424），乞伏炽磐"攻河西白草岭、临松郡，皆没，执蒙逊从弟成都，从子曰蹄、颇罗等而去"。④ 北凉不仅败于西秦，还受到北方柔然的进攻。玄始十二年（423），柔然寇河西，沮渠蒙逊世子正德轻骑进战，兵败被杀。⑤

因此，处在北方柔然及南方西秦威胁下的北凉，也就臣属于夏，奉其"正朔"，以得其庇护。所以在出土文书中，我们见到北凉行用了真兴的年号。大约始于玄始十三年，即真兴六年。赫连勃勃卒于真兴七年（425），子赫连昌继位。⑥ 次年（426）西秦王乞伏炽磐伐北凉，"遣太子暮末等步骑三万攻西安，不克，又攻番禾。河西王蒙逊发兵御之，且遣使说夏主，使乘虚袭枹罕，夏主遣征南大将军呼卢古将骑二万攻苑川，军骑大将军韦伐将骑三万攻南安。炽磐闻之，引归……

---

① 《晋书》卷一三〇《赫连勃勃载记》，第3210—3212页。
② 《资治通鉴》卷一一六，晋安帝义熙九年条。
③ 《资治通鉴》卷一一九，宋武帝永初二年条。
④ 《宋书·大且渠蒙逊传》，第2415页。又，《资治通鉴》将此事分系于三处：卷一一九，宋武帝永初三年条云"禽沮渠成都"；卷二五〇，宋文帝元嘉元年条云"攻河西白草岭、临松郡，皆破之。"同卷元嘉二年条云擒沮渠白蹄事。
⑤ 《宋书·大且渠蒙逊传》，第2414页。
⑥ 《晋书·赫连勃勃载记》。

韦伐攻拔(西秦之)南安,获秦秦州刺史翟爽、南安太守李亮"。① 见赫连昌继位后,北凉继续依靠夏,以对付西秦的威胁。那么,此时之北凉当一如既往,奉行夏之"正朔"。

真兴七年乙丑岁八月,赫连勃勃死,子赫连昌继位,改元承光,② 次年丙寅岁应为承光二年。马塔干支适为丙寅,但纪年为"承阳二年",与"承光"有一字不合,二者必有一误。一般说来,文献资料屡经传抄翻刻,容易产生错误。出土石刻及文书,系当时人所写所镌,应较可信,尤其年号,不应有误;但年份、岁星纪年,甚或干支,则可能产生错误。如马塔之岁星纪年,误"析木"为"鹑火"。故疑史籍所记"承光"为"承阳"之误。

此外,还有另一种可能,即"承光"本不误,是北凉用韵同义近"阳"字代替了"光"字。故将"承光"写作"承阳"。后之沮渠牧犍在奉行北魏之"延和"、"太延"年号时,承用此法,改作"缘禾"、"太缘",白、程二塔纪年即是其例。

428年3月,赫连昌被北魏所擒,③ 赫连定继位,改元胜光。④此时夏之势力已衰,北魏兴起,故北凉不再奉行夏之年号。就在赫连昌被北魏俘虏后,北凉即改元"承玄",⑤ "承玄"不仅见于史籍记载,亦见于高、田二塔题款,即是明证。

二

《吐鲁番出土文书》第一册中,署明"建平"年号的官、私文书

① 《资治通鉴》卷一二○,宋文帝元嘉三年条。
② 《资治通鉴》卷一二○,宋文帝元嘉二年八月条。《太平御览》、《册府元龟》误作"永光"。
③ 《魏书》卷四(上)《世祖纪》,《太平御览》卷一二七夏赫连昌条引崔鸿《十六国春秋》。
④ 《资治通鉴》卷一二一,宋文帝元嘉五年条,又《册府元龟》误"胜光"作"服光"。《太平御览》卷一二七赫连定条引崔鸿《十六国春秋》亦作"胜光"。
⑤ 《册府元龟》卷二一九,僭伪部年号门北凉沮渠蒙逊条。

计有：

建[平]某年按赀配生马簿①
建平五年祠□马受属
建平六年张世容随葬衣物疏

此外，建国前北平亦曾发现过一份"建平六年田地县召"，今藏北京中国历史博物馆。这里表明"建平"这一年号，在高昌地区至少行用过五、六两年。

自西汉哀帝以来，建元称"建平"者为数不少，此处无须一一考释。关于"建平六年田地县召"，史称前凉张骏于东晋成帝咸和二年（327）"置高昌郡，立田地县"。② 故此处之"建平"必后于咸和。又据史籍记载，东晋咸和二年之后行用"建平"年号的尚有后赵石勒，于咸和五年（330）九月改"太和"为"建平"，然仅行用四年。③ 张骏曾称臣于石勒，④ 故有可能奉石氏正朔，而行用"建平"年号。石勒死，子石泓继位，改元延熙。⑤ 或许高昌地僻，未悉改元之事，故继续行用"建平"年号，直至六年。但通过以下对文书的考释，否定了这种可能。

石勒之后，相继有后燕、西燕亦曾建元"建平"，然皆不过一年左右。南燕之"建平"虽行用6年之久，但南燕建国于海滨，与西陲之北凉并无往来，南燕之"建平"当然也不会行于高昌地区。至于刘宋宗室刘义宣、北魏时的白亚栗斯、宗室元瑜的"建平"年号，多仅数月，皆可排除在外。

最早提出建平年号的归属问题，是署名为"退翁"者，他在《北凉

① 本件"建"下一字模糊不清，后经马雍及李征同志鉴定，确为"平"字无疑。
② 徐坚：《初学记》卷八，陇右道第6田地县条注引顾野王《舆地记》。
③《晋书》卷一〇五《石勒载记下》，中华书局1974年版，第2746页。
④《晋书·成帝纪》，咸和五年十二月条。《晋书·张轨附骏传》。
⑤《晋书·石勒附石泓载记》，第2754页。

文状》一文中对"建平六年田地县召"进行考释,云:"建平当在永和之后,承平之前。""宋文帝以沮渠无讳仍督三州诸军事、凉州刺史、河西王。""建平乃其纪元耶。"①退翁虽然没有举出任何根据,或许仅据书法而言,但其论断不为无见。

《建[平]某年按赏配生马簿》中所见的"配生马"的制度,当与北凉计赏制度有关。但我们不能肯定只有北凉在高昌地区施行过计赏制度,也不能仅据与计赏一事有关而断定"建平"必属北凉。

我们看到这件文书正面写作"兵曹下八幢符为屯兵值夜守水事",纪年虽已残缺,但文书结尾的僚佐押衔确可在若干北凉时期文书中找到。如"录事参军 悦"、"典军 嘉"、"五官 浮"、"兵曹掾 张预"、"史 左法彊"等,均可在《吐鲁番出土文书》第一册所收确有北凉纪年的《北凉义和三年兵曹条知治幢墼文书》、《约北凉义和口年兵曹行罚部隤五人文书》中见到。其中,除个别人押衔有变动外,其余数人皆未变动,从而表明这件符应是北凉义和某年所下。据此,可以断定背面二次书写的"建平"这一年号不得早于北凉之义和。

另一件《建平五年祠口马受属》文书,其正面作为第一次书写的是《北凉玄始十一年马受条呈》。此二件之马受,应是一人。他在玄始十一年时任酒吏,为酒的支出作了这一条呈。到建平五年,改任祠口,又利用该纸背面二次书写,记载有关役使人事。故建平当晚于玄始,并在义和之后。

北凉亡于承平十八年(460),距玄始十一年(422)相去38年。假如断定"建平"是北凉亡后盘踞高昌的某个小王国的年号。那么38年后至少还要加上5年,假如马受到43年之后,仍然健在,并任"祠口",但一份昔时废旧文书竟在马受手中保存40多年以后,再次在背面书写,则是难以想象的。因此,我认为,建平不得晚于承平。

如果我们将北凉沮渠氏自建元玄始以后各个纪年进行排比,就会发现一个有趣的现象,今分三组对比如下:

一组 玄始——承玄

---

① 《艺林月刊》53期。此条承中国历史博物馆孔祥星同志见告。

二组　义和——承和①

三组　　　——承平

前两组后排年号首字均为"承"字，第二字均取前排年号中一字（第一字或第二字），唯第三组仅见"承"字同上组后排，后一"平"字则无所承袭。如果按照前二组的规律，把"建平"这一年号置于承平之前，即可组成新的排比如下：

第三组　建平——承平

就与前两组的情况相符合了。

根据以上考定，就为北凉行用的年号中加上了一个"建平"。《吐鲁番出土文书》第一册中所收《建□某年兵曹下高昌、横截、田地三县符为发骑守海事》，纪年残缺，过去仅据文书结尾僚佐押衔，断定该件为北凉时期文书，现在却可以据以上考证，于"建"下补一"平"字，从而新增一份建平年号的文书。

为了进一步判断"建平"这一年号的起讫，现据北凉官文书的押署，列出下表（见下页）：

此 10 件文书多数纪年尚存，其中第五件纪年已缺，从军府、郡府僚属押衔署名看，与第四、第六两件大多相同。又，其背面为"北凉义和某年员崇辞"，足证其必为义和年间文书。又，第七件纪年亦残，据押衔署名与第五、第六两件亦有多处相符，故知第七件亦当在义和年间。该件背面二次书写的，即是《建平某年按赏配生马簿》。第八件，据前补定为建平某年文书，据残剩郡府官吏押衔署名，多同于前数件北凉义和年间文书。如"五官　浼"同于前数件，"主簿悦"在义和年间则是"功曹史"。

根据以上分析，我们还可以从《吐鲁番出土文书》第一册中，找到一件纪年虽已缺，但据结尾押署，可断为建平时期的文书。《兵曹条次往守海人名》文书中的"校曹主簿訣"，"兵曹掾　赵苕"，均见于下表所列第八件建平某年文书中，可知亦属建平年间。

---

① 北凉"永和"为"承和"之误，见陈垣《中国佛教史籍概要》卷二高僧传条；又《册府元龟》卷二一九，僭伪部名号门亦作"承和"。《魏书》、《北史》同，惟《御览》引崔鸿书引作"永和"，《通鉴》因之。"承"、"永"二字形近易讹。

序号	1	2	3	4	5	6	7	8	9	10
公元	423	423	433			433				
纪年	玄始十二年正月	玄始十二年三月	义和三年六月	义和□年		义和三年		建平□年九月	建平五年七月	
长史			珉	珉	珉		蒲			
司马		洋		林	林		悦			
录事参军	识	混		填	填					
校曹主簿	暖	毓	璠					诀		诀
主簿	毓		軷			识		悦	麦	
功曹史					悦	悦	瘴			
典军主簿				汚	嘉	嘉	嘉	莹	龙	
五官				胤	汚	苕	汚	汚		
典军				张预	张预			遗		
兵曹	张龙		李禄				张预	赵苕		赵苕
史	张□			左法疆	左法疆		左法疆	尊兴		翟富
校				赵震						
文书号	75TKM91：18、23	75TKM91：30(a)	75TKM91：47	75TKM91：29(a)	75TKM91：28(a)	75TKM91：31	75TKM91：33(a)、34(a)	75TKM91：26	75TKM91：18(b)	75TKM91：40

　　如前所述，建平既在承和之后，承平之前，北凉又于何时改承和为建平？《高僧传》卷三《浮陀跋摩传》记"（沮渠）牧犍承和五年（437）岁次丁丑四月八日，即宋元嘉十四年"，知承和至少行用过 5 年。故建平纪年的行用至早不得过承和五年（437）四月。沮渠无讳于 443 年（癸未）二月建元承平，则建平纪年的行用至迟亦不得过承平元年二月。承和五年至承平元年，其间相距 6 年。

　　北凉沮渠牧犍世仍臣属于北魏，"尚世祖（拓跋焘）妹武威公主"①。故虽有自己的纪年，但仍奉魏正朔，出土文书中已见有缘禾五年、六年文书可证。北魏太延五年（439）北魏讨沮渠牧犍，原因是"虽称蕃致贡，而内多乖悖"。首先是"王外从正朔，内不舍僭"②，应是这种情况的反映。

　　北魏太延五年（439）八月，灭沮渠牧犍。当时牧犍弟无讳等退据晋昌、酒泉等地，与北魏抗衡。次年，无讳等请降。北魏太平真君二年（441）拜无讳为征西大将军、凉州牧、酒泉王。③ 其时，高昌为阚爽所据，爽"自为高昌太守"，④ 当是沮渠氏为北魏所破亡，无暇顾及，故据高昌。属于阚爽自立为太守或城主时期的遗物，⑤ 出土有缘禾十年文书，⑥ 相当于北魏太平真君二年（441）。其时沮渠牧犍已亡，无讳等虽在太平真君二年受北魏之封，但到四月北魏即遣奚眷围攻酒泉，十一月陷酒泉，俘沮渠天周，盘踞敦煌的沮渠安周亦惧而谋渡流沙河以避之。安周等既已反魏，必然不会再用牧犍时之"缘禾"，何况当时无讳、安周尚未抵达高昌。因此，"缘禾十年"当是阚爽继续使用牧犍时所用年号，缘禾即魏之延和。

---

①　《魏书》卷九九《沮渠蒙逊附牧犍传》，第 2206 页。
②　《魏书》卷九九《沮渠蒙逊附牧犍传》，第 2207 页。
③　《魏书》卷四下《世祖纪下》，第 94 页。
④　《北史·高昌传》，中华书局 1974 年版，第 3212 页。
⑤　除《梁书·高昌传》云阚伯周为王外，其余如《宋书·且渠传》称"高昌城主"，《魏书·且渠传》称"高昌太守"，《周书·高昌传》除称阚爽"自置为太守"外，并以柔然王阚伯周为王，乃"高昌称王自此始也"。
⑥　此条承吐鲁番文管所柳洪亮同志见告。

北魏太平真君三年（442）九月，沮渠无讳等袭高昌，阚爽奔柔然。无讳、安周遂据高昌，次年（443）无讳称凉王，改元承平。① 无讳等自再次反魏，赶走阚爽占高昌直至后称王改元之间，这时期他们所用当是沮渠牧犍的"建平"年号。吐鲁番出土有建平五年及六年文书就是例证。由此，联系到《北凉建平某年兵曹条次往守海人名文书》，《北凉建平某年兵曹下高昌、横截、田地之县符为发骑守海事》两份建平年间文书，其内所云"守海"之"海"，乃田地县南到敦煌之间的大沙碛，唐称此道为"大海道"。当因无讳等刚逃到高昌，唯恐北魏军队自敦煌越此大沙碛来袭，故调动"隤"及"骑"至田地县防守。

由于文献资料不足，又不详北凉当时所行历法，难以推算建平六年闰月相当于刘宋元嘉何年。因此这里只能提出北凉在承和之后，承平之前，曾建元建平，这一年号的起讫至少有6年之久。沮渠牧犍虽建元建平，但在其世并未行用，而是奉北魏正朔，或用"缘禾"，或用"太缘"。阚爽据高昌时，可能还在沿用缘禾年号。而沮渠无讳等占据高昌后，在称王建元"承平"之前，曾一度行用建平年号，称"建平五年"，"建平六年"。由此推测，很可能沮渠牧犍于承和五年（437）四月后（或次年）即改元建平。而沮渠无讳很可能就在建平六年或是建平七年初即改元"承平"。我们深信，随着吐鲁番等地考古事业的发展，必将获得新的资料，这一疑问通过深入研究，最终将会圆满解决的。

本文承王去非同志提出宝贵意见，附识于此。

1982年6月

（原载文化部文物局古文献研究室编《出土文献研究》，文物出版社1985年版）

---

① 《宋书·大且渠蒙逊传》，《梁书·高昌传》；又参见王树楠《新疆访古录》所引《承平三年沮渠安周造像碑》。

论麴氏高昌时期的"作人"

吐鲁番古墓葬区所出麴朝之官、私文书中，出现不少有关"作人"的记载，根据初步考察，我们可以看到"作人"一词在麴氏高昌时期实际上包含着三种性质迥异的身份。作为高昌政权征发的各种服役者，寺院中的雇佣劳动者，均可称之为"作人"。以上这两种含义的称谓，直到唐太宗贞观十四年(640)平高昌置西州后，依然沿用。但作为本文行将重点探求的另一种"作人"则不同于上两种，他们是被当成财产，可以继承、买卖的，但却有着某种程度不同的私有经济活动。因此，除了主人外，高昌政权也直接对他们进行一定程度的赋役剥削。他们与部曲以及宋、齐之"十夫客"有类似之处，但又有其自身特点，构成麴氏高昌境内阶级关系中颇具特色的一种封建隶属者。

一、"作人"的种类

出土文书中，我们所见到的"作人"，如前所述，可以分为三大类别，其一是各种类型的服役者。根据一份出土文书记载：

（前缺）

1 作。次七月二日，明威□□□□□

2 十一日，麴延隆传城作人捌拾□□□□昌城南坞中作。次八月三日，□

3 城作人拾捌人，用高昌城南坞中 作

4　　　　　　都合用城作人贰佰伍拾捌人。

5 谨案条 列 用 城作人， 须 役

（后缺）①

本件纪年残缺，池田温氏已定为高昌年次未详文书，其说甚是。文中所云"条列"及"传"皆麴氏高昌官文书中习见的专用术语，已发表的麴朝文书中比比皆是。② 而十六国及唐代文书中就没有见到。又"明威"一类杂号将军，亦多见于麴朝文书之中。

"坞"即小型城堡，曾见于嘉峪关的汉晋古墓彩绘壁画中。此处"高昌城南坞中作"，若从字面上看，似可释作高昌城南面的一个坞，但从出土之十六国到唐代的大量文书中，我们还不曾见到高昌城南的坞，我们常见的一个坞名叫"南路（一作鲁）坞"。据记，该坞位于高昌城西十里处。③ 或许本件此处有脱文，将"高昌城西南路坞"写作"高昌城南坞"了。文书反映的，应是被征发去"坞中作"的服役人数。从行1所记"七月二日明威（某传）"，行2所记"十一日麴延隆传"来看，服役是有期限的，分番上役。所"作"可能是筑坞壁，故称"城作人"。在麴朝年满十五，即须承担"城作"之役。④

阿斯塔那155号墓及138号墓分别出有麴文泰延寿四年（627）威远将军麴仕悦奏记文书两件，内容都是"田亩作人"事，今录其一之第一段如下：

1 丁亥岁四月十一日□□亩作人赵善海壹

① 大谷4059号，池田温：《中国古代籍帐研究》，东京大学东洋文化研究所1979年版，第311页。
② 参见《吐鲁番出土文书》第3册所收阿斯塔那48号墓之五、六、七、八、九、十、十一、十二诸件文书皆称"条列"；又同书所收阿斯塔那50号墓之一、二两件文书皆称"传"。
③ 阿斯塔那35号墓所出《武周载初元年宁和才等户手实》二段，16行；又阿斯塔那27号墓36号《开元四年西州高昌县安西乡安乐里籍》第1行、第2行。大谷2854、2852、2853。载上引池田温书，第400页。
④ 大谷1464、2401背面，载上引池田温书，第313页。

2 人五日作，车牛壹□□日作，
3　　　　　□□将军麴仕悦印①

此处行1"亩"上缺字，据其他诸件，应是"田"字。赵善海被征作五日，并同时出车牛一乘。车牛应作日数已缺，但赵既作田亩五日，车牛大概也是五日，麴仕悦所传的作人当在官府或王室土地上服役，故称为"田亩作人"。田亩作人服役期为一次五日。但据同件二段所记，称：

1 □亥岁四月廿六日田亩作人赵善海贰人，合贰人作。

据此，则赵在四月十一日作五日后，至晚又在同月廿六日再次被征作田亩。再次征作不见期限及出车牛事。这里赵善海征发较频繁，亦可能是屯田民。除此以外，我们还看到有"塌作人"的征发记载，② 表明高昌王国内征发的服役者亦可称为"作人"。

第二种类型的"作人"，则是寺院中的雇佣劳动者。阿斯塔那377号墓所出《高昌乙酉、丙戌岁某寺条列月用斛斗帐历》6行，已见有"作人"之名，惜次行缺，未知内中详情。今摘抄有关部分如下：

22 丙戌岁起正月一日至月竟。□□□□□
23 兜(斗)肆昇(升)。作人贰，食床粟□□□□□
38 □□兜，供三月三日食。粟捌斛肆兜，雇外作人贰拾人，用西涧踵桃中掘构(沟)种
40 (上略)粟贰斛伍兜贰升用雇
41 外作人陆人，用政(整)□□□并食粮。(下略)
47 □□伍斛，床壹斛贰兜，用雇外作人拾人，用刈麦，并

① 《吐鲁番出土文书》第3册，文物出版社1981年版，第304页。
② 《吐鲁番出土文书》第3册，文物出版社1981年版，第218页。

食粮。①

这份寺院支用帐历中，不仅提到"作人"，而且还有"外作人"，大概是雇来在葡萄园开沟，或者田间刈麦，故雇"外作人"。寺院用粮食支付他们的佣金，在雇佣期间，还要供给食粮。

据刘宋景平元年（423）佛陀什等译之《弥沙塞部和醯五分律》云：

> 有一贫人……我今无物，正当佣赁，以用供养，即便客作……，如是贫人，苦身佣赁，得少财物，尚用供养……于时作人，即持财物，来诣佛所。②

律文以当时之贫穷百姓出卖劳动力，雇佣客作者，译为"作人"。直到唐代的西州，依然沿用此名。

第三类的"作人"，则是下面将重点探讨的一种特殊的封建隶属者。在阿斯塔那154号墓中，出有麴氏高昌时期的"作人"名籍共7份：

一　高昌西南坊作人名籍一

二　高昌西南坊作人名籍二

三　高昌作人善熹等名籍

四　高昌史延高作人阿欢等名籍

五　高昌作人酉富等名籍

六　高昌作人相儿等名籍

七　高昌作人令奴等名籍

西南坊是高昌城的坊名，其余数件皆因残缺，地名已不可知，但据名籍内所记的人名，亦可推测多属西南坊。如第三件名籍中行5的"形保愿"、行6的"严欢岳"、行7的"张相斌"等，分别见于第一件的行3、行2、行1中；第四件行2的"冯保愿作人牛诺儿"、行3的"曹子□□人相子"，又见于第一件行9中；第五件行4的"李善守"，又见

---

① 《吐鲁番出土文书》第3册，第225—230页。

② 《大正藏》第22册律部，五分律卷第7。

于第三件行 1 中。据此，可推断三、四、五等三件应亦属西南坊。

上引 7 件名籍中纪年皆缺。154 号墓内未见有墓志及衣物疏，所出有纪年文书《高昌重光二年（621）史怀熹残条》，故此 7 件作人名籍年代，大致相去不远。今录保存较完整的第一件名籍如下：

1 西南坊：张相斌作人 相□、□护、养儿、范像护作人 阿□

2 严欢岳作人寅丰，镇军作人桑奴、相洛、贤遮、樊庆延

3 ＿＿＿＿＿＿＿＿＿＿＿＿作人青麦，形保愿作人

4 ＿＿＿＿＿＿＿＿＿＿＿作人元得、乇得、吴善

5 ＿＿＿＿＿＿＿＿＿富、勒迦、张善财作春得、左延伯

6 ＿＿＿＿＿＿＿□迦、孟培、夏得相作□

（中缺）

7 □□□ 作 人浮勒、春得、苟子，□□□作人麦子，田□宣作

8 □鳌培、法德，张秃子作人来富、寅□，□□伯作人春生，冯

9 庆虎作人相相，曹子荦作人相子，冯保愿作人牛诺儿，麴显峻

10 作人守相，阚阿善作人相富，寅得，威远□□作人□□、春□、

11 富得，□□作人□□、熹儿、丰儿，侯庆仲作人春受，

12 □欢□作＿＿＿作人子儿，成阿婆奴富得、麴元

13 □作人＿＿＿善熹，司空紧郁作人相祐

14 道得＿＿＿富，阴仕信作人渠誉，赤誉，合六十

15 ＿＿＿①

---

① 《吐鲁番出土文书》第 3 册，第 135 页。又，本件 5 行末尾"张善财作"句，"作"下原脱一"人"字；12 行末尾"成阿婆奴"名下脱"作人"二字。

本件作人名的右上侧并有朱笔点记。据此,可知仅高昌城中西南坊一角,即有作人 60 名之多。又据阿斯塔那 151 号墓所出的《麴氏高昌安乐等城负臧钱人入钱帐》所记,知高宁亦有"作人"。① 由此可见,这类作人在高昌普遍存在,为数当亦不少。

据上录作人名籍,并参照其他有关文书,我们可以看到他们有如下的特点:一、在名籍中,皆附于主人名下;二、他们绝大多数可以肯定为只有名而无姓;② 三、名籍中所见作人,从名上可见皆为男性;四、就所有名籍统计,一人占有的作人大多为一名,但也有二名、三名的,最多为一张姓郎中,有"作人五人"。③ 据此即可见这一类"作人"不同于前两类,并构成了一个特殊的封建奴属阶层。他们的来源及其社会地位,主人与封建割据政权对他们如何进行剥削,将是下面重点探讨的内容。

二、封建隶属者"作人"的来源

吐鲁番阿斯塔那 10 号墓出土有麴氏高昌延寿四年(627)参军氾显祐所作遗嘱,将财产分配与亲属,记云:

(一)

1 延寿四年丁亥岁闰四月八日,参军显祐身平生在

2 时作夷(遗)言文书:石宕渠蒲桃(葡萄)壹园与夷(姨)母。东北放(坊)中城里舍壹□

3 抠(区)与俗人女欢资。作人傲得,与 师

4 婆受壹,合子壹,与女孙 阿

5 壹具,阿夷(姨)出官中依常壹 具

---

① 吐鲁番阿斯塔那 151 号墓出土。编号:73TAM151:96(a)。
② 名籍中 9 行之作人"牛诺儿",也可以是三字名,"牛"不一定是姓。
③ 《吐鲁番出土文书》第 3 册,第 138 页。

6 阿夷得蒲桃壹园，生死尽自得用。☐☐☐

7 师女，阿夷尽身命，得舍中柱（住）。若不舍中柱，不赁舍与余（餘）人。舍要得壹

8 坚（间）。阿夷身不出，养身用具是阿夷勿（物），若夷出趣余人去，养生用具尽

9 ☐ 夷 言文书同有贰本，壹本在夷母边，壹本在俗人女、师女贰人边。

10 作 夷 言 文 书

（二）

1 民部

2（本处盖右手掌红色手印）是氾显祐存在时守（手）曶

3 卷（券）①

本件盖有红色右手掌印，其作用当和后来契券文书及某些官文书中所见的指节印相同。② 表示此券为本人所立和认可，犹如后世之盖指纹。因而是研究中国古代遗言法的重要材料。

中国古代早有"遗令"或"遗言"，其内容除了告诫子孙的所谓"遗训"之外，重要的还是财产处分。本件承受遗产者三人，即参军显祐之姨母，俗人女（按指未出家女）欢资和师女（当指出家为尼之女）。遗产包括葡萄园、住房、日常生活用具（如婆受、合子之类）。从遗言残存部分所见，显祐本人并无奴婢，但有"作人"，名叫做得，分给师女。很显然，这里的"作人"既不是高昌官府征发的役丁，也不是雇佣而来。因为前者是有番期的，是官府征发的农民，而后者则是有雇佣期限、接受佣值的劳动者，因而都不可能作为主人的财物被继承。只有奴婢、部曲才有可能被主人通过遗嘱分配与后人。唐高宗永

① 吐鲁番阿斯塔那 10 号墓出土，编号：64TAM10：38、41。

② 参见王重民：《敦煌古籍叙录》，《阴保山等牒》，中华书局 1979 年版，第 147 页。

徽年间，刘弘基卒，遗令"给诸子奴婢各十五人、良田五顷"。① 又如仁井田陞据《白氏六帖》事类集及《宋刑统》所恢复之唐开元二十五年（737）令云：

> 诸身丧户绝者，所有部曲、客女、奴、婢、店宅资财，并令近亲（亲依本服不以出降）转易货卖，将营葬事及量营功德之外，余财并与女（户虽同，资财先别者亦准此）。无女均入以次近亲，无亲戚者，官为检校。若亡人存日自有遗嘱处分，证验分明者，不用此令。②

这里所引，皆本唐令。唐代同样有雇佣之作人，而在令文及现实中，从不列入分配遗产之中。由此可见，参军显祐遗言文书中之"作人"身份，应与唐代的奴婢及部曲客女相似或相同，可以如同房屋、土地等财产，分配给后人。显祐这名作人倮得的地位，有如他的土地、房舍、用具一样，其来源亦当如同买地、买房舍、用具一样。而在出土文书中，我们也找到了这类文书。

阿斯塔那 338 号墓出土《高昌延寿四年（627）赵明儿买作人券》记：

> 1 延寿四年丁亥岁□□十八日，<u>赵明儿从主簿赵怀祐</u>
>
> 2 □买作人胳奴，年贰 拾 □□□价银钱叁佰捌拾文。即日交
>
> 3 □□贰佰捌拾文，残钱壹佰□，到子岁正月贰日偿钱使毕。
>
> 4 □□□壹月拾钱上生壹□，□后□人何（呵）道（盗）忍（认）名者，仰本

---

① 《旧唐书》卷五八，《新唐书》卷九〇本传。

② 仁井田陞：《唐令拾遗》，日本东方文化学院东京研究所1933年版，第835页，丧葬令第32页。

5 □承了。二主合同立券，券☐☐☐☐后，各不得返悔。悔者壹罚

6 贰入不悔者，民有私要，要行二主，各自署 名 为 信。

7　　　　倩书赵愿伯

8　　　　时见刘尸连

9　　　　临坐范养祐①

本件买作人券较完整，从文书的主要形式及用语，如"何道忍名"句，是从最早的《承平八年翟绍远买婢券》②直到唐代的奴婢、牲畜的买卖券中屡见不鲜的惯用语，大意是被别人呵斥为盗窃所得，并被人认为己物。对买契本身，此处不作进一步分析，所要指出的是"作人"在麹氏高昌时期可以买卖，这种买卖契的形式、用语和奴婢及牲口买卖券相同，从而反映了他们所处的卑贱地位。

既然"作人"可以如同奴婢、牲口那样被主人买卖，当然也就如同主人买来的土地、房舍、用具那样，被主人任意处置，当作遗产分给亲属。在这一点上，这类"作人"类同于奴婢。但高昌境内同时存在着奴婢及奴婢买卖活动，而文书中却又明显分为"作人"及"奴婢"两种称谓，无疑这又反映出"作人"又有其不同于奴婢的特点。

三、主人对所属"作人"之剥削方式

"作人"是被主人以何种方式进行剥削的呢？

前引《高昌延寿四年参军显祐遗言》所记，显祐将作人倒得分给出家为尼之女——师女，师女有无土地不知，但显祐原有石宕渠葡萄壹园(后遗言分与姨母)。石宕渠流经高昌城东及城北，显祐本人又身为参军，当然不会亲自耕种。据遗言，他只有二女，并无儿子。又

---

① 吐鲁番阿斯塔那 338 号墓出土，编号：60TAM338：14/2(a)。

② 《吐鲁番出土文书》第 1 册，第 187 页。原注云此承平干支与北凉承平干支不符，故疑此承平非北凉之承平，并进一步推断可能是高昌王麹嘉的年号。

前引《高昌延寿四年赵明儿买作人券》的买主是赵明儿，根据同一墓葬所出《高昌延寿六年赵明儿夏田券》，赵明儿于此年租得常田 3 亩，一年租价银钱 20 文。赵既于头一年买得作人一名，此时又租进土地，必然要令作人去耕作，这种令作人从事田间直接劳动的方式，也如同奴婢参加田间劳动。

但是，我们还看到另一种对作人的剥削形式。阿斯塔那 151 号墓所出《高昌延和十二年某人从张相熹三人边雇人岁作券》记载：

1 □□□□□ 癸 酉岁正月 廿 □□□□

2 □□□□张相熹三人边雇佛 奴 、□□、 相 儿，用岁作，要径 壹 □

3 □□□□ 校 (交)与雇价银钱贰拾□□。钱即毕，人即入作。若□

4 □□□□不作壹日，到年满头，壹□ 还 上壹日，若客儿身病，听□

5 □□□□ 死 。到头壹日还上壹□。若相儿共家中大小人行将作□

6 □□□ 者 ，亡失作具，犯人苗□□□ 悉 不知。若相儿身独将□

7 □□□□ 行 ，亡失作具，六畜 犯 □□□仰相儿承了。作具亡□

8 □□□□倍(赔)十。四主和同立卷(券)，□□之后，各不得返海(悔)，悔者□

9 □□□□悔者。民有私要，要行四□，各出署名为信。

10 　　倩书　张相□

11 　　时见　　□善伯①

_____

① 吐鲁番阿斯塔那 151 号墓出土。编号：72TAM151：104。

本件从形式上看，与敦煌及吐鲁番出土之雇佣契券无异，尤其是关于被雇者旷工（包括因病）补作的规定，丢失作具、牲口以及牲口侵及他人田苗由被雇人负责的规定，都颇为相似。在这里我们所要探求的是本件雇券中受雇者的身份，以及由此涉及到的有关问题。

本件契券有残损，为一阙名的雇主向"□□□□□张相熹三人边雇佛奴、□□、相儿，用岁作"。"岁作"即是年作之意，"佛奴、□□、相儿"三人应是分属张相熹及另二阙名主人的隶属者。雇主是向张相熹等三人分别雇取一人，但合书于一券之上，故称四主"和同立卷"。此契券不同于其他契券之处就在于它不是雇主与佣作人之间直接签订的契券，它是由雇主与佣作人的主人签订的，佣作者无权签订他与雇主之间雇佣岁作的契券。这里表明，他们的主人把他们当作自己的牲畜一样，出赁给需要劳动力的雇主。因而所付佣金直接付给受雇佣者的主人，而非被雇者本人。根据契券规定："钱即毕，人即入作"，可见佣金是一次付足的，这一点与其他的雇佣契券的规定不同。我们知道吐鲁番及敦煌所出雇佣契券中关于佣金的偿付并非立券时一次付足。这大概由于雇主深恐被雇人一次领得全部佣金钱粮后立即逃亡，或许还因雇主为便于在佣作期间对受雇者"违约"进行罚款，因此只肯先付一部分。但此处是雇主与被雇人的主人之间发生直接关系，订立契约，规定不得反悔，悔者当按契约所规定的条件受罚。本契这一段已多缺文，但若参照有关租佃、借贷等契券，可将缺文补足如下：

　　　　四主合同立券，（券成）之后，不得返悔，悔者（壹罚贰入不）悔者。

因之，雇主不虞被雇人逃亡，而将佣金一次付与被雇人的主人。

那么，佛奴、相儿他们与主人的关系就值得我们探索了。奴婢是主人会说话的工具，因而主人能任意将他们出卖或出租与他人，而本契券中并未写明佛奴、相儿等三人是否是奴隶，考察契券，我们否定了是奴隶的解释。

阿斯塔那 154 号墓所出《高昌作人相儿等名籍》，作人名之右侧多有朱笔点记，应是一份正式的官文书。今摘抄数行如下：

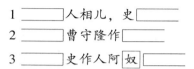

1 ☐☐☐☐人相儿，史☐☐☐☐
2 ☐☐☐☐曹守隆作☐☐☐☐
3 ☐☐☐☐史作人阿 奴 ☐☐☐☐

本件纪年亦缺，但据前考，约距重光二年（621）不远。上引《雇人岁作券》作于延和十二年（613），两件相去亦不甚远，颇疑契券中的被雇人"相儿"亦即作人名籍上的"作人相儿"。那么，这份契券应是主人将他所有的"作人"出租以取利，从而反映了主人对"作人"的剥削方式之一，即如同牛马一样，出租以取利。

虽然仅此一例，尚属孤证，且同名亦往往有之，未必能排除佛奴、相儿本是奴隶之可能。这就需要我们进一步从契券本身探求。

据契券所记被雇人应承担的义务还有若干，今仅摘录有关诸项如下：

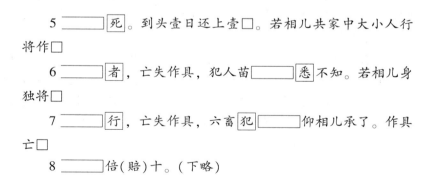

5 ☐☐☐ 死 。到头壹日还上壹☐。若相儿共家中大小人行将作☐

6 ☐☐☐ 者 ，亡失作具，犯人苗☐☐☐ 悉 不知。若相儿身独将☐

7 ☐☐☐ 行 ，亡失作具，六畜 犯 ☐☐☐仰相儿承了。作具亡☐

8 ☐☐☐倍（赔）十。（下略）

这里虽原文残缺，但参照其他有关契券，可以理解为被雇人相儿等若与主人家中成员同去劳动时，发生劳动工具丢失及主人家畜侵犯他人田苗者，与相儿无关，应由主人家承担责任；如果被雇人单独去劳动，发生丢失劳动工具或是役使的牲畜侵犯了他人田苗，则由被雇人自身承担赔偿责任。而且券中还规定，如果遗失主人作具（当然也应包括役使的牲畜），应"一赔十"，至于牲畜侵犯他人田苗，应由他人定价赔偿，故契中只规定被雇人应承担责任，如何赔偿没有具体规定。

　　这种关于被雇人承担赔偿责任的规定，应与被雇人的身份有关。我们知道奴婢本身就是主人的财产，因而奴婢是无力、也不可能承担这种经济赔偿责任的。按《唐六典》卷一七太仆寺诸牧监称官畜"在牧而亡者，给程以访，过日不获，估而征之"。注云：

　　　　谓给访限百日，不获，准失处当时估价征纳，牧子及长各知其半。若户奴无财者，准铜依加杖例。

足见户奴无财产，故放牧时丢失官畜，不能像"牧子及长"那样依估价赔偿，只得"准铜依加杖"，亦即按应赔之数，折铜斤两，再折成受杖数。① 这里讲的是唐制，但作为奴婢没有自己的经济，因而不能承担经济赔偿这一点，麴氏高昌到唐代理当相同是毫无疑义的。上引券中的佛奴、相儿若是奴婢，当然无力承担经济赔偿，雇主也必然在契券中提出要他们的主人张相熹等负责赔偿。因而券中佛奴、相儿的身份不是奴婢。

　　契券中所云"雇岁作"、"要径壹□"，也即要雇作一年，但有关雇价的规定，只残剩"（交）与雇价银钱贰拾□□"一句，所记雇价，一年尚不足 30 文银钱，我认为这个数字应是雇佣一名岁作之雇价。若是三人岁作一年，雇价尚不足 30 文，似嫌太低，对主人不利，当不会如此低价便租赁出去。

---

　　① 《唐律疏议》卷一名例，杖刑五记云："杖六十赎铜六斤，杖七十赎铜七斤，杖八十赎铜八斤，杖九十赎铜九斤，杖一百赎铜十斤。"，中华书局 1983 年版，第 4 页。

四、"作人"的经济地位

根据上引"雇人岁作券"，相儿等三人不是奴婢，而是"作人"。他们虽然像工具、牲畜般被主人租赁与他人以收利，却又有一定财力（尽管非常微薄）承当经济赔偿的责任。

"作人"具有私人经济，从别的文书也可以获得证明。阿斯塔那78号墓所出《高昌将显守等田亩得银钱帐》所记，本录有"将"、"参军"、"主簿"、"镇家"及僧、俗等人按亩纳银钱事，今摘录部分如下：

7 麴郎文玉陆拾步，得银钱二文

11 赵洛愿陆拾步，得银钱二文

15 海相师陆拾步，

16 □ 银 钱 壹文。

17 参 军善海陆拾步，得银钱壹文

19 作人熹相陆 拾

20 镇家壹亩得银钱

21 典录庆峻陆拾步，得银钱一文

22 □嵩师叁拾步，得银钱半文

㉕ 作人寅楱陆拾步得银钱壹文，作人众儿陆拾步得

㉖翟怀相陆拾步，得银钱壹文①

这里所记为按亩纳银钱事。据《周书》卷五《高昌传》云：

赋税则计输银钱，无者输麻布。

---

① 吐鲁番阿斯塔那78号墓出土。编号：67TAM78：17(a)、18(a)、19(a)。

又，《北史》卷九七《高昌传》及《通典》卷一九一《边防七》，"计"下皆有"田"字，可知麴氏高昌时按亩征纳田租，征纳物是银钱。上引文书，证实了史籍记载。值得注意的是，本件所记纳田租诸人，除高昌官吏、官府机构——镇家及僧、俗人外，还有"作人"熹相、寅椟、众儿。三作人中，二人纳钱数不明，寅椟田陆拾步，纳银钱壹文，与海相师、□嵩师、参军善海、孟怀相等所纳相同。这里表明了至少这三名作人是有极少量的土地的。也许是作人租赁得来的吧？据出土麴氏高昌时期的大量租佃契，关于田主及佃人双方的义务规定，皆有如下一句：

　　　贳租百役，仰田主了；渠破水谪，仰佃人了。

可见佃人是不承担据田产所有权征收的各项赋役的。因此，这里表明寅栋等陆拾步土地，绝非租赁得来，而是他们所有，故要向高昌官府交纳田租。

有的"作人"保有一小块土地，但也确有"作人"租佃土地。阿斯塔那 117 号墓所出《高昌延寿九年（632）曹质汉作人海富合夏田券》称：

　　1 □□□年壬辰岁十一月廿二日，曹质汉、张参军作人海富二人，从□□

　　2 □边夏石渠南奇部麦田拾叁亩。要迳（经）伍孰（熟）年，年到七月□□

　　3 □□麦贰斛、使毕净好。若不净好，听自常取，夏价依官斛中取□

　　4 □□手下宕取田中伍亩□□□□张奋武田中租殊（输）伯（佰）役□□□

　　5 □渠破水谪，仰耕田□□□□不得脱取。田中要□□

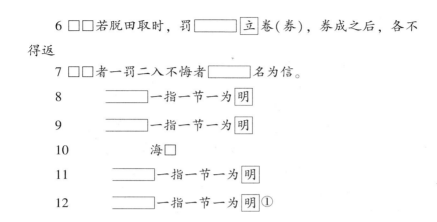

6 □□若脱田取时，罚 □□□ 立 卷（券），券成之后，各不
得返

7 □□者一罚二入不悔者 □□□ 名为信。

8 □□□□一指一节一为 明

9 □□□□一指一节一为 明

10 　　　海□

11 □□□□一指一节一为 明

12 □□□□一指一节一为 明 ①

　　这是一份习见于吐鲁番地区出土的租佃契约，我们所关注者是租佃者
二人中，有一名是"张参军作人海富"。他与曹质汉二人合伙佃进土
地，并承担作人所应承担的义务，契券结尾处的四个指节印中，亦必
有他的一个。二人所租田亩数量较大，且要经"伍熟年"，为时亦较
长，这二点在出土租佃契约中皆属罕见。我认为如果张参军需要与他
人合作租佃土地，必不会令其作人出面与人合订契券。这里只能是作
人海富与他人合伙共佃。

　　海富与曹质汉合佃较大数量的土地，他至少要承担起半数的土地
耕作，因而他若没有一定的由自己支配的时间来从事劳动，是不可能
与人合佃土地的。那么这个由"作人"自己支配的时间是如何得来的
呢？一种可能就是"作人"本身就保留部分由自己支配的时间，犹如
后面将要讨论到的刘宋时"十夫客"的"所余私夫"，因而能用来耕种
租佃来的（或如前所述"作人"自有的）土地。但作为主人既可将"作
人"出雇给他人以取得佣金，那么"作人"是否也可能在向主人付出一
定代价后，就可取得一定时间的"自由"支配权？虽然没有这方面的
直接证据，但我们看到了类似的情况。

　　吐鲁番哈拉和卓 99 号墓所出《高昌延昌二十二年（582）康长受从

---

① 吐鲁番阿斯塔那 117 号墓出土。编号：69TAM117：57/3。

道人孟忠边岁出券》记：

1 延昌廿二年壬寅岁二月廿二日，康长受
2 从道人孟忠边岁出，到十一月卅日还
3 入正作。岁出价要得床麦伍拾斛，麦
4 贰拾仟（伍），床贰拾伍。平斗中取，使净好。
5 若过其（期）不偿，听曳家财，平为麦直。
6 若长受身东西无，仰妇儿上。二主先和
7 后卷（券），券成之后，各不得返悔，悔者一倍（赔）二
8 入不悔者。民有私要，各自署名为信。
9　　时见　　倩书道人法　　葱
10　　　侯三安①

契券中反映出的是康长受向道人孟忠付出一笔为数不少的粮食，以取得孟忠的许可，允其暂时离开孟忠一段时间，自二月下旬到十一月卅日，约一年，故称"岁出"。交纳"岁出价"的规定，与租佃契中付租价、借贷契中偿付本利钱物的规定相同。本件康长受的身份不明，但可以看出他隶属于道人孟忠，不得孟忠许可，他不能离开主人。长受有姓，这一特点表明他不是奴婢，但"作人"亦不见有姓。契券中又反映他还有"家财"及"妇儿"，就像租佃、借贷契约一样，若不能如期交纳这笔"岁出价"，主人就可"曳家财，平为麦直"，若长受死亡，则"仰妇儿上"。这都明显表示康长受不是奴婢。

尽管我们不能肯定康长受是"作人"，可是他有一定家财，对主人有人身隶属关系，这两点至少是与"作人"相类似的。他付出一笔"岁出价"，以取得一定期限的自由支配时间。而主人在并不一定需要隶属者直接为其服役时，也乐于接受这样一种有期限的赎取办法。从主人这方面说，这种赎取自由支配时间的办法，与前引张相熹等三人出租"作人"以得到"雇价银钱"，其经济收益是一致的。所不同的

① 《吐鲁番出土文书》第1册，文物出版社1981年版，第191页。

在于后者康长受是自己出"岁价麦"以赎取个人的"岁出"权，而张相熹等三人的"作人"则是被主人出租出去以取得佣金，佛奴、相儿等三人是无权选择的。因此，我们根据康长受的事例来推测，某些"作人"有他自己的个人经济，他们耕种自己的小块土地，或租佃土地。他们大概保有一部分自己支配的时间，此外也可能以一定钱物向主人赎取一定的由其支配的时间。

五、麴氏高昌政权对"作人"的剥削

前引阿斯塔那 154 号墓所出 7 件作人名籍，无疑是为了供备官府需要而制作的。汉代计算人户赀财时，就将奴婢同土地、房屋、耕牛、车、马等一同折成钱，进行统计。① 在唐代，评定户等时，部曲同奴婢也与房舍、菜园、储粮、牛、马等一同统计，以定户等高下。② 奴婢和部曲是主人的财产，他们是私属，因而对国家并不承担赋役。从北魏到隋初，由于奴婢、牛都授田，北周及隋初，部曲大概也授田，因此奴婢、牛、部曲也纳租调。敦煌所出西魏大统十三年（547）计帐上，明白记载了奴婢及牛亦征纳租调。③ 但显然，所授之田实际由主人掌握，收获物也归主人所有，因而租调实际上是向主人征收的。但在麴氏高昌时期，我们不仅见到高昌政权向主人征发"作人"服役，而且还看到有向"作人"本身征收田租臧钱的记载。

前面论及"作人"的经济地位时，曾引用《高昌将显守等田亩得银钱帐》，以说明某些"作人"亦曾保有一小块土地，并结合《周书》及《北史》、《通典》等记载，说明麴氏高昌之税制是按亩征收银钱。该件所记，除"麴郎文玉"及"赵洛相"等 60 步纳银钱 2 文外，其余诸人

---

① 劳干：《居延汉简》考释之部，第 137 页，2820 号记公乘礼忠家赀，有小奴、大婢、牛、马、车、田宅。

② 唐耕耦：《唐代前期的户等与租庸调的关系》，《魏晋隋唐史论集》第 1辑，中国社会科学出版社 1981 年版，第 185 页。

③ 《敦煌资料》第 1 辑，中华书局 1961 年版，第 87 页；又参见前引池田温书。

之 60 步皆纳银钱 1 文。这种差别或许与土质的高下有关。这件文书中就记载了"作人"熹相、寅椋、众儿等三人皆各有田 60 步，纳银钱 1 文。

在麹氏高昌的苛捐杂税中，我们还看到一种名为"臧钱"的征收。阿斯塔那 84 号墓所出《高昌条列出臧钱文数残奏》称：

（前缺）

1 ☐布二匹半，平☐

2 ☐半文，张申武☐☐百☐文☐☐

3 ☐洋☐作人秋富二☐☐蒲桃中赵武☐

4 ☐所藏绫十三匹☐☐一百廿一☐文☐

5 ☐臧☐钱一百一十文半☐☐出臧钱一百一十☐文☐
☐

6 ☐阿苟作从，藏龙遮☐☐提☐婆锦一匹平钱五十
☐

7 ☐匹☐平钱五十一文，张阿苟出臧钱五十半文。次传
☐

8 ☐延☐作从，藏龙遮之椋提婆锦三匹，平钱一百☐五☐
☐

9 ☐红锦二匹，平钱九十文。祁守义提婆锦一☐

10 ☐文。商胡握废延出臧钱一百五十七☐文☐，☐

11 臧尽。赵武尊☐☐①

（后略）

本件第 3 行"作人秋富"又见于阿斯塔那 151 号墓所出《高昌安乐等城

---

① 《吐鲁番出土文书》第 2 册，文物出版社 1981 年版，第 207 页。

负臧钱人入钱帐》，未知是否一人。该件亦记纳臧钱事，今摘录
如下：

（前略）

3 安乐负臧钱 _____ 入九十六文

4 六子入钱七十三文，□□守入钱九十文

5 严保守入钱八十四文，合 入钱二白（百）卅三文。

6 盐城负臧钱人道人□□□钱七十八文。

7 高宁负臧钱人作人□□□钱六文，作人秋富入 钱 □。

8 文，肯买儿作春 富 入□文，冯相受入钱十文，□

（后略）①

以上两件文书的内容都是记载臧钱的征收。"臧"或作"藏"，库藏也。
在汉代，它区别于封建政权系统的财政机构，而属于所谓"御府禁
藏"②。麹氏高昌时期的臧钱征收是有其特色的，本文不拟论及，只
是指出作人和商胡、道人及一般百姓，一样同为征收对象。据文书所
记，高宁负臧钱人中，至少有三名作人，其中只知一缺名作人入钱 6
文，远较其他负臧钱人所入为少。或许正因为他们是"作人"，故而
所承担的"臧钱"亦较少。

关于徭役的征发，从出土文书中，我们也看到了有关作人服役的
记载，阿斯塔那 154 号墓所出《高昌作人善熹等名籍》：

（前缺）

1 _____ □得 _____ 作人善熹，李善守作人屈儿，孟庆 岳

2 □人子□，刘□愿□□，□阿愿作人，张雅斌作人，麹显

_____

① 编号 73TAM151:96（a），又本件第 8 行"骨买儿作"句，"作"下脱一
"人"字。

② 《汉书》卷二四（下）《食货志》四（下），中华书局 1962 年版，第 1162 页。

斌二人，高

　　3 □伯作人春生，左□□□人寅富，阴□，康师子作人二人，范定愿(二人)

　　4 □延嵩作人阿秋(□诸成)，张元珍作人双培，和敬愿作□富(在高宁)，阴伏波作相丰(仲名二人)

　　5 张郎中作人五人得脱，镇军作人三人得脱，形保愿作人(在诸成)，宋令作人(得脱)，阿(何？)

　　6 □护作人(仲名)，严欢岳(在田地)，张子亮作人(病)，史司马(在安乐)□□□□(仲名)养作人，鞠斌

　　7 □□□□张相斌作人(在永安二人)，范定愿作人(病)①

本件 7 行后还未抄录完毕，就体例看，前后也多有不一致之处。如有的在主人名下书作人名，有的只在主人名下书作人若干，无名，有的只书主人某作人，甚至如行 6，书有严欢岳名，其下紧接书"张子亮作人"，根据前引《高昌西南坊作人名籍一》第 2 行记：

　　严欢岳作人寅丰

由此可知本件此处严欢岳名下有脱字。又第 3 行末尾记：

　　范定愿二人

第 7 行末尾又记

　　范定愿作人

当亦是记载重复所致。综上所述，可见这份"名籍"应是一份未完草稿。

---

① 《吐鲁番出土文书》第 3 册，文物出版社 1981 年版，第 138 页。

值得注意的是"名籍"中，不少作人或主人名右侧夹注有"在诸成"、"在高宁"、"在田地"、"在安乐"、"在永安"、"病"、"仲名"等字。"仲名"不知何意，俟考。据高宁、田地、安东、永安皆高昌境内的县或城，"诸成"亦当为地名。田地应属田地郡，高宁当属高昌郡，其余属何郡不清。而本件据前考，被征作人应亦属高昌城内西南坊。前引《高昌西南坊作人名籍一》中，记张相斌有作人"相□、护养儿"，本件第7行书"张相斌作人"下无作人名，但在右侧夹注"在永安二人"。又据前考，严欢岳亦为高昌城西南坊人，并有作人一名，在本件中，夹注"在田地"。由此可知夹注说明这些主人的作人均已离开高昌城西南坊，到高宁、田地、安乐、永安诸地去了。在"范定愿作人"句旁夹注一"病"字，大概表明他的作人有病，故未能同其他作人那样到外地去。这些作人的外出，若出自主人派遣，官府自无专门造册统计之必要。又，第5行所记：

> 张郎中作人五人得脱，镇军作人三人得脱，形保愿作人(在诸成)，宋令作人(得脱)

此"镇军"，又见于前引《高昌西南坊作人名籍一》中云：

> 镇军作人桑奴、相洛、贤遮。

人数正与本件相符，但张郎中、镇军、宋令所有作人下(或右侧夹注)并记"得脱"二字，也唯有此三人旁不注地名。据阿斯塔那152号墓出有两件《请脱放租酒及调辞》①，"脱放"即是免除。"得脱"亦即得免。张某等身为郎中、镇军将军、县令，享有特权，因而他们的作人得以免予征发。

关于高昌官府向主人征发作人服役情况，见于阿斯塔那339号墓所出《高昌武城塌作额名籍》中，反映了作人与一般百姓同时被征服

---

① 吐鲁番阿斯塔那152号墓出土。编号：72TAM152：25、26。

役的情况。由于该件较长，内容繁多，今仅摘录有关部分如下：

（一）

1 ⬚月⬚廿五日武城塯作额：麹忠悌（成□作五人），
赵延丰（条脱）、赵众（□□）

2 ⬚之至（□□），张懸集（作□），刘怀祜，张阿相，
张阿婆相（屯蒲桃二人），田明欢（作军），张戈富（作军）

6 ⬚欢伯，孟居连儿（作军），刘尸连，田相保
□□（作军）

（后略）

（二）

（前略）

8□于丰塯次作人善丰（作军），作人妨钵，作⬚
9作人秋得，作人乌行米（作军），作人䭾□

（后略）

（三）

1 ⬚得，作□欢儿，尽□
2 ⬚作人守德，作人相相

（后略）①

本件纪年残缺，但同墓出有《高昌延寿三年（626）范宗垂墓表》。又，
本件第一段第6行之刘尸连，又见于前引《高昌延寿四年（627）赵明
儿买作人券》中，刘为立买作人券中的"时见"。本件第三段第2行所
记作人"相相"之名，又见于前引《高昌西南坊作人名籍一》第9行，
为冯庆虎之作人。因知此数件文书年代当相去不远。

"塯"字本意为土块。② 高昌官府征发大量劳动者去武城（在高昌

---

① 《吐鲁番出土文书》第3册，文物出版社1981年版，第216—218页。本
件上有朱记多处。

② 《说文解字》十三下土部，"塯"、"古"二字。

城西，与交河相邻）"塙作"，我们看到吐鲁番出土北凉及唐代文书中，有不少关于"作墼"的记载，"墼"是以粘土做成的土坯砖经晒干即可作城墙及房舍建筑用。在麹氏高昌时期的文书中，目前却未见有"墼"字，疑此处"塙作"即是"作墼"。关于"塙作"的确解，此处暂置不论，这里需要指出的是，"塙作"名籍中记载有作人，大约他们本是主人的私属，可以买卖，身份当然比一般百姓为低，故征发服役造名册时，所有作人名书于一处而不与一般百姓混杂。作为"塙作"而征发来的"作人"，也如同一般百姓，不尽是都去"塙作"，而由高昌官府分配，除"塙作"外，也有去"作军"的。大略是为军队服某种徭役。

六、余　论

麹氏高昌政权下的这种颇具特色的"作人"，如前所述，是有别于奴婢的。但可以买卖继承，则又类同于奴婢，我们知道魏晋南北朝时期的阶级关系较为复杂，作为被统治的贱民阶层，除了习见的奴婢、客、部曲之外，还有若干其他名称的具有封建隶属关系的劳动者。奴婢可以自由买卖，但一般不能有私有的财产。部曲有一定的私有经济，但不得买卖。① 这些与作人相比较皆不完全相符。但在南朝刘宋及萧齐时期，我们看到一种与"作人"相似的"十夫客"。

《宋书》卷九一《孝义·郭世道传附子原平》：

> 父亡……（为营父葬）又自卖十夫，以供众费……葬毕，诣所买主，执役无懈，与诸奴分务，每让逸取劳，主人不忍使，每遣之。原平服勤，未曾暂替，所余私夫，佣赁养母，有余聚以自赎。本性智巧，既学构家，尤善其事，每至吉岁，求者盈门。原平所赴，必自贫始，既取贱价，又以夫日助之。

又《南齐书》卷五五《孝义·吴达之传》亦云：

---

① 《唐律疏议》卷二名例律，十恶反逆缘坐条问答。

嫂亡无以葬，自卖为十夫客，以营冢椁。

可见当时有一种卖身者称为"十夫客"，但称"客"而不称奴，可知与奴婢有别。

郭、吴二传告诉我们"十夫客"是卖身为主人执役，"与诸奴分务"，其身份亦应是私属。但如《原平传》所记，他自卖为"十夫客"以后，仍有"所余私夫"，可供其支配，故原平得以"佣赁养母"，而且还能积累一点钱来自赎，这就表明，在完成为主人执役的任务以外，所余时间可由"十夫客"自己支配。原平传中所讲到的为人"构冢"时，"又以夫日助之"的"夫日"，也应即是其"所余私夫"内的时间了。

如上所述，自卖不称奴婢而称"客"，又有一定的由自己支配的时间和财物，这同麴氏高昌时期的"作人"颇为相似。只是限于史料，我们还不知道封建国家是否也要向"十夫客"征收赋税徭役。

麴氏高昌时期这批相当数量的"作人"，在唐贞观十四年（640）平高昌后，就再也没有看到这一名称。在唐代西州的籍帐中所记载的贱口，只有奴婢、部曲、客女、乐事。就现存的唐代平高昌后所颁布的赦文和抚慰诏中，也不曾见有下令释放贱口为良的记载。或许当时有个别主人释放"作人"为良，但就整个地区而言，是不可能一朝一夕之间，所有"作人"同时消失的。或许由于"作人"的身份近似部曲，入唐之后，根据唐朝律令在旧有隶属关系不变的情况下，旧时的"作人"都改为合乎唐令的部曲了。从吐鲁番出土文书来看，自十六国以至麴氏高昌时期，都未见"部曲"之名，敦煌所出唐代籍帐文书中，亦未见"部曲"。唐代律令明确规定部曲、客女的贱口身份，但亦未见史籍记载。只有吐鲁番出土的唐代手实户籍、户口帐等籍帐文书中才屡见唐律中所说到的贱口部曲。或许构成唐代西州地区的这一特点，正是由于麴氏高昌存在一定数量的这种封建隶属关系极深、而又有别于奴隶的"作人"所导致的结果。

（原载唐长孺主编《敦煌吐鲁番文书初探》，武汉大学出版社 1983 年版）

麴氏高昌王国的"称价钱"

——麴朝税制零拾

麴氏自麴嘉自立为王,据高昌凡 134 年,① 其典章制度,昔时仅据《北史》、《周书》、《梁书》、《隋书》诸史高昌传略知梗概,然皆语焉不详。至于赋税一项,据《周书》记云:"赋税则计输银钱,无者输麻布。"②这里并没有说明赋税之种类及具体征收办法。唐太宗贞观十三年十二月讨高昌诏云:"畜牧园果,悉有征税。"③也只是泛指牧畜及种植物皆要收税。又据《隋书》云:"伯雅先臣铁勒,而铁勒恒遣重臣在高昌国。有商胡往来者,则税之,送于铁勒。"④高昌地处"丝绸之路"中道,且"自隋末罹乱,碛路遂闭,西域朝贡者皆由高昌"。⑤故其以西诸国商人及贡使到长安或河西走廊者,必经过此地,因此对在高昌贸易之胡商以及道经高昌之商旅征收商税,应是相当大的一笔财政收入。前引《隋书》所记,是因铁勒强大,麴伯雅一度臣服,故要把向往来商胡所征收之商税奉献给铁勒。麴氏王朝本身也同样要从中获得厚利。故当焉耆王龙突骑支于唐贞观六年向唐太宗"复请开大碛路,以便行李",即由焉耆不再向东道经高昌,而复开直接向南再向东、经大砂碛到敦煌之"大碛道"。这就直接影响了麴氏王朝商税

---

① 《旧唐书》卷一九八《高昌传》,第 915 页。
② 《周书》卷五〇《高昌传》,又《北史》卷九七,《通典》卷一九一"计"下有"田"字。
③ 《册府元龟》卷九八五《外臣部征讨四》。
④ 《隋书》卷八三《高昌传》,中华书局 1973 年版,第 1848 页。
⑤ 《旧唐书》卷一九八《焉耆传》,中华书局 1975 年版,第 5301 页。

的征收，因而"高昌大怒，遂与焉耆结怨，遣兵袭焉耆，大掠而去"。① 唐贞观十四年(640)平高昌后，魏徵谏太宗语中亦讲到，"自后数有商胡，称其(按：指麴文泰)遏绝贡献"②。此处"遏绝"亦系商胡所云，恐不能从字面上解释为不允过境，否则商胡不能由此而东南去河西走廊等地，就不会再到高昌，于麴朝亦不利。大约应是指高昌王国征收过高商税而言。

关于向商胡征收商税的办法，史籍中并无记载，在吐鲁番出土的麴氏高昌文书中，我们看到了有关这方面的材料。《吐鲁番出土文书》第 3 册所收阿斯塔那 514 号墓一件定名为《高昌内藏奏得称价钱帐》文书，反映了向商胡征收"称价钱"这种形式的商税的事实。

这件文书纪年已残，据该墓出土文书前面的说明："据墓葬形制和同出文物推知本墓为麴氏高昌时代。"③故而定本件为麴氏高昌时期文书，今据文书记载内容，亦可进一步推断为麴氏高昌时期文书。如片(一)之第 10 行云：

<blockquote>
☐☐☐☐岁正月十五日内藏　　奏
</blockquote>

"岁"前有缺文，当是纪年及年份干支。在年号之后加干支纪岁，正是高昌公文书中之常制，而且这一时期的民间契券以及衣物疏之类文书，亦同样于纪年后加干支纪年。同行所记之"藏"同"臧"。阿斯塔那 84 号墓所出之《高昌条列出臧钱文数残奏》及《高昌条列入官臧钱文数残奏》，均有高昌麴氏王朝征收"臧钱"及"官臧钱"之记载。④ 在其余十六国时期及唐代文书中，皆无此科"臧钱"、"官臧钱"之记载。此处又称"奏"，亦是麴氏高昌王朝时期公文书之一种，在《吐鲁番出

① 《旧唐书》卷一九八《焉耆传》，中华书局 1975 年版，第 5301 页。
② 《贞观政要》卷九安边第 36，上海古籍出版社 1978 年版，第 277 页。
③ 《吐鲁番出土文书》第 3 册，文物出版社 1981 年版，第 317 页。
④ 《吐鲁番出土文书》第 2 册，文物出版社 1981 年版，第 207 页、第 209 页。

土文书》第二、三册中，已发表不少。《周书》云："其大事决之于王。"①而这里涉及了"内藏"的收入问题，大约亦属"大事"，亦要"决于之王"，故"奏"之。凡此上三者，皆可为本件必属麴氏高昌王国时期文书之证。

又，本件之中，有人名"车不吕多"，凡三见。同书所收阿斯塔那331号墓文书《高昌义和六年己卯岁伯延等传付麦粟床条》中，亦有人名"车不六多"，② 义和六年己卯相当于唐武德二年(619)。若此二"车"姓者即是一人，则本件年代应相去不远。这里还是孤证，属于推测，不可遽断。但本件定为麴氏高昌王国时期之文书，应是无疑义的了。

我们在整理文书时，对本件的断句及数处释文上，觉得尚有不妥之处，兹提出补正意见如下。原书所记行1云：

> 起正月一日，曹迦钵买银二斤，与何卑尸屈二人边得钱二文。

自此以下诸句，皆是依此标点。依此，则似是"曹迦钵买银二斤"，而要"与何卑尸屈二人边得钱二文"，易生疑问。今改为：

> 起正月一日，曹迦钵买银二斤，与何卑尸屈，二人边得钱二文。

理解为曹、何二人进行"银"的交易，高昌国官吏向此买卖双方征收钱二文。文理当较前种断句明白易懂。此条以下诸条，皆可据此改正之。

在释文与注释方面，亦有一、二处应予更正。

片(一)之第18行，有"阿何伦遮"一名，与同片之第3行"何阿

① 《周书》卷五〇《高昌传》，第915页。
② 《吐鲁番出土文书》第3册，第111页。

陵遮"二者，固因有"伦"、"陵"二字之差别未必即是一人。但前者书作"阿何"，应是"何阿"之误。在出土文书中，草书之"何"、"河"、"阿"三字，往往因形近易混。"何"为昭武九姓之一，未见有姓"阿"者。又，出土文书中常见胡人名前多冠以"康阿"、"安阿""曹阿"、"何阿"者。① 当前手边无原件照片核对，尚无法断定是否原件所记即是如此。但即或文书中亦书作"阿何"，亦应加注说明之。

片(三)之第 3 行，原作：

$$\underline{}有尼屈量香伍拾二斤，得钱\boxed{壹}\boxed{文}\underline{}$$

原认为"尼"是指"比丘尼"，而"屈"为尼名，"量"是香名，故在"屈"字右侧划人名号。今按此件奏文是为奏申"称价钱"逐日征收之明细帐，相当于唐代之"历"。只记被征收税的卖买双方人名，不必记其身份。高昌的赋役制度，皆有"道"、"俗"之分；但此处是向商胡征收"称价钱"，则无区分"道"、"俗"之必要。又，香料一项，虽奏文中从未提及是何种香料，但劳费尔在研究中西贸易的香料一项时所列举的有："䏡香"、"阿萨郍香"、"苏合香"、"没药"、"青木香"、"安息香"等类，② 亦未见有"量香"之名。况且此件奏文中，有关香的卖买记载颇不少，均无一处注明何种香料。故知此处"量"非香名，字应从上读。因此，这里的"有尼屈量"应是一商胡名，其上缺文中还应包括有他的胡姓。如果这个说法能够成立，那么按照奏文其他诸项记载，此"量"字下尚脱一"买"字。而在"得"字上，尚脱"与某某二人边"等数字。这些脱漏处，应加注说明，以使此行记载与它行所记一致起来。

关于"买"字，本奏文各项记载均云：

① 《吐鲁番出土文书》第 3 册，第 119 页。
② 劳费尔著，林筠因译：《中国伊朗编》，商务印书馆 1964 年版，第 280 页，香料。

×××买×××与×××

若按"买"字本义解释，因后有"与"字，故感文理不通。我认为此处"买"字实应理解为"卖"字，即

×××卖×××与×××

这样文理就通畅易解了。人们还看到片（一）之第26行记

白妹买卤沙十一斤与康阿揽牛延

白为龟兹姓，其地又产硇沙，故当是白妹携其故乡之特产——硇沙来高昌贸易，卖于他人，亦可证此"买"字当作"卖"字理解。当然，此处仅是推测，但此字勿论作何种解释，都毫不影响事物的性质。其差别仅在于前后二者，孰是卖方，孰是买方。

本件奏文中所列举的卖买双方姓名中，所见有：

康姓：16人次

何姓：10人次

曹姓：6人次

安姓：5人次

石姓：1人

白姓：4人次

车姓：4人次

翟姓：3人次

宁姓：1人

供勤大官1人

其中，康、何、曹、安、石五姓，占38人次。此五姓，皆为昭武九姓胡人。尤以康姓为最多。此康姓为康国人，即粟特人。其人活动于"丝绸之路"上，隋末唐初，有名之"康国大首领康艳典"曾带领胡人

居于鄯善之地，并筑有典合城、新城、蒲桃城、萨毗城。①

其余：白姓为龟兹人；翟姓，高车族也；② 车姓，应即车师前部国人之后裔。按：车师前部国本在交河，因北凉沮渠安周借柔然之兵攻灭车师国，车师王车伊洛"舍国东奔"，"收集遗散一千余家，归焉耆镇。"③此处之车姓未知系留居高昌故地，抑或当年已迁至焉耆之车师前部人。"大官"当即"达官"，④ 此供勤大官必是西突厥人无疑。还有一"宁"姓，据出土墓志及文书，知是高昌当地之汉姓。又见有"□显祐"之名，姓已残，仅就其名而言，亦似应属汉人。

如果我们在前面将"买"字作"卖"字解释能成立的话，那么，从这里所看到的现象将是卖方皆为昭武九姓胡人，或是龟兹、高车、车师人。而买方除一确知是汉姓的宁某及一尚未能确知是汉人的"□显祐"外，仍然是昭武九姓胡人占绝对多数。从而表明奏文中的"称价钱"是向在高昌进行贸易活动的商人，主要是向商胡征收的某种商税。

从奏文中，我们可以看到交易的商品主要可分：

1. 贵重金属的金、银与鍮石、铜

诸史高昌传以及笔记小说之中，皆未有高昌产金、银的记载。唐代的西州，乃至庭州的土贡项目中，亦无金、银二品。可见此金、银应是来自高昌以外的地区。

鍮石，本非贵重金属，但在作为制作首饰等类装饰品这一点上，与金、银有共同之处。元稹诗云："鍮石打臂钏。"⑤吐鲁番出土之衣物疏中，亦有关于鍮石首饰的记载。

---

① 羽田亨：《唐光启元年写本沙州伊州地志残卷》，万斯年辑《唐代文献丛考》，商务印书馆1957年版，第75页及图版残卷照片。
② 姚薇元：《北朝胡姓考》第9西域诸姓白氏条，第4高车诸翟氏条。
③ 《魏书》卷三〇《车伊洛传》，第723页。《北史》卷九七《车师传》。
④ 慧立：《大慈恩寺三藏法师传》卷二，中华书局1983年版，《旧唐书》卷一九四(下)《西突厥传》。
⑤ 《全唐诗》卷四一八元稹《估客乐》，中华书局1960年版，第4611页。

据《隋书》记载，金、银、鍮石、铜等，都是波斯特产,① 商胡从波斯把这些贵重金属以及高昌所缺之金属、矿石（即鍮石）运到高昌，进行贸易。

2. 香料、郁金根

奏文中并没有注明是何种香料，如前所引劳费尔的研究，则主要还是来自波斯等西亚地区以及印度。劳氏所列举的五种香名，亦不见于有关高昌产物记载的史籍中。

郁金根，应是指郁金香的根部，劳费尔谈到至少有三种郁金根，引用了大量中文史籍与医书，认为主要是来自印度及西亚地区。②

3. 硇沙

本亦入药用，敦煌写本《张仲景五脏论》云："痈肿囟砂食却。"③"囟"字即"硇"，或写作"铙"④，为龟兹之特产，唐时该地土贡即有"硇沙"一项。⑤ 又据《隋书》所云，康国亦产"铙沙"。⑥ 因此我们在奏文中见到龟兹人白妹及康国人康妹在经营硇沙买卖，或许他们分别从家乡——龟兹和康国贩运来高昌出售。

4. 药

奏文中亦未注明何种药材，有的如可作药用的硇沙，又从药中分出另列一项，故无法断定这些药来自何方。诸史有关高昌地区产物中除《梁四公记》中提到"食之止痛"的紫盐及"攻妇人小肠症瘕诸疾"的医珀外⑦，未见高昌尚产何种药材。但勿论这些药材来自高昌以西或

---

① 《隋书》卷八三《波斯传》，第 1857 页。

② 劳费尔著，林筠因译：《中国伊朗编》，商务印书馆 1964 年版，第 133 页，红花和姜黄。

③ 本件由 S5614、P2755、P2378 拼合。参见宫下三郎：《敦煌本"张仲景五脏论"校释注》，载《东方学报》。

④ 参见中华标点本《魏书》卷一〇二《西域传》校勘记 13；又见中华标点本《北史》卷九七《西域传》校勘记 21。

⑤ 《新唐书》卷四〇《地理志》陇右道安西大都护府条。

⑥ 《隋书》卷八三《西域传》康国条，第 1849 页。

⑦ 《太平广记》卷八一异人一梁四公。

以东地，都是经商胡运来高昌，进行交易的。

其他，如"石蜜"，有关高昌地区特产的记载中，只见有"刺蜜"一项，① 而不见有关"石蜜"的记载。至于"丝"，高昌是丝之产地，但于阗及龟兹亦产丝，且拔汗那、波斯皆产丝绸。② 我们无法断定这里交易的丝产自何地，但都是由商胡在进行买卖交易活动。

从奏文所记来看，这种买卖是大宗的批发交易，而非零售。我们看到宁祐熹一次买药达 140 斤之多，石某一次买硇沙有 251 斤之多，一阙名者一次买香 800 斤。而买香者最少一次 30 多斤，买硇沙者最少一次买 50 斤。显而易见，无论最多或最少量，都断非个人及家庭成员的需要。因此，奏文所记载的应是商人（占绝大多数的是胡商）之间的成批交易。据此，我们可以窥见当时在"丝绸之路"上的高昌，不仅是胡商必经之要道，同时也是货物集散地。一些胡商从西面来到高昌，不再远行，就把货物在当地卖掉。而另一些胡商不须再回故乡，或到货物产地收购，只须在高昌就可成批收购，再运到其他地区出售。这样，既免去了商人长途跋涉的辛苦，还有利于他们能迅速地进行多次贩易，以获厚利。

在奏文中，我们还看到了有的商人进行卖出买进的商业活动，如车不吕多，仅残片就记其人活动三次：在四月五日以前，曾从康乌提畔陁处买郁金根 87 斤；在五月二日，车又卖丝 60 斤与白迦门贼；次十二日，车又卖若干物品与白迦门贼。由此可见，商人的活动，往往是在某地买得特产，再到高昌出售，同时买进他认为可以赚钱的货物，再到其他地区出卖，这比单纯带上钱币来高昌购货贩易，要多赚一倍的钱。凡此两点，也许正反映了"丝绸之路"贸易的特点。

正因高昌不仅是"丝路"通衢，而且也是大宗货物集散地。高昌麹氏王朝凭藉其有利地位，便可从商业税收中获得厚利。例如高昌并不产银，但麹氏王朝时期却除用铜钱外，同时还存在大量银钱供流通

---

① 《北史》卷九七《高昌传》、《周书》卷五〇《高昌传》、《太平广记》卷八一异人一梁四公。

② 劳费尔著，林筠因译：《中国伊朗编》，商务印书馆 1964 年版，第 366 页。

使用。玄奘从高昌动身西去取经时，麴文泰一次就送他"黄金一百两，银钱三万"。① 从出土文书中我们可以看到这种银质货币，持续使用到并不行用银币的唐代。在西州，不仅民间，地方官府亦同样征收使用这种银币。

对于这种并非零售而是成批交易的胡商如何征收赋税，不仅未见史籍记载，而且仅有的这份奏文尚有残缺之处，我们仅能就此进行一些比较，以求出大概的"称价钱"税率。今试作一表如下：

品名	片、行号	数量	称价钱	备 注
金	（一）2	9 两半		
	6	10 两	2 文半②	原记丝 50 斤、金 10 两合纳 7 文半，若按丝每 10 斤纳 1 文计，50 斤合纳 5 文，则 10 两金合纳 2 文半。
	19	8 两半	2 文	
	24	9 两	2 文	
	50	4 两	半文	原件记金 4 两、香 92 斤合得钱 2 文半，今据香 92 斤纳 2 文推知金 4 两必纳半文。
	（二）3		4 文	
银	（一）1	2 斤	2 文	
	1—2	2 斤 5 两	2 文	
	3—4	5 斤 2 两	5 文	
	18	8 斤 1 两		
	28	2 斤 1 两		
	33	2 斤	2 文	

---

① 慧立：《大慈恩寺三藏法师传》卷一，第 21 页。

② 此处原件钱数已阙，今据备注栏内推算之结果填入，故于数字外加框，以示区别原件未缺数字，以下同。

品名	片、行号	数量	称价钱	备 注
香	(一)4	572 斤		
	12	252 斤		
	25	362 斤	9 文	原记香 362 斤、硇沙 241 斤合纳 15 文；又，第 41 行记硇沙 251 斤纳 6 文，42 行香 172 斤纳 4 文，故推算 362 斤约纳 9 文。
	42	172 斤	4 文	
	51	92 斤	2 文	
	(三)1—2	65□斤	16 文	原记香 65□斤、硇沙 201 斤，共纳 21 文，若以香每 40 斤纳 1 文计 65□斤合纳 16 文。
	3	52 斤	1 文	
	(四)1—2	33 斤	8 文	本条原记如此，但按此前各条所记比率，疑本条有误。
郁金根	(一)23	87 斤	1 文	
硇沙	(一)11	172 斤		
	13	50 斤		
	25	241 斤	6 文	原记香 362 斤、硇沙 241 斤，合纳 15 文，据前推算香纳 9 文，则硇沙 241 斤约纳 6 文，又参见第 41 行硇沙 251 斤纳 6 文。

续表

品名	片、行号	数量	称价钱	备 注
硇沙	26	11 斤		
	41	251 斤	6 文	
	(三) 1—2	201 斤	5 文	原记香 65□斤,硇沙 201 斤纳 21 文,据前推算香当纳 16 文,则硇沙合纳 5 文。
丝	(一)6	50 斤	5 文	原记丝 50 斤、金 10 两合纳 7 文半,据前后推算,丝应纳 5 文。
	29	10 斤		
	35	80 斤	8 文	
	37	60 斤	3 文	此处原书作"三",据推丝每 10 斤合纳 1 文,故疑当是"六"之草书,误释为"三",应是 6 文。
石蜜	(一)34	31 斤	2 文	原记香 800 斤、石蜜 31 斤,纳 22 文,若香按 40 斤纳 1 文,则 800 斤香纳 20 文,石蜜当纳 2 文。

据上表所列,大致可推算出各类商品"称价钱"之税率数:

金:大约 4—5 两纳 1 文。除片(一)之第 50 行所记 4 两纳 0.5 文外,余均同前。

银:每斤纳 1 文。

香:约每 40 斤左右纳 1 文。

郁金根:每百斤内,最多纳 1 文。

硇沙:因记载过残,已知两项中,还有一条是出于推测,估计大约每 50 斤最多不过纳 1 文。

丝:除片(一)之第 37 行所记 60 斤纳三文,疑此"三"本是草书"六"字之误释外,其余皆可证实,知每 10 斤纳 1 文。

石蜜：仅一项，据推测 31 斤交纳 2 文。

何谓"称价钱"？唐代县仓有一种吏叫"称架人"，① 似与称量粮食出入仓有关。据《商君书》算地篇云："度而取长，称而取重。"此外"称"作"称量"解，意即称量货物之重量，分别按一定比例征收商税。奏文中云"二人边得钱"，似乎这笔"称价钱"应由买卖双方共出。但买卖双方所出的份额是否相等，抑或卖方多出一些，限于材料，还不能贸然作出结论。

根据《隋书》食货志，东晋时买卖奴婢、牲口及田宅，所收税"钱一万，输估四百入官府，卖者三百买者一百"。由此推测，麴氏昌境内，很可能卖方亦同东晋之制，应多纳一部分。

所纳"称价钱"奏文中皆称"钱"若干文，但我们知道，在麴氏高昌王国，流通钱币有银钱与铜钱。在出土文书中，有注"银"钱的，也有文书开头写明是"银"或"铜"钱，后面就只写"钱"，或只写若干文。但也有文书并不写明是银或是铜钱。如《高昌延昌二十七年四月兵部条列买马用钱头数奏行文书》②，奏马钱数皆未写明是"银"抑或是"铜"，但根据其后之《高昌延昌二十七年六月兵部条列买马用钱头数奏行文书》、《高昌延昌二十七年六月廿六日兵部条列买马用钱头数奏行文书》、《高昌延昌二十七年某月兵部条列买马用钱头数奏行文书》，证实这里的钱，应是"银"钱。事实上，高昌时期的公文书，绝非偶然失误不注明何种质地的钱币，同书所收有《高昌延昌二十七年八月兵部条列买马用头数奏行文书》③等数件，亦未写明钱的质地。故对此类情况，分不清楚，又无同类文书可作旁证，就只能从其本身内容去考虑。我认为这里所记都是胡商的贵重金属、香料等大宗货物买卖，高昌王国以其作为重要财政收入，不会从轻征税。因此我认为这里征收钱，应是银钱。麴朝铜钱与银钱比值不清，但据出土武周如

---

① 张鷟：《朝野佥载》卷五，张鷟为阳县尉日条；又《太平广记》卷一七一引作"河阳县尉"，"称架人"引作"构架人"。

② 唐长孺：《吐鲁番出土文书》第 3 册，第 73—74 页。

③ 参见唐长孺：《吐鲁番出土文书》第 3 册。

意元年(692)文书,一文银钱值铜钱 32 文,① 或许麴朝时期的比值与此相去亦不甚远。

这里所涉及的"称价钱",当然仅只是商人(主要是胡商)纳给麴朝的诸种商税中之一种。另外,我们还看到胡商交纳"臧钱"的记载,当是另一种商税,今后另著文探讨。

最后,还必须指出的是,这里讲的"称价钱"是由"内臧"征收后奏申高昌王的。"臧"者,库藏也,但是它区别于封建政府系统的税收机构,而属于所谓"御府禁臧",② 即王室所有的机构。这种"称价钱",以及上面所提到的"臧钱",都是麴氏王室通过"内臧"这个机构,直接向胡商征收的某种商税。麴氏王室过着奢侈生活,养着大批官吏、士兵、僧侣,又时常对焉耆等小国发动战争,对外还要向邻近强大的少数民族政权(先是柔然、铁勒,后是西突厥)奉献物资、钱币,此外对中原地区从北魏(以及萧梁政权)、隋、唐诸王朝也要朝贡,需要大量的财富,除了依靠对高昌王国统治下的各族人民进行残酷的剥削外,大约向胡商征收各种名目的商税,也占了不小分量。而由"内臧"征收的"称价钱"即是其中之一种。

[原载《魏晋南北朝隋唐史资料》第 4 期,1980 年内部交流。香港中华科技(国际)出版社 1992 年版《魏晋南北朝隋唐史资料》(1—7 合订本)略修订]

---

① 吐鲁番阿斯塔那 35 号墓所出《武周如意元年里正李黑抄》。
② 《汉书》卷二四(下)《食货志》第四(下),第 1162 页。

敦煌藏经洞所出两种麴氏
高昌人写经题记跋

一

　　1963 年春夏之际，余遵唐长孺师所嘱，阅读斯坦因窃经缩微胶卷，以校对唐师及张泽咸同志昔日所录社会经济资料，同时校对刘铭恕先生《斯坦因劫经录》，① 并加以补充，至 S. 0524《胜鬘经疏》，见尾端题记，刘目原作：

　　　　延昌四年五月廿三日于京承明寺写胜鬘疏一部，高昌客道人得受所供养许。

　　然缩微胶卷"明寺"前一字虽有模糊之处，却又不似一"承"字，读研究生时期，唐师指示阅读《洛阳伽蓝记》，有所收获，故更疑此字非为"承"字，而有可能是"永"字。当时因不能校对原件文书，复因学识浅薄，不敢妄断。至是年秋后，已不能从事研究工作，故未能再深入下去。

　　至 1982 年，于唐师处见日本藤枝晃教授之考证，知教授释文亦作"承明寺"。以此延昌为高昌王麴乾固之年号，四年则相当北周武

---

　　① 　参见《敦煌遗书总目索引》，商务印书馆 1962 年版。

帝保定四年（564），经疏抄于高昌王都高昌城，① 后见姜亮夫教授《莫高窟年表》，则作：

> 高昌客道人于洛阳承明寺写胜鬘师子吼一乘大方便方广疏注。②

此处表明姜亮夫教授亦释作"承明寺"，不同于藤枝教授之处在于此寺在洛阳。则此延昌为北魏宣武帝元恪年号，与刘铭恕先生《经目》同。1987 年秋，中国社会科学院历史所张弓同志赴伦敦查阅敦煌文书，遂请代为查阅该件原卷，复承函告，知原书作"永"。

按《巴官铁盆铭》所见，"永"字隶书作"永"③又见南京地区出土六朝墓志，"永"字亦有作"永"，④ 则可知此"承明寺"应正作"永明寺"。

北魏自孝文帝迁都洛阳，总计都洛凡 40 年，此时佛教昌盛，孝文既"善谈老庄，尤精释义"，⑤ "每与名德沙门，谈论往复"；⑥ "迁京之始，宫阙未就，高祖住在金墉城，城西有王南寺，高祖数诣沙门论义"。⑦ 至其子世宗宣武帝元恪，"笃好佛理，每年常于禁中亲讲经论，广集名僧，标明义旨，沙门条录为《内起居》焉。上既崇之，下弥企尚，至延昌中，天下州郡僧尼寺积有一万三千七百二十七所，徒侣逾众"。⑧ 足见自世祖太武帝灭佛以后，佛教又兴盛起来，而随着迁都，洛阳又成为佛教的中心。正是在宣武帝世，又开始了按照代

---

① 藤枝晃：《〈胜鬘经〉在北朝的传承》，Toho Gakuho Kyoto（1964）Vol. 40, pp. 325-349。

② 姜亮夫：《莫高窟年表》，上海古籍出版社 1985 年版，第 120 页。

③ 参见顾蔼吉：《隶辨》，中华书局 1986 年版。

④ 《南京出土六朝墓志》晋永和墓志，文物出版社 1980 年版。

⑤ 《魏书》卷七《孝文帝纪》，中华标点本。

⑥ 《魏书》卷四五《韦阆传附族弟珍子缵传》。

⑦ 参见范祥雍校注：《洛阳伽蓝记》原序，上海古籍出版社 1982 年版。

⑧ 《魏书》卷一一四《释老志》。

京灵岩窟规制，开始了伊阙山石窟的营建。

据《洛阳伽蓝记》卷四城西永明寺条记：

> 永明寺，宣武皇帝所立也，在大觉寺东。时佛法经像，盛于洛阳，异国沙门，咸来辐辏，负锡持经，适兹乐土。世宗故立此寺以憩之。房庑连亘，一千余间，庭列修竹，簷拂高松，奇花异草，骈阗堦砌，百国沙门，三千余人。西域远者，乃至大秦国。①

据此可知，洛阳以其"佛法经像"之盛，已成为西域诸国沙门求法之中心，而"笃好佛理"的元恪，为弘宣释家之说，便利西方求法僧人学习与生活，故特立"永明寺"以供养之。

魏孝文帝末年，麴嘉即已为高昌王，虽臣于柔然，但于北魏宣武帝永平元年（508）即遣兄子私署左卫将军田地太守麴孝亮入朝，并求内徙，请以军迎援，后虽内迁未果，但十余次遣使贡献珍宝及特产，延昌中，北魏又封"（麴）嘉为持节、平西将军、瓜州刺史、泰临县开国伯"。② 终宣武之世，遣使不绝，《魏书》宣武帝纪有载。正因如此，高昌僧人慕洛阳"经像之盛"而来求法。这件经疏的抄写者自称：

> 高昌客道人得受

此正表明是来自高昌的客僧，得受为其法号。据题记，抄写此经疏时在宣武帝延昌四年五月，相当南朝梁天监十四年。

按《胜鬘经》，即《胜鬘师子吼一乘大方便方广经》之略谓。据《胜鬘经序》云，刘宋元嘉十三年（436）彭城王刘义康请外国沙门求那跋

---

① 范祥雍校注：《洛阳伽蓝记》，上海古籍出版社1982年版，第235—236页。
② 《魏书》卷一〇一《高昌传》。按原《魏书》此卷缺，以《北史·高昌传》补入。

陀罗"手执正本，口宣梵音……释宝云译为宋语。德行诸僧慧严等一百余人，考音详义，以定厥文"。① 求那跋陀罗本罽宾国帝室之胤。出家后，"深达律品，妙入禅要，时号曰三藏法师。"后至师子国。宋文帝时由海道至广州，元嘉十二年(435)至建邺，居祇洹寺，多有译著。② 有关得受于永明寺所抄写之经疏，藤枝教授已有详考。

这份题记虽言语简略，但证实了《洛阳伽蓝记》永明寺条所记，洛阳已成为当时佛教的圣地。永明寺的建立，也正如该书所记，成为接纳西域来华求法诸僧居止学习之中心。在南北朝分裂对峙的局面下，各地区的正常往来交流无疑是中止了，但由于当时佛教的广泛盛行，立志弘宣佛法的僧人不畏路途艰险，相继奔波于道。高昌具有特殊的地理位置，是佛教东渐的一个重要地区，北凉统治时期，由于北凉沮渠王室倡导，高昌一度成为佛教中心，到麹氏高昌时期，该地虽复崇敬释迦，但已不复是译经及阐扬佛学理论之中心。而北魏的洛阳、江南的建康等地取代了其地位。"高昌客道人"除表明其是来自高昌地区外，似亦表明他是为求法而至洛阳，当应学毕还归故里。这份经疏在敦煌藏经洞的发现，可能表明他在返乡途中，道经敦煌这个佛教昌盛、寺院众多的地区，因某种原因，未能继续西进，滞留在敦煌，故他在洛阳永明寺所抄写的经疏也就留在敦煌某个寺院。

二

编号为 S. 2838 的《维摩诘经》卷下的写本卷子尾部，保留了完整的题记：

1 经生令狐善愿写，曹法师法惠校，法华斋主大僧平事沙门法焕定。

2 延寿十四年岁次丁酉五月三日清信女稽首归命常住三宝。

---

① 《出三藏记集》卷九释慧观《胜鬘经序》。用《大正藏》本。
② 《高僧传》卷三译经下。用《大正藏》本。

盖闻

3 剥皮折骨，记大士之半言。丧体捐躯，求般若之妙旨。是知金文玉牒，圣教真

4 风，难见难闻，既尊且贵。弟子託生宗胤，长自深宫。赖王父之仁慈，蒙妃母

5 之训诲，重霑法润，为写斯经。冀以日近归依，朝夕诵念。以斯微福，持奉父

6 王。愿圣体休和，所求如意。先亡久远，同气连枝。见佛闻法，往生净土。增太妃之

7 馀筭，益王妃之光华。世子诸公，惟延惟寿。寇贼退散，疫疠消亡。百姓被煦育

8 之慈，苍生蒙荣润之乐，含灵抱识，有气之伦，等出苦源，同升妙果。

这段原文如此之完整，是在高昌写经之中唯一所见最长最完整的题记，刘铭恕先生《总目》以此延寿为高昌麹朝年号，其说甚是。

按，是经题记经生令狐善愿，刘作令狐善顾，疑排版时活字有误，将"愿"作"顾"，令狐为敦煌土著大姓，且敦煌所出南北朝写经，题记中数见"经生"为令狐族人，高昌地区亦见有令狐氏，或其敦煌之令狐氏迁高昌后，亦将其抄写经书之职业带入高昌。

延寿为高昌王麹文泰年号，十四年正值唐太宗贞观十一年，干支亦符，俱为丁酉年。题记中的父王，应指麹文泰无疑，而题记中的"太妃"，当亦是高僧玄奘西行求法，道经高昌所见麹文泰之母张太妃。① "世子"当指麹文泰之子、做过短命高昌王的麹智盛。② "诸公"，指高昌王国内交河、田地二公，③ 题记中所云"诸公"，至少亦

① 《大慈恩寺三藏法师传》卷一。用《大正藏》本。
② 《旧唐书》卷一九八《高昌传》。
③ 《周书》卷五〇《高昌传》。

包括降唐后，于唐高宗朝任过西州刺史的麴智湛。①

题记中所反映的心愿，除一般常见祈福增寿外，值得注意的是
"寇贼退散"句，当时高昌国臣服于李唐王朝外，又受制于西突厥，
且因近临西突厥，而距唐较远，故更要秉承西突厥之旨意。而在唐贞
观九年后，不见史书记载高昌朝贡唐朝的记载，直至贞观十三年，始
见有朝贡记载②。而这一时期，麴文泰在西突厥支持下，东击伊吾，
西伐焉耆，不断发动战争(有关此时期，麴文泰与西突厥、唐王朝之
关系，以及对外战争，笔者另有《读唐故伪高昌左卫大将军张君夫人
永安郡君麴氏墓志铭并序质疑》一文，已作详考)。处于对峙两强之
中的高昌王国，是难以久存下去的，因而这位笃信释迦之法的公主，
企图通过写经祈福，以"出苦源，同升妙果"。但在写经后三年，麴
氏高昌终究被唐所灭，而这经卷的流入敦煌，一个可能是灭高昌麴氏
的唐军官兵掠自高昌，在回师的中途施入敦煌寺院，另一种可能，则
是在唐灭高昌后，按唐太宗的旨意：

　　　其伪王以下及官人头首等，朕并欲亲与相见，已命行军发遣
入京。③

即将麴氏王族等内迁，这位公主亦随之内迁，或许携此经卷上路，行
至敦煌，即将此经卷施入某一寺院。

作为写经题记，无疑多是祈愿之类陈辞，但也有一些如结合有关
史料加以考释，也可能得到某些新收获，得受于洛阳永明寺抄写经
疏，结合是经由居于建康祇洹寺的西域僧人主持译出，正反映了在南
北对峙下，佛学的流播，不仅仅只是宗教本身的事，也是分裂时期南
北思想文化交流的一种重要形式。正是这种特殊形式的交流，维持了
从西北到中原，直到江南人们意识的交往和信仰心理的一致，而不因

① 《旧唐书》卷一九八《高昌传》。
② 《旧唐书》卷三《太宗纪下》，商务印书馆 1958 年缩印本。
③ 《文馆词林》卷九九六《曲赦高昌部内诏》。《适园丛书》本。

政治局面的分裂产生隔阂。后一写经题记，正反映了麴朝末年，那种长期分裂割据的局面不再能维持下去的形势下麴氏王族内产生的末日感。

后记：本文为 1988 年中国敦煌吐鲁番学会第三次年会论文，并已蒙收入年会论集。时因作者忙于庶事，未遑修定。今故于此发表。

[原载《魏晋南北朝隋唐史资料》第 9、10 期合刊，《武汉大学学报》(社会科学版)增刊]

龙门石窟高昌张安题记与唐太宗对麴朝大族之政策

清陆蔚亭稿本《龙门造像目录》记有：

> 高昌张安造像
>
> 总章二年二月十日①

按：此造像题记出于龙门何所窟龛，张安所造复为何像，陆氏稿本无有记载。冢本善隆等据 40 种清至民国初年中、外著录所辑之《龙门石刻录》中，亦未见收有此题记。然陆氏所辑，当有所本。

题记中所云"高昌"，即指立国于今吐鲁番盆地的麴氏高昌王朝。而高昌张氏之内徙，与唐太宗贞观十四年平高昌国后，对麴朝大族处置之政策有关。

按该地区之汉人，本汉魏之黎庶。东晋成帝咸和二年（327），前凉王于此建高昌郡。历经前秦、后凉、西凉、北凉世。公元 460 年，柔然灭孤据高昌之北凉，立阚氏为高昌王。嗣后，张、马、麴诸氏相继立为高昌王。麴氏立国最久，共 11 王，历 140 年。历代之高昌王及其重臣，本皆是由河西走廊迁徙入高昌之大族，系汉族血统，并保持着汉族封建文化传统。麴氏王朝不仅先后与中原的北魏及北朝，而且与江南的齐、梁保持着政治、经济、文化的联系。但是，在政治上更直接的是先后臣服于柔然、高车、铁勒及西突厥。因此，高昌国的建立与存在，是在统一封建王朝瓦解（或重建初期）的这个特定情况

---

① 载《文物》1961 年 4、5 合期，第 88 页。

下，由当地大族在当时一势力强大的少数民族政权支持下，得以建立和维护的地区政权。因而在长时间的过程中，这些大族由此而得到的政治、经济特权，只要臣服一强大少数民族就可存在下去，维持住其地区政权，势必滋长他们的割据性。

有关这方面的研究，中、外学人著作颇多，笔者在此仅列举若干资料，以证其割据性的存在。

据《北史》所记：

> 和平元年(460)……蠕蠕以阚伯周为高昌王。其称王自此始也。太和初，伯周死，子义成立。岁余，为从兄首归所杀，自立为高昌王。五年，高车王阿至罗杀首归兄弟，以敦煌人张孟明为王。后为国人所杀，立马儒为王。以巩顾礼、麴嘉为左右长史。二十一年(497)，遣司马王体玄奉表朝贡，请师逆接，求举国内徙。孝文纳之，遣明威将军韩安保率骑千余赴之，割伊吾五百里，以儒居之……(后失期未果)……儒复遣(巩)顾礼将其世子义舒迎安保。至白棘城，去高昌百六十里。而高昌旧人情恋本土，不愿东迁，相与杀儒而立麴嘉为王。①

由上引可见到高昌王之废立与当时一强大少数民族之关系，及大族内部权势之争。同时，也可见到马儒之被杀，是因他向北魏政权请求"举国内徙"。而所谓"高昌旧人情恋本土，不愿东迁"，除了不排除一般居民的情绪外，更多反映了业已建立基业、并在政治上取得独占势力的大族的担心，深恐因"内徙"后，不仅要重建家园，而且高昌国割据地位的丧失，他们在割据时所得到的政治特权亦难保持。故此杀马儒，另立麴嘉为王。

————————

① 《北史》卷九七《西域·高昌传》，中华书局标点本，第3212—3213页。《魏书》缺此传，据《北史》补入。又按：有关此条记载，冯承钧氏之《西域南海史地考证论著汇辑》(中华书局1963年第2版)有考，但不涉及本文要点，故不一一注出。

根据《北史·高昌传》记载，在麴氏王朝时期，亦曾两度向北魏政权表示要求"内徙"，当时北魏政权的答复是：

> 卿地隔关山，境接荒漠，频请朝援，徙国内迁。虽来诚可嘉，即于理未帖，何者？彼之氓庶，是汉魏遗黎，自晋氏不纲，因难播越，成家立国，世积已久。恶徙重迁，人怀恋旧。今若动之，恐异同之变，爰在肘腋，不得便如来表也。

这里表明北魏政权亦知高昌王国"成家立国，世积已久"，造成大族割据局面，影响已深。如果"举国内迁"，就会造成那些深怀"旧恋"的大族起来反对，马儒被杀的局面必将重演，最终是徒劳而不成。

隋之统一与炀帝的拓边时期，麴伯雅入朝称臣纳贡，并取隋宗室女为妻。① 唐太宗世，麴文泰亦曾入朝，称臣纳贡。② 然终不见高昌王再度表请内徙之举。这里除了表明他们固然如同过去那样维持着与汉族中央政权的传统关系，以取得政治上的认可。同时，也反映了他们依然想继续维持割据的局面。

贞观年间，麴文泰虽在西突厥支持下，敢于攻击焉耆等国，但也绝无问鼎中原之心。唐太宗《伐高昌诏》，虽列举麴文泰之种种罪名，但据魏徵所言，不过是：

> 陛下初临天下，高昌王先来朝谒，自后数有商胡，称其遏绝贡献，加之不礼大国诏使，遂使王诛载加。③

所谓商胡之言，不过言麴朝要对过境之胡商征税。设若麴朝不许西来商胡道经高昌而东去唐王朝，对其税收不利。而"不礼大国诏使"，则正反映了麴文泰依倚西突厥而割据高昌的心态。

---

① 《隋书》卷八三《高昌传》，中华书局标点本。
② 《旧唐书》卷一九八《高昌传》，《新唐书·高昌传》。
③ 《贞观政要》卷九《安边》，上海古籍出版社1978年版，第277页。

正因为如此，当唐太宗下诏切责麹文泰时，文泰犹云：

> 鹰飞于天，雉窜于蒿，猫游于堂，鼠安于穴，各得其所，岂不活耶？①

麹文泰虽以鹰与雉、猫与鼠以譬唐与高昌，然犹云"各得其所，岂不活耶？"亦必反映了高昌国某些执政大族的割据心态。

吐鲁番阿斯塔那 206 号墓出土《唐垂拱四年故伪高昌左卫大将军张君夫人永安郡君麹氏墓志铭》一方，名为麹氏墓志，实则相当篇幅用以追述其卒于贞观七年（633）之亡夫张雄家世及在麹朝的显赫地位。其间云及贞观初年，麹文泰有"偷安之望"，妄图"阻漠凭沙"，与唐抗衡。张雄因"规谏莫用"，遂以"殷忧其疾"，卒于麹文泰延寿七年（时唐贞观七年，公元 632 年）。故有人因此而认为张雄反对分裂，主张统一。其实墓志之文多为谀词，何况此墓志系其妻卒于唐世所作。而高宗永徽之初，为对付西突厥，曾起用内徙之麹氏及麹朝旧时大臣之后，张雄之子张怀寂亦被任用。张氏一族亦因此而得返回旧地，从而在麹氏墓志中追述张雄生前即力主归朝，取消割据，实是夸耀张氏一族对唐王朝的忠心。若从墓志所记，张雄卒于贞观七年。而史称麹文泰在贞观四年（627）冬入朝唐廷，估计次年春始能返高昌。又据唐太宗《伐高昌诏》中所言麹文泰诸种罪状，可考者皆在贞观十年后。至于朝贡一事，据两《唐书》及《册府元龟》、《通典》等所记，直至贞观九年，麹文泰贡使基本一年一次。由是推知，张雄卒前，麹文泰与唐的关系应属正常。故墓志所记张雄拥护统一、反对分裂之事，未足为信。

当麹文泰闻讯唐发兵进攻高昌时，犹云：

> 吾往者朝觐，见秦陇之北，城邑萧条，非复有隋之比。设今伐我，发兵多则粮运不给。若发三万以下，吾能制之。加以碛路

---

① 《旧唐书》卷一九八《高昌传》，第 5295 页。《新唐书·高昌传》。

艰险，自然疲顿。吾以逸待劳，坐收其弊，何足为忧也。①

由此可见，麴文泰认为唐不如隋之强盛，秦陇凋残，无力支援大军进攻，故可"阻漠凭沙"以御之。但唐军已渡漠直抵其国门时，文泰忧惧而卒。子智湛继立，尚自割据不降。

唐军进围其"东镇城"——田地城，侯君集"谕之不降"，遂以"撞车"、"抛车"等当时重型攻城器械破之，继而进围高昌王都。此时麴智盛虽向唐认罪，犹归之于其父麴文泰，并不出降。侯君集遂令强攻：

> 因命士卒填其隍堑，发抛车以攻之。又为十丈高楼，俯视城内，有行人及飞石所中处，皆唱言之。②

而更主要的是，本来西突厥欲谷设与麴文泰有约，"有兵至，共为表里"，因而驻兵可汗浮图。但唐军克田地城，进围高昌王都时，"欲谷设惧而西走千余里"③。是故，在大军兵临城下，西突厥又惧不敢援助的情况下，麴智盛"计无所出，遂开门出降"。由此亦可见麴氏王朝之国王及重臣大族始终希望在西突厥支持下，利用自然条件的保障，以长期维持割据局面。

贞观十四年八月平高昌后，太宗下《慰抚高昌文武诏》云：

> 其有邪佞之徒，劝文泰为恶损害，彼者即令与罪，以谢百姓。自外一无所问，咸许自新。其有守忠直之节，谏争文泰及才用可称者，当令收叙，使无屈滞。今即於彼置立州县……其伪王

---

① 《旧唐书》卷一九八《高昌传》，第5292页。《新唐书·高昌传》。

② 《旧唐书》卷六九《侯君集传》，第2511页。

③ 《旧唐书》卷六九《侯君集传》，第2511页。又见《通典》卷一九一《高昌传》，王文锦等点校本，中华书局1988年版。

以下及官人头首等，朕并欲亲与相见，已命行军发遣入京。①

由上可知，太宗平高昌后，即于其地置立州县，结束了长期割据局面。对高昌国之官员，采取区别对待的政策，而麴氏王室及"官人头首"，则一律内徙。后者必包括有当地的大族。

由于史籍记载的缺乏，除麴氏王室外，"官人头首"包括哪些家族不清。但据吐鲁番出土墓志，我们知道有张氏一族。据前引张雄妻麴氏墓志及张怀寂墓志，知张雄虽早已逝世，然其妻及未成年之子皆已在内徙之列。今据《唐永隆二年张相欢墓志》②，知非是张雄一支的张相欢亦内徙。在出土墓志，如张礼臣、张团儿等墓志，皆见内徙记载，均非张雄一支。足见张氏一族各支多为麴朝"官人头首"。张氏当属内徙之列。

麴朝"伪王以下及官人头首"内徙后，迁居内地，史无记载。据罗振玉所获出土墓志，知麴氏居洛阳。又据前引《张相欢墓志》所记：

城宾之际，投化归朝……蒙补怀音队正。

又据《张团儿墓志》记：

大唐□历，抽擢良能，授洛阳怀音府队正。③

《新唐书·地理志》称洛州有折冲府39，其一为怀音府。又据《唐两京城坊考》称怀音府在洛阳外郭城之宣教坊内，④ 其"地团"当不止一宣

---

① 《文馆词林》卷六六四，《适园丛书》本。岑仲勉《西突厥史料编年补阙》（载《西突厥史料补阙及考证》，中华书局1958年版）考云"当今"应作"当令"，"谅宜"应作"量宜"。

② Stein：《INNERMOST ASIA》，Lxxr AST. 010ASTANA。

③ 藏新疆博物馆。

④ 参见徐松撰，张穆校补，方严点校：《唐两京城坊考》卷五，中华书局1985年版。

教坊。由此可知，张氏内迁后，居于洛州外郭城宣教坊一带。

对于留居高昌旧地的大族及麹朝官吏如何处置，前引《慰抚高昌文武诏》中，仅有原则一句：

> 朕为人父母，无隔新旧。但能顾守忠款，勤行礼法，必使尔等永得安宁。

但据太宗《巡抚高昌诏》云：

> 高昌旧官人并首望等，有景行淳直及为乡间所服者……景拟骑都尉以下官奏闻。庶其安堵本乡，咸知为善。彼州所有官田，并分给旧官人、首望及百姓等。①

这个诏令中关于授予勋官的执行，也为吐鲁番出土墓志所证实。根据《唐永徽三年王欢悦墓志》及《唐乾封三年（667）王欢悦妻麹氏墓志》，知王欢悦为麹朝殿中将军，又与王族麹氏通婚。志云：

> 属大唐启运，泽被西州，首望乡官，诏赐骁骑之尉。②

又据《唐贞观廿一年唐武悦墓志》记武悦本为麹朝兵部参军。志云：

> 属大唐统驭，泽及西州，蒙授云骑尉。③

按《旧唐书·职官志》载：

---

① 《文馆词林》卷六六四，前引岑仲勉氏文，此"景拟"为"量拟"之讹，然岑考此诏作于贞观二十二年底或二十三年初则非。

② Stein：《INNERMOST ASIA》，CXXVII. Ast. ix. II XXV Ast. ix. 1. 03AS-TANA。

③ 参见《新疆文物》，文物出版社1973年版。

四转为骁骑尉，比正六品……二转为云骑尉，比正七品。

可知唐据麹朝政权中官员品位高低，从而授予不同品级的勋官。是否同样授予勋田，史无所载。但勋官的授予，表明唐王朝对他们的笼络，并在一定程度上满足他们的政治心理要求。正是唐太宗考虑到高昌长期割据的历史，因而形成某些大族头领的割据心理，故在平高昌后，将麹氏王族及"官人头首"全部内徙、安置于洛阳，以便就近控制，同时允许他们在唐政府内充当官吏。前引张团儿等墓志，知皆已入折冲府任下级军官。张怀寂亦官至州司马。而对留在旧地的"旧官人并首望等"则给予某种安抚，使之"安堵本乡"。正因为如此，太宗既消灭了可能出现的分裂割据的苗头，同时又安定了西州的局面。

高宗永徽之初，西突厥阿史那贺鲁叛乱，复又起用内徙麹氏王族及"官人头首"。以麹智湛为西州都督，"以统高昌故地"①。张氏一族各支多返归故里。《张怀寂墓志》称：

永徽之初，再怀故里，都督麹智湛以公衣缨重望，才行可嘉……奏授本州行参军。②

张团儿墓志称其归高昌后，授交河县尉。同时，又启用留在高昌旧地未内迁之麹朝官吏，前引《王欢悦妻麹氏墓志》称：

至都督归国，知湛部分，强干灼然，遣摄天山县丞。

从而表明高宗在太宗处置麹朝"官人头首"及当地大族取得成效的基础上，进一步发挥他们巩固唐边陲地区的作用，与西突厥争夺"西域"的控制权，保护河西走廊。

---

① 《册府元龟》卷九九一《外臣部·备御四》，中华书局 1982 年版；又见两《唐书·高昌传》。
② 罗振玉：《西陲石刻录》，原志今藏新疆博物馆。

内徙的张氏一族各支，正是在这样的背景下，于永徽初复又迁回高昌。而张安造像题记表明，张氏依然有人留居洛阳不归。吐鲁番出土洛州寄达西州的书函也证实了这一点。但作为整个高昌地区大族而言，已失去了旧时显赫的政治地位。在唐朝中央不见有高昌地区的大族人物充任高官。麹智湛虽在永徽二年（651）任西州都督，但至迟在麟德二年（665）已是崔智辩任都督。① 张怀寂最高不过做到武威军之总管。张氏一族其他人员，则所见均在折冲府中充任各级军官，已不复再有当年的显赫地位。作为张氏一族，据吐鲁番出土墓志所载，凡在麹朝时所撰墓志，皆称"敦煌"人，入唐之后墓志，皆称"南阳白水"。《张安题记》中，既不称"敦煌"，又不用"南阳白水"，而行用"高昌"，似乎亦反映了由于统一，从而失去了过去政治经济特权，由此而产生怀旧感。

（原载黄约瑟、刘健明合编《隋唐史论集》，香港大学亚洲研究中心 1993 年版）

---

① 《新唐书》卷三《高宗纪》，中华书局标点本。

唐代"手实"制度杂识
——唐代籍帐制度考察

有唐一代籍帐制度，因得力于敦煌、吐鲁番两地唐代文书的发现，故能结合文献资料，考究其制度之原貌。笔者数年前在参加吐鲁番出土文书整理过程中，曾就籍帐制度中的一些问题进行探索，"手实"制度即其一则。但由于一些原因，未能发表。目前国内外学者对此问题已有研究发表，① 故今亦无须重复赘述，此处仅作些拾遗补阙之事，略述一二。

关于"手实"的制定，根据文献资料，固然由各户户主申报，而里正等胥吏在制定过程中，也起很大作用。这一点，在出土文书中亦可见到有关记载。吐鲁番阿斯塔那 35 号墓所出《唐永淳元年(682)西州高昌县下太平乡符为检兵孙海藏患状事》内，记唐高宗仪凤四年(679)波斯道行兵孙海藏因征途中病发，不堪前行而被安置在交河县地休养。

> 今造手实，巡儿恃(持)至。②

这里表明，在造手实之际，官府还派有"巡儿"搜索，此处的"巡儿"，

---

① 参见池田温：《中国古代籍帐研究(概观·录文)》概观第 3 章《唐代的造籍：手实与计帐》。宋家钰：《唐代手实初探》，《魏晋隋唐史论集》第 1 辑，中国社会科学出版社 1981 年版。宋家钰：《唐代的手实、户籍与计帐》，《历史研究》1981 年第 6 期。

② 引自杨德炳：《关于唐代对患病兵士的处理与程粮等问题的初步探索》，《敦煌吐鲁番文书初探》，第 487 页。

98

至少是指造手实的里正与"书手",可能还有其他胥吏。他们在造手实时,不仅仅只是被动地根据当地土著居民的申报来填造手实,同时还要搜检当地当时所有客寓之人。因而留在交河县养病的孙海藏虽系高昌县人,此次亦有军中所给患病留养之"公验",并由当军长官牒文,"具患状牒州,州符下县收捉讫",但遇上造手实时,依然不免被"巡儿"捉去,进行反复调查,因此,在造手实的过程中,也可说是同样具有类似"括客"的职能。

其次,手实的制定固然首先由各户户主申报户内人口的姓名、性别、年龄等,但也非由户主任意申报,而这一切首先取决于"团貌"。唐制规定县令的职掌:

> 所管之户,量其资产,类其强弱,定为九等。其户皆三年一定,以入籍帐。若五九(谓十九、四十九、五十九、七十九、八十九)、三疾(谓残疾、废疾、笃疾),及中丁多少、贫富强弱、虫霜旱涝、年收耗实、过貌形状及差科簿,皆亲自注定。①

又据武周延载元年(694)八月敕:

> 诸户口计年将入丁、老、疾应免课役及给侍者,皆县亲貌形状,以为定簿。一定以后,不得更貌。疑有奸欺者,听随事貌定,以付手实。②

以上两条史料结合起来,我们可以看到作为县令最重要的工作之一,就是"亲貌形状",或云"过貌形状"。其内容则是"诸户口计年将入丁、老、疾,应免课役及给侍者",并"以为定簿",即指制定"貌定簿"。完毕后,则"以付手实"。

---

① 《唐六典》卷三〇《京畿及天下诸县令之职》条。
② 《唐会要》卷八五《团貌》,商务印书馆 1962 年版;《册府元龟》卷四八六《邦计部》,中华书局 1982 年版。

至于"团貌"（亦称"貌阅"）时间，根据唐玄宗开元二十九年（741）三月二十六日敕：

> 天下诸州每岁一团貌，既以转年为定，复有籍书可凭，有至劳烦，不从简易，于民非便，事资厘革。自今已后，每年小团宜停，待至三年定户日，一时团貌。①

可知在开元二十九年以前，每年皆"团貌"一次。大约这类团貌不过是按照旧记载"以转年为定"，复凭藉所造户籍，在推算中制定新的"貌阅簿"，而无须县令去亲自"过貌"、"亲貌"，因而称为"小团"，以区别于每三年定户等时进行的"团貌"。故而玄宗决定废除这种并无多大实际意义、仅据推算而进行的"小团"，从而改为三年一次。

但是，根据天宝九载（750）十二月二十九日敕：

> 天下郡县，虽三年定户，每年亦有团貌，计其转年，合入中男、成丁，五十九者，任退团貌。

似乎前引开元二十九年三月二十六日敕书中，关于停止每年"小团"的规定，后来又取消了，依然恢复到每年一次"团貌"。"团貌"后所制定的"簿"，"以付手实"，也即是作为制定手实的依据。这一点，在手实中关于"年"的记载，自不待言。关于"疾"的情况，从吐鲁番出土的《武周载初元年高昌县宁和才等户手实》中所记，亦可见到有关记载：

> 户主王隆海　　年伍拾壹岁　笃疾

这里王隆海所申报的"年"与"状"，很显然并非个人任意所云，而是"貌阅"的结果。因此，手实制定最根本的前提是"貌阅"，"貌定簿"

---

① 《唐会要》卷八五《团貌》。

是直接为制定"手实"提供"年"与"状"的根据。

如上所云，"貌定簿"是制定"手实"的重要根据，而户籍又是据手实等制定的。因此，"貌定簿"并不直接与"户籍"发生关系。《唐会要》卷八五籍帐所记：

> 诸户籍三年一造，起正月上旬，县司责手实、计帐，赴州依式勘造。

这里提到的定户籍所凭藉的诸种文簿中，并无"貌定簿"一项，而事实上主要是手实。但在敦煌、吐鲁番两地出土的唐代户籍中，于户内人名、年龄下，往往见到"貌加"及"貌减"的脚注记载，今试举两条如下：

> _____拾陆岁　中男　证圣元年籍玖岁万岁通天贰年帐后貌加_____
> 姑汉足　年柒拾玖岁　老寡　开元拾陆年籍柒拾玖其帐后貌减三年就实

前条出《武周万岁通天二年帐后柳中县籍》，后条出《唐开元十九年柳中县高宁乡籍》，其中都记载了在某年经过"貌阅"而重新加、减年岁。这里似乎表明了"貌阅"的结果，直接提供给户籍作修改人之年岁的依据。但前引延载元年八月敕中已云貌阅毕，"一定以后，不得更貌。疑有奸欺者，听随事貌定，以付手实。"这表明除了按法令规定的年限"貌定"外，如发现有可疑的，也可随时进行"貌定"。上述两例则应是在造籍帐之后，发现有可疑之处，而后经过"貌阅"，发现有以减年的手段，由中男降为"小男"；有以增年的手段，以入 80岁的界限，故经过"加"和"减"而"就实"。这种"随事貌定"的结果，依然是"以付手实"，而不是"户籍"，故上面两籍中的"貌加"与"貌减"，依然是据手实的结果改动的。所以说，手实的基础是"貌阅"。当然不仅只是如此，在制定时，还与官、勋授受的"告身"，土地授受之"给田簿"等有密切关系，但最主要的还是"貌阅簿"。

关于手实制定的年限问题，史无明文记载。吐鲁番所出唐代手实虽有 7 件，但大多缺少纪年，亦难排出明显的时代顺序。《新唐书》卷五一《食货志》记：

> 凡里有手实，岁终具民之年与地之阔狭，为乡帐。乡成于县，县成于州，州成于户部。又有计帐，具来岁课役，以报度支。

这段记载颇难理解，当有讹脱之处。而且这里涉及到手实、乡帐、计帐三者的关系，颇为复杂，只有留待另文专门讨论。这里所要解释的只是手实制定的年限，故只能简单指出唐代有计帐、乡帐之制，一年一造，县据下属各乡之乡帐，造一县之计帐，再由州总合属县之计帐，造一州之计帐，申送户部。《通典》引开元赋役令云：

> 诸役课，每年计帐至尚书省，度支配来年事，限十月三十日以前奏讫。

可知计帐类似一种财政预算收入统计，而它是据诸乡所造乡帐综合而成。计帐每年一造，乡帐当然也是一年一造。这一点，吐鲁番所出高昌县诸乡户口帐中也可见到。在造帐的诸里正保证辞中，最后皆记如下词句：

> 牒件通当乡去年帐后已来新旧……①

表明乡帐一年一造，本年所造，应反映上年造帐之后的新变化，如户与口之增减等，故云"通当乡去年帐后已来"。

---

① 唐长孺：《吐鲁番出土文书》第 4 册，所载诸乡户口帐皆有残缺，本文此处词句系据诸件残文合拟而成。

　　既然乡帐、计帐都是一年一造，以反映每年课役对象数字的变化，那么，作为最基本依据的手实，就不能不反映每年的新变化，因而也应是每年一造。因此上引《新唐书》上的有关记载，可以理解为每年岁终造手实，在此基础上，制定一乡之乡帐。吐鲁番阿斯塔那古墓葬区所出《唐西州高昌县顺义乡诸里帐（草）》中有一种很有趣的记数法，今仅摘抄该乡和平里统计如下：

和 平

老 户 尚　　　　　寡户 |

丁户 尚尚尚尚尚尚尚尚　　小户 户

次户 | ①

很显然，这是按手实作乡帐统计时，分别统计老、丁、中、小、寡诸户的总数，用"尚"字作筹，犹如今之划"正"字。一个"尚"字代表"十"的计数。②

　　前面讲到"貌阅"制度时，表明至少在开元二十九年以前，天宝九载之后，每年皆有一次"团貌"。因团貌结果还要"以付手实"，似亦可表示手实每年一造。因此，这里也反映了手实的作用，它不仅为每三年一造的户籍提供最主要的依据，同时还为每一年一造的乡帐提供每年户口新、旧、老、小、良、贱、见输、白丁等变化情况。

　　根据户令，唐代户籍是三年一造。而三年内人户的某些变化，如前所云"貌加"、"貌减"之类，也是据手实而作更动。因此，反映每年变化的首先是手实。而须了解每年变动以确定"来年课役"的计帐、乡帐，也必然是依据一年一造的手实。假如说计帐、乡帐是一年一造，而手实如同户籍一样，是三年一造，则手实并不能反映每年的变

---

　　①　唐长孺：《吐鲁番出土文书》第 4 册，文物出版社 1983 年版，第 83 页。原件有勾划符号，因排版有困难，故略去。

　　②　参见蒋礼鸿：《敦煌变文字义通释》，上海古籍出版社 1981 年增订本。

化，它只能反映三年内的变化，据此而造的乡帐、计帐必然不能反映每年的变化。所以每年一造乡帐与计帐，也就必然要求每年一造手实。在吐鲁番出土文书中，我们见到《唐载初元年西州高昌县宁和才等户手实》，据记该手实作于载初元年一月。据《旧唐书》卷四《武则天本纪》云于永昌元年（689）十一月，依周制，改元为载初元年正月，十二月为腊月，寅月为一月。该手实造于载初元年（690）一月，干支为庚寅。而《唐六典》卷三户部云每定户以中（仲）年（子、卯、午、酉），造籍以季年（丑、辰、未、戌），庚寅既非定户之年，亦非造籍之年，此亦可证非是三年造籍之时方才造手实。

根据唐令规定：

> 诸州县籍、手实、计帐当留五比。①

则手实在制定后，并非在为计帐、户籍制定提供依据完毕后，即刻销毁，而是如同户籍、计帐等一样，保存在州、县的"籍坊（库）"中。如是这样，则次年另造手实时，并不与去年手实原卷接触，而是另外重新书写一份。在前面已提到的载初元年宁和才等户手实中，我们发现了一些有趣的记载，这份手实纸质好，书写工整，背面骑缝盖有高昌县之印，是目前吐鲁番出土手实中保存最完整、记录户数最多的一份，在该手实的第一段中记载：

> 户主宁和才牵（年）拾肆岁
> 母赵牵伍拾贰岁
> 妹和忍牵拾叁岁
> 　　右件人见有籍
> 姊和贞　　牵贰拾贰岁
> 姊罗胜牵拾伍岁
> 　　右件人籍　后死

---

① 《唐六典》卷三《户部》。

这里提到的"籍",我认为至晚应是永昌元年(689)所造,该年干支为己丑,适逢造籍之年,但目前尚未发现实物。根据出土文书,我们知道垂拱二年(686)造过籍,手实中的"籍"也可能是指后者。大约到了载初元年造手实时,因宁和才与其母、妹尚健在,且无脱漏户籍,故注"见有籍"。然其二姊可能死于永昌元年造籍之后,故注"籍后死"。

在该手实的第八段内:

> 父婆子　車(年)伍拾玖岁　职资
> 　　　右件人籍后死
> 妾罗車贰拾玖
> 男思安車壹岁
> 女元竭車贰岁
> 　　　右件人漏无籍
> 女保尚　如意元車九⑤(月)上旬新生附

本段中所提及的"籍后死",应同前引所记相同,皆指在上次造籍后发生亡故,记入本次所造手实中。"漏"据唐律,即指"漏口",① 此处指妾罗等三人在上次造籍时未附,到本年造手实时始发觉原"漏无籍",故将妾罗等三人登上手实,并于后注明原因。

但是,这里引人注意的则是女保尚名下脚注:

> 如意元年九月上旬新生附。

按武则天于天授三年(692)四月朔改元如意,九月庚子又改元为长寿。如意元年干支为壬辰,上距本手实制作之时约3个年头。据前考,手实在造毕后,亦同户籍一样,保存15年,但本件却记入了三年后之事。如意元年干支为壬辰,适逢造籍之年,何以不作当年新手

---

① 《唐律疏议》卷一二《户婚·里正不觉脱漏增减》条疏议曰。

实，而在前三年已入籍坊保存之旧手实中补记当年之事？

我们以阿斯塔那出土的贞观十四年（640）李石住、安苦呵延等户手实及其他贞观年间残手实与载初元年手实作比较，就可发现二者文书书写格式有一不同之处，前者在书写户内人名年龄之后，紧接着书写土地授受情况（包括已受未受数，以及已受田地的段、亩数与四至），其后紧接着书写保证辞，三项之间，并无特别的空隙出现。相反，后件手实在与之相同的三项之间，保留有相当的空隙。这种现象的出现，绝非是毫无意义的。我们知道，唐代推行着一套严格的籍帐制度，不仅有种种的法令条文，而且各类籍帐书写的程式亦有严格规定。《唐会要》卷八五籍帐门所引唐开元十八年（730）十一月敕云：

> 诸户籍三年一造……有析生新附者，于旧户后，以次编附。

这虽是开元十八年敕，但关于三年——造籍以及"析生新附"的规定，就是重申旧制。由此推测，在载初手实中出现不同于贞观手实的变化，正是为了今后发生"析生新附"以及土地因授受而有增加时，留有空白，供"以次编附"之用。因此，发生在如意元年九月上旬的"析生新附"便编附入载初元年一月所造的手实中了。

由此，我们推测手实是每年一造，在贞观年间手实甚至还是每年重新编造一份。大约最迟在武周载初元年造手实时已发生上述的变化，表明每年造手实时，未必都重新编造一份，而是在此前所造手实中所保留的空白处，填入新的变化。至于要到何时再重作一份，由于史无记载，目前出土文书亦尚不完整，故不知其制度，尚留待于今后考古发掘的新发现去解决。

在手实中，特别是在贞观十四年手实中，我们还看到户主所作保证辞中，都有如下一句：

> 牒被责当户手实具注如前，更无加减，若后虚妄，求依法受

罪，谨牒。①

"加减"二字，在唐律中则写作"增减"。"加"、"增"二字义同，自不待辩。唐律中还进一步指出，"增减"即"增减年状"。该条之注则云"年状"即"谓疾、老、中、小之类"。而该条律文的疏议更明确指出其义即：

> 增年入老，减年入中、小及增状入疾。其从残疾入废疾，从废疾入笃疾，废疾虽免课役，若入笃疾，即得侍人。②

很明显，律文正为手实中的保证辞——保白作了详尽的说明。突出"更无加减"，也即是保证该户内无有"增减年、状"之事发生。我们知道，唐初行均田及租庸调之制，故重"以人丁为本"，这一点在籍帐制度中尤为明显。封建国家只有控制最大量的直接生产者，才能保持封建赋役剥削得以实现。这里除了一个数量的问题外，特别重要的还有一个是否能够承担赋役剥削的问题，这就和直接生产者的"年"和"状"有关了。

前引《唐六典》卷三〇中提到的必须由县令"亲自注定"的有"五九"及"三疾"两项，所谓"五九"，这条注文中云："谓十九、四十九、五十九、七十九、八十九。"而武周延载元年八月敕中虽未言及"五九"之数，但指出"诸户口计年将入丁、老、疾应免课役及给侍者，皆县亲貌形状，以为定簿"。显而易见，"五九"、"三疾"是与入丁、老、疾，及是否承担课役等有密切关系的，故唐律中严格规定：

> 脱口及增减年状（谓疾、老、中、小之类）以免课役者，一口徒一年，二口加一等，罪止徒三年。其增减非免课役及漏无课

---

① 参见唐长孺《吐鲁番出土文书》第4册所载，贞观年间诸手实中保证辞皆不完整，本文所记，系就各手实残片合拟而成。

② 《唐律疏议》卷一二《户婚·脱户条》，第232页。

役口者，四口为一口，罪止徒一年半。即不满四口，杖六十（部曲、奴婢亦同）。①

贞观年间手实的保证辞中所云"更无加减，若后虚妄，求依法受罪"，应即指依上述之法，因而"加减"之中，法律尤重"免课役"这条，所以县令在定"五九"、"三疾"时，就要亲自出马，以貌形状了。

关于唐代的丁、中以及均田、赋役制度，据《唐六典》云：

> 凡男女始生为黄，四岁为小，十六岁为中，二十有一为丁，六十为老……凡给田之制有差：丁男、中男以一顷（中男年十八已上者，亦依丁男给），老男、笃疾、废疾以四十亩……课户每丁租粟二石，其调随乡土所产绫、绢、绝各二丈，布加五分之一……凡丁岁役二旬。②

据上，可知"年"、"状"与授田及赋役制度有着密切关系。不仅如此，而且法律条文中许多条款的执行，亦与之关系密切。以下仅就"五九"、"三疾"与封建赋役关系，进行大略的说明。

所谓"十九"，据前引《唐六典》条文，应是中男。唐制十六至二十皆为中男（玄宗世又提高成丁年龄），但中男却因年岁不同而又有不同待遇，故在乡帐统计中是有区别的。吐鲁番出土文书中有如下记载：

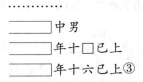

```
………………
□□□□中男
□□□□年十□已上
□□□□年十六已上③
```

---

① 《唐律疏议》卷一二《户婚·脱户条》，第232页。
② 《唐六典》卷三《户部》。
③ 64TAM5：97（a）、102（a）、67（a）。

....
□□□□□□□□□□口一十一年十八已上①
....

据后一条，知上条"年十□已上"句之脱文，应是"八"字。乡帐中作出中男总计项下，还区分十八以上、十六以上两项，正是因为考虑到其与授田等有关系，故有此举。十八岁以上中男即同丁男一样授田，是否同样承担租调及役的负担，令文中并未明言。但据《唐六典》这段引文，在讲"给田之制"时，丁、中男并列，均受田一顷，且加注说明中男限十八岁以上，依丁男给。而后面讲租调及役时，皆明言按丁征，似已将同样受田之十八岁以上中男排除在外。犹如令文中关于老男、笃疾、废疾、寡妻妾授田若干，但亦不承担丁男所承担的租调及役。又据唐开元二十五年(737)户令云：

> 诸户主皆以家长为之，户内有课口者为课户，无课口者为不课户，诸视流内九品以上官及男年二十以上，老男、废疾、寡妻妾、部曲、客女、奴婢，皆为不课户。②

按文中"男年二十以上"之"上"字，应为"下"字之讹，"皆为不课户"之"户"字，应为"口"字之误，这里正表明"二十以下"的中男亦属不课口。在吐鲁番文书中，亦可找到证据，今摘录部分录文如下：

（前缺）

1□二

2□二职 资

3□一领 岸 头 府旅帅

---

① 64TAM5：94(b)、100(b)。

② 《通典》卷七《食货》。

4□□□官□骑尉

5 _____中男

6 _____年十□已上

7 _____年十六已上

8 _____ 男

9 _____ 男

（后缺）①

本件前后俱缺，行6"十"字下缺文，前已考应为"八"字。又行8、9俱缺损过多，只残剩一"男"字，但参照其他乡帐，知中男后为"小男"、"黄男"二项。此件虽残损，不知作何统计，但将"中男"与"黄男"、"小男"以及"职资"并列，显然是里正在造帐时，按相同类项归纳统计在一起的。在唐代小男、黄男不属授田对象，同时也不承担赋役，作为二职资（一为折冲府旅帅，另一虽有脱文，但亦知必为勋官无疑）虽授田，但都属于不课口。② 既然十八岁以上中男与不课口同在一统计之内，表明了他们尽管如同丁男那样受田，却又不交租调及承担正役。当然，就上引开元二十五年户令及吐鲁番出土乡帐所记，还有许多问题，只能留待下篇讨论"乡帐"制度时，再一一仔细探讨。

但是，十八岁以上中男亦并非不承担任何封建剥削，至少在徭役上，虽不承担正役，但也要服若干色役。据《通典》卷三五职官门所记：

诸州、县不配防人处，城及仓库门各二人；须守护者，取年十八以上中男及残疾，据见在数，均为番第……每番一旬……满五旬者，残疾免课调，中男免杂徭……总谓之门夫。

---

① 64TAM5：97（a）、102（a）、67（a）。
② 唐长孺：《唐西州诸乡户口帐试释》，《敦煌吐鲁番文书初探》。

由此可见，中男十八岁以上者，不仅不服正役，而且因充门夫"满五旬"，还可免杂徭，而残疾则是免"租调"，由此亦可见中男不交租调。

前面讲到唐制二十一岁成丁（天宝三载后改为二十三岁成丁），许多授受征免提到的年龄界限往往是十八以上，二十以下，因此在"五九"之中首先重"十九"，就和进丁以及是否承担赋役有密切关系了。因为丁男既是均田对象，又是赋役的承担者，故封建国家首先要注意把成丁之中男及时纳入丁男中去，同时也要注意防止"减年入中"，故重"十九"之岁，并由县令亲自"过貌"。

所谓"四十九"，本在丁男之限内，似无甚特殊之处。但据《唐会要》卷八五团貌门引高宗开耀二年（682）十二月七日敕云：

> 百姓年五十者，皆免课役。

按高宗于开耀二年二月癸未改元永淳，此处云开耀二年十二月七日，必有误。又据高宗弘道元年（683）十二月四日遗诏云：

> 永徽以来入军，五十者并放出军，天下百姓年五十者，皆免课役。①

按前条开耀二年十二月七日，疑即后条之误，若是弘道以前，已有五十即免课役之定制，则次年高宗临终时所作遗诏自无必要再申旧制。又遗诏之类蠲免规定，皆是临时措施，未必即成常制。至中宗神龙元年（705），韦后为收买人心，曾提出百姓二十二岁成丁，五十八岁免役。② 若是旧制已定五十岁免课役，而韦后所请年龄为五十八岁，且只免役，不及于课。因而较前者而言，不是减轻而是加重。由此亦可

---

① 《唐大诏令集》卷一一《大帝遗诏》。

② 《通典》卷七《食货门·丁中条》；又《唐会要》卷八五《团貌门》记"五十九免役"。

见高宗遗诏所云，实是临时措施。韦后改变成丁及免役年限，亦因景云元年被杀，复行旧制。

又据《资治通鉴》卷二一〇记玄宗开元元年（712）正月己亥上皇（睿宗）诰云：

> 卫士自今二十五入军，五十免。

似是五十岁即可免军役，但《唐六典》、《唐会要》有关部分所记，皆"六十乃免"，又《资治通鉴》卷三一二开元八年（720）条记开元八年敕云：

> 役莫重于军府，一为卫士，六十乃免。

可见睿宗之诰亦未实行。尽管如此，我们可以见到许多临时性的蠲免，在"年"的规定上往往都是以"五十"为界限，故此必重"四十九"，以防人"增年入五十"。

所谓"五十九"，据前引武德令，六十为老，又据文献及出土文书中的户口帐及户籍，可知老男皆为不课口，不再承担租调及正役，但据敦煌所出天宝某年差科簿的统计，老男仍服差科。据池田温教授统计，从六十到七十，皆服差科。但比较丁男而言，所承担的封建赋役无疑要轻，所以重"五十九"也就是要注意掌握控制"入老"的关键年龄，以防诈伪"增年入老"。前引天宝九载十二月二十九日敕云团貌事，至"五十九"后，即可不再列入"团貌"的对象了。

所谓"七十九"，为入"八十"之关键，所谓"八十九"，为入"九十"之关键，在唐代均属不课口，这一点自不待言。但之所以如此提出，作为"五九"之数，自有其缘故。据唐令所制定的日本《养老令》、《大宝令》中之户令部分，皆有相同之记载：

> 凡年八十及笃疾，给侍一人；九十，二人；百岁，五人，皆先尽子孙。若无子孙，听取近亲。无近亲，外取白丁。若欲取同

家中男者并听。①

表明年入八十、九十就可分别享有不同数量的"侍丁"优待。侍丁是取白丁充当，一旦充侍之后，"依令免役，唯输调及租。"②在吐鲁番出土的诸乡户口帐中，我们还看到"侍丁"与佐史、里正之类杂任，以及卫士等，同列于"不输"的记载。③ 因此，在给侍的问题上，不仅仅是限于年龄达到多大，能享受给侍几人的待遇，而且直接涉及国家赋役的征收。故重"七十九"、"八十九"。

至于"三疾"，唐《三疾令》云：

> 户令：诸一目盲、两耳聋、手无二指、足无大拇指、秃疮无发、久漏、下重、大瘿肿之类，皆为残疾。痴哑、侏儒、腰折、一肢废，如此之类，皆为废疾。癫狂、两肢废、两目盲，如此之类，皆为笃疾。④

这里是按照丧失劳动力及生活能力的程度不同来区别"三疾"的。日本仿唐令制定的《养老令》及《大宝令》几乎全文照抄唐令。有关"三疾"的区分，亦是与承担封建赋役剥削的多寡，以及是否享有"给侍"优待有密切关系。根据《唐律疏议》、《唐六典》、《通典》以及唐人贾公彦对《周礼》所作之疏，我们可知残疾免除正役，但服杂徭、差科（如充门夫、烽子之类），并纳租调。废疾及笃疾课役俱免，而且笃疾还可享给侍的优待。

事实上，"年"与"状"不仅与承担封建赋役与否及多寡上有直接关系，而且与法律的执行有密切关系，集中反映在《唐律疏议》中有关量刑轻重，以及各种减免，如"请"、"减"、"赎"的条文，莫不与

---

① 吉川弘文馆本《令集解》第270页、《令义解》第94页。
② 《唐律疏议》卷三《名例三·犯死罪非十恶》条疏议。
③ 唐长孺：《唐西州诸乡户口帐试释》，《敦煌吐鲁番文书初探》。
④ 《白氏六帖》事类集卷九，疾三一引《三疾令》。

人之"年"、"状"有密切关系，这就要依据户籍的记载了，据唐律记载：

> 称人年者以籍为定。

该条疏议则云：

> 称人年处，即须依籍为定。假使貌高年小，或貌小年高，悉依籍书，不合准貌。籍既三年一造，非造籍之岁，通旧籍计之。①

唐人重户籍，必重手实。只有在一个登载完备准确的手实基础上，才能建立一个完备而又准确的户籍，因此封建国家要用种种法律手段强制百姓申报如实，手实中的保证辞云"更无加减，若后虚妄，求依法受罪"，就是最直接的证据。

（原载《魏晋南北朝隋唐史资料》第 5 期，1983 年内部交流）

---

① 《唐律疏议》卷六《名例》。

唐代"点籍样"制度初探

——吐鲁番、敦煌两地出土"点籍样"文书的考察

在吐鲁番阿斯塔那古墓葬区 1963 年至 1965 年众多的考古发掘与清理工作中，编号为 64TAM35 号的墓葬，无疑是令学人最为瞩目的一个唐墓。该墓出土文书经整理、编目，总计达 41 件之多。且大部分文书并非拆自利用"故纸"制作的死者服用之物，诸如冠、带、靴、鞋之类，而是多为营墓者有意识择其与死者生前经历有关之公、私文书，卷成一束，置于墓内。此种显示死者生前身份的做法，在吐鲁番出土墓葬之中，并不罕见。这就为我们保留了较为完整、内容丰富的文书资料。该墓所出如《武周载初元年西州高昌县宁和才等户手实》、《武周某年先漏后附部曲、客女、奴、婢名籍》，以及本文将要探讨的《唐神龙三年西州高昌县崇化乡点籍样》，都是长达两米左右的卷子。以愚之管见，除了 72TAM506 号张无价墓因出土有纸棺、纸褥，而以文书众多且完整著名于世外，目前恐尚无与之匹敌的墓葬。

承主持该墓发掘、并执笔撰写发掘简报的李征先生见告：由于灌溉渠水浸蚀，该墓行将崩塌，匆匆冒险抢救，未发现墓志及衣物疏。从出土文书所见，应为史玄政之墓无疑。李征先生多年从事吐鲁番地区田野考古发掘及研究工作，建树颇多。他的真知灼见，为我们的研究工作提供了许多重要线索。

据该墓出土文书中有关记载，我们可以大致了解到史玄政的经历如下：

唐龙朔三年（663）任崇化乡里正；①

---

① 64TAM35：23《唐西州高昌县崇化乡县里正史玄政纳龙朔三年粮抄》，唐长孺：《吐鲁番出土文书》第 7 册，文物出版社 1986 年版，第 387 页。

唐咸亨五年(674)任竹秀武队队佐;①

唐永淳元年(682)为西州高昌县委派下太平乡,巡检百姓按户等储粮事;②

唐垂拱三年(687)以"前里正"身份管理逃户土地出租;③

唐圣历元年(698)以"前官"身份管理"四角陶(萄)"。④

这里是据文书中确有纪年者,择出排比,以见史玄政之经历。但因该墓无墓志及衣物疏,故不知其生卒年月。今欲据上引资料,作一初步推断。

按唐制:

> 诸里正,县司选勋官六品以下、白丁清平强干者充……无人处,里正等并通取十八以上中男、残疾等充。⑤

上引文书既称史于咸亨五年任队佐,故必非是"残疾"明矣。则其于龙朔三年任里正时,至少已有18岁。又后11年,为咸亨五年,史玄政至少已有29岁。至迟于此时已从戎旅,任队佐。按唐制,唐府兵最基层编制单位为队,队有队正、队副,各为正九品下及从九品下。⑥ 队佐之名,不见史籍记载。但据该件文书,知必在队副之下,尚未入流,详考可见孙继民同志的文章。⑦ 又后8年,为永淳元年,史至少已有37岁。至迟此时史已退伍,故得为高昌县委派下太平乡

---

① 64TAM35:30《唐咸亨五年张君君领当队器仗等抄》。

② 64TAM35:24《唐永淳元年西州高昌县下太平乡符为百姓按户等贮粮事》。

③ TAM35:20《唐垂拱三年西州高昌县杨大智租田契》。

④ 64TAM35:40(a)《圣历元年前官史玄政牒为四角官萄已役未役人夫及车牛事》。

⑤ 《通典》卷三《食货典·乡党》。十通本。

⑥ 《旧唐书》卷四二《职官志》。中华书局标点本。

⑦ 孙继民:《跋〈唐垂拱四年队佐张玄泰牒为通当队队陪事〉》,《敦煌吐鲁番文书初探(二编)》,武汉大学出版社1990年版。

巡检百姓按户等储粮事。又后 5 年，为武周垂拱三年，史至少已有 42 岁。史以其"前里正"身份管理逃户土地出租。因其在高宗龙朔三年前后曾任里正，故得称"前里正"。又后 11 年，为圣历元年，史至少已有 53 岁。史以"前官"身份管理"四角陶（萄）"。按"前官"，即唐户籍中脚注之"职资"，本指"前职前官"，或许史玄政身从戎旅，于咸亨五年任队佐之后，复得升迁，获有品秩，而又于永淳元年前（或当年）退伍，故得称"前官"。而此种人例为县司所用，分派执掌诸色杂事。同墓所出《武周载初元年西州高昌县宁和才等户手实》，以及《武周某年先漏后附部曲、客女、奴、婢名籍》，亦反映了史玄政曾因有"前官"身份，故于造"手实"及检查漏籍之"贱口"时，曾被临时委用。或许后至作"点籍样"时，复又以"前官"身份，为县司委用。

然而此件"点籍样"作于唐中宗神龙三年（707），若以上之推测，则史于此时至少已有 62 岁。依唐制，身已入"老"。或许此时史犹被县司委用。又据唐制：

> 诸州、县籍、手实、计帐，当留五比……其远年，依次除。①

设若"点籍样"之类，亦如州、县之户籍、手实、计帐，保留"五比"——15 年，则至唐玄宗开元十年（722）后，方得剔除。若史玄政于此后方逝世，则至少已年逾 77 岁。如此高寿虽不无可能，但终属罕见。是故，亦可能随二次入葬者，置入墓内。吐鲁番地区晋唐古墓，多为合葬墓。所惜本墓发掘报告无有此项记载，上说纯属推测。

据李征先生执笔撰写的发掘简报记载：本卷长达 2.87 米，用幅宽 28.8 厘米、幅长 41.4 厘米之白麻纸（此据李征先生见告）粘接成

---

① 《大唐六典》卷二户部郎中员外郎条，日本广池学园本，第 65 页。又《通典》卷三、《旧唐书》卷四八所载亦同。

卷。卷上钤有长方形朱色篆文"高昌县之印"多方。① 今据《吐鲁番出土文书》第七册所收该件，知此件已断裂成 9 片，惟第一片保留最多，计字九十七行，钤印十五处；第二片剩字十一行，钤印二处；第三片剩字六行，钤印二处；第四片剩字十八行，钤印四处；第五片剩字三行；第六片剩字十三行，钤印三处；第七片、第八片各剩字二行；第九片剩字一行，总计剩字一百五十三行。凡保存完整之粘接缝背面，皆押署如下：

　　　高昌县……崇化乡……神龙三年点籍样……

凡县乡名处，钤"高昌县之印"一方。明标作于神龙三年。片（一）之第三行记：

　　　3　户主大女张慈善年廿一　　中女

按"大女"之名，汉及北齐各有其特定含义，此处不作详考，留待另文专论之。今只指出唐西州手实、户籍之中，但凡年及丁、中之女性为户主者，皆称"户主大女"，犹敦煌所出沙州敦煌县籍中，凡未婚配之丁、中女性，皆称"中女"，各有特点。又，此条以二十一岁为"中"。按唐武德令，本以二十一岁成丁。后中宗神龙元年（705）五月，因韦后所奏，改为二十二岁成丁。至睿宗景云元年（710）七月，复改为二十一岁成丁。② 故此处"中女"之制，亦是神龙元年五月改制之后的结果了。

　　据李征先生鉴定，本件以白麻纸书写。格式谨严，粘接缝背均有押署，正、背两面多处钤有县印，为正式之公文书是无疑问的了。但亦有因"书手"及胥吏之疏忽，而有误漏之处，如片（一）之中：

----

①　李征执笔：《吐鲁番县阿斯塔那——哈拉和卓古墓群发掘简报》，《文物》1973 年第 10 期。
②　《通典》卷七《食货七·丁中》。《十通》本。

9　户主魏双尾年六十　老寡

按唐西州户籍之惯例并参见本片之四十八、五十一、五十五、六十七行，"户主"下脱"大女"二字。又同片：

6　户主康义集年二　小男

按唐制：始生为黄，四岁为小。① 至神龙年间韦后奏改昔制，亦未曾改动"黄"、"小"。又同片：

19　户主黄女安浮呬台　年二　黄女

此行所记，两岁为黄。足证前引康义集条所记必有讹误。又片（一）：

33　户主何莫潘年八十职资

而片（四）记：

7　户主曹玄恪年卅九　职资队正

两相比较，则前条只记身份为"职资"，显系漏记何色职官。
　　此外，在统计一户总有口数上，明显存在错误之处，据片（一）：

24　户主康禄山　年卅九　白丁
25　口大小总九（丁男一　丁妻一　中妻一 ⟨小男一⟩　小女一
黄男一　黄女一　中男一　丁妻一）

---

① 《大唐六典》卷三户部郎中员外郎条。

按：此条所记总口数为9，但脚注中"小男一"已圈除，当不应记入总口数内。或许先统计时未圈除"小男一"，故总计9口。而于圈除之后，漏改总口数为8。又，内记"中男"口一。按本件特点，除户主外，户内丁、中男口，列于总口数后，书名、年及身份，如片（一）：

```
75   户主曹伏食年六十七
76   口大小总八（老男二   丁妻一   小女二   中女一）
77     丁弟尸罗年六十       白丁
78     中男孙师年廿       中男
```

此处"中男"一项另列出，而前引康禄山户内"中男"，只记入总口数之脚注内。又，本件"丁弟"、"中男"，亦不见于总口数脚注中。特别是尸罗年届六十，犹作"白丁"，与韦后所奏"入老"改为五十九不符。又据片（一），总口数下脚注诸项，先书各色口，下书数字，而片（二）之后诸片记载方式则改为先书数字，下书各色口。今列片（二）所记如下：

```
4 户主赵独立年卅三   白丁
5     口大小总五（一丁男   一丁妻   一小女   一黄男   黄
女一）
7 户主夏运达年卅八   丁品子
8     口大小总四（一丁男   一丁妻   一小男   一小女）
```

至于片（三）、片（四）、片（五）、片（六）、片（八）记载形式，均同于片（二）而异于片（一）。第5行所记"黄女一"反与同件中记载方式不一，而与片（一）同，这还是因为书手记载未能遵制而造成的结果。

凡此种种漏误及不一致处，本件中尚可列出多条，此处不一一列举，另作校勘附于文后。在正式检点户籍的定簿中出现这种现象，似乎也可说明中宗朝吏治的败坏，诸项制度未能严格执行的实际情况。

在浩瀚的文献中，我们还没有见到有关"点籍样"制度的任何记载。在众多的吐鲁番出土文书中，迄今亦仅见此一件。日本学者土肥义和教授曾自英伦抄录出两件残片，经他拼合为一件，存字五行，考定为《唐天宝载间敦煌县受田簿》，土肥氏又进一步将该件与《唐神龙三年西州高昌县崇化乡点籍样》联系起来，认为都是与"均田制"下土地还授有关而制定的。他还进一步推测，如将唐西州地区的给田文书由县一级进一步按户加以整理，就成为大英图书馆所见之天宝年间敦煌受田簿。①

1985 年日本学者池田温教授根据苏联《敦煌汉文文书资料集》第 1 卷所收文书断片，与土肥义和氏抄自英伦的文书断片进行拼对、考定，成为可确定先后关系的四个断片、共 17 行的天宝十载左右《敦煌县受田簿》，并根据他当时所能见到的神龙三年西州高昌县崇化乡点籍样的片断，与之相对照，认为：

> 若只说结论性的见解，则点籍样在登载全部已受田亩数于各户的这一点上，似可理解为在本受田簿(按指敦煌县洪闰乡受田簿)上也是基本相同的。点籍样在每户注记全口数及各个丁、中情况这一点上，则比之天宝受田簿的记载详细，这种不同，表示了 8 世纪初的西州与 8 世纪后半期的沙州的土地制度差异。若省去此户内之口数及各口具体情况的注记则此两种书式几乎完全相符合。②

在该文的注(23)中，池田氏更直接指出：

---

① 土肥义和：《唐天宝年代敦煌县受田簿断简考——与田土的还受问题相关连》，《阪本太郎博士颂寿纪念日本史学论集》上卷，吉川弘文馆 1983 年版；《唐代均田制下敦煌地区的田土还授问题——大英图书馆藏"天宝载间敦煌县受田簿"》，《唐代研究报告集 V 集》，刀水书房 1984 年 6 月版。

② 池田温：《唐代敦煌均田制考察之一——围绕天宝后期敦煌县田簿》，《东洋学报》第 66 卷第一、二、三、四号《东洋文库创立六十周年纪年特辑号》。

　　高昌县之神龙点籍样与敦煌县天宝受田簿相比较，后者简单化、形式化。①

很显然，在这里强调二者"书式"基本上是一致的，池田氏与土肥氏的意见是相同的。

　　厦门大学杨际平同志在 1987 年撰文探讨土肥义和教授的论文，指出：

　　关于天宝至德间敦煌洪闰等乡丁口田簿与神龙三年高昌崇化乡点籍样文书的性质问题，我们以为此两件文书着重登载的只是丁中而非全部应受田口。因此，与其说此类文书与授田有关，勿如说与租赋役负担方面的考虑有关。②

最后，他还特别指出神龙三年点籍样：

　　从其突出丁中情况来看，似乎不是为了土地还授，而是出于赋役方面的需要。

　　《吐鲁番出土文书》第七册的出版，公布了《唐神龙三年西州高昌县崇化乡点籍样》的全部录文，池田温教授就此作了系统研究，指出：

　　所谓点，是加以核查之意，当时有点兵、点充、检点、简点等辞被使用。点籍似乎是意味着对户籍加以核查、核对户籍之意。样是标本。这点籍样可能是就州县管下的全部户籍，作为进

---

① 池田温：《唐代敦煌均田制考察之一——围绕天宝后期敦煌县田簿》，《东洋学报》第 66 卷第一、二、三、四号《东洋文库创立六十周年纪年特辑号》。
② 杨际平：《敦煌出土经济文书杂考（三题）》，厦门大学《中国社会经济史研究》1987 年第 1 期。

行核查的准备，在崇化乡等地作成点籍样而保管于高昌县的文书。把户主及户内的不同类别的全部人口数、户内的丁男和一部分中男合起来已经给田数，以一定的书式列记的本文书，我认为它在浩瀚的户籍中，可以远为简便地利用于户口的统计、征税、征兵及给田等诸项民政，能够在神龙三年中，在推动改革县政中，起重大作用。①

以上三家的意见，如果归纳起来，在把神龙三年高昌县崇化乡点籍样与天宝年间敦煌县洪闰乡给田簿视作基本上是同一类型文书这一点上，持一致的看法。但在制定这类文书的直接目的与用途上，土肥义和教授强调的是与"均田制"下土地还授有关；杨际平同志则认为是"与租赋负担"有关；池田温既研究了二者之间大同小异处以及产生的原因外，又重点考察了"点籍样"，指出是为了"远为简便地利用于户口统计、征税、征兵及给田等诸项民政"，并起到了"推动改革县政"的重大作用。他们三位学者在资料的挖掘、补充以及考定、对比研究上的成果，为进一步探讨这种不见于史籍记载的"点籍样"制度做出了贡献。笔者在参加整理吐鲁番出土文书过程中，即已接触到"点籍样"文书，因而有意于探其究竟。复于1983年9月，在东京日本唐史学者欢迎宴会上，听到土肥义和教授介绍其在英伦之新发现及研究成果，颇受启发，深感"点籍样"制度非是西州所独有。在这里，笔者将在他们三位学者研究的基础上，进一步探讨"点籍样"制度的用途及产生时代。

"样"字本意为式样、模样，也即指一定的标准而言。今试举例如下：

度样：

（北齐苏琼为南清河太守）又蚕月预下绵、绢度样于部内，

---

① 池田温：《关于神龙三年高昌县崇化乡点籍样》，《中国古代的法与社会——栗原先生古稀纪念论集》，汲古书院1988年版。

其兵赋次第，并立明式。①

此处"度样"，为丝织物之幅宽及长度的规定，应是作为纳调时之法
定标准，于营蚕时即下达民间，使之按此"度样"纺织。

输籍定样：

> （隋文帝世）高颎又以人间课输，虽有定分，年常征纳，除
> 注恒多，长吏肆情，文帐出没，复无定簿，难以推校，乃为输籍
> 定样。请遍下诸州，每年正月五日，县令巡人，各随便近，五党
> 三党，共为一团，依样定户上下。帝从之，自是奸无所容矣。②

此处所言，为防官吏徇私舞弊，作假文帐，而难以检查，故作一划定
户等之标准——"样"，颁行全国。

明堂图样：

> （宇文恺于隋炀帝时）迁将作大匠……自永嘉之乱，明堂废
> 绝。隋有天下，将复古制。议者纷然，皆不能决。（恺）博考群
> 籍，奏《明堂议》……其样以木为之。③

此处所言，即本传后所云撰《明堂图议》2 卷事。"其样以木为之"，
应即按所考制度，再以木材制成"明堂"模型，如今残存清"式样雷"

---

① 《北齐书》卷四六《苏琼传》，中华书局标点本，第 644 页。《北史》卷八
六《苏琼传》，中华书局标点本。

② 《隋书》卷二四《食货志》，中华书局标点本，第 681 页。

③ 《隋书》卷六八《宇文恺传》，中华书局标点本作"奏《明堂议表》曰……"
按陈寅恪《隋唐制度渊源略论稿》（三联书店 1954 年版）作"奏《明堂议》，表
曰……"又前引《隋书》本传末云其所撰，有《明堂图议二卷》。中华书局标点本
《北史》卷六〇《宇文贵传附子恺传》亦作《明堂图议二卷》，故知所奏《明堂议》应
即《明堂图议》。

所遗木制清宫模型。

凤阁舍人样：

> （武周）圣历中，车驾在三阳宫。御史大夫杨再思、太子左庶子王方庆为东都留守，引（徐）坚为判官，表奏专以委之……方庆深善之。又赏其文章典实，常称曰："掌纶诰之选也。"再思亦曰："此凤阁舍人样。"①

按武则天光宅元年（684）九月，改中书省名为凤阁。② 中书舍人本掌"制诰"。③ 徐坚本传学之士，"文章典实"，既为判官，专掌表奏，为杨、王所赞赏，蒙二人誉为专掌"纶诰"之中书舍人榜样。

钱样：

> 武太后长安中，又令悬样于市，令百姓依样用钱。④

此盖言高宗之世，"私铸更多，钱复滥恶"，⑤ 至武周世更炽。故武则天为杜绝私铸恶钱的流通，于商品交换场所——市中悬挂法定货币，照此标准，方能行用。

天上样：

> 去年中使宣口敕，天上取样人间织。⑥

---

① 《旧唐书》卷一〇二《徐坚传》，第3175页。《新唐书》卷一九九《儒学·徐齐珊传附子坚传》，第5662页，中华书局标点本。
② 《旧唐书》卷六《则天皇后》，《大唐六典》卷九中书省条。
③ 《大唐六典》卷九中书舍人条。
④ 《通典》卷九《食货·钱币下》，十通本。
⑤ 《旧唐书》卷四八《食货上》。
⑥ 《全唐诗》卷四二七白居易《缭绫》。

此白香山言"缭绫"为珍贵丝织物，唯有按天上神仙所织式样，人间方可织出。

襄样：

> 初襄有髹器，天下以为法。至(于)頔骄蹇，故方帅不法者，号"襄样节度"。①

按《唐国史补》云："襄州人善为漆器，天下取法，谓之襄样。"即言襄州之漆器精美，为天下之榜样。贞元中，于頔拜襄州刺史、山南东道节度使，在镇贪残跋扈，故时人称"方帅不法"有类于頔者，为"襄样节度"。

字样：

> 唐玄度《九经字样》一卷。②

此处所言玄度之撰，当为《九经》之标准书体。

由上所列举之种种资料，可见"样"即是式样、模样，都是指一特定事物的标准。那么本件"点籍样"也即指"点籍"的标准了。

"点"，也即"简点"，或作"检点"。在实际书写过程中，亦有分作"简"、"点"，取其一而用，但都含有检查、核对之意。今举例如后：

> 武德九年十一月，简点使左仆射封德彝等，以中男十八以上，简取入军。敕旨已出，给事中魏徵执奏不可。上(唐太宗)怒，乃召徵，作色谓："中男若实小，自不点入军。若实大，是其诈妄，依式点入，于理何嫌?"徵正色谓曰："若次男以上，并

---

① 《新唐书》卷一七二《于頔传》，第5200页。
② 《新唐书》卷五七《艺文志》。

点入军。租赋杂徭，将何取给?"①

此处所言，为以"简点使"将 18 岁以上中男"简取"(或谓"点")入军事。又见吐鲁番阿斯塔那 334 号墓出土《唐龙朔某年故右戎卫□□府队副刀住住墓志》，内记高宗龙朔二年(663)咷海道征行时：

简点立样，选□□补之□□府队副。②

此处所言，是府兵出征时，经过"简点"，把应从戎旅之卫士编造名册，即征人名籍。《木兰辞》云：

昨夜见军帖，可汗大点兵。军书十二卷，卷卷有爷名。③

此处所言经"点兵"后所立"军帖"、"军书"，应即前引墓志所记，经"简点"后所立之"样"。12 卷之说，盖文学作品之夸张，举其成数而言其多，不可更改爷名耳。

本件既已明标"点籍样"，即应是经过简点"籍"之后所立的"样"了。"籍"字从字面上可见应指"户籍"，但这是不够的，还应从其内容去考察与"户籍"的关系。本件背部粘接缝处作：

……高昌县……崇化乡……神龙三年点籍样……

县、乡名处钤"高昌县之印"各一方。为了有所比较，今再引若干"户

---

① 《唐会要》卷八五《杂录》，中华书局 1955 年版。按《贞观政要》卷二《纳谏第五附直谏》，将此条置于贞观三年事后，贞观五年事前。《资治通鉴》卷一九一亦同《唐会要》，而置于武德九年十二月己巳事后。此事当在玄武门之变后，高祖已为太上皇，太宗登基、尚未改元时。

② 该墓志现存新疆维吾尔自治区博物馆。

③ 参见逯钦立辑校：《先秦汉魏晋南北朝诗》下册，梁诗卷二九《横吹曲辞》，中华书局 1982 年版。

籁"背部粘接缝处押署及钤印如下：

一、《唐咸亨二年(671)西州高昌县某乡籍》：

1……□□□……□□□……咸亨二年……
2……高昌县……□□□……□□□□□①

第1行纪年处及第2行县名处，钤"高昌县之印"各一方，余残破处不见文字及印。此引二行虽有残破，但尚可据之复原为：

……高昌县……□□乡……咸亨二年籍……

二、《武周大足元年(701)西州柳中县某乡籍》：

1……□□□……□□□……□□□□□②

第1行纪年处及第2行县名处，钤"柳中县之印"各一方。虽两行均多破残，亦可据之复原为：

……柳中县……□□乡……大足元年籍……

按唐制规定户籍制作：

---

① 73TAM222：54(b)，《吐鲁番出土文书》第7册，文物出版社1986年版，第129页。

② 65TAM341：38—3(b)、28—2(b)，《吐鲁番出土文书》第8册，文物出版社1987年版，第112页。

乡别为卷……其缝皆注某州某县某年籍，州名用州印，县名用县印。①

"某县"之下，当脱"某乡"二字。又，出土西州之户籍仅例书某县某乡某年籍，不书州名，与敦煌所出沙州敦煌县籍不同，池田温教授于西、沙二州籍之异同处已有专论，② 此处不一一引证。总之，西州籍之粘接缝处背部注记及用印，基本同于上述制度。今以"神龙三年点籍样"与之相比较，设若剔除"点"、"样"二字，仅保留一"籍"字，则可视为"户籍"的粘接缝注记。此种制度亦为防范割裂篡改、"作假文帐"的舞弊行为。由此亦可见"点籍样"与"户籍"的关系。

又片（一）中见有如下记载：

```
11   户主大女陈思香年卌   丁寡
12     口大小总三   丁寡一   丁女一   黄女一
13     右件户括附田宅并未给受
```

如此之类"括附"户，总计达 9 户之多。此种记载方式，亦见于池田温教授定作大约是武周大足元年（701）之西州某县残籍中。该件作：

```
（前缺）
1 ⬚⬚⬚⬚老男   圣历⬚⬚⬚⬚
2 ⬚⬚⬚⬚括附田宅并⬚⬚⬚⬚
（后略）③
```

---

① 《唐会要》卷八五《籍帐》，引开元十八年十一月敕。按此虽开元十八年敕，但出土唐开元以前西州籍中，不见州名，恐又因今存为县籍，故例不书州名，惟署县名。

② 池田温：《中国古代籍帐研究》第三章之二《唐代的造籍：户籍的外形与书式》，东京大学东洋文化研究所 1979 年版。

③ 池田温：《中国古代籍帐研究》。

拙文关于两种写本《燕子赋》的探讨中，已考第 2 行应是：

右件户括附田宅并未给受①

均指新经"括附"上籍之户，尚未按"均田令"授予永业、口分及园、宅之地。由此亦可见"点籍样"与"户籍"之密切关系。

又片(一)行 43、44 记：

43　户主康迦卫年五十七　卫士
44　　右件户逃满十年田宅并退入还公

这里表示当时"逃户"逋逃落籍后，旧贯户籍尚保留 10 年，逾限不归，即行剔除旧贯户籍，原按"均田令"所受田宅之地，全部"还公"。不再如前引《唐垂拱三年西州高昌县杨大智租田契》所记，逃人地由里正负责出租，所收租价，用充逃人赋税。② 此亦是"户籍"所应记载之项目。

本件于户主一项，详记名、年、身份及疾状。户内男口之丁、中成员，除记名、年及身份外，名上例书与户主之关系。至于其他户内成员，全部女口及男口之老、小、黄，只在总口数下脚注内作一分类统计，不书名、年及身份。前种记载，同于户籍记载形式。后种情况，亦与户籍有关。今试以吐鲁番所出《唐总章元年帐后柳中县籍》片(二)康相怀户为例：

4 户主康相怀年陆拾贰岁　老男　课户见输
5 妻孙年陆拾叁岁　　老男妻
6 男海达年叁拾岁　卫士
7 达妻唐年叁拾岁　卫士妻

① 见《敦煌两种写本"燕子赋"中所见唐代浮逃户处置的变化及其他》。
② 64TAM5：20《唐垂拱三年西州高昌县杨大智租田契》。

8 达女冬鼠年叁岁　黄女　总章元年帐后附
9 □□子年贰拾壹岁　□□
10 男惠俊年拾叁岁　　小男
11 男达子年拾壹岁　　小男①

此户籍若按"点籍样"制度改作，应写作：

户主康相怀年六十二　老男
口大小总八　（老男一　老男妻一　丁男二　丁妻一　小男
一　黄男一　黄女一）
丁男海达年卅　卫士
丁男□子年廿一　　□□
合已受田□□□□

按原户籍第 11 行后已阙，故不明是否尚有其他成员及已受田数。又
第 9 行所记"子"字前有阙，今姑以名有"子"字者作男性，计入丁男
项内。今若据此籍而作"点籍样"，则背部粘接缝处押署印记当应
改为：

……高昌县……□□乡……总章✕年点籍样……

据上所考，无疑可见"点籍样"是据简点户籍后所作之文簿。
　　这里要指出的是，"点籍样"制作的一个特点在于：凡一户内，
除户主一项，必写明其名、年及身份，若一户内诸成员，诸女口及男
口中之黄、小、老口，只在总口数统计项内，分别统计，如作"老
男"若干，"小男（女）"若干、"黄男（女）"若干。而户内成员中之丁、
中男口，例于总口数后分别写明名、年及身份。今以片（一）所记列

---

① 72TAM179：16 之（一）至（四）残片拼合，《吐鲁番出土文书》第 7 册，
第 118—119 页。

于后：

  35 丁男秃子年卅六　　卫士
  36 丁男安宝年卅五　　丁品子
  40 丁男射毗年卅七　　卫士
  41 丁侄男婆解盆年五十　　卫士
  62 丁弟僧奴卅二　　卫士
  77 丁弟尸罗年六十　　白丁
  78 中男孙师年廿　　中男
  97 丁男难及年卅　　卫士

在片（四）中，所见亦同：

  18　中男文师年十九（下残）

在片（六）中，所见亦同：

  2 丁弟技（枝？）斳□卅二（下残）

何以在"点籍样"中重视户内成员之丁、中男口，在总口数后尚专项列出，首注与户主之关系，次书名、年及身份？以愚管见，当应与承担赋役剥削以及"均田制"有关。作为一县之长的县令，其职责明载于令文中：

  若五九（谓十九、四十九、五十九、七十九、八十九）、三
  疾（谓残疾、废残、笃疾）及中、丁多少，贫富强弱，虫霜旱涝，
  年收耗实，过貌形状及差科簿，皆亲自注定，务均齐焉。①

---

① 《大唐六典》卷三〇京畿及天下县令条，第531页。

这里规定县令"皆亲自注定"的内容，包含了貌定年龄中的"十九"，是为提前重视貌定"进丁"的准备，同时还得注意掌握一县之内的"中、丁"男口多少。作为"成丁"，既要按制受田，并要承担全部赋役剥削及兵役。而18岁以上"中男"除按制受田外，也要承担部分徭役。有关丁、中男受田及承担赋役情况，笔者在《唐代"手实"制度杂识》一文中，已有详考，① 此处不再赘述。总之，封建国家为保证全部赋役剥削及兵源，为执行"均田制"，就必须严格控制人户中的丁、中男口。因而在"点籍样"中，对一户之内，除户主之外，但凡户内成员中的丁、中男口另列专项，详书名、年及身份而不同于女口及男口中的黄、小、老口，也就是意料中事了。

目前我们只是在吐鲁番出土文书中，见到一份神龙三年"点籍样"，为西州高昌县崇化乡安乐等里的残件。此外，在众多的吐鲁番出土文书中，还不曾见过类似的文书。在过去所刊布的敦煌莫高窟出土文书中，亦未曾见过类似的文书。1983 年，日本土肥义和教授刊布其抄自大英博物馆、编号为 S. 8387、S. 9487 两残片，经土肥教授拼合，并考定为唐玄宗天宝年间所作《敦煌县受田簿》残卷。1985年池田温教授又据丘古耶夫斯基文书残卷，经过考定拼合，成为 4 个断片、共 17 行字的残卷。今抄录如下：

①Дх. 1379
1 户张女女载五十六　　中女☐☐☐☐☐
2 受田十亩
3 户邓仙岩载廿一　　中女☐☐☐☐☐
4 受田廿亩
5 户石玉树载卅九　　☐☐☐☐☐☐
6 受田卅六亩
（中缺约十六七行）

---

① 武汉大学历史系魏晋南北朝隋唐史研究室编：《魏晋南北朝隋唐史资料》，1983 年第 5 期。

②Дх. 8721

1 ☐☐☐小女

2 受田十二亩

（中缺约六十余行）

③S. 8387+S. 9487

1 受田廿亩

2 洪闰乡户梁思节载六十四　　　老男上柱国

3 男元谏载卅一　上柱国子

4 受田廿三亩

5 户梁奉贞弟载廿九　白丁

（中缺一行）

④Дх. 3160

1 户张崇进载廿五　白丁

2 受田一十六亩

3 户宋难陀载六十二老男

4 ☐☐☐元☐☐☐☐

上件录文片③上加盖有"敦煌县之印"，粘接缝背面押一"元"字，后一点与西州高昌县崇化乡神龙三年点籍样押署不同。"元"字曾是造簿者所押，但用意同样在于防范割裂作假。洪闰乡为敦煌县下属一乡，在敦煌所出唐代敦煌县文书中，常见此名。既有乡名，后钤有县印，知是敦煌县所制定的正式文簿无疑。土肥义和教授根据其上称"载"而不用"年"，定为唐玄宗天宝年间之文书，池田温教授又详考为唐天宝十载左右的文书。① 笔者试在土肥氏、池田氏研究基础上，以之与《唐神龙三年高昌县崇化乡点籍样》作一比较，提出不成熟的看法。

神龙三年崇化乡"点籍样"之主要特点依然是以"乡别为卷"，一

---

① 池田温：《关于神龙三年高昌县崇化乡点籍样》，《中国古代的法与社会——栗原先生古稀纪念论集》，汲古书院 1988 年版。

如户籍。其内再按"里"统计,标出里名。各户记载简点内容如下:

> 户主名、年、身份
> 口大小总若干(户内成员男女口按老、丁、中、小、黄各若
> 干)
> 丁男(首书与户主关系,次书名、年及身份)
> 中男(亦同丁男之例)
> 合已受田若干亩

敦煌县洪闰乡"授田簿"中,片①中张女女及邓仙岩两户主皆为"中女",知家无男口,石玉树户因石身份不明,暂可不论。片②缺名户主身为"小女",故家无男口自不待辩。片③梁奉贞后已缺,无可考。片④张崇进年仅廿五,故户内必无"丁"、"中"之男。唯片③之梁思节户,明确记载有一子为"丁男"。片④宋难陀户后一行虽有残,但据残存一"元"字,可推知必为一男口无疑。今仅此可推知其统计书写格式为:

> 户(主)姓名年龄　　　身份
> 男(丁、中?)名年龄　　　　身份
> 受田若干亩

"户梁思节"前书乡名,应是该乡简点之首户,故其后"户梁奉贞"上不再书乡名。梁思节户内,仅户主及男元谏有名、年及身份记载,不见"口大小总"若干一项。而在神龙三年崇化乡"点籍样"中除户内仅一口,不作"口大小总"若干一项外,凡户内有两口以上者,均作出总口数专项记载。此外,如前者书"户主",后者仅书"户";家内成员名上仅书与户主关系,而不书"丁"、"中";已受土地一项,前者书"合已受田"若干,后者仅书"受田"若干。在身份一项,前者仅书"勋官",不记何色。如片(一)所记:

　　95 户主安善才年五十　　　勋官

而后件梁思节直书作"上柱国"。表明二者从形式、记载内容，以及专门用语上，均有所不同。

　　但从主要记载来看，又有共同之处。二者均重视户主及户内丁（中）男的详细记载。而对不承担赋役及按制受田的女口、男口中的老、小、黄，前者中表现为仅在总口数内作脚注，后者因残甚，梁思节一户虽完整，却不见女口等的统计，或许该户内本无女口等。但其余诸户必有女口等，而因不承担赋役及按制受田，故略而不计。此外，两件中均注明"已受"田数。从而表明此两件文书在简点户籍，尤其重视丁男、重视统计已受田数上，是完全一致的。

　　因此，我们根据敦煌藏经洞中出土的这份文书，认为直到玄宗天宝年间，敦煌县依然施行过制定"点籍样"的制度，不能说是没有根据的了。

　　诚然，这两件出自不同地区，又非同一时期的文簿，存在前面所列举的相异之处。我们知道唐朝虽然颁布了统一的户籍制度，但出土的西州、沙州户籍文书在书写形式中，依然存在差别，池田温教授曾作了专门的研究。① 既然敦煌洪闰乡之"点籍样"是据敦煌县洪闰乡籍简点后所作，也必然反映了沙州籍不同于西州籍的特点，如有勋位，只书何色勋官。同时，我们还必须看到，正如池田温教授指出的，8 世纪初到 8 世纪中叶，其间至少相距半个世纪，故应考虑到此间的变化。池田温教授研究过 7 世纪末至 8 世纪中叶，也即武周至天宝年间的户籍制作的演变。② 那么"点籍样"形式的变化也就不足为怪了。由上可见，"点籍样"制度在西、沙二州均施行过。但这一制度始于何时？是否中宗神龙三年首次施行？这一点在史籍中是没有记载的。只是在吐鲁番出土的《武周大足元年（701）西州某县男智力等户残籍》中，见到了某些痕迹。今摘抄有关部分如下：

---

　　① 　池田温：《中国古代籍帐研究》第三章，第二节《户籍的外形与书式》。

　　② 　池田温：《中国古代籍帐研究》。

（前略）

1 ☐☐☐西至渠

2 ☐☐☐☐☐年帐后括附

3 ☐☐☐☐圣历二年帐后点入

4 ☐☐☐☐☐年帐后点入①

（后略）

上引第2行应是一阙名户主，第3、4两行应是该户户内成员。拙稿有关两种写本《燕子赋》的探讨中，已考第2行脚注阙文，可补作：

圣历元年帐后括附

而第4行脚注阙文，可依第3行补作：

圣历二年帐后点入

同时指出应是在圣历元年作计帐后，武则天派括逃御史至诸州，在全国范围内执行"括客"统一行动。该户主被"括附"入籍。但其家内成员仅见二人是在圣历二年造"计帐"后被"点入"。可见"括附"与"点入"非是一年之事。勿论以"括"还是"点"的形式出现，都是在于把浮逃户重新登上户籍，这在所引西州大足元年残籍中，得到了证实。但事过一年，何以又有"点"之举？可能就在圣历元年作计帐后进行全国范围内的"括客"，次年同时对户籍进行"简点"，清查人口，以巩固"括客"成果，就在"简点"此一阙名户时，发现户主虽新经"括附"，但户内尚有口未附入户籍，故经"简点"附籍后加脚注，说明于何时"点入"。在下一次大足元年造籍时，完整地保留了这个记载。据此推测，很可能在武周圣历三年（五月后改久视元年）就施行了"点

---

① 池田温：《中国古代籍帐研究》，第239页。

籍"制度。只是作为"点籍样"文书没能找到，而是从户籍中原脚注一项，看到了这个制度施行的某些痕迹。

又按，神龙三年至九月改元景龙。崇化乡神龙三年"点籍样"必作于此年九月前。又是年干支为丁未。按唐制三年造户籍：

> 造籍以季年(丑、辰、未、戌)。①

神龙三年正值造户籍之年。又造籍：

> 起正月上旬，县司责手实、计帐，赴州依式勘造……三月三十日纳讫。②

如是年造籍，当毕于三月。为何此后(九月前)复又造"点籍样"？

　　一种可能，则是神龙三年未遵制造新籍，而将旧籍经"简点"，作出"点籍样"，以此为准。从目前敦煌、吐鲁番两地出土唐户籍中，尚未发现中宗时期的户籍。所见中宗朝以前最近年份的户籍，是前引《武周大足元年西州某县男智力等户残籍》③及《武周大足元年(701)西州柳中县残籍》、④《武周大足元年(701)沙州敦煌县效谷乡残籍》。距中宗朝以后最近年份之户籍则有《唐先天二年(713)沙州敦煌县平康乡残籍》。⑤ 在《朝野佥载》中，则有如下记载：

> 景龙末……杜鹏举时尉济源县，为府召至洛城修籍。⑥

---

① 《大唐六典》卷三户部尚书员外郎条。
② 《唐会要》卷八五《籍帐》引开元十八年十一月敕。
③ 池田温：《中国古代籍帐研究》附录部分；又，中国科学院历史研究所资料室编《敦煌资料》第1辑。此处所引文书年代，据池田温教授所考定。
④ 65TAM341：28，《吐鲁番出土文书》第8册。
⑤ 唐耕耦、陆宏基编：《敦煌社会经济文献真迹释录》第1辑第135页，书目文献出版社1986年版。
⑥ 《隋唐嘉话·朝野佥载》之《佥载》卷六，中华书局1977年版。

按景龙四年六月，安乐公主与韦后合谋，毒杀中宗，立温王李重茂为帝，改元唐隆。① 是年干支为庚戌，正值造籍之年。故杜鹏举虽身为济源县尉，因造籍事烦，亦被临时召赴洛阳，参预修籍。事实上，很难设想自武周大足元年后，直至景龙四年方始修籍。因此上说恐尚属妄断，难于成立。

另一种可能则是中宗朝，韦后及安乐公主操持政局，中宗亦本一庸主，政治腐败，制度废弛，逃亡问题严重。就在神龙二年（706）遣十道使巡察风俗诏中，也讲到当时：

> 贪官傲吏，屡黩于爰书，失职流亡，几沦于版籍。②

表明当时浮逃脱籍现象严重，而官吏不遵法制，户籍不实。神龙三年虽复遵制造籍，然犹未能解决这一问题。故于是年三月造籍之后，复又迅即下令"简点"户籍，作"点籍样"。以愚所见，此说较前说似为有据，然因缺乏可引证之史籍及出土文书，亦只能聊备一说。

至于敦煌地区的情况，池田温教授在他的《中国古代籍帐研究》一书第三章中，专有"天宝敦煌籍中所出现的伪滥倾向"一节，根据敦煌县龙勒乡天宝六载籍以及大量文献资料，进行了细致深入的研究，他指出：

> 在本籍中显示出伪籍在量与质的方面，都显著地增大和深化。本籍的伪滥是明示天宝时代籍帐松弛的显著之例。

根据这份历史背景材料，我们把天宝年间敦煌县洪闰等乡残卷视作为针对该县户籍伪滥的现状，进行整顿，从而制作《天宝某载敦煌县洪闰诸乡点籍样》，也不是毫无根据的吧。池田温教授还指出其作伪的

---

① 《旧唐书》卷七《中宗本纪》，《新唐书》卷五《睿宗本纪》。
② 《册府元龟》卷一六二《帝王部·命使二》，中华书局1982年版。

后果现象之一，就是"男女数的不均衡"，"本籍（按指天宝六载敦煌县龙勒乡籍）从全体看"，"女口为男口的三倍"。从洪闰乡籍中所见残存的八户中，能判明户主性别的七户，就有三户户主为"中女"及"小女"，这不就从一个侧面反映了敦煌的现实吗？而这份"点籍样"中，如同西州高昌县崇化乡的"点籍样"一样，在除户主的记载外，还要记载户内男丁（或中男）名、年及身份，不正是要解决"伪滥"所造成的后果、从而保证应承担赋役的男口的增加吗？

综前所考，"点籍样"应是对"户籍"进行"简点"之后，所作出之定簿。唐自高宗世后，农民逃亡已成为严重社会问题，至武周世更为炽烈，这不仅影响到封建国家赋税收入及兵源，同时发展成"光火大贼"，严重影响到封建国家的统治。在武周圣历二年开始了全国范围内的"括客"统一行动，此后亦屡有"括客"之举，直到玄宗开元年间，又用宇文融的建议，复进行"括客"。在拙文有关两种写本《燕子赋》的考察中，已有详考。此外，尚有年常之"团貌"，每年一造的"手实"，三年一造的"户籍"，但并不能遏制农民的逃亡。武则天在圣历元年行"括客"之制，据吐鲁番所出《武周长安三年敦煌县典阴永牒》所见，在圣历元年后五年，负责"括户"的"括户采访使"还存在，逃户还以种种方式逃避"括"还旧贯。所以很可能在圣历二年，就在"括客"同时，对户籍进行了"简点"。其作用固然是整顿核查全部户籍，也同样将"简点"时查出的"漏口"之类重新登附于户籍之中。出现在前引大足元年籍中，一户之内既有"圣历元年帐后括附"的记载，复又有"圣历二年帐后点入"的记载，应是"括客"后复又"简点"户籍的结果吧。在吐鲁番出土之《唐神龙三年高昌县崇化乡点籍样》以及敦煌出土的《唐天宝年间敦煌县洪闰等乡点籍样》中得以窥见其制之全貌，同时从中了解到"简点"户籍之重点在于一户之内的丁、中男口，从而知道此制目的还是在于控制应向国家承担全部赋役及兵役的丁男以及部分承担赋役的中男。土肥义和教授及池田温教授所发掘的敦煌洪闰乡天宝年间残文书，虽与神龙三年崇化乡之"点籍样"确有不同之处，但除了地区性的差别与时代变化所造成的不同之处，其余主要方面，依然相同。从而表明直到天宝年间，敦煌县仍行过"点籍样"

之制。或许这种"简点"户籍、制作"点籍样"的制度，毕竟不同于经常性的"手实"与"户籍"，故而在出土文书中亦属罕见。

如唐人所云：

夫籍者，所以编户口，计租税耳。①

为了保证户籍的准确性，除了传统的一套制度化的管理户籍办法外，在必要时也将采取某些临时性的检籍措施。这就是"点籍样"制度产生的原因。它的直接目的在于核查户籍，尤其是丁、中男口，其结果，势必有利于诸种赋税徭役的征收及土地授与。

由于史料及出土文书的缺乏，更因笔者水平有限，缺乏深入研究，只能提出一些肤浅的意见。这一问题的解决，还寄望于今后吐鲁番地区新的考古成果的出现，而对这一点我们是深信无疑的。

附录
《唐神龙三年高昌县崇化乡点籍样》校勘记：

（一）

2 右件户

按：据后所载，知"户"下尚有阙文，故应加"▭"号。

6 户主康义集年二　小男

按：据前考，知"小男"为"黄男"之误。

9 户主魏双尾年六十　老寡

按："户主"下脱"大女"二字。

---

① 参见《全唐文》卷三七三《与吏部孙员外书》，中华书局 1983 年版。

21 户主李丑奴年五　小男

22 安乐里

23 右件户括附田宅并未给受

按："点籍样"一如户籍，"乡别为卷"，乡内诸户，又按"里"分列。此处第 22 行安乐里不作于第 21 行前，亦必作于第 23 行后，断无书于此处之理，故必有误。

25 口大小总九(丁男一　丁妻一　中妻一

⟨小男一⟩小女一　黄男一　黄女一　中男一　丁妾一)

按：总口数为 9，然脚注内"小男一"已圈除，则总口数为 8，或许原统计为 9，包括"小男一"，后虽圈除，但漏改总口数。又，有"中男一"，按"点籍样"制度，中男亦如丁男、户主，另列出，书名、年及身份，此处有漏。

28 口大小总八(丁男一　丁妻一　小男二　小女一　黄男二)

按：总口数为 8，然据脚注统计为 7，故必有误。

33 户主何莫潘年八十　　职资

按：据片(四)7 行"职资"下脱记衔名。

38　户主康阿子年六十二　废疾

39　口大小总九(老男一　老男妻一　丁男二　老寡一　丁女三　小女三)

按："废疾"二字上当脱"老男"二字。又总口数为9，然据脚注统计，则有11口。故必有误。

46 口大小总八(小男一　寡妻一　中女一　丁女二　黄男二)

按：总口数为8，然据脚注统计，则仅七口，故必有误。

58 口大小总三(老男一　老男妻　小女一)

按："老男妻"下当脱一"一"字。

65 口大小总五(丁男　寡妻一　丁妻一　小男一　丁寡一)

按："丁男"下脱一"一"字。

75 户主曹伏食年六十七
76 口大小总八(老男二　丁妻一　小女二　中女一)
77 丁弟尸罗年六十　白丁
78 中男孙师年廿　中男。

按：户主名、年下，当脱身份一项记载。又总口数为8，脚注所记，仅得6口之数。然后记丁弟、中男各一口，知脚注处漏记"丁男一"、"中男一"。

81 口大小总七　　丁男

按：此处总口数为7，然脚注仅记"丁男"二字，故此处必有漏脱。

（四）

16　户主焦僧住年卌三卫士。

按：此处户主作“焦”姓。然今所见吐鲁番出土十六国时期至唐代文书中，从未见有“焦”姓者。以愚所见，在出土文书中，凡“侯”字，例书作“矦”，若不细审，易误作“焦”。故此“焦”必为“侯”之误。

补记：池田温教授《中国古代籍帐研究》一书中，考户籍制度之变化，指出唐开元年间始加强卫士、勋官脚注记载，如何年点充卫士何年得勋官。故文中所引《武周大足元年西州某县男智力等户残籍》中的“圣历二年帐后点入”之“点入”，非同开元之卫士“点入”。

（原载唐长孺主编《敦煌吐鲁番文书初探（二编）》，武汉大学出版社 1990 年版）

唐“籍坊”考

宋敏求《长安志》卷八永宁坊条首云:

> (坊)东南隅, 京兆籍坊。

按《唐六典》、《通典》、《唐会要》以及两《唐书》等, 皆不见有"籍坊"之制。故徐松《唐两京城坊考》卷三永宁坊条照录《长安志》此句原文, 并于其下注云:

> 按此,《长安志》文。籍坊未详, 或徒坊、病坊之类。俟考。

以徐星伯学识之渊博, 亦困于史乏记载, 而无从考其制度。所幸吐鲁番阿斯塔那古墓葬区所出唐代文书中, 尚有颇为完整之牒文, 虽然量少, 却足资考证唐代"籍坊"之制。

"徒坊"之制, 史无记载。当因徐氏误认"籍坊"之"籍"与"籍没"有关, 故云狱徒所居即"徒坊", 而"籍坊"即其同类。至于"病坊", 在唐本为寺院之所谓慈善救济之悲田、养病坊,① 或因亦称"坊", 故徐氏亦将"籍坊"与之归纳为一类了。

"坊"字含义颇广, 但就《长安志》原文所载, "籍坊"既处于永宁坊内东南隅, 则此处之"坊", 必非城市居住区划之"坊"已明矣。何平叔《景福殿赋》云:

---

① 《旧唐书》卷一八上《武宗纪》, 会昌五年(845)十一月甲辰敕。《新唐书》卷五二《食货志》。

屯坊列署，三十有二。星居宿陈，绮错鳞比。

六臣注云：

声类曰：坊，别屋也。释名曰：坊，别屋名。①

何晏此赋将"坊"与"署"并称，可见"坊"之意除了六臣注所引《声类》、《释名》等书释作"别屋"外，亦含有官府机构之意。在隋代，太子官署有"左、右坊"、"内坊"、"典书坊"、②"典经坊"，唐代太子有"左、右春坊"，③又作坊，则有弩坊署、甲坊署、车坊等。④吐鲁番文书中亦见西州属下交河等县设有"车坊"，表明隋、唐之时"坊"亦是官署名称之一，而且进一步坊署联称。⑤

《长安志》原文此处既已称"籍坊"，则此坊必与"籍"有关，此处之"籍"，即指户籍、籍帐。后面将要引用的两份牒文中，已见有"籍坊"、"籍库"之名，就可证明这一点。

根据唐代的户令：

三年一造户籍……州、县之籍，恒留五比，省籍留九比。⑥

又据唐开元十八年(730)敕：

诸户籍三年一造……总写三通。其缝皆注某州某县某年籍。州名用州印、县名用县印。三月三十日纳讫。并装潢一通送尚书

---

① 《昭明文选》卷一一《赋》。
② 《隋书》卷二八《百官志》。
③ 《唐六典》卷二六《太子左、右春坊》条，《旧唐书》卷四四《职官志三》。
④ 《唐六典》卷二二《甲坊署、弩坊署》条，《新唐书》卷四八《百官志》。
⑤ 《唐六典》卷二二《甲坊署、弩坊署》条，《新唐书》卷四八《百官志》。
⑥ 《唐六典》卷三《户部郎中员外郎》条。

省。州、县各留一通……有析生新附者，于旧户后，以次编附。①

由此可见，户籍制定后，首先有个保存的问题。按唐制，尚书省户部所掌户籍保存 27 年，其余各州、县之籍，亦要保存 15 年之久。那么，在这个法定的保存时间内，应有专门的机构负责保管和存放。

"籍坊"是保存户籍之机构的观点，由池田温教授最先提出，但是我们认为"籍坊"不仅仅是保管户籍的机构，而且还具有记载、调查、核对户籍等事项的职能。我们只有了解了这一点，才能明白《唐麟德二年牛定相辞为请勘不还地子事》的判语中的"付坊"之意。

我们知道唐制是三年一造籍，那么在新籍制定后三年内，还有一个因婚嫁、生老病死、逃亡、奴婢买卖而造成的户内人口增减、分家析户等变动，即所谓"新生析附者"之类，亦需要一定的机构来从事"于旧户后，以次编附"的工作。此外，唐代实行均田制，根据敦煌吐鲁番出土文书，我们看到唐代户籍的一个特点是"户口籍"与"地籍"紧密结合在一起。而"给田簿"、"退田簿"等有关均田制文书的出土，也的确反映了土地的还受在频繁地进行着。

故土地的调查与变动，亦是与户籍的管理分不开的。因而有关保管、调查等项工作，都要一个专门固定的机构来管理。

根据《唐六典》卷三户部郎中员外郎条记其职掌：

掌领天下州县户口之事。

又据同书卷 30 所记，各级政权机构之职员中，皆有"户曹"之置，其职掌首先亦是管理户籍。在县户曹之下，还有各里之里正。

里正之任，掌按比户口，收手实，造籍书。②

---

① 《唐会要》卷八五《籍帐门》。
② 《唐律疏议》卷一二《户婚律·诸里正不觉脱漏》条，第 233 页。

但是，根据吐鲁番出土文书，在唐代各县尚有"籍坊"（大约在玄宗天宝年间改称为"籍库"），具体负责户籍的保管等活动。

吐鲁番阿斯塔那 35 号墓出土一件《武周永昌元年高昌县籍坊典王君达牒》，记云：

```
1    籍坊
2    户主和仲子肆拾叁    男怀感拾捌
3    一段二亩永业陶城西十里武城渠    东刘阿留    西张玄逸
南严知奴    北自 至
4    一段二亩陶城西十里武城渠    东渠    西张玄逸    南左德
子  北荒
5    一段八十步菜城北二里张渠    东唐隆仕    西牛义感    南
道  北白海德
6    右 依检上件人垂拱二年籍应
7    授地人及常田地段四至如前
8    牒件检如前，谨牒
9    本典王达勘同    永昌元年二月    日    典王君达牒
10    承惠    元泰
11    牒交河县籍坊勘赵
12    靳仁地报谘    玄式白①
```

本件已见"籍坊"之名，然牒文内未云是何处之籍坊。但牒文内所列举和仲子户内土地所属灌溉渠名，为武城渠及张渠，此二渠皆在西州高昌县境内，② 故可知此"籍坊"必为高昌县所辖。又本牒末尾，玄

---

① 64TAM35：44（a）。

② 参阅孙晓林：《唐西州高昌县的水渠及其使用、管理》，武汉大学魏晋南北朝隋唐史研究室编、唐长孺主编：《敦煌吐鲁番文书初探》，武汉大学出版社 1983 年版。

式的判词中有"交河县籍坊"记载，故可推知，凡县皆有"籍坊"。结合前所引《长安志》所记"京兆府籍坊"，可知唐制，凡府(州)及县，亦必各有"籍坊"。这是因为首先府(州)及县，皆要按照法令，各自保存一府(州)或一县之户籍，且长达15年之久。

　　牒文中的典，应即是县"籍坊"中的吏员，大约是高昌县官员为了解和仲子户内所有按均田令已受土地的段亩数及四至情况，故令高昌县籍坊典查阅户籍记载。高昌县籍坊典王君达查阅了垂拱二年户籍所记和仲子及子怀感二人年龄及已受土地的段亩数及四至。至于牒文内只报告父与子二人，恐非户内只此二人。而是因为和仲子身是户主，又是丁男。其子怀感年拾捌，身为中男，根据唐令：

　　　　凡给田之制有差，丁男、中男以一顷。

其下注云：

　　　　中男年十八已上者，亦依丁男给。①

父、子二人均合应授田。又。中男虽不服正役，却要服杂徭，② 故牒文只列举其二人。

　　又行九云："本典王达勘同。"这个王达应即该籍坊典王君达。唐人习惯双名单称，在吐鲁番出土的公、私文书中，是习见之现象。大约王君达抄录了垂拱二年籍和仲子户的记载后，或是又作了实地勘查(亦或勘对原由县所下符牒中记载的和仲子户土地情况)，二者相同，故又批上"勘同"。

　　按唐制：

---

① 《唐六典》卷三《户部郎中员外郎》条。
② 《通典》卷三五《职官典·禄秩》条，以中男充门夫，满五旬可免杂徭。

造籍以季年^{甲辰}①

垂拱二年干支为丙戌，正值造籍之年，而永昌元年（689）干支为己丑，与垂拱二年相差三年，亦为造籍之年。据《唐六典》卷三所记：

诸造籍，起正月，毕三月。

本件牒文作于永昌元年二月，是在该年造籍之期限内。或许是造新籍时对和仲子户内已受之土地段亩四至有疑问，故责成本县籍坊勘对垂拱二年籍的记载。

大约因根据旧籍勘对无疑，故牒文最后由官员玄式所作判词，对和仲子户不再提出问题。但却又给"籍坊"典下达新的指令：

牒交河县籍坊，勘赵䜣仁地报谙。

这里的赵䜣仁应是高昌县人，但他有土地在交河县境内，故还应由高昌县籍坊移牒交河县籍坊，勘其在交河县境土地的段亩及四至。

在出土西州帐籍中，我们看到高昌县人户的土地，往往包括分在邻近县境的土地，如《武周载初元年高昌县宁和才等户手实》所记王隆海户所受之地：

一段一亩半常田城西卅里交河县（后略）②

其余各户，有见于土地分在天山县、③ 柳中县④这类记载。其原因则是由于高昌人多地少属于狭乡，按唐制：

---

① 《唐六典》卷三《户部郎中员外郎》条。
② 64TAM35：60(a)王隆海户手实。
③ 64TAM35：64(a)康才宝户手实。
④ 65TAM341：28《武周大足元年西州柳中县籍》。

　　凡给口分田，皆从便近。居城之人，本县无田者，则隔县给受。①

故高昌县人之田，有因均田令给受之制，授到邻县的。如吐鲁番所出《唐开元廿九年西州高昌县给田簿》记：

　　5 一段半亩常田城西六十里交河县界　东渠　西荒　南康
　　□□□□ 北 渠

　　6 □□□亩常田城西六十里交河县界　东渠　西荒　南曹鼠
　北赵洛

　　7[西]　已　上　给　孙　小　胡　[天]　充　②

行7首字"西"，即指高昌县下之安西乡，足资证明孙是高昌县安西乡人，但其人之受田，两段皆已分配到交河县。同时，也可能是祖先遗留旧产，亦或出于土地买卖等原因，而拥有位于外县之产业。大约需要一户户了解，以定新户籍，故和仲子户的勘检解决后，继又批示另调查赵䜣仁户。由于旧籍记载隔着一县，未必与实际相同，故又称牒交河县籍坊勘查。从而也表明一县之籍坊固然要保管本县之户籍，但有的虽非本县居民，然有土地在这县，该县"籍坊"亦应掌握其占有土地的记载。否则高昌县籍坊就不能移牒交河县籍坊，勘查此项土地授受情况了。

　　日本龙谷大学图书馆收藏有一件橘瑞超取自吐鲁番的文书，编号为1—11，今抄录如下：

　　1　籍库

---

　　①　《唐六典》卷三《户部郎中员外郎》条，《旧唐书》卷四八《食货志》"受"作"授"。
　　②　大谷4880，池田温：《中国古代籍帐研究（概观·录文）》，第421页。

2　　　户周祝子一段二亩常田城北新兴　　东渠　西道　　南
泽　北渠

3　　　右依检上件人天宝三载籍下新兴分

4　　　常田，具亩数、四至如前。又检周祝子所共

5　　　魏立觉地有一至同，三至不同。其祝子牒

6　　　渠名与籍不同。事须付□逐。

7　　　牒件检如前，谨牒。

8　　　天宝五载四月　日典鞠福牒。

9　　　四至与渠名各

10　　殊，据地不合，

11　　一□付□□□□□□

12　　审括上□□□□□□

13　　十□□①

本件形制与前引武周永昌元年高昌县籍坊牒相同，但首称"籍库"而不称"籍坊"，应是由于玄宗世曾对户籍书写的某些形式与内容、名称作了某些改变，如户籍骑缝处书写之某州某县某里某年籍，由纸背处改为书写在正面，改"道"为"路"，改段亩数小写为大写等。② 与此同时，可能将旧之"籍坊"改名"籍库"。

如同前件，本件牒文亦未书明县名，但牒文中提到该段土地位于"城北新兴"，"新兴"之名，在麹氏高昌为"新兴县"，吐鲁番出土《高昌延昌十五年宁朔将军麹斌造寺碑》中已有记载。③《梁书》卷五四《高昌传》记高昌有 46 镇，新兴即在内。在唐则为高昌县下一城，据陶保廉《辛卯侍行记》考证，该地在清为森尼木，讹为胜金台。现

---

① 池田温：《中国古代籍帐研究（概观·录文）》，第 467 页。

② 池田温：《中国古代籍帐研究（概观·录文）》第三章《唐代的造籍：户籍的外形与书式》。

③ 黄文弼：《吐鲁番考古记》，中国科学院 1954 年版，第 51—53 页及所附图版。

据出土文书及木柱刻文,① 均可证实即今胜金公社内。又吐鲁番所出文书中有关周祝子的文书,亦可知系属高昌县文书,据大谷 5816 号文书,知周祝子为高昌县宁戎乡人。② 故可推知此"籍库"亦必属高昌县,因之本件应定名为《唐天宝五载高昌县籍库典麴福牒》。

按牒文的内容,其一是据天宝三载户籍中,有关周祝子在新兴城一段土地亩数四至的记载,查录申报。这大约是高昌县主管户籍工作的官员所索要的材料。其二,则是发现周祝子一块与魏立地相连土地的四至记载,竟有三处不同于户籍所记。"竟"即"竟",同"境",疆界之意。③ "竟地",也即指周、魏二姓土地境界。同时周祝子牒所申报土地所属灌溉渠之名,与户籍亦不同。籍库典麴福在发现这些问题后,提出此事"须付□□□逐",虽有缺文,但可揣度其意,就是要付交有关人员再去核查。而牒文末尾的判词,是据麴福之申报牒文,判示与魏立相联土地的四至以及申报渠名都有"殊"于户籍,故还要付有关人员审查、审括,然后上报。由于判词的残缺,很难再作补字,但很可能是责成"籍库"典麴福去完成。

这里提出一个问题,即牒文中提到"天宝三载籍"。又据 S. 3907《唐天宝三载籍后敦煌郡敦煌县户籍残卷》所记卑德意户:

　　□　　□□　　载壹拾陆岁　　小男　　天宝三载籍后漏附空④

此处亦提到天宝三年籍。按天宝三载干支为甲申,据前引唐令,非造籍之年而是造籍之翌年。但出土文书中,却见西州及沙州皆于天宝三载造籍。

---

①　岑仲勉:《吐鲁番木柱刻文略释》,《金石论丛》,上海古籍出版社 1981 年版,第 7 页。

②　周藤吉之:《唐中期户税研究——以吐鲁番出土文书为中心》,《敦煌吐鲁番社会经济资料(下)》。池田温:《中国古代籍帐研究(概观·录文)》,第 439 页。

③　《礼记·曲礼》:"入竟而问禁。"

④　《敦煌资料》第 1 辑,第 29 页。

与上相反的是，本件牒文作于天宝五载四月，是年干支为丙戌，应是造籍之年，且牒文作于丙戌年之四月，按前引唐制，应是新户籍制定后的一月，但牒文内不见引五载新籍，而是查阅天宝三载之旧籍，可证此年并未按旧制造籍。根据出土文书，我们知道在玄宗先天、开元年间所造籍有如下几份，今作一简表如下：

干支　籍　　名
癸丑　先天二年(713)沙州敦煌县平康乡籍①
丙辰　开元四年(716)西州高昌安西乡安乐里籍②
　　　开元四年西州柳中县高宁乡籍③
　　　开元四年沙州敦煌县慈惠乡籍④
壬戌　开元十年(722)西州高昌县籍⑤
　　　开元十年沙州敦煌县悬泉乡籍⑥
　　　开元十年沙州敦煌县莫高乡籍⑦
戊辰　开元十六年(728)西州都督府籍⑧
辛未　开元十九年(731)西州柳中县籍⑨
甲申　天宝三载(744)高昌县籍。⑩
　　　天宝三载敦煌县神沙乡籍⑪
丁亥　天宝六载(747)敦煌郡敦煌县效谷乡□□里籍⑫

① 《敦煌资料》第1辑，第12页、14页，二件残片。
② 64TAM27：36(a)、37(a)、38(a)、39(a)。
③ 池田温：《中国古代籍帐研究(概观·录文)》，第243页。
④ 池田温：《中国古代籍帐研究(概观·录文)》，第173页。
⑤ 池田温：《中国古代籍帐研究(概观·录文)》，第250页。
⑥ 池田温：《中国古代籍帐研究(概观·录文)》，第179页。
⑦ 池田温：《中国古代籍帐研究(概观·录文)》，第187页。
⑧ 池田温：《中国古代籍帐研究(概观·录文)》，第251页。
⑨ 72TAM228：15，16。
⑩ 见前引籍库牒文内记"前件人天宝三载籍"。
⑪ 池田温：《中国古代籍帐研究(概观·录文)》，第19页。
⑫ 池田温：《中国古代籍帐研究(概观·录文)》，第191页。

天宝六载敦煌郡敦煌县龙勒乡都乡里籍①

甲午　天宝十三载(754)籍②

　　大约在开元年间，仍按旧制，于季年造籍；而从已出天宝籍看，则造籍之年，皆非季年，而是旧制造籍之翌年。这或许是玄宗在天宝年间(或开元年间后期)所作的改革。③ 这需要作专题的研究。

　　天宝五载非造籍之年，这份牒文不同于上件籍坊牒，是为造籍需要所作调查。从牒文所提供情况，特别是从判词中的"审括上"等推断，与平时经常性的检括户籍，调查田亩等制度有关。

　　综上所述，我们可以知道，根据法令规定户籍归户曹掌管。但在府(或州)、县均置有籍坊，大约在天宝初即改称"籍库"。只是名称略有变化，作为职掌而言，没有什么变化。籍坊内至少设有"典"。作为籍坊，首先是保管户籍。但是作为基层政权——县的籍坊，根据出土文书，知道县"籍坊"庶事繁忙，还要为制造新籍核对调查人口及土地。在平时要为检括户籍提供调查核对的结果。籍坊不仅保存户籍，而且据永昌元年牒的判词，得知籍坊还应保存"地籍"。据此推测，与制定户籍有关的公文书，如"手实"、"户等簿"、"貌定簿"等，亦应保存在籍坊内。此外，如前所提到的因"析生新附者"需要"于旧户后，依次编附"的工作，也当由籍坊承担。总之，一旦户籍制定后，保管及主要的日常工作，即由"籍坊"承担。我们深信，今后吐鲁番文书的出土、整理和研究，定能加深对这一制度的研究。

(原载《武汉大学学报》(哲学社会科学版)1983 年第 5 期)

---

　　①　池田温：《中国古代籍帐研究(概观·录文)》，第 192 页。

　　②　池田温：《中国古代籍帐研究(概观·录文)》，第 262 页，《唐至德二载交河郡户口损益帐》行 1 脚注，见有"天拾三载籍"句，知天宝十三载曾造过籍。

　　③　参见王国维：《观堂集林》卷二一；玉井是博：《敦煌户籍残卷考》(载万斯年辑译：《唐代文献丛考》)。

唐代"均田制"实施过程中"受田"与"私田"的关系及其他

敦煌、吐鲁番两地出土唐代沙、西二州文书的刊布与研究，使我们更进一步明白了唐代均田制推行的种种特性与细节。正由于中外学人的努力，对于均田制的研究取得了丰硕成果。

如所周知，均田制的推行，并不意味着触动了封建大土地所有制。据《旧唐书》于志宁传载称：

> 与右仆射张行成、中书令高季辅俱蒙赐地，志宁奏曰：臣居关右，代袭箕裘，周魏以来，基址不坠。行成等新营庄宅，尚少田园，于臣有余，乞申私让。①

按于志宁为北周太师燕公于谨之曾孙，父为隋之内史舍人。志宁本人亦曾为隋末冠氏县长，李渊起兵将入关，志宁"率群从于长春宫迎接，高祖以其有名于时，甚加礼遇"。故此，亦足表明，虽各代皆行均田制，但丝毫没有触动封建官僚的私有土地。

作为唐初另一大臣萧瑀来说，由于他附唐较晚，他所历遭遇就有曲折了。本传云：

> 初，瑀之朝也，关内产业，并先给勋人。至是，特还其田宅。②

---

① 《旧唐书》卷七八《于志宁传》，中华书局 1975 年版，第 2699 页。
② 《旧唐书》卷六三《萧瑀传》，中华书局 1975 年版，第 2401 页。

按萧瑀原是隋河池郡守,本不预义旗,故其田产被没收。直到萧瑀降唐以后,并因开始受到重用,方始归还其田产。从而表明这种土地田产的剥夺是出于政治的原因。

同样,均田制的实施也不触动那些自耕农或半自耕农所拥有的小块土地。这一点,只是由于吐鲁番出土文书的出现,得到了证实。根据《唐贞观十四年西州高昌县李石住等户手实》所记,见有安苦呬延一户手实,内云:

合受田八十亩 六亩半已受 七十三亩半未受 ①

今按唐太宗平高昌事在贞观十四年(640)八月癸巳(28日),九月始作手实,应是将唐制推行于新平之地,且应在设置州县之时。因而这种手实之形制,应是唐政府统一颁行之制。也即除了户主及户内成员名单,并及该户按制应"受田"数,"已受"、"未受"田数,"已受田"之段、亩、方位,所属灌溉渠名,并及"四至"。

就在贞观十四年九月所作手实中,前引安苦呬延户内已记"六亩半已受",又该手实残卷之(四)之2至6行残段显示,一阙名户内,已知有田四段在高昌,有田若干亩在新兴。根据该片第1行所记,"□□十七亩未受",该户应受数不知,未受数据前可知至少有"十七亩",则第2行至第6行之段、亩数,应是已受田数。

以上所见似乎表明作手实之时,唐已于高昌故地推行均田制。但一般皆以《文馆词林》所收《贞观年中巡抚高昌诏》中所云"彼州所有官田,应分给旧官人、首望及百姓等"②作为西州推行均田制之根据。有关此道诏书颁行年代,中外学人颇有争议,但虽有多说,却无一说认为是贞观十四年。事实上,唐于是年八月廿八日始平高昌,首先考虑的应是州县设立、人口等的调查登录等项工作,而均田只有在对人

---

① 参见《吐鲁番出土文书》(图录本)第2册,文物出版社1994年版。

② 《文馆词林》卷六六四。参见岑仲勉《西突厥史料补阙及考证》之《西突厥史编年补阙》一文,中华书局1958年版。

口土地调查清楚，各级行政机构乃至乡里组织完备之后，方能进行。

就在初作手实过程中，按照唐统一之例填写的手实中，出现了已受田的记载，前面我们既然已提到当时尚未推行均田制，此手实中的"已受"田从何而来？这个来源只有一个可能，也即本来归属于该户私有，但在作手实时，一概纳入均田制内，作为已受项登录。这在所有后出文书中，也得到了证实。

在《唐开元四年西州柳中县高宁乡籍》中一阙名户内，记已受田29亩半30步永业，根据段亩脚注，属于买田者有：

9　壹段贰亩永业^{陶买附}

11　壹段叁亩永业^{常田买附}

14　壹段贰亩半永业^{常田买附}

21　壹段肆亩永业^{常田买附}

30　壹段捌拾步永业^{常田买附}

31　壹段贰拾伍步永业^{常田买附}

32　壹段三十步永业^{常田买附}①

以上共 7 段买田，除一段为"陶"（或即"葡萄"）外，余皆为常田，总计 12 亩 15 步，约占已受永业田之 35%。这种以买田充入已受田额的记载，不仅见于西州籍中，同时也见诸于沙州籍中，限于篇幅，不再一一罗列。

我们由此可见，在均田制的实施过程中，并不触动旧有的土地占有关系。即或是拥有小块土地的自耕农、半自耕农的土地，也不曾触动。但在均田制施行的情况下，根据前引手实及户籍，可以看出这些私有土地，均已纳入均田制的轨道，并作为"已受"，记入手实、户籍之中。同时，我们必须明确的是，这种看来似乎矛盾的现象，在现实生活中，绝不会错位。即私有土地（或先前拥有，或后陆续买得）虽已纳入已受永业数内，但遇到种种原因之故，应作

---

① 池田温：《中国古代籍帐研究（概观·录文）》，第 245—247 页。

158

"退田"时，却又不会因之而损失"私产"。这一点，也在出土文书中得到了证实。

在吐鲁番出土的《唐开元二十九年前后西州高昌县退田簿》中，我们见到第 5 片所记，有赵善忠"死退"记载，共"死退"永业田 6 段，其中第一段记载如下：

2　壹段壹亩永业桃　城北贰里孔进渠　东至道　西自至南李 ☐ ①

上述一段"四至"中，"西自至"的记载，表明与该段土地西侧相邻的一块土地，应亦属赵善忠所有。在赵善忠整个"死退"永业田中，其余 5 段中，有 3 段分别在高昌县之东、西、南，另两段在柳中县境。从而表明赵善忠死后，根据高昌地区人多地狭之特点，"永业田"亦应退出还公，以供再作"均田"分配之用。这在《唐开元廿九年（741）西州高昌县给田簿》中已见反映，今试作表对照如下：

赵善忠退田簿

（上略）

4. 一段贰亩永业^{郡田三易参}城东贰拾里高宁城　东至荒　西至荒南至荒

5. 壹段壹亩永业^{郡田三易}城西五里枣树渠　东和武　西骨石贞南至道 ☐

给田簿

（上缺）

2. 一段贰亩^{郡田三易}城东廿里高宁城　　东荒　　西荒☐

3. ☐戎☐给☐胜☐依☐☐

4. 一段壹亩^{郡田三易}西五里枣树渠东和 ☐

5. ☐戎☐给　赵桃楚☐☐☐

---

① 池田温：《中国古代籍帐研究（概观·录文）》，第 401 页。

159

6. 壹段壹亩永业常田城南一里　　6. 一段壹亩常田城南一里索
　索渠　东王住海　西竹蒲利　　　渠东王仁□□□□□
　南曹奴子□□□□　　　　　　7. 归给　牛藏□□□□□

由于"给田簿"残缺较甚，我们并不知道这些重作分配的土地原主是谁，但是如果与记载较为完整的赵善忠死退记载相比较，我们就不难看出上表对照中所见"给田簿"中之2、4、6三段土地，即赵善忠死退中之4、5、6三段土地。

但赵善忠死退记载第2行中所见的"西自至"所指那块土地，并未出现在退田记载之中，从而表明那一块土地不是通过均田的分配，进入赵善忠名下，它只能是赵善忠生前或继承所得，或如前所引是买得而附入户籍之中，因而赵善忠虽身死，"永业"田亦退还公，供再作"均田"分配之用，而其私有，则当即由其后人继承，而不能没收以供再作分配。

我们反复论证的，不仅仅只是说明在均田制下，并未触动私有土地制度，甚至连均田民中的一般下层人户的私有小块土地，亦未触动，同时也为了说明在均田制下，手实、户籍中有关已受土地的登录，既包括了通过均田令授予的土地，同时也登录了个人私有土地。从而表明在形式上，把私有的小块土地亦纳入均田轨道之中，但又并不侵犯这种私有土地主人的利益。最后，我们认为在唐代，户籍中所记录的已受土地数字，应是该户所有土地数字，并不存在户籍中的已受土地数字是通过均田令所"授予"，而个人私有土地则另行登录的现象。

由于我们所能依据的户籍，仅仅是以一般均田民为对象的登录结果，我们所看到的沙西二州籍中，最高也不过是武官中的折冲府之中下级军官，其余为勋官之类，我们不仅未见过一位文职中的流内、流外官员，甚或一名里正之类乡吏亦未曾见到，因此它并不能反映出官员在均田制下，其私有土地是否亦纳入均田轨道之中。

我们只能说，在以一般均田民为对象的户籍中，那些只有小块私有土地的均田民，他们在登录所有土地时，私有的、以及通过均田制所获得的土地，一并纳入"已受田"之中。除此之外，别无其他分别登录个人私有土地与均田制施行过程中授予的土地的现象。

但是，根据沙、西二州户籍、手实的有关记载，我们往往看到"四至"记载中有"自田"或"自至"（前者是沙州籍，后者是西州籍中的专门术语），也即指四至中之一至为相邻的该户所有土地，而通过作图，却又找不到相邻的该户土地。这种现象的出现我们认为是由于胥吏在登录过程中出现失误，而又疏于复核，而产生的。笔者在《唐"籍坊"考》一文中，列举了籍坊核查某户"四至"记载与实际中的误差，① 从而表明籍坊工作除了保管户籍外，还有随时核查的职责。同时，笔者在《唐代"点籍样"制度初探》一文之附录中，曾对《唐神龙三年高昌县崇化乡点籍样》作过校勘，指出多处错误，② 从而表明胥吏失职问题的严重。

但是，我们还必须考虑到，由于地貌状况及多次割裂分配土地，形状未必是规范的。《夏侯阳算经》所记田形有：

1 直田^{长而广狭
故曰直田}   2 腰鼓田形如腰鼓

3 圆田形如鼓面   4 环田^{此外周而
心空如环}

5 丸田^{形如伏半
弹   丸}   6 圭田三角之田

7 弓田形如弓样   8 箕田^{一头广
一头狭}③

以上为 8 种不同形状之田。据唐李淳风注释之《五曹算经》所列举，则有 18 种之多。这些都是算经书中所列诸种田土面积求法公式中所见之不同类型的田地。而我们在据户籍、手实记载作田图时，往往只

① 朱雷：《唐"籍坊"考》，《武汉大学学报》（哲学社会科学版）1983 年第 3 期。

② 参见朱雷：《唐代"点籍样"制度初探》，《敦煌吐鲁番文书初探（二编）》，武汉大学出版社 1990 年版。

③ 《夏侯阳算经》，丛书集成本。

想到正方、长方之形，如此情况，要想作出比较正确的、能反映实际的某户土地图时，就有困难了。

同时，我们所见沙西二州户籍、手实中有关土地"四至"记载中，无论哪一"至"，与之相邻的，皆为一户之地。事实上，由于均田的分配，经过多次"还授"，又由于授田的不足，授予的地块（根据西州文书，明显可见，府兵之卫士及丁男所授田数要比中、老多）因而割裂较厉害。因此户与户之间的土地，每一"至"所毗邻相接的决非只有一户。但唐代的"四至"所见皆只书写一户，故而难于反映现实，也就难于据记载作出比较能反映现实关系的田地图。

但是，根据敦煌千佛洞所出五代的有关土地"四至"记载的文书，我们却见到了"一至"相邻两户的记载。今举例如下：

在《唐大顺二年（890）正月沙州翟明明等户状》中，翟明明所请南沙阳开南支渠地壹段陆亩，"四至"记载为：东至子渠，西至氾魏子并荒沙，南至氾魏子并翟定君，北至道。又杜常住户内，地壹畦共四亩，其"四至"记载：东至道，西至康苟员及田曹九，南至田曹九，北至朱骨苍。①

在《后周广顺二年正月一日百姓索庆奴户状》、《宋雍熙二年正月一日百姓邓永兴户状二件》、《宋端拱三年沙州邓守仁等户状》、《宋至道元年正月沙州曹妙令等户状》、《翟员子户等请田簿》等件文书中，也可见到类似的情况。②

诚然，我们见到的唐末至宋之有关记载，总的讲，每块土地面积，均大大超过此前之沙、西二州籍中的记载，特别是大大超过西州籍，田土面积既然大，与之相邻的他户土地也势必可能为多。但沙州籍与手实中，亦非无一段土地面积为10亩、20亩以上者。在《唐大历四年沙州敦煌县悬泉乡宜禾里手实》中，第41行索思礼户内，有一段土地面积达1顷19亩之多，但其所书"四至"，每"一至"皆只有

---

① 唐耕耦、陆宏基：《敦煌社会经济文献真迹释录》第2辑。
② 唐耕耦、陆宏基：《敦煌社会经济文献真迹释录》第2辑。

一户地相邻。① 事实上，整个大历四年手实中，某户一段土地面积在10 亩以上者，亦有多户，但无论每段土地面积多大，所见记载，每"一至"相邻皆只一户。从而反映了在唐代正由于"四至"记载过简，因而要想根据记载来作出田图之复原，亦是有困难的。

综上所考，在众所周知的"均田制"并不触动旧有的私有土地所有制前提下，我们所要说明的是，作为尚有一小块私有土地的均田民来说，在推行均田制过程中，他们的私有小块土地，亦纳入均田轨道之中，作为"已受"数记入手实和户籍之中，似乎已成为国家授予之地，而国家不承认私有土地的存在。因此，在唐西州蒲昌县户等簿中，在计算各户财产中，除见有"菜园"、"坞舍"外，不见一寸土地的记载就可能与之有关了。

同时，既然私有土地（包括继承或是后来买得）业已与全部授田作为"已受"，记入手实或户籍之中，那么在一户内出现所有地段土地记载完整的情况下，据记载作图，在有某一至记载相邻一块为"自田"（或作"自至"）却又往往不能找到相邻的"自田"时，其原因就有可能是：一、记载错误；二、记载原无误，但与之相邻之一侧，未必只是一户，甚或有两户，但原则照例只记一户，因而难于找到；三、那就因为土地田亩每段未必形制规整如一，因有多种形状，故亦难于作图表示。但无论如何在唐代不存在户籍中所记之田亩皆"均田制"授予、而私有土地则另有记载登录的现象。

（原载《魏晋南北朝隋唐史资料》第 14 辑，武汉大学出版社 1996年版）

---

① 唐耕耦、陆宏基：《敦煌社会经济文献真迹释录》第 1 辑。

唐代"乡帐"与"计帐"制度初探

——吐鲁番出土唐代"乡帐"文书复原研究

1987 年 8 月，饶宗颐先生在香港中文大学主持国际敦煌吐鲁番学术会议，笔者得以奉陪末座，提交题为《唐代"乡帐"与"计帐"制度研究——吐鲁番出土唐代"乡帐"文书研究》的论文。会后，拟集结会议论文出专辑，笔者作了修改。由于"专辑"迄今未出，故于时隔 12 年后之今日，再作摘录刊布，以求教于大家。

一

首先对中国古代"计帐"制度进行研究的学者，是日本的山本达郎教授。山本教授将敦煌藏经洞所出 S. 0613 号文书，定名为《西魏大统十三年(547)瓜州效谷郡(?)计帐》，第一次提出了西魏"计帐"之制。嗣后，围绕 S. 0613 号文书，日本学者滨口重国、池田温教授，以及中国学者唐耕耦先生等均进行了探讨。

但是，真正掌握吐鲁番出土唐代西州高昌县"乡帐"文书，并第一个进行研究的是已故唐长孺师。唐师 1983 年在其《唐西州诸乡户口帐试释》一文中，依据这些"乡帐"残片进行研究，并指出这些残文书，就其格式而言，可分为"简式"与"繁式"二种，"简式""可以推知与日本《阿波国计帐》一致……'繁式'……应与日本《延喜大帐式》基本相符或类似"①。

---

① 参见唐长孺：《唐西州诸乡乡口帐试释》，载唐长孺主编《敦煌吐鲁番文书初探》，武汉大学出版社 1983 年版。

1977 年冬，由于整理吐鲁番文书的需要，笔者与中山大学姜伯勤先生遵唐先生之嘱，赴北京大学善本室抄录《大日本古文书》中有关籍帐文书。当时已抄回《天平五年阿波国计帐》等文书，在拼合、分类、定名这批残文书时，结合唐代和日本文献，定名为"乡帐"。但在最后定稿发抄时，唐师认为还缺乏具体考定，该类文书暂定名作"户口帐"为宜。① 笔者 1987 年赴港参加会议时，摘出在唐师指导下之部分整理、研究成果公布，其目的在于利用学者云集的国际学术会议召开之机，以求教于大家。该文力图复原唐代"乡帐"之原貌，并推断"计帐"是诸县依据"乡帐"，合为一县之"计帐"报州，州据之再上报尚书户部，户部据各州之"计帐"，合为全国之"计帐"。次则探讨这种制度的渊源，并指出它正是为了贯彻"量入制出"的财政收支指导思想而制定的。

《旧唐书·食货志》云：

> 量入而制出，节用而爱人，度财省费，盖用之必有度也……自古有国有家，兴亡盛衰，未尝不由此也。②

《新唐书·食货志》云：

> 古之善治其国而爱养斯民者，必立经常简易之法……故量人之力而授之田，量地之产而取以给公上，量其入而出之，以为用度之数。③

这里所提出的"量入制出"这一财政收支指导思想，其渊源久矣。早

---

① 同时，因当时文书整理组内意见不一，故暂采取"户口帐"之名，留俟以后讨论。但笔者本人在撰文时，仍用"计帐"之说。见《唐代"手实"制度杂识——唐代籍帐制度考察》，载武汉大学魏晋南北朝隋唐史研究室编《魏晋南北朝隋唐史资料》第 5 期（1983 年 12 月）。

② 《旧唐书》卷四八，中华书局 1975 年版，第 2085 页。

③ 《新唐书》卷五一，中华书局 1975 年版，第 1341 页。

在成书于春秋战国时期的《礼记》之中，已有表述。该书地官司徒遗人条云其职掌：

> 冢宰制国用，必于岁之杪，五谷皆入，然后制国用。用地小大，视年之丰耗，以三十年之通，制国用，量入以为出。①

这里表明，"量入"即于岁末计赋税收入总数，扣除储备部分，方可"量入为出"、"制国用"。

过去，我国学者在研究中国古代财政史、会计史的著作中，已指出历代统治者为了维持庞大的官僚、军事机构，支付皇室众多的花费，开销必须的公共设施支出，应付突发事件（如战争、灾荒等）的支出，每年都要征发大量的赋役。但无休止的、过于集中的过量征敛，势必要破坏小农经济的简单再生产及农民的生存，并最后导致农民的反抗，危及王朝的统治。同时，在古代农业是整个财政收入的基础，由于农业生产水平低下，受自然条件支配的程度严重，年收的丰歉无法预测，因而必然影响到收入预测的准确性。因此，只有当年赋税收到手后，才能确定来年国家支出用度的限额。这就是"量入制出"的财政收支原则产生的主客观原因。② 在这里，"制出"便成为目的，而"量入"则是手段。在中国古代，随着财政制度的逐渐完善，不同时期赋役及户籍人口管理制度的发展和特点，这种"量入"的手段也在起着变化。

至迟成书于战国的《周礼》，记载地官司徒下遗人职掌云：

> 掌邦之委积，以待施惠。

---

① 《礼记正义》卷一二《王制篇》冢宰制国用条，《十三经注疏》本，中华书局 1979 年版，第 1334 页。

② 孙翊刚、李渭清编：《中国财政史》，中央广播电视大学出版社 1984 年版。郭道扬编著：《中国会计史稿》，中国财政经济出版社 1982 年版。

该条贾公彦疏云：

> 谓当年所税多少，总送帐于上，在上商量，计一年足国用
> 外，则随便留之。①

贾为唐人，他所理解的《周礼》之制，是自下而上呈报税收数额，并于此处用了"帐"字。推想贾公彦就"量入"出发，采用了唐代"计帐"这一财政制度的专有名词。而据《周礼》、《礼记》所见，当时则称"簿书"或"簿籍"。或谓此二书成书年代有疑，且多有后世儒家溢美之辞，非是周代之制。但这种财政收支思想及制度，却非纯属面壁虚构。

《管子·立政篇》中提出理财要"明法审数"，其中"审数"之中，即有"六畜人徒有数"一项。② 又，《商君书·去疆篇》云：

> 强国知十三数：竟（境）内仓口之数，壮男壮女之数，老弱
> 之数，官士之数，以言说取食者之数，利民（商贾）之数，马牛
> 刍藁之数。③

这里表明"量入"不仅包括赋税数，也包括户口、各色职业人数及牲畜乃至蓄粮之数。《淮南子·人间训》篇中记载了战国时西门豹、解扁事迹，表明魏国已有按行政区划逐级呈报、统计赋税收入的制度。④

湖北云梦睡虎地秦简中，《内史杂》、《仓律》以及《金布律》诸篇记载了秦的"计偕"之制，"到十月牒书数，上内史"。复以御史对上

---

① 《周礼注疏》卷一三地官司徒下，《十三经注疏》本。

② 《管子》立政篇，上海古籍出版社 1989 年版。

③ 《商君书·尸子》卷一去疆篇第 4，上海古籍出版社 1989 年版。

④ 参见刘安等编著、高诱注《淮南子》卷一八，上海古籍出版社 1989 年版。

计工作进行监察。① 汉承秦制，郡有"上计吏"，主一郡之"上计簿"。汉朝极为重视"上计"工作，并置有《上计律》。② 诚然，汉之"上计"内容包括广泛，但最主要的内容，无疑还是人户增减、赋税收入两项。1988 年刊布的尹湾出土东汉之"计簿"原件图版与初期研究成果，③ 使我们得以窥见东汉"计簿"之真面貌。这种制度直到晋时尚相沿袭。

东魏末年，殿中侍御史宋世良至河北括户，"大获浮惰"，孝庄帝云：

> 知卿所括得丁倍于本帐，若官人皆如此用心，便是更出一天下也。④

这里表明河北地区人丁逃亡严重，而旧有统计人丁严重失实，宋世良括获甚多，超过旧有统计。孝庄帝所言"倍于本帐"，应指旧有统计之"帐"，从而表明秦汉以来的"计簿"，至迟在东魏末已称作"帐"了。

而"计帐"之名，始见于西魏之世。以"博览群书、尤善算术"著称的苏绰，于西魏大统二年(536)：

> 始制文案程式，朱出墨入，及计帐、户籍之法。⑤

《资治通鉴》置此事于梁大同元年(535)三月壬申后、五月前。该条胡

---

① 参见《史记》卷九八《张丞相列传》，中华书局 1973 年版；《汉书》卷四二《张仓传》，中华书局 1987 年版。

② 程树德《九朝律考》卷一《汉律考一·上计律条》，中华书局 1963 年版。引用时，用《汉书》校过。

③ 连云港市博物馆编《尹湾汉墓简牍释文选》，《文物》1996 年第 8 期；谢桂华：《尹湾汉墓简牍和西汉地方行政制度》，《文物》1997 年第 1 期。

④ 《北齐书》卷四六《宋世良传》，中华书局 1972 年版。

⑤ 《周书》卷二三《苏绰传》，中华书局 1971 年版，第 382 页。

注云：

> 计帐者，具来岁课役之大数，以报度支；户籍者，户口
> 之籍。①

大统三年(537)，"又为六条诏书，奏施行之"。其所谓"六条诏书"，事载本传，为教官吏、恤民生、用贤良、发展生产的官箴，故宇文泰十分重视，并下令规定：

> 其牧守令长，非通六条及计帐者，不得居官。②

由此可见，"计帐"之制不同于"户籍"，为苏绰之创制。故宇文泰规定州、郡、县三级长官皆须通晓"计帐"这一不同于以往制度的新制，否则不能为官。这里也表明了北周之"计帐"新制，州、郡、县三级皆有。

经过对 S. 0613 号文书的研究，山本教授指出这是西魏大统十三年(547)瓜州效谷郡(？)计帐。但也有学者认为是"计帐户籍"或"户籍"。前引《苏绰传》中，已见当时之"计帐"与"户籍"非是一事，而"户籍"中，除人口及土地记载外，尚记租调之数。唐西、沙两州户籍中，各户亦记有"租"、"调"两项。故"计帐户籍"说不能成立。

隋代亦有"计帐"之制。《隋书·裴蕴传》记：

> 迁民部侍郎。于时犹承高祖和平之后，禁网疏阔，户口多
> 漏。或年及成丁，犹诈为小；未及于老，已免租赋。蕴历为刺
> 史，素知其情，因是条奏，皆令貌阅。若一人不实，则官司解
> 职，乡正、里长，皆远流配。又许民相告，若纠得一丁者，令被

---

① 《资治通鉴》卷一五七梁武帝大同元年条，中华书局 1956 年版。
② 《资治通鉴》卷一五八梁武帝大同元年条。

纠之家，代输赋役。是岁大业五年也，诸郡计帐，进丁二十四万三千，新附口六十四万一千五百。帝临朝览状，谓百官曰，前代无好人，致此罔冒，今进民户口，皆从实者。①

由于诸书记载之差异，而对隋代貌阅增丁之举，有开皇五年（585）及大业五年（609）两说。② 此处不欲探究，但仅据上记可知：

一、隋代诸郡有"计帐"，如同前云西魏之"计帐"，州、郡、县有计帐。然隋地方行政为郡、县两级，故无州"计帐"。

二、诸郡"计帐"合为一国之"计帐"，故隋帝"临朝览状"，得以一目了然。

三、"计帐"之核心为"丁"、"口"、"户"数的统计，这一点与前云东魏末宋世良括户得丁成果反映在"帐"上一致。

四、自北魏迄于隋，皆行"均田制"，俱以"丁身为本"，故尤重"进丁"，前引宋世良及裴蕴传反映出，由于他们括得"丁"多，所以各自的皇帝皆大为称赞。

作为这一时期的"计帐"作用，我们所见，还仅只是关于"丁"、"口"，甚或包括"户"之总数统计。诚然，封建国家"人"及"户"数的增加，尤其是"丁"的增加，最终有利于赋役收入的增加。汉之"上计"，亦有人、户的统计，在这一点上，苏绰所创"计帐"新制与汉之"上计"相比较，在统计方式、甚或作用上复又有何新发展？

前引《资治通鉴》胡注所云苏绰"计帐"，"具来岁课役之大数，以报度支"，但在迄今所见隋及隋以前文献中，并未见到能证实胡注说法的资料。S. 0613 号文书所见西魏大统十三年之制，笔者认为是户籍，其中包括了一户应交赋税的人（包括良、贱、男、女），按制应

---

① 《隋书》卷六七，中华书局 1973 年版，第 1575 页；《北史》卷七四《苏绰传》同，中华书局 1974 年版。

② 池田温著，龚泽铣译：《中国古代籍帐研究》第 3 章之一"隋代籍帐的完备"，中华书局 1984 年版。

授田的"牛"，其应交纳的租及调的数量与品种。但西魏之户籍亦非一年一造，且应交纳租调对象即或在一年中，亦可能发生老、病、死的情况，这都会直接或间接影响到预计租调收入的准确性。总之，胡注也可能是拿他所理解的唐代之制，去解释苏绰的"计帐"新制，从而也表明胡三省认为苏绰之"计帐"之法，与唐之"计帐"有渊源关系。

唐代有关"计帐"之制的文献资料，较隋代为多。据《大唐六典》户部郎中员外郎条云：

> 每一岁一造计帐，三年一造户籍。①

《旧唐书》卷五一《食货志》并同，且云：

> 凡里有手实，岁终具民之年与地阔狭为乡帐。乡成于县，县成于州，州成于户部。又有计帐，具来岁课役，以报度支。

而根据《唐会要》记载，在武德六年（623）三月，即已规定每年一造"计帐"，其制作程序：以乡为基层制作单位，据当乡诸里之"手实"，造一乡之"乡帐"，再总成于当县，诸县再总成于当州。上呈至户部，最后经户部总成，应即全国的"计帐"。但《旧唐书·食货志》又云"又有计帐"，似是与由乡—县—州—户部逐级所造之"帐"有别，殊觉费解。推究其由，可能由于《旧唐书》修于后晋之时，因唐安史乱后，典籍散失，五代纷乱之世，修书匆匆，故有疏漏和讹误，前引《通鉴》胡注可能沿用《旧唐书》，故亦有误。

但就是初唐之世，有关"计帐"的理解，亦有可疑之处。《汉书·武帝纪》元封五年（前104）三月：

---

① 《大唐六典》卷三尚书户部，日本广池学园本第65页；《唐会要》卷八五《籍帐门》引武德元年三月令。

因朝诸侯王列侯，受郡国计。

该条颜师古注云：

计，若今之诸州计帐也。①

又，同书同卷载武帝太初元年(前105)：

受计于甘泉。

该条颜师古注云：

受郡国所上计簿也，若诸州计帐。

又见《后汉书·光武帝纪》，载建武十四年(38)：

越隽人任贵自称太守，遣使奉计。

该条章怀太子注云：

计谓人庶名籍，若今之计帐。②

由此可见，颜师古把唐之"计帐"与汉之"上计"的"计簿"等同。如同前引《唐六典》、《唐会要》等唐代典籍直述唐代"计帐"之制，尚有不够贴切之嫌。而李贤之注，将唐之"计帐"类同于后汉之"人庶名籍"

① 《汉书》卷六。
② 《后汉书》卷一(下)，中华书局1982年版。

更令人殊觉怪异。只是在吐鲁番出土文书中，见到了据考为唐"乡帐"的残卷多份后，并结合《通典》等典籍有关记载，加上利用日本古代律令及古文书，方能考定并初步探索"乡帐"之原貌，并进一步推断"计帐"之作用。

二

经过新疆维吾尔自治区博物馆考古队多年来在吐鲁番阿斯塔那及哈拉和卓古墓葬区卓有成效的发掘工作，发现了有关"乡帐"制作的残文书多件。经过拼合、释文、断代及初步考察，可以判定为"乡帐"。就制作过程而言，可分为两类：一是第一阶段的分类单项统计的草稿，二是一乡诸里正据"计帐式"，制作当乡"乡帐"的草稿。由于唐"计帐"式已不见传世文献记载，只能根据这批"乡帐"残件，并参考深受中国令式影响而制作的日本《天平五年阿波国计帐》及《延喜主计式》，试图恢复唐之"乡帐"帐式，并进一步推断据"乡帐"所作"计帐"帐式的大体原貌。①

已故唐长孺师早在 1983 年即已判定这批残文书可以分为"简式"与"复式"，并指出前者类同日本阿波国计帐，后者类同延喜主计式。这就为我们的研究指明了途径。

唐师指出，在吐鲁番出土文书中，"据文书内容、形式、字迹及其他特点，经过初步整理及缀合，定为 17 件。"其中属于"简式"的 7 件，并又都集中在阿斯塔那 103 号墓。据《吐鲁番出土文书》（二）该墓文书之说明，"本墓为夫妇合葬，无墓志及随葬衣物疏。所出文书多拆自纸鞋，兼有麹氏高昌及唐代，其中有纪年者为唐贞观十八年（644）"。所可喜者，即该书编号为"二"的 68TAM103：20/4 文书残片，有"贞观十六年三月"的纪年和三名里正共作之题款，是一"乡

---

① 参考唐长孺：《唐西州诸乡户口帐试释》，唐长孺主编：《敦煌吐鲁番文书初探》，武汉大学出版社 1983 年版。

帐"残件。

该墓出土文书残件中，已作录文、定名者共24件，又5片过残，不可辨识及归类。除一纸a、b两面皆为麴氏高昌文书外，余皆唐代之物，且系官文书，内容为人户、土地调查及"乡帐"残片，故推知当系官府旧档。

高昌旧俗以纸制作死者葬具。当时该地虽早有造纸之技能，但价必不廉，故所见皆利用废弃之公私文牍制作。今尚保存的唐《故纸判》即是对"州申远年故纸请卖充公廨支用"一事所作判词。判云：

> 案牍之理，义在随时。曹局之资，固宜适用。即有年代侵远，事迹沦没……令式既标年岁，州县自有准绳。何事强申，方来取决。请以状下，任依葬途。①

这里表明，各类公文牍皆依"令式"，各级行政机构各有保存年限，诸如手实、户籍等，逾制即可自行处理。这类两面书写过的文牍，当然最适合制作葬具。从而也表明本墓所出制作葬具的旧文牍，既是同一时期处理的，也应是同一时代制作的。因此，这批"乡帐"残件，也即是贞观十八年三月高昌县下诸乡里正制作之物。但"乡帐"即由各乡之诸里正分别制定，因此从书法而言，这批"乡帐"残件亦不可能完全一致。但依据这批虽非一乡，但确是同一时间的"乡帐"残件，大体能复原"简式"的"乡帐"的主要形制。

《吐鲁番出土文书》图文精装本第二册所收阿斯塔那103号墓出土文书中，这类文书残件共有6件，今择其中五件作表对照，三栏有关部分相互补充残缺部分，力图复原"乡帐式"，今作表如下：

---

① 参见《文苑英华》卷五一一《故纸判》，中华书局1966年版；《全唐文》卷九八一阙名，中华书局1982年版。

三(二册 122 页)

1 武城乡

2 合去年帐后已 来☐☐

五(二册 123 页)

1 ☐☐百五旧

2 户一十七新

3 合 当乡新旧口二千六

　十四

4 一千九百八十二旧

5 八十二新

6 七百卅三杂任卫士及

　职资侍丁☐☐

7 二百七十三人白

　丁☐☐

8 二百☐十七人 旧

9 六 人新

10 ☐百五十二老寡丁

　妻黄小女

11 一百一十六人贱

12 ☐十九人奴丁新五十四旧

13 ☐☐☐人婢三新五十四旧

14 ☐☐☐☐白丁并依实,

　后若

　(后缺)

二(二册 121 页)

1 合当乡新 旧

2 一千二百☐☐☐

3 六口新附

4 三百卅四杂任卫士老小

　三疾等

5 二百八十七白丁见输

6 二百八十六旧

7 ☐人新附

8 ☐☐☐丁妻黄小女

9 ☐☐☐贱

10 ☐☐☐奴

11 ☐ 十 二婢三新六十九旧

12 ☐☐☐户口新旧老小

　良贱见输白丁,并皆

　依实,后若漏妄,连

　署之人,依法罪。

　谨牒。

13 贞观十八年三月日里

　正阴曹曹 牒

14 里正李☐☐☐

15 里☐☐☐

七(二册 124 页)

1 宁戎

2 ☐ 去 年帐后已来,

　新旧户☐☐☐

3 户三百七☐☐

4 ☐☐☐四新

5 ☐☐☐十九

六(二册 124 页)

1 ☐☐☐十二人老寡丁

　妻黄女已上

2 一百一十六贱

3 五十九人奴

4 五十七人婢

　(后缺)

谨按:此残件六行分
类统计项目,特别是
贱口总数及奴婢数,
皆与第一栏所引之
"五"内第十、十一、
十二、十三诸行所记
同,故应是制作计帐
时之物。今附于此处,
供对照、补充之用。

以上图表中之"二"或"三"等，表示本件为该墓文书编号，括号中数字，为该册之页码。

由上表的对照，应说基本上反映了贞观十八年的"乡帐式"。现大略总结其"乡帐式"如下：

1. ××乡
2. 合当乡去年帐后已来新旧户若干
3.   户若干旧
4.   户若干新
5. 合当乡去年帐后已来新旧口若干
6.   若干口旧
7.   若干口新（云新附）
8. 若干杂任卫士及职资侍丁老小三疾等
9. 若干白丁见输
10. 若干老寡丁妻黄小女
11. 若干贱
12.   若干奴 若干新 若干旧
13.   若干婢 若干新 若干旧
14. 合当乡去年帐后已来户口新旧老小良贱见输白丁并皆依实后若漏妄连署之人依法罪谨牒
15.   ××年号某月　日里正某某牒
                            里正某々牒
                            里正某々牒

由于前引"二"号文书后残，不知该乡有若干里，但一乡里正共造该乡之"乡帐"，所有里正皆应为"连署之人"。

从上所作之表中，可看出户及良贱总口的统计，无疑是一项重要内容，为封建国家提供统计全国户及人口的最基层数据。同时重要的还在于统计"见输白丁"及"不输"的各色人口诸如杂任、卫士、职资、侍丁、"三疾"、老、小等。① 这里同样证明唐之赋役以"丁身为本"及尤重"现输"之特色。还必须重视的是：只记户数(包括现管户数中的"旧管"与"新"入之数字)，不记户等，不见土地的记载。

至于在统计中，采用的会计方式、采用形式如下：

当年总户(或口)数

若干旧管

若干新附

这种形式，是财政会计专家所云的"三柱式"方法。结合这时期"乡帐"分类统计的内容，与下面将要探讨的一批贞观末年及其以后之"繁式"相比较，故称作为"简式"。

从形式、内容与会计之结算方式而言，前已探讨了唐师指出的"简式"乡帐。但就在吐鲁番哈拉和卓一号墓出土的某乡乡帐 4 件残片中，我们看到了既与前"简式"乡帐有差异，而又不同于后将探讨的"繁式"乡帐的帐式。

据整理者介绍，"本墓经盗扰，无衣物疏，亦无墓志。所出文书兼有麹氏高昌及唐代。其有纪年者，最早为高昌延寿十六年(639)，最晚为唐贞观十四年(640)。"当然，不可据此而断言，该墓不可能有晚于贞观十四年之文书。在所出之"乡帐"残件中，诸色分类统计之首行，皆标明"合当乡"，其下再注明诸色分类统计之总数，例如：

6　　合当乡良贱总四百廿七

11　　□当乡白丁卫士三百卅五人②

这与"简式"乡帐用语同。而与"繁式"乡帐中例用之"去年计帐已来"不同，从而表明本件之若干基本形态不同于上考之"简式"乡帐。

---

① 关于不输之条件，唐长孺著《唐西州诸乡乡口帐试释》及朱雷著《唐手实制度杂识——唐代籍帐制度考察》中，皆有分别之考察，此处不再引证。

② 参见《吐鲁番出土文书》第 2 册，图文本第 7 页，文物出版社 1994 年版。

但仅就现存之记载，我们看到了两个变化。

首先，在件（一）之行 16 至行 23 中，在记载"杂任"一色中，记有"医学生"、"州学生"、"县学生"、"□士"、"白直"、"执衣"等各若干人，不同于仅记总人数若干的"简式"记载，而同于下面将要探讨的"繁式"记载方式。

其次，在件（三）中之行 7 至行 12 中，记载云：

7　合当乡□□□马牛车①

其下四行，分记"犍牛"、"牸牛"、"□马"、"□驴"、"羊"各若干。而这种统计一乡之牲畜及车数，不仅不见于文献，而且也不见于所有其他"简式"或"繁式"乡帐残件之中。此点，颇类同于本文第一部分中所引《管子》之言。但唐代文书及文献中，有关"乡帐"、"计帐"记载，仅此一例。

因此，推断在现存唐贞观十八年（644）乡帐后，到下面将要探讨的永徽二年（651）的乡帐之间，有一"过渡式"。这个"过渡"期应在贞观十八年到贞观二十三年（649）间。唐高宗永徽元年（650）后，"乡帐"就进入了唐师指出的"繁式"阶段。

根据唐师所指示的"繁式"乡帐，又再次考定，可确认者为：

1. 唐永徽元年后某乡乡帐（图文本《吐鲁番出土文书》第三册118—125 页）

2. 唐永徽二年后某乡乡帐（图文本《吐鲁番出土文书》第三册59—62 页）②

---

① 前三字，依帐式例补。

② 按本件在图文本《吐鲁番出土文书》第 3 册，收入"哈拉和卓三九号墓文书"中，分为"六"、"七"两份登录。"七"因作为鞋面，经墨涂染，字迹均漫漶不清，不易辨识，可能与上件（指"六"）为同一户口帐。然"六"、"七"两份均拆自同一纸鞋之鞋帮及鞋底，又细观字迹，故今改之，断为同一件。

3. 唐西州高昌县顺义乡和平里帐(图文本《吐鲁番出土文书》第三册 180—185 页)①

4. 唐乾封二年(647)西州某乡乡帐(图文本《吐鲁番出土文书》第三册 172—174 页)

以上 4 件,皆是诸乡里正造"乡帐"时所作草稿,依高昌旧俗皆用过时无用之"故纸"制作葬具,任意拼接裁剪诸如纸鞋之类,故难窥其原貌。四件中,唯第一件不仅时代最早,且保存最多,故在下作表时,置于第一栏。现作对照表如下,以见"繁式"乡帐之统计诸色内容等与前"简式"之差异。

唐永徽元年后西州某乡乡帐	唐永徽二年后西州某乡乡帐	唐西州高昌县顺义乡和平里乡帐	唐乾封二年西州某乡乡帐
第三册 118 页—125 页	第三册 232 页	第三册 180—182 页	第三册 172—174 页
(一)	(一)	(一)	(一)
1. ☐ 口百五,年十一已上	1. ☐不课	1. ☐和平里	1. ☐ 卅 三人小男
2. 口一百六十五小男	2. 户五十六老男	2. 口管户八十	2. (上残)一十五人黄男
3. 口卅黄男	3. 户五笃疾男	3. 口管户八☐	3. (上残)一百卅五人女
(二)	(二)	(二)	4. (上残)三人妇(下残)
1. 口五☐	1. ☐废疾	1. 口八☐	5. (上残)廿一人丁寡妻
2. 口七十七老男 口四十年八十已上 口七十三年六十已上	2. ☐六职资	2. 户四☐	6. (上残)一十八人中☐
	3. ☐中男	3. 户四☐	
3. 口二废疾男	4. ☐十八已上	4 户一☐	
4. ☐男	5. ☐年十六已上	5. 户一☐	
5. 口卅九职资	6. ☐小男	6. 户五十☐	
6. 口二十二见			

———————

① 按本件在图文本《吐鲁番出土文书》第 3 册,收入"阿斯塔那五号墓文书"中,分为"九"、"一〇"、"一一"三份,今观三份书法及书写格式皆同,应是同一件文书,今故改之。

续表

唐永徽元年后西州某乡乡帐	唐永徽二年后西州某乡乡帐	唐西州高昌县顺义乡和平里乡帐	唐乾封二年西州某乡乡帐
7. □一十一前庭□	（三）	7. 户□	7. □百八十□
8. □一校尉	1. □中□	8. 户□	8. □□人□
9. □三旅帅	2. □五课	9. 合今年新旧户□	（二）
10. □四队正	3. □不输	10 □三百八十□	1. □人部□
11. □三队副	4. □见输	11 □百 一 □□	2. 三人丁
12. □□	5. □见定□二千九百廿一	（四）	3. 一人小
（三）	6. □□十八不	1. □□老（下残）	4. 一百九十奴□
1. □一飞□□	三册 59 页	2. □废□	5. 五十四□
2. □一十二云□□	（一）	（五）	6. 一□
3. □一十二武□□	1. □三□寡	1. □贱口	（三）
（四）	2. □一十□职资妻	2. □九（下残）	1. 三人□□
1. □ 一百六，年六十已上 □	3. □五十一丁寡	3. □十一（下残）	2. 廿□人
2. □丁寡	4. □三百八丁妻	4. □六老（下残）	3. 四人老婢
3. □二笃疾妻	5. □二丁妾	5. □年□	4. 一十一人丁婢
（五）	6. □二笃疾妻	6. □年□	5. 四人□
1. □一十三□	7. □廿一□男妻	（六）	
2. □一百一十七	8. □卅一□女	1. □□百	
3. □一中女笃□	9. □一百卅二 小女	2. □一十	
4. □一百六十二小女	10. □七十□□女	3. □廿	
5. □卅七黄女	11. □百	4. □七十五□	
6. □三百卅七贱	三册 62 页	5. □卅五□	
7. □二老部曲	1. □五□奴	6. □一□	
8. □一丁部曲	2. □廿□□奴	7. □六□□	
9. □一百五十二奴	3. □□□		
10. □廿五老奴			
11. □卅□□奴			
12. □□奴			
13. □□奴			

续表

唐永徽元年后西州某乡乡帐	唐永徽二年后西州某乡乡帐	唐西州高昌县顺义乡和平里乡帐	唐乾封二年西州某乡乡帐
14. 口一百八十二 婢	4. 口 □ □	8. 口一十一 □	
15. 口一客女	5. 口 □	9. 口一功 □	
16. 口卅三老婢	6. 口 □ 婢	11. □ 五 □	
17. 口七十七丁婢	7. 口 □ 老婢	12. □ 十 三 □	
18. 口卅中婢	8. 口二丁婢	13. □ 一 □	
19. 口卅小婢	9. 口九中婢	三册185页	
20. 口一黄婢	10. 口廿五 □ □	（一）	
21. 口二百九十二 □	三册60—61页	1. 口二小	
22. 口三县佐	1. □ □ 百卅七课	2. 口一十二婢	
（六）		3. □ 丁	
1 口 九 里 正		4. □ 一中	
2. 口一州仓督		5. □ 小	
3. □ □ 州仓史	2. □ □ 二百九十	（二）	
（七）	一不课	1. 口八十四不 □	
1. 口二渠长	3. 口二佐史	2. 口卅八卫士	
2. □ 烽帅	4. 口三里正	3. □ 白 直	
3. □ 道 □	5. 口廿一侍丁	三册183页	
4. □ 终 制 □	6. 口九十 □ 卫士	1. 口二	
5. □ 廿三年 □	7. 口 五 十 □	2. 口二县 □	
6. 口一 廿三年	直二年	3. 口一领 岸 头府 旅	
（八）	8. 口四 □ 直	4. □ 官 □ 骑尉	
1. 口五元年母亡	9. □ 五 十 □ 二	5. □ 中男	
（九）	年白直	6. □ 年十 □ 已上	
1. 口七 □	10. 口一十 □ □ 水	7. □ 年十六已上	
2. 口五 □	11. 口廿四 残 疾		
3. 口五 □	（三）		
4. 口卅三 □	1. 口 □		

续表

唐永徽元年后西州某乡乡帐	唐永徽二年后西州某乡乡帐	唐西州高昌县顺义乡和平里乡帐	唐乾封二年西州某乡乡帐
5. 去年计帐以来，课、不课，输□	2. 口一引（中残）道	8. □□男	
6. 口□	3. 口二引（中残）道	9. □□男	
（十）	4. 口一远□未还		
1. 口四卫士入职资	5. 口一州□生		
2. 口一终制入职资	6. 口二放贱从良给复		
3. 口七十五见在	7. 口一十一终制		
4. □十课	8. 口一元年七□内父亡		
5. 口四破除	9. 口一元年九□内父亡		
6. 口三白丁死	10. 口一元年四□内母亡		
7. 口一白丁逃走 准式除			
8. 口五人不课	11. 口一元年□□内母亡		
9. 口一白丁□			
（十一）	12. 口一□		
1. □十三白□			
2. □课入不课			
3. □见在			
4. □输			
（十二）			
2. 口一百一十八从输入不输			
3. □白丁入残疾			
（十三）			
1. □侍			
2. □任里正			
3. □入卫士			
4. □后加白直			

续表

唐永徽元年后西州某乡乡帐	唐永徽二年后西州某乡乡帐	唐西州高昌县顺义乡和平里乡帐	唐乾封二年西州某乡乡帐
5. ☐白直			
（十四）			
1. ☐生			
2. ☐一见输			
3. ☐输不输交			
4. 口一百一十八从输入不输			
5. 口卅七从不输入输			
6. 去年计帐以来新附☐			
7. 口七十☐			
（十五）			（四）
1. 口一老男☐			1. ☐人
2. 口二老寡被☐			2. ☐人
3. 口一丁寡被符附			3. ☐四人新☐
5. ☐从柳中县附			4. 三☐
6. ☐内附			5. 牒件通当乡去年账☐
			6. ☐前谨牒
			7. 乾封二年十二月日里正牛义感
			8. 里☐

由于"繁式乡帐"残缺尤甚，已不如前引"简式乡帐"尚可约略窥其原貌，不能如同"简式乡帐"作出原貌之复原。故这里只能指出其制作程式差异之处在于：

1. 关于"中男"统计一项，"简式乡帐"只作总数统计一项。而

"繁式乡帐"在中男总数统计后，又分两项即"年十八已上"和"年十六已上"口各若干。

2. 关于"老男"统计一项，"简式乡帐"仅作总数统计一项。而"繁式乡帐"在老男总数统计后，又分为"年六十已上"、"年八十已上"（但该乡若尚有年七十至七十九之老男，必还有"年七十已上"一项的分类），分类统计"口各若干"。

3. "繁式乡帐"中，已明确见到"从输入不输"及"从不输入输"的明确分类统计。

4. 关于"杂任"、"职资"，"繁式乡帐"中已有明确按各种名色区别的统计。

5. "简式乡帐"中记载程式称"××人"，而"繁式乡帐"中则作"口××"。但所见"乾封二年乡帐"又改作"××人"。

以上，除第 5 条为程式之变化外，其余第 1 至第 4 条的不同，应是实质性变化。可参考拙文《唐代手实制度杂识——唐代籍帐制度考察》中关于"五九"的考定。这些特点，都在于针对作伪籍帐，以逃避赋役，而使统计更加周密，用以保证赋税收入。

<h1 style="text-align:center">三</h1>

"计帐"制作的目的，是为"量入"。但如何据"计帐"来进行"量入"？我们在《通典》食货典六中，见到了据考为天宝十四载（755）的"计帐"，方始得知这个"量入"过程，即依据"计帐"计算出应征收户税、地税及租庸调数字的方式。

(一) 按户征收的户税

按天宝中天下计帐，户约有八百九十余万，其税钱约得二百余万贯。

该条脚注小字云：

　　大约高等少，下等多，今一例为八等以下户计之。其八等户所税四百五十二，九等户则二百二十二。今通以二百五十为率。自七载至十四载六七年间，与此大数，或多少加减不同，所以言约，他皆类此。①

这里所记天宝中计帐户数，已略去 10 万以下数字。据同书卷七历代盛衰户口门云：

　　（天宝）十四载，管户总八百九十一万四千七百九。

两处户数最为接近，包括 10 万位以上数字皆同，自 10 万位以下，一略去不载，一全数载明。此处可证前者所云"天宝中计帐"，实为天宝十四载"计帐"。

　　前处记云天宝十四载"户约八百九十余万，其税钱约得二百余万贯"，根据小字脚注的说法，即按各户所应交纳"户税"乘以总户数，即可得出。又按，依唐制将人户分为"三等九级"（即"上户"一、二、三等；"中户"四、五、六等；"下户"七、八、九等）。"户等"的划分，直接涉及到兵役征点、"差科"拣充等，同时还要按"户等"交纳"户税"。但限于史料的缺乏，虽有多家研究，迄无定论。但杜佑所记，天宝十四载"其八等户所税四百五十二，九等户则二百二十二"，应是定额无疑，所惜其余户等不见记载。

　　根据文献及出土文书，有"户等簿"，三年一定户等。但在目前所见西州"乡帐"中，不见有户等记载。据唐制所制定的日本《延喜主计式》所见，户的统计，有课与不课，亦无户等的分别记载。今据前引《通典》卷六，知在据"计帐"作户税收入预算时，并不按户等来分别计算应缴户税，而是估计到"上户"、"中户"少，而"下户"中的

---

①　王文锦、王永兴等点校：《通典》卷六食货六赋税（下），中华书局 1988 年版，第 110 页。

八、九等户为多(这一点不仅为文献所证实,就以唐代西、沙州的户籍、差科簿等所见,亦是如此。作为封建国家必然了解此种"高等少、下等多",也即"户等高"而富有或较富有的少,而"户等低"而贫穷者多的现实)。因此,在根据"计帐"作出来年"户税"收入的预算时,即不再按各类户等依据制度各应缴纳之户税总计而成,也不按八或九等户的"户税"数为计算标准,而是采取"通以二百五十文为率"。"率"字,据颜师古注《汉书》云:"率,计也。"①也即概以此数为标准。

今按天宝十四载计帐户数统计,以每户交纳 250 文户税为统一标准,度支遂得出下年户税总入"二百余万贯"。杜佑所记户数,在"赋税"门下中,记作"户约八百九十余万",但他在下卷"历代盛衰户口"门中,完整保留了"管户总八百九十一万四千七百九"这个数字。据此户数,以每户 250 文计,户税总计应是"二百二十二万八千六百七十七点二贯"。则当是杜佑作《通典》至此时,将户数略去十万以下数字、户税收入略去百万以下数字之故。

但杜佑《通典》卷七记天宝十四载"管户总八百九十一万四千七百九"后,脚注云:

> 应不课户三百五十六万五千五百一,应课户五百三十四万九千二百八十。

今将脚注之应不课、应课户数字相加,为"八百九十一万四千七百八十一万户"。此数较管户总数多出 72 户。此处差误的产生,推测原因有三:当时作计帐时,统计出现误差;杜佑作书时,抄录有误;由于后世抄录、辗转翻刻,失于校对。三种原因,笔者倾向于第三种。但误差不过 72 户,并不影响今天的研究。

此处关键在总管户数脚注中,注明了"应不课户"及"应课户"之

---

① 《汉书》卷一(下)《高帝纪一》(下)高帝十一年二月诏;王先谦:《汉书补注》(上册)该条补注,参见中华书局 1983 年版。

户数，在"管口"总数脚注下，杜佑也分别注明"不课口"及"课口"数各为若干。按唐制，户及丁口，皆有"课"与"不课"之别，不少中、日学者皆有研究。"课"与"不课"，既有稳定的，更有不少"不稳定"的。为何在前计算户税收入时，只按总管户数计，而不剔去当年"不课户"数，个中原由，我们只能在肯定这里记载无误的前提下，判断当时不以户等高下分别征收不同之户税，而一概按"九等户则二百二十二"再加28文为"率"，以得出一项"户税"的预算收入。

(二) 以每户地 70 亩为率按户征收的地税

《通典》卷六曰：

> 其地税约得千二百四十余万石。

该条杜佑注云：

> 两汉每户所垦田不过七十亩，今亦准此约计数。

今按唐制，据《唐六典》、《通典》所记，玄宗开元二十五年（724）定式：

> 王公以下，每年户别据"所种田"，亩别税粟二升，以为义仓。①

这里规定了王公以下，皆须据"所种田"，按亩缴纳二升地税。

如同户等之中，上户少而下户多，同样在"所种田"者中，少数上户占有更多的土地，下贫之户田地不足，在出土唐西、沙二州手实、户籍及有关土地文书中，皆可见到绝大多数人户"受田"不足这

---

① 《大唐六典》卷三仓部郎中员外郎条；《通典》卷一二《食货典》十二轻重门义仓条。

一现实。因此，度支在计算地税总入时，亦如同"户税"之"通以二百五十为率"之做法，每户以"七十亩"为"率"计，乘以总管户数，得出的地税收入"约得千二百四十余万石"。

今以天宝十四载"管户总八百九十一万四千三百九"计，每户 70 亩，共计田"六亿二千四百万二万九千六百三十亩"。以每亩 2 升计，合得"地税一千二百四十八万五百九十二点六石"。此数与杜佑所记地税数相去甚近，只是因为杜佑省去了 10 万以下数字，故二者之间存在些许差异。

这里同样值得注意的是，前面计算户税时，不分课户不课户，这里计算地税时，只言"王公以下"皆须交纳。但天宝十四载总管户数内 800 余万户除农民外，是否还包括"王公以下"的官僚？这里便涉及到唐代户籍管理对象以及官员甚至寺、观赋役复除问题。

从目前唐西、沙两州的残户籍及手实、乡帐等文书中，所见之管理对象，寺、观之户，绝对不在其范围内，其余如一般官吏，甚至流外直至里正之类，皆尚未见。直到唐大历四年(769)沙州敦煌县悬泉乡宜禾里手实中，才见到有折冲府的别将两名，折冲一名。① 其他文职、流外乃至里正之类，仍皆不见。不过在繁式乡帐中，却见到折冲府官员及勋官、"杂任"的具体分类统计，但这种统计却不见于户籍。户籍据手实而作，计帐亦据手实而作，除了文献记载的缺乏及文书的原因外，我们不能不慎重考虑唐代户籍管理的对象以及计帐统计的总户数的某些特殊性。但这些不是本文讨论的重点，之所以提出这个问题，不仅仅在于它是今后应注意研究的问题，更在于说明计帐在为"量入"提供统计户数时，并未将免除赋役的那部分特权阶级或阶层的户数纳入统计范围之内，所谓的总管户数，是必须承担户、地税的人户。这也是为什么尽管据《通典》卷七所记，户有"应课户"、"不课户"的区别，但在进行户、地税征收的统计时，却一律不分课与不课，按"率"来总计应收数额的原因。

---

① 《唐大历四年沙州敦煌县悬泉乡宜禾里手实》，唐耕耦、陆宏基：《敦煌社会经济文献真迹释录》(一)，书目文献出版社 1986 年版。

（三）按丁征收的庸调及租

根据《通典》卷七历代盛衰户口门记唐天宝十四载：

> 管口总五千二百九十一万九千三百九。

其下脚注：

> 不课口四千四百七十万九百八十八，课口八百二十万八千三
> 百二十一。

这里课口数的记载，与《通典》卷七历代盛衰户口门中所记天宝十四载的"课口八百二十万八千三百二十一"之数最为接近，此可再证此处是天宝十四载之"计帐"。但今以"不课口"、"课口"相加，合得"五千二百九十万九千三百九"人，与管口总数不符。相较而言，后者总口数少一万口。这里的误差，远较前考户数为大，其误差缘由大约不外前考之三种可能。

但《通典》卷六赋税门所记，据天宝十四载计帐：

> 课丁八百二十余万，其庸调租等，约出丝绵郡县计三百七十余万丁，庸调输绢约七百四十余万匹，每丁计两匹。绵则百八十五万余屯，每丁三两，六两为屯，则两丁合成一屯。租粟则七百四十余万石。每丁两石。约出布郡县计四百五十余万丁，庸调输布约千三十五万余端。每丁两端一丈五尺，十丁则二十三端也。其租：约百九十余万丁江南郡县，折纳布约五百七十余万端。大约八等以下户计之，八等折租，每丁三端一丈，九等则二端二丈，今通以三端为率。二百六十余万丁江北郡县，纳粟约五百二十余万石。大凡都计租税庸调，每岁钱粟绢绵布约得五千二百三十余万端匹屯贯石，诸色资课及句剥所获不在其中。

这里的"课丁八百二十余万"，应即上引"课口八百二十万八千三百二十一"之约数，自 10 万位数以前皆同。由于交纳对象所处地区之不同，决定了生产品种的不同及征纳方式的差异。全国被分为两大地区，即"出丝绵郡县"和"出布郡县"，两大区域的征收方式各有不同。接下来，拟对两大区域的征纳方式分别进行考察。

1. 出丝绵郡县的"调"及"租"的征收

据上引资料，该类地区课口"计三百七十余万丁"。以"租"而言，按制每丁两石，则租粟合得"七百四十余万石"。所惜因杜佑在作书时，对于课丁及租粟合得数十万位以下皆举"约数"，故无法进一步考出"课丁"及"租粟"之实际数字。

又，"庸"与"调"本系两种征收对象。据《唐六典》记：

> 凡赋役之制有四，一曰租，二曰调，三曰役……其调随乡土所产，绫、绢、絁各二丈，布加五分之一。输绫、绢、絁者，绵三两，输布者，麻三斤……凡丁岁役二旬，有闰之年加二日，无事则收其庸，每日三尺，布加五分之一。①

这时讲到正役在无须征发时，交"庸"代役。输"庸"代役，始于隋代，而唐代交纳实物代"役"已成定制，且交纳"庸"，"每日三尺"。以"凡丁岁役二旬"，则应纳"庸"6 丈，若为纳麻布，应"加五分之一"。故《通典》卷六中所云"庸调输绢"，实单指"调"而言，且此处通篇不见"庸"的征收。因此，此处所言"庸调输绢约七百四十余万匹"，实是按"每丁两匹"的"调"的征收。

至于何以合称"庸调"，李锦绣女士在研究中，曾指出"开元时国家征收的庸调合并为一个税目，庸调共收"，同时还指出"庸物多系留当州支用，而调则依常制由国家统一支配"。② 但修定于开元年间

---

① 《大唐六典》卷三尚书户部，第 68 页。

② 参见李锦绣：《唐代财政史稿》(上卷)第 2 分册第 2 编，《唐前期的财政收入》第一章《赋税收入》，北京大学出版社 1995 年版。

之《唐六典》，仍将租及纳庸代役分为不同类型，且《通典》引度支据天宝十四载计帐所作之统计，仍将"庸"、"调"合一作"庸调"，在计算中，仍按一丁之"调"数计，且此"庸调"收入在作财政支出时仍由中央划拨，其间并无"庸物多留当州支用"的现象。因此关于"庸调"是否"合成一税"，尚应开展讨论，但这已与本文无多大关系，故在此存而不论。

今按"三百七十余万丁"，每丁两匹计，输绢约 740 余万匹，以每丁绵 3 两，"六两为屯，则两丁合成一屯"计，输绵"则百八十五万余屯"。经验算，除去因省略而无法验算者，绢、绵数皆吻合。

2. 约出布郡县"调"、"租"征收

据上引《通典》卷六载，"约出布郡县计四百五十余万丁，庸调输布约千三十万余端"。根据该条脚注云，"每丁两端一丈五尺，十丁则二十三端"。根据《通典》卷六杜佑注云：

> 准令，布帛皆阔尺八寸，长四丈为匹，布五丈为端。

由是观之，则一丁"庸调"纳布竟达 11.5 丈之多。与前引《唐六典》所云一丁调"布二丈二尺"之数，相距甚远。设若采取前引李锦绣女士之说，开元时"庸"、"调"已合一征收，则经验算，与《通典》所记"庸调"布数亦不合。又据《唐六典》所记，输麻布者，尚应加征"麻三斤"，如同上引输丝织品者，尚应加征"绵三两"。而此处纳布之乡，仅见输布之数字而不见有"麻"，不同于纳丝织品之地。故此处度支据计账所作收入统计，令人费解。

作为应输布郡县之课丁，为 450 余万丁。其"租"的缴纳，按"折纳布"与交"粟"两种方式，分两地区，各据该地区课口交纳。其分地区征收方式如下：

（a）江北郡县

据上引《通典》所记，"二百六十余万丁江北郡县，纳粟约五百二十余万石"。按唐制，"课户每丁租粟二石"，① 这是以"均田制"下每

---

① 《大唐六典》卷三尚书户部。

丁授田 100 亩为前提的。但这个授田额及交租额，是政府假定的结果，事实上不可能在全国有这样一个统一的标准。笔者在《唐代均田制实施过程中"受田"与"私田"的关系及其他》一文中，已指出这一点，另据吐鲁番出土文书所见，有"受田八十亩"、交租"八斗"的记载。①

但在天宝十四载计帐中，据课丁数计算"租"的收入时，并不考虑现实中的由于"受田"不足，从而导致交"租"的差别这一现实，度支仍按"课户每丁租粟二石"计。此处江北诸郡县，课丁 260 余万，以每丁二石计，总合正为"五百二十余万石"之数。

（b）江南郡县

据上引，"其租，约百九十余万丁江南，折纳布约五百七十余万端"。这里指出不同于江北郡县的是，江南郡县的"租"，不再按课丁租二石征收，而是"折纳"交布。杜佑指出其交纳方式为："大约八等以下户计之，八等折租三端一丈，九等则二端二丈，今通以三端为率。"这种交纳方式，有类前引户税征收统计，即列出八、九等户之户税后，再按通以为"率"的数字计算。

这里"折租纳布"的"率"是布三端，但又因前面"户等"问题，且有八、九等折租纳布的具体标准，而不同于江北地区按丁收粟，就涉及到这时的"江南郡县"是否实行了"均田制"的问题。关于江南地区是否实行"均田制"，限于史料的缺乏，加之又无出土资料可证，目前尚有疑问。但无疑每丁之租"布三端"，价高于"租粟二石"之数，从而导致江北及江南郡县课口之租额出现差别，后者负担重于前者。

以上部分的探讨，旨在表明"计帐"制作的主要目的之一，在于尚书户部度支郎中据之以作出主要的财政收入预算。由于《通典》对天宝十四载收入预算之记载为节抄，亦或出于其他缘故，并有误差，

① 《唐代均田制实施过程中"受田"与"私田"的关系及其他》，《魏晋南北朝隋唐史资料》第 14 期，武汉大学出版社 1996 年版。

前已逐项指出误差所在。但作为总数的统计,《通典》云:

> 大凡都计租税庸调,每岁钱粟绢绵布约得五千二百三十余万端匹屯贯石。

这里各类收入之总数,但据先前所记将逐项收入相加,其租税庸调,一岁钱粟绢绵布总约得 5545 余万端匹屯贯石,两数相差 210 余万之数。该书校点者已在校勘记中指出,据《册府元龟》卷四八七,"三"原讹"二"、"上文各类税收数字之和为五千二百三十余万"。与笔者覆核,亦有 100 万之差。由于本文目的在于探讨如何据"计帐"作收入预算,故不再追究其误差之缘故。

杜佑又指出:"诸色资课及句剥所获不在其中。"紧接上引文,杜佑注云:

> 据天宝中度支每岁所入端屯匹贯石都五千七百余万,计税钱地税庸调折租得五千三百四十余万端匹屯,其资课及句剥等当合得四百七十余万。

该书点校者在校勘记中,已指出"计税地税庸调折租"数,应正作"五千二百三十余万",这表明杜佑所记数字亦有讹误,也可证明前所考诸数字之讹误实为不虚。由于杜佑作注文时,只云"天宝中",且此处所记"岁入"数,未知为度支据当年"计帐"所作财政预算收入,亦或是次年财政收入的结算?故无法再深入探讨。

以上论证,表明了度支如何据"计帐"而作出"量入"的过程与方式。作为度支的职掌,即是"每岁计其所出,而支其所用",[①] 具体到上述事例,也即是对天宝十四载年底所能收到的全部作出预算收

---

① 《唐六典》、《唐会要》皆云"计其所出",但这里的"出",绝不可理解为"量入为出"之"出"。前者之"出",应指"量入"为"入",即指全部赋税之所得。

入，再作出下一财政年度支出的预算。现据"计帐"，已知"租赋少多"，既已"量入"，亦就可"制出"，分别按品种、数量，配给各个军政机构。

> 其度支岁计，粟则二千五百余万石。

根据杜佑的注，其"制出"分为："三百万折充绢布，添入两京（长安、洛阳）库"；"三百万回充米豆，供尚食及诸司官厨等料，并入京（长安）仓"；"四百万江淮回造米转入京，充官禄及诸司粮料"；"五百万留当州官禄及递粮；一千万诸道节度军粮及贮备当州仓。"

> 布绢绵则二千七百余万端屯匹。

杜佑注则指出其"制出"分为："千三百万入西京，一百万入东京"；"千三百万诸道兵赐及和籴，并远小州使充官料邮驿等费。"

> 钱则二百余万贯

杜佑注这笔钱的"制出"为："百四十万诸道州官课料及市驿马"；"六十余万添充诸军州和籴军粮。"

上云"制出"，也即财政支出预算的结果。这里表明开支的大部分主要是用于支付军政机构的行政费用和官员的俸禄。而两京官库所入数，不能说完全没有用于贮备，但作为官吏的随时赏赐、节日活动的支出，无疑占据了相当大的数量。而作为公共设施，除了供军政需要的"邮驿"设施与"驿马"外，它如水利、道路等公共设施则不见有专项经费的开支。

据唐制，天宝十四载据"计帐"所作财政收入预算，必在当年六月以前。但到十一月，安史乱起，两京沦陷，玄宗入蜀。战乱时间，此制度亦必将遭到破坏，虽已作预算，当已无法在天宝十五载执行。

作为"量入制出"的财政收支思想，抽象地说，无疑是一种在中国古代社会中的明智见解，在具体实施过程中，当君臣尚能比较认真执行这一指导思想，在官吏还能比较认真执行根据这一指导思想所制定的制度时，无疑对社会的稳定与发展，起了一定良好的作用。所谓"开元盛世"的出现，不能不说与较好执行"量入制出"有一定关系。但正是统治阶级的贪婪本性，决定了它势必经常破坏"量入制出"这一财政收支思想。故杜佑在《通典》中说：

> 自开元中及于天宝，开拓边境，多立功勋，每岁军用日增……大凡一千二百六十万，而锡赉之费此不与焉。其时钱谷之司，唯务割剥，迴残膡利，名目万端，府藏虽丰，间阎困矣。

这里已表明了统治阶级的奢欲正是破坏"量入制出"的根本原因所在。

综上所考，我们可以看出唐代之"计帐"，是为国家提供制定下一财政年度收入预算的基础，而度支据此，主要是制定户税、地税、调、租这四项国家税收的主要项目的收入预算总数，然后再据此作出国家主要的预算支出项目各若干。另外，尽管文献记载西魏大统年间，苏绰已制定"计帐"之制，而且还有敦煌所出《西魏大统十三年瓜州效谷郡（？）计帐》，但由于西魏"计帐"之制的内容至今未知其详，故在此亦无法论定其制与唐之"计帐"有何关系。不过唐出土西州之残乡帐的内容，以及《通典》所记天宝十四载据"计帐"所作之户、地税及调、租计算方式，都充分体现了以"丁身为本"这一特色。所以作为同样实行"均田制"的西魏，其"计帐"想必亦会具有以"丁身为本"这一特色。

唐德宗建中元年（780），行"两税制"，杨炎改制的重点之一，是改"租庸调制"的"丁身为本"为"以资产为宗"，同时行"量出制入"之制。当然，这种在中国封建社会实施的基于小农生产的"量出制入"，与近代以来西方的大工业生产为基础的资本主义社会的"量出制入"，存在质的不同。而"两税制"下的"量出制入"，从理论上讲，是以大历十四年的税额为准，而此税额即作为国家所能支出之数。相对稳定的"出"，也即成为"两税制"下的"制入"数额。因此，人、户统计虽然还继续存在，但作为"量入制出"的度支功能亦当随之废止。"乡帐"、"计帐"或因人、户统计的需要而继续存在，但那种以"丁身为本"的赋税制度所需的详尽统计项目，当已不复存在。

（载《敦煌吐鲁番文书论丛》，甘肃人民出版社 2000 年版）

《唐律疏议》中有关"部曲"
法律条文的现实意义

魏晋南北朝在中国古代史的分期中，无论是作为由奴隶制向封建制过渡，亦或作为在中国封建社会内的一个发展阶段而言，都是一个颇具特色的历史时期。反映在阶级关系上，或者说就直接生产者而言，其名色分类之复杂与众多，都是超过西汉和唐宋的。就中又以"部曲"一种，以其名称的出现，到内涵的变化，更具特色。

如所周知，"部"与"曲"本汉代军队之编制，同时也就成为军队的代称。而在魏晋南北朝时期，往往又成为私家军队的代称。就在同一时期，它又成为当时社会法律地位高于奴婢、却又低于编户齐民的一种"贱口"。有关"部曲"的研究，从寄簃先生的《部曲考》到今人的专题研究，成果甚多。目前可说除了在唐代"部曲"是否在现实生活中存在以及"部曲"是否在生产过程中使用尚有争议外，应该说存在的争议不多了。

作为"部曲"，存在于相当长的历史时期中，在南、北之政权所颁布的法律中，亦自必有律文可见。然由于唐以前诸朝律书之散佚，故不得知其法律地位。所以寄簃先生亦只得仅就北周武帝建德六年（577）十一月诏为据，断言：

> 改奴婢为部曲，乃奴婢与部曲同在私家分别等级之明证，而客女亦同见于诏中，似奴婢、部曲、客女三者之纂入律内实始于此。①

---

① 沈家本著，邓经元、骈宇骞点校：《历代刑法考》，中华书局 1985 年版，第 421 页。

然考该诏书所云：

> 自永熙三年(534)七月已来，去年十月已前，东土之民，被
> 抄略在化内为奴婢者；及平江陵之后，良人没为奴婢者，并宜放
> 免。所在附籍，一同民伍。若旧主人犹须共居，听留为部曲及
> 客女。①

这里所云永熙三年七月，应指高欢之入洛废元修。"去年十月已前"，
即指周建德五年(576)十月，周伐北齐事前。而"平江陵"，指宇文泰
于西魏恭帝元年(554)十一月灭梁元帝之役。后一役，"虏其百官及
士民以归，没为奴婢者十余万"。② 这些"没为奴婢者"，不少应是作
为战利品赏赐给文武百官。于谨就因平江陵功，得奴婢 1000 口。③

是故，建德六年诏中，并非指北周境内所有奴婢皆"放贱从良"，
而是针对特定时期及特定情况下产生的奴婢，如与东魏北齐交战过程
中，以及平江陵之役所掳掠的敌国之民(没为奴婢者)，采取"放免"
措施，并"所在编附，一同民伍"。只是对旧主"犹须共居"者，"听留
为部曲及客女"。这里没有讲到何种前提下，允许哪些"旧主人"可以
以"犹须共居"的名义依然占有旧时奴婢。但于谨之类立有战功而得
奴婢赏赐的文武官员，可能更有条件享有这种优待。因而在既照顾某
些特定的"旧主"，又要体现对这批奴婢的优待，故改作"部曲"及"客
女"。作为奴婢虽不能变为编户齐民，但能成为"部曲"及"客女"，未
尝不是一种地位的一定改善。在唐代，奴婢一免为部曲，再免为良
人，应是与之有关。但如果仅据此而得出结论，即断言"似奴婢、部
曲、客女三者之纂入律内实始于此"，则未免似有武断之嫌。

---

① 《周书》卷六《武帝纪》(下)，中华书局 1971 年版，第 104 页。
② 《周书》卷二《文帝纪》(下)，《梁书》卷五作"乃选百姓男女数万口，分
为奴婢"。《资治通鉴》卷一六五亦作"数万口为奴婢"。该条《考异》引《典略》作
"五十万"。
③ 《周书》卷一五《于谨传》。

今所保存的《唐律疏议》中，不少律文是关于部曲及客女的规定。众所周知，北周、隋、唐之律文有承袭关系，因而唐律中有关部曲、客女的规定，也正反映了周、隋时期部曲、客女的法律地位。同时也反映了在社会现实生活中，部曲及客女这个特殊的阶层，是有相当数量的，它既不同于奴婢，又不同于编户齐民，特别是他同"主人"的关系，有必要在法律条文中，规范其种种行为。

但是，也正如许多学者指出，除了在《唐律疏议》中明确提到部曲、客女这个阶层的存在外，只有《文苑英华》所收判文及某些诏书中提及部曲，而在大量唐代文献中，并未见到有关部曲的记载。敦煌文书的问世，无疑为唐史研究提供了大量不见于现存唐代文献的唐史资料，但内中也不曾见到《唐律》中的那种部曲、客女。直到 70 年代，吐鲁番出土的唐代西州官府文书中，始见到部曲与客女的存在。但又提出一个新问题，那就是西州部曲及客女的出现，是在唐平高昌以后随其主人来自中原地区，还是在唐平高昌以前当地即已存在这种名目不同，而实际地位等同于部曲的"贱口"。

在《吐鲁番出土文书》中，我们可以看到，自十六国时期到麹氏高昌，最后到唐代，无疑都存在着奴婢。世俗及寺院中，都拥有或多或少的奴婢。但是在麹氏高昌时期，还存在着一种特殊身份的"作人"。笔者曾撰文指出，此种"作人"是可以买卖、继承的，只有名而无姓，并见明确记载是使用于农业生产中。但这些"作人"中，有的尚能拥有一小块土地，并由此而决定他们如同地主、寺院、自耕农那样，要向麹氏王朝交纳"租"银。作为主人，也可采取"出租"的形式，立有"租契"，将他们"出租"于他人，收取租金。也有"作人"以立契方式交纳一定货币，从主人那里取得一定时间的"自由"。最后，还将"作人"与南朝宋、齐时期的"十夫客"作了比较，指出二者之间的某些相似处。①

根据麹氏高昌时期文书，我们见到"作人"出现的集中与频率远

---

① 参见朱雷：《论麹氏高昌时期的"作人"》，《敦煌吐鲁番文书初探》，武汉大学出版社 1983 年版。

高于奴婢。当然，我们绝不能因此而认为麹氏高昌时期的"作人"多于奴婢。但文书中所反映出的有关"作人"的经济活动，确远较奴婢为多。其原因就在于尽管奴婢数量多，但他只是"会说话的工具"，而"作人"毕竟地位高于奴婢。这种"作人"的产生，虽仅见于吐鲁番盆地的高昌国，但却与江南及中原地区直接生产者身份的变化，有着某些共同性。

如所周知，吐鲁番盆地本古车师前部地，自西汉宣帝置戊己校尉，建高昌诸壁垒，开屯田，汉族始迁入定居。东晋十六国时期，大量汉人迁入高昌。从现出土的麹氏高昌时期的墓志中，可以见到不少原是敦煌、金城、扶风籍的人氏。而在唐代出土墓志中，更有不少明确提到是在"五凉"时期迁入高昌的。大约在北魏灭北凉沮渠牧犍时，沮渠安周率其残部万余家退据高昌郡后，河西地区人口的迁徙不再如以前那样通畅。而公元460年，柔然灭北凉之后，进入高昌王国时期，在这一百多年中，他虽与中原及江南王朝保持着政治、经济、文化上的联系，但又由于高昌国的地理位置的特点，故先后臣服于柔然、铁勒及突厥。作为高昌地区经济发展的轨迹而言，从北凉时期的"计赀"制度，到麹氏高昌的按土地面积等级征收银钱，不同于北朝按丁征收的方式，却同于东晋南朝的趋势。

关于直接生产者的阶层中的变化与发展方面，虽然就目前掌握的资料而言，在东晋南朝范围内，不同封建隶属关系、名目众多的生产者并未在高昌地区出现，但由于高昌地区居民与河西地区的关系，以及同样处于战乱、流徙时期这个背景，所以在高昌地区出现了不同于传统奴婢的新的封建隶属者，这就是麹氏高昌时期的"作人"。笔者将他与南朝宋、齐时代的"十夫客"作过某些比较，并认为二者有着某些相似之处，说明在一定程度上，可以看出高昌地区与南朝发展趋势的一致。

笔者又曾指出，在贞观十四年唐平高昌之后，大量唐代文书中，不再见到这类"作人"的记载。我们所见到的唐代"作人"，也即麹氏高昌时期即已存在的雇佣者或是官府征发的服役者。在唐平高昌后，并不见有诏书放免奴婢与"作人"为良的任何记载。当然，唐太宗在贞观十三年十二月伐高昌诏说道：

> 自隋季道消，天下沦丧，衣冠之族、疆场之人，或寄命诸戎，或见拘寇手，及中州既定，皇风远肃，人怀首丘，途经彼境，皆被囚系，加之重役，忍苦遐外，控告无所。①

上述之类"皆被囚系、加之重役"的人员，在平高昌后，自会被唐朝政府所解救放出。而"作人"既不属于此类，当不会与之同时放免。相反，唐代的文书中，却又出现了文献中罕见的"部曲"、"客女"的记载。这里不仅有作为户籍、乡帐、名籍的记载，同时有以部曲入军的记载。那么西州部曲是来自中原地区，还是如同作者所推断，系本地旧有，由于麹氏高昌时期的"作人"，因其身份类同于部曲，从而按唐律而作名称的改变。这将是我们下面要讨论的重点了。

在吐鲁番出土唐代西州文书中，目前始见到"部曲"及"客女"记载的是在阿斯塔那 42 号墓出土《唐永徽元年后某乡户口帐》之中，内中统计"贱口"数记云：

```
6      口三百卅七贱
7      口二老部曲
8      口一丁部曲
9      口一百五十二奴
10      口廿五老奴
14      口一百八十二 婢
15      口一客女
16      口卅三老婢
(后略)②
```

---

① 参见《册府元龟》卷九八五，中华书局 1982 年版。
② 参见《吐鲁番出土文书》第 6 册，文物出版社 1985 年版，第 228—229 页。

我们知道"乡帐"是为每岁作"计帐"的最基础的统计工作。内中一项，即是要统计出不课口的种类与数量。永徽元年上距贞观十四年（640），不过 10 年，而在永徽元年乡帐中即已出现"部曲"与"客女"是值得我们重视的。

又在阿斯塔那 35 号墓所出《武周先漏新附部曲客女奴婢名籍》中，所见"部曲"、"客女"以及奴与婢名籍，皆为制定手实、户籍过程中，由于某种缘故，"漏"而未作登录。后经查出，而补作登录。本件今剩二残片，虽从形制与书法可知为一件之二残片，但已不可知二者之先后关系。今所见第一残片中之第 31 至 33 行，记三部曲姓名年龄，其后为奴之名年。自第 51 行至 54 行，记四客女姓名年龄，其后记婢之名年。而在其后之第 66 至 67 行残剩如下记载：

66 右件口并 漏 ☐☐☐☐
67 寄庄已从 ☐☐☐☐☐

又参见此前只记 1 奴 17 婢名年后的一段记载：

29 右件口并漏 ☐☐☐☐☐
30 已从寄庄处通 ☐☐☐☐

我们姑且把这些部曲、客女均作为"寄庄户"所有，也即中原人士至西州任官后，置有"寄庄"，也将由中原地区带来的部曲及客女置于"寄庄"之中。

但在该件第（二）残片中，由于残缺，仅见有客女一人，余皆为婢。据"乡帐"之式样，以及片（一）所见，客女前还应有部曲及奴之记载。特别是在客女及婢的记载后，尚有两行记载完整的说明：

18 右件部曲、客女、奴婢等，先漏不附籍帐，今并见
19 右，请从手实为定，件录年名如前。

可见，这些是在制定手实前，例作检括此前由于某种缘故而"漏"的贱口统计，并在新作手实中，从实登录。① 但第(二)残片不同于第(一)残片之处就在于前者所记是指高昌土著人所有部曲及客女。

我们知道，手实是为一年一作的"乡帐"及三年一作的户籍的基础统计，而根据唐代沙、西二州户籍所见，其中登录对象，除了开元及天宝以后，尚见有武职的中、下级军官外，余皆是均田民，不仅不见有文职的流内、流外官吏，甚或连乡长、里正皆未见过。当然，"寄庄户"之类，则更不会与一般均田民合于同一户籍。故此，西州均田民亦即当地土著之民。作为均田民，内部也存在贫富差别，见于户籍中，也有拥有奴婢者。因此，拥有部曲、客女者，也不足为怪。但他们的部曲、客女自然不会是从中原地区带来。作为制度是唐王朝统一颁布的法律条文。但作为贱口实体的部曲、客女，则是由于在麴氏高昌时期，就已存在这种特殊身份的"作人"。

寄籤先生在《部曲考》中，曾就北周武帝建德六年十一月诏的考证中，提出：

> 至于衣食客、佃客、浮家、吏兵等项，间亦以相依日久，并于部曲。事或有之，书缺有间，更无可考矣。

这个结论，虽未指出明证，且所列举之名色亦有不清，但不为无见。如果我们认识到麴氏高昌时期这种特殊身份的"作人"的存在，而到了唐代，自然要按照唐代的法律条文，以类相从，也就按照性质最为接近，由"作人"改称"部曲"及"客女"了。故此也未尝不可作为寄籤先生的推论的补证。

在麴氏高昌时期，"作人"是从事农业生产劳动的，或者"作人"由其主人出租给需要农业劳动者的人，在其土地上劳动耕作。而在唐

---

① 朱雷：《唐代手实制度杂识》，《魏晋南北朝隋唐史资料》1983 年第 5 期。

代，我们没有看到这样的记载。但在吐鲁番出土的《唐永徽三年（652）士贞辩》中，见到如下记载：

> 3（上略）士贞当向田内去，部是黄昏时
> 4 ▢▢▢总有四人同在一处。士贞、康寅生、奴相富，婢
> 5 甘香等同在一处种粟，一更向了，移向别种粟。①

这里表明拥有一婢一奴的主人，皆同时在田中耕作，那么那些拥有部曲及客女，如同士贞一样比较富裕的主人，在其面临繁重的耕作时，不会仅将部曲及客女留在家中从事较为轻松的家内劳动。《吐鲁番出土文书》第九册所收《唐开元二十一年（733）西州蒲昌县定户等案卷》记录了下上户韩君行的情况，韩君行年七十二，家中又无其他丁、中男口，唯有一丁部曲知富。而其除有菜园坞舍外，尚有车牛两乘，青小麦捌硕、床粟肆拾硕。很难设想这里的部曲不从事农业等生产活动。或者说，"部曲田客制"可能在唐代不曾存在，但部曲及客女用于农业劳动的现象，不是不存在的。事实上这决不取决于部曲及客女本身，而取决于主人本身的需要。

就在吐鲁番出土的一份唐代残文书中，见到如下记载：

> 3 ▢▢▢梨府果毅高运达家部曲范小奴
> 4 ▢▢▢作人四　驼贰头　驴小二头　马三
> 5 ▢▢▢ 婢 一②

由于残缺，不知该折冲府名，更不知其属于何卫，其"地团"亦难于考定，但总之不是在西州地区则是无疑的。该折冲府果毅高运达之部曲范小奴显然是在为主人执行某项任务，虽目的不明，但他却押领着"作人四"（注意，这里的"作人"是指早在麴氏高昌时就已存在，而且

---

① 《吐鲁番出土文书》第 7 册，文物出版社 1985 年版，第 25 页。
② 《吐鲁番出土文书》第 7 册，文物出版社 1985 年版，第 105 页。

在唐代相当普遍的雇佣劳动者）、婢一人以及驼、驴、马之类牲口。在这里部曲范小奴显然比雇佣作人的地位高。这当然不是指法律地位而言，而是由于主人的需要，主人更相信相随较临时雇佣者为久、更可信赖的"贱口"。而办事官吏由于对主人地位的肯定，因而在登录备案过程中，记载了高果毅家部曲之名，而不理会法律地位高于部曲的雇工。

由此可见，唐律中对部曲及客女有关法律条文的继承，首先是由于社会现实的需要，那就是唐代本来就存在着部曲及客女。此外，尚有存在于社会上，地位接近于部曲、客女的种种"贱口"。他们或因地位之接近，从而直接改称部曲、客女，如平麹氏高昌之后对待旧时的"作人"。但更多的是不会改变名称的官私"贱口"，那么其法律地位，以及需要依法律处置时，其法律依据何在？

众所周知，在《礼记》王制、《秦简》法律答问、《汉书》刑法志及唐、宋、明、清律中，皆有比附的规定，也即比照旧案例判案。同时，也是对没有法律条文可依循者以类相从，按照相类似的身份法律条文判决。在《唐律疏议》中：

> 诸部曲殴伤良人者，加凡人一等。奴婢，又加一等。①

该条部曲下脚注：

> 官户与部曲同。

按"官户"者：

> 亦谓前代以来，配隶相生，或有今朝配没，州县无贯，唯属

---

① 刘俊文点校：《唐律疏议》卷二二《斗讼律》，中华书局 1983 年版，第404 页。

本司。①

　　官户隶属司农，州、县元无户贯。部曲，谓私家所有……客女……部曲之女亦是。犯罪皆与官户、部曲同。②

由此可见，官户与部曲及客女来源及归属虽有不同，但法律地位却相同。因此，唐律中虽无官户之律文规定，但在执行法律判决时，亦得按照有关部曲的有关规定执行。

又见唐律中尚有关于"随身"之名，律文问答云：

　　问曰：妄认良人为随身，妄认随身为部曲，合得何罪？
　　答曰：依别格：随身与他人相犯，并同部曲法。即是妄认良人为部曲之法。其妄认随身为部曲者，随身之与部曲，色目略同，亦同妄认部曲之罪。③

有关依律断刑，见于议曰之中。这里可以看出"随身之与部曲，色目略同"，也即在法律身份上"略同"。唐之"随身"，限于作者水平，不知其究竟。但顾名思义，应是依附于主人、"元无户贯"的、受主人驱使之类者，因而在法律身份上，与部曲"略同"。

此外，在吐鲁番出土的《武周先漏新附部曲客女奴婢名籍》中，该奴名年之前有残剩记载：

　　乐事□□□□

此"乐事"后记载已缺，此前亦缺，未知"乐事"是否仅有一名。"乐事"记载在奴与婢之前，表明他的身份不仅不同于奴及婢，而且应是高于奴及婢，犹如此件中，部曲在奴之前，客女在婢之前，但乐事既

---

① 刘俊文点校：《唐律疏议》卷三《名例律》，第 57 页。
② 刘俊文点校：《唐律疏议》卷六《名例律》议曰，第 131 页。
③ 刘俊文点校：《唐律疏议》卷二五《诈伪律》，中华书局 1983 年版，第 467 页。

然与部曲、客女、奴、婢同在一处，表明它依然属于贱口。

"乐事"一名，见于《旧唐书》侯思止传云：

> 雍州醴泉人也，贫穷不能理生业，乃乐事渤海高元礼家。①

但《新唐书》侯思止传却云：

> 贫懒不治业，为渤海高元礼奴……思止本人奴，言语俚下。②

这里称思止为高元礼"奴"。但就《太平广记》、《类说》、《大唐新语》、《朝野金载》等所记侯思止之史料，或称奴，但均为卑视、贬义之称。《资治通鉴》云：

> 醴泉人侯思止，始以卖饼为业，后事游击将军高元礼为仆。③

表明侯实因贫穷，投靠在高元礼下为仆，但因非是买卖所致，是自己投靠，故称"乐事"。这种情况，在整个古代中国，应是不少见的。

前引"乐事"一事，是与"寄庄"中漏附奴婢、部曲名在一纸上，从而表明此"乐事"亦是"寄庄户"由中原地区带来。

由于"乐事"在登录漏附名籍上位于奴婢之上，我们虽不知前是否有部曲，但由于皆是"贱口"，故又不同于编户齐民。因而同《唐律》中的"随身"比较，他们都没有户贯，也即依附于主人，故其法律地位应是相当的。

由此可见，从魏晋以来，除奴婢以外的各种名色的封建依附者，到唐代应说是走向统一化(如麴氏高昌时的"作人"改作"部曲")，或

---

① 《旧唐书》卷一八六上《酷吏传·侯思止传》，中华书局 1975 年版，第 4844 页。

② 《新唐书》卷二〇九《侯思止传》，中华书局 1975 年版，第 5909 页。

③ 《资治通鉴》卷二〇四天授元年条，中华书局 1958 年版。

是处于逐渐消亡中(如部曲、客女)。对前代法律条文的继承,决不是仅仅徒具律文,而是当时现实生活中的需要,不仅这种名目的依附者,现实还存在(尽管已较前代减少,直至消亡),而且还有不少依附者尽管名目不同,但实际身份又相接近,犹须比附处理。

事实上,我们看到《宋刑统》中,还有不少部曲、客女的律文,但谁也不会说宋代尚有"部曲与客女生产制"。那么这种照抄唐律条文,显然不只是形式上的继承,而是用以对待那些"随主属贯"、"别无户籍"的封建依附者。到了明代,《明律》中虽无部曲之名,但唐、宋法律中有关部曲的某些律文,却又出现在《明律》之中。而《明律》明确记载,这些条文是用于"雇工人"的。这一点,沈寄簃先生与同时代人薛云阶先生的论著中已有论证。① 而当代学者李文治、魏金玉、经君健三位先生的《明清时代的农业资本主义萌芽问题》及黄冕堂先生的《清史治要》等学术专著,均从法律角度探讨论证了"雇工人"的法律地位,进一步充实了沈、薛的有关论证。从而表明在古代,针对特定时期的某一特定被奴役的阶层所制定的法律条文,尽管其针对的对象已逐渐消失,但后世依然存在,目的是用来针对现实中的某些依附者。

附记:笔者这篇短文草撰于此次会前数月。会议期间,得张泽咸同志赠予新作《唐代阶级结构研究》一书。是书发掘出不少前人所未发现之资料,论证精当。尤于宋、辽、金三代之部曲存在与特点,皆前人所未云。设若事前能拜读是书,或能求教于泽咸同志,则此文似不必再作。然愚者千虑,或有一得。是故,犹存敝帚自珍之心,供献大家,以博一笑。

(原载武汉大学中国 3 至 9 世纪研究所编《中国前近代史理论国际学术研讨会论文集》,湖北人民出版社 1997 年版)

---

① 《唐明律合编》,商务印书馆 1937 年版,万有文库本。

唐"职资"考

《唐律疏议》卷二八《捕亡律》"将吏捕罪人逗留不行"条记云，在追捕逃亡罪人时，除授命现任文武官员"追捕罪人"外，尚有一种"即非将吏，临时差遣者"。该条议曰：

> 即非将吏，谓非见任文武官，即停家职资及勋官之类，临时州县差遣，领人追捕者。

上引文中，"停家职资"句下，引宋人释云：

> 停家职资谓前职前官。①

由此可见，那些曾任文武官员，而今卸任在家者，称之为"停家职资"，而且有别于"勋官"。笔者寡闻陋识，还不知除唐律以外，尚有哪些文献资料，对"停家职资"有过解释。

但在敦煌及吐鲁番出土文书中所见唐代沙、西二州的籍帐类文书中，我们见到不少有关"职资"、"职资妻"、"职资妾"的记载，也就能提出更多的问题，以及提供解决这些问题的依据。首先，"停家职资"在籍帐类文书中，作为一种特别身份登录时，是否可简称作"职资"？而那些目前"见任文武官"如在籍帐类文书中登录时，是否也称作"职资"？其次，在籍帐类文书中，作为表示某种特定身份"职资"

---

① 刘俊文点校：《唐律疏议》，中华书局 1983 年版，第 543 页。

的注记，除了在州县追捕逃犯时，便于临时据户籍检点"停家职资"，"领人追捕"外，是否还有其他缘故？

目前所见到"手实"中明确记载有关"职资"身份的是《武周载初元年（689）西州高昌县手实》，其中一户残"手实"记之：

父婆子年伍拾玖岁　　职资①

这里"婆子"是名，未记其姓。名上注"父"，从而表明婆子不是户主，由其子身充户主。又，此处身份只注记为"职资"，而未记何色职官。但今所见唐代沙、西二州"手实"、户籍中的编户齐民，皆为白丁、卫士、三卫，而职官中，仅见有中、下级武官，文官不见一人，就连流外，乃至佐史、里正之类，亦不见有一人，故婆子大约是一中、下级武官。

又，婆子已年届五十九，可能已由军中简出，成为唐律中的"停家职资"，但在作"手实"时，可简称为"职资"。设若因军中"要籍驱使"，婆子尚在军中任职，则唐律中的"见任文武官"亦可称作"职资"。

在唐代西州籍中，今所见可能为唐高宗时的一份残户籍中，有如下记载：

卫士队正
卫士职资妻②

由上残存记载，可知此户籍中的阙名男性身充府兵，并是折冲府下级军官。但登录形式，则户籍不同于"手实"，前者中，男性身份注记为"卫士队正"，而其妻身份注记则为"卫士职资妻"。而前引武周载

---

① 参见《吐鲁番出土文书》第5册，文物出版社1985年版。
② 参见《吐鲁番出土文书》第6册，文物出版社1986年版。

初"手实"中，虽不知婆子之妻的记载，但婆子身份已注记为"职资"，而不言身居何色武官。同时，这里也表明了"卫士"不属"职资"范围。这一点也为所有沙州、西州籍所证实。

在有名的《唐神龙三年(707)西州高昌县崇化乡点籍样》中，所见记载形式如下：

> 户主何莫潘年八十　　职资
> (其妻身份注记写作"老男妻")
> 户主曹玄格年卅九　　　职资队正
> (其妻身份注记写作"丁妻")①

从何、曹二人身份注记形式所见，则同于前引"手实"，而不同于前引户籍。值得注意的是，此处所见"点籍样"中，有关"勋官"的记载，是不同于武官的记载，即后者注记称"勋官"。由此可见，正同于前引唐律的条文，即"勋官"不同于"职资"。在神龙三年"点籍样"中，身份登录是将"职资"、"勋官"、"卫士"三者严格区别的。

由于西州籍过残，而沙州籍则相对较完整，且多开元、天宝时之户籍，如有名的沙州天宝六载敦煌县效谷乡籍，共四片，文字记载长达300余行，又如大历四年敦煌县宜禾里"手实"，亦存有250行文字记载，其中不少材料反映了有关"职资"的资料。为便于统计和引用，今试将有关资料列表如下：

下表据唐耕耦、陆宏基先生编《敦煌社会经济文献真迹释录》第一册所收户籍及"手实"列表统计。又，所收统计表中的妻(妾)身份确记为"职资妻(妾)"。序号为11之索思礼，身份记为"老男妻"，但通观所收，应是"职资妻"之误。序号为10之卑德意，身份虽阙，但受田记载有"勋田"五亩，故其人至少应为"勋官"。

---

① 参见《吐鲁番出土文书》第7册，文物出版社1986年版，第471页、第479页。

序号	年代	名年	身份	妻妾身份	户内丁口	户等	课	输	出处
1	开十	杨义本 52	上骑都尉	妻孙 职资妻	一丁卫士	下中	课	现不	册一P148，行46(9)
2		曹仁备 48	卫士上上柱国	妻张 职资妻	一丁上柱国子	下中	课	现不	册一P152，行91
3	天六	曹思礼 56	队副	妻张 职资妻	一丁上柱国子	下中	课	现不	册一P164，行5
4		程思楚 47	卫士武骑尉	妻马、常、郑 职资妻	一白丁一卫士	下中	课	现输	册一P171，行56
5		程什住 78	老男翊卫	妻茹、王职资妻 妻茹 职资妻	中男一、一丁男、上柱国子	下中	课	现不	册一P173，行87
6		程仁贞 77	老男翊卫	妻宋、安职资妻		下下	不		册一P175，行116
7		程大忠 51	上柱国	妻张 宋职资妻		下中	不		册一P177，行131
8		程大庆 47	武骑尉	妻画、卓职资妻		下中	不		册一P179，行158
9		程智意 49	卫士武骑尉	妻郑、薛职资妻		下中	不		册一P180，行175
10		卓德意 59	阙	妻白 职资妻		阙	不		册一P187，行269
11	大	索思礼 65	别将上柱国	妻张 老男妻		下中	不		册一P192，行41
12		索游鸾 37	折冲上柱国	妻张 职资妻					册一P192，行44
13		安游璟 53	上柱国	妻张 职资妻		下下	不		册一P193，行63

从表中，我们可以看到从开元十年之后，直至大历四年，"职资"所包含的对象，有队副一人(序号 3，曹思礼)，折冲一人(序号 12，索游鸾)以及别将一人(序号 11，索思礼)，这类折冲府武官，是前引唐律中的文武官员的范围，但其余的大量对象则是本不属于唐律所规定的。

一、勋官

上柱国三人：序号为 2 之曹仁备，序号为 7 之程大忠，序号为 13 之安游璟(余二上柱国因身为武官，故不计入)。

上骑都尉一人：序号为 1 之杨义本。

飞骑尉一人：序号为 9 之程智意。

武骑尉二人：序号为 4 之程思楚，序号为 8 之程大庆。

由上可见，在唐律之中，明显将"职资"与"勋官"区别分开，而且在前引神龙三年"点籍样"中，严格遵守了唐律中的条文，"职资"、"勋官"二者注记不同，但至迟从开元十年起，即已不再区别，"勋官"与"文武官"同样称作"职资"，其中缘故不见文献记载，或许"勋官"亦有比附文武散官的品秩，[①] 故亦同文武官员，在身份注记时，俱作"职资"。

二、翊卫二人

序号为 5 之程什住，序号为 6 之程仁贞。

"三卫"中的"翊卫"，据《唐六典》所记，皆"品子"充当。[②] 前引唐律

---

① 《旧唐书》卷四二，《职官一》，中华书局校点本。

② 广池千九郎训点，内田智雄补订：《大唐六典》卷五《尚书兵部》，广池学园昭和十八年版，第 117 页。

中，就未将"翊卫"纳入"职资"之内，今天宝六载籍中身份注记中，亦将"翊卫"纳入"职资"之中。当因"翊卫"由"品子"充当，而不同于"卫士"的点简对象之故。

这里应注意的是，表中所有之"职资"是否皆"已停家"？作为两名"翊卫"，年岁皆在七十以上，故必早经"简出"。其余皆在六十以下，我们不能断言皆属"现任"，但至少有相当一部分仍然身在军中。由是观之，无论"现任"亦或"停家"之武官及"勋官"、"翊卫"，在身份注记上，皆同样写作"职资"。

如前所云，"职资"作为一种特殊身份的注记入户籍之中，很显然不仅仅只是供州县长官临时差遣领人捕捉逃犯之用。对此，我们还必须进行深入探讨。

今录吐鲁番出土《唐永徽元年(650)后某乡户口帐》所记：

```
1  口 [        ]
2     口 七 十 七 老 男 （下略）
3     口 二 废 疾 男
4              [        ] 男
5  口 卅 九 职 资
6     口 二 十 二 见 口
7        口 一 十 一 前 庭 口
8        口 一 校 尉
9        口 三 旅 帅
10       口 四 队 正
11       口 三 队 副
12    口 [        ]
（后缺）①
```

① 参见《吐鲁番出土文书》第 6 册，文物出版社 1986 年版，第 225—226页。

上引文书之第 4 行全阙,但据前云"废疾",则第 4 行所阙当为"笃疾"。第 7 行"前庭"后至少阙一"府"字。第 6 行"见"后当阙一"在"字。这里的"职资",几乎包括了一个折冲府中见任中下级军官,而且与前面的"老男"、"废疾"、"笃疾"紧相连接,从某种关系上讲,他们应是同一类型的,即"老男"是课役俱免,"废疾"据《三疾令》同样是课役俱免,且"笃疾"尚可得"侍丁"。① 而上引"职资"诸人,亦俱属"不课"之列。

前引所见 49 名"职资"中,22 人为"见在",那么,另 27 人按唐代文书格式,应属"破除"之列。又"见在"人中,除 11 人属前庭府军官,另外 11 人则当属其他折冲府官员。从而表明这时"乡帐"中统计的"职资",依然是唐律中的"文武官"。

从前列表中,我们可以看出至迟自开元十年后,"职资"由唐律中的"文武官"扩大到"勋官"、"翊卫"(实际上也即"三卫"),但在表中也反映了"职资"本人均属"不课"之列,惟其家内尚有"白丁",也即"课口",方为"课户"。但有一些虽为"课户",又有"见输"及"见不输"之别,还值得我们认真地深入研究。

由此联系到"职资"的出现,虽见于唐代籍帐类文书中,但在《西魏大统三年(574)瓜州效谷郡(?)计帐》中,已见有"台资"之名:

1 户主刘文成己丑生年叁拾究　荡寇将军　课户上
2 妻任舍女甲午生年叁拾肆　　台资妻②

这里注记形式,与唐代户籍全同。"荡寇将军"类杂号将军亦有品秩,尚须经"台补"授予,故谓"台资"。据中国及日本学者研究,在课役

---

① 《白氏六帖》事类集卷九疾三十一引《三疾令》,上海古籍出版社 1992 年版。

② 山本达郎撰,谭两宜译:《敦煌发现"计帐式"の文书残简》(上)(下),《魏晋南北朝隋唐史资料》第 3、4 册。唐耕耦:《西魏敦煌计帐文书以及若干有关问题》,《文史》1980 年第 9 辑。

方面，政府在征收时，均有优待，而不同于一般"白丁"的征收。①
从而表明，唐代的"职资"至少与西魏的"台资"有着继承关系。

除了在经济上，唐代"职资"有优待之处，而且作为"停家职资"
在"差科簿"等文书中，往往又称作"前官"，也即前引宋人释唐律条
文所云"前职前官"。根据《通典》，以及敦煌、吐鲁番出土文书所见，
曾大量被县府派充"城主"、"知城"、"堡主"、"平水"、"里正"，甚
至被临时差遣，执行某项任务。这些名目中，"城主"已属"流外官"。
作为"停家职资"，他们曾担任过文武官员或"勋官"，也就比较有行
政或者是军事方面的训练与实践，因而一旦卸任"停家"之后，往往
被州县官委用，临时或较长时间内，担任一定的职务，或执行某项
任务。

综上所考，可以知道"停家职资"，是卸任归家的前任"文武官"，
在籍帐类文书中，可简作"职资"。"见任文武官"亦可称作"职资"。
但至迟在开元十年以后，"三卫"及"勋官"，一律纳入"职资"。但即
使卸任"停家"，亦享有"不课"之特权，同时，州县还要把他们当作
进行统治的依靠。

（原载朱雷主编《唐代的历史与社会：中国唐史学会第六届年会
暨国际唐史学术研讨会论文选集》，武汉大学出版社 1997 年版）

---

① 参见王仲荦：《北周六典》卷一〇命品第三十，中华书局 1979 年版。

敦煌所出《唐沙州某市时价簿口马行时沽》考

《四川大学哲学社会科学学报》1978 年第 3 期刊登了张勋燎先生《敦煌石室奴婢马匹价目残纸的初步研究》一文，介绍了一份唐代奴婢、马匹买卖价目文书，今抄录如下：

（前缺）

1 上家生中婢壹□□□□□

2 上番丁奴壹口　　直钱肆拾□□□□

3 上番中奴壹口　　直叁拾阡伍阡文①　　　次叁阡文②

□□□□

4 上番丁婢壹口　　直钱叁拾阡文　　次贰拾伍阡文③下贰拾阡文

5 上番中婢壹口　　直钱贰拾柒阡文　　次贰拾伍阡文□□□

6 上家生细敦父马壹匹　直柒拾阡文　　次陆拾伍阡文

7 上家生□敦父马壹匹④　直贰拾叁□□　　次贰拾壹阡□

□□□

（后缺）

---

①　此条"直"下当脱一"钱"字。第 6、7 行亦同。

②　此条"参"下当脱一"拾"字。

③　此条丁婢次价参照中婢上价及次价，当有误。

④　此条"家生"下缺文，当是"粗"字。参见《唐六典》卷一七诸牧监条，马有粗细之别。

　　此一纸残片，业经张先生详考，从书法及其本身所反映出的某些制度而言，皆可断为唐代文书无疑，今虽只残剩寥寥数行，然若佐以其他文献以及出土文书、石刻铭文，细加考定，也可以补史之阙，帮助我们了解唐代的"市"、"行"组织，以及奴婢、牲畜买卖的有关制度。

　　按：唐代的商业活动根据封建政府的法令规定，被严格地限制在特定的区域——"市"中进行。① "市"内又按照经营商品的种类及性质，分为若干"行"。在"行"内则分列各个"肆"、"铺"，敦煌写本《王梵志诗》云：

> 兴生市郭儿，从头市内坐。
> 例有百余千，火下三五个。
> 行行皆有铺，铺里有杂货。②

又日僧圆仁《入唐求法巡礼行记》卷四会昌三年六月二十七日条记长安东市失火情况：

> 夜三更，东市失火，烧东市曹门以西十二行四千余家。官、私钱物，金银绢药等总烧尽。

以上应是唐代"市"、"行"组织的写照，表明"行"置于市内，"行"内又有若干家"肆"、"铺"。

　　封建国家设有专门的官吏市令、史、壁师之属，按照各种法令条文来管理"市"、"行"组织及商业活动，③ 根据日本仁井田陞氏所补

---

　　① 唐代中叶后较多出现的"草市"，已突破旧时的市制，但不在本文讨论范围，故不言及。

　　② 刘复：《敦煌掇琐》卷三〇"五言诗"；赵和平、邓文宽：《敦煌写本王梵志诗校注》，载《北京大学学报》1980 年第 5 期，第 78 页。

　　③ 有关"市"、"行"组织，日本加藤繁氏已有专著，载《中国经济史考证》，商务印书馆 1962 年版。其他经济史论者中亦多论及，此处不再赘述。

定的唐令，当时规定：

> 诸市，每肆立标，题行名。

仁井田陞氏又于其后注引：

> 狩谷掖斋云：按本朝关市令云，凡市每肆立标，题行名。义解：题行名者，假令题标条云：绢市（市当作肆）、布市（市当作肆）之类也。①

狩谷氏是日本江户时代著名汉学家，精于考证。他所说的本朝（指日本）的关市令，本出于唐令。它向我们表明，当时"立标"的主要内容之一，即是要表示其所属之"行"名，以示不同，即所谓"列题区别"。②

中国封建社会商业经营的特点之一，表现为商人经营范围的狭隘性，因而按照经营之商品种类及性质以区分的"行"，也就分割得愈加细密，据记在唐代长安的东市就有"货财二百二十行"之多③。有关唐代诸行的行名，除散见于唐人小说笔记，为《太平广记》所辑录以外，集中反映在房山唐石经题记中，今所见多达"四十余行"④。此外，吐鲁番出土《唐天宝年间交河郡某市时价簿》不仅提供了若干

---

① 仁井田陞：《唐令拾遗》关市令第26，第717页。

② 《全唐文》卷六〇八，刘禹锡：《观市》。

③ 宋敏求：《长安志》卷八《东市》条。加藤繁氏《唐宋时代的商业组织"行"并及清代的会馆》（《中国经济史考证》第1册，第337—369页）一文考证，应为"一百二十行"。

④ 林元白：《房山石经初分过目记》，《现代佛学》1957年第9期；林元白：《房山云居寺和石塔》，《文物》第1961年第4、5合期；曾毅公：《北京房山石刻中所保存的重要史料》，《文物》1959年第9期。今所见石经行名，有一行二名者，原统计时并未区分，故恐无四十余行之数。

行名，并将各行所经营的商品种类及价格，一一罗列。①

由于文献资料缺乏，加之出土文书及石刻题铭的残破，我们还不知道奴婢及马匹一类牲畜的买卖在"市"内应属哪"行"。唐人小说《虬髯客》中记虬髯客与李靖相约曰：

> 李郎宜与一妹复入京，某日午时，访我于马行东酒楼下。②

此处提到隋代长安之"马行"。又《长安志》卷七安善坊条注云：

> 高宗时，并此坊及大业坊之半，立中市署，领口马牛驴之肆。

此处讲到的是唐代长安关于"口"、马、牛、驴之"肆"集中于一市内，但未见及所属"行"名。虽然吐鲁番所出交河郡某市的时价簿中，已见有关于马、驼、牛的时价记载，惜该片首尾俱残，我们既不知道其所属行名，也不知除此马、驼、牛外，是否还包括其他商品。张勋燎先生介绍的这份文书看来还应包括有奴婢及其价格在内的记载。因此，其所属行名，是值得探讨的。

同是敦煌千佛洞石室所出的《捉季布传文》中讲到西汉初年，楚将季布为避汉高祖捕捉，暗投濮阳人周氏家。当汉高祖派朱解为专使，前往濮阳搜捉之时，季布设计告白周氏云：

> 今有计……兀（髡）发剪头披短褐，假作家生一贱人……待伊朱解回归日，扣马行头卖仆身。朱解忽然来买口，商量莫共苦

---

① 仁井田陞：《西域发现的引取法关系文书》，《西域文化研究》第三《敦煌吐鲁番社会经济资料（下）》，日本京都法藏馆 1960 年版，第 209—214 页。又参见前引《中国古代籍帐研究》，第 453—454 页。

② 《太平广记》卷一九三，豪侠一《虬髯客》，出《虬髯传》。

争论……朱解东齐为御史，歇息因行入市门。①

关于季布本事，见于《史记》、《汉书》。敦煌写本之《传文》所载情节及人名，与史籍多不合，王重民先生已有考证，今不赘述。②《传文》抄本所云虽与史籍记载不符，但描写季布设计卖身一段，写作"假作家生一贱人"，"扣马行头卖仆身"，却正是唐代法令规定及习俗的反映，表明奴婢的买卖须"入市"、"投行"的真实情况。文中所云之"扣马行"，据前引《长安志》安善坊条注，"扣"应是"口"之讹，亦即《传文》中所云"朱解忽然来卖口"之"口"。故"扣马行"应正作"口马行"。

这里我们还可引用敦煌石室所出之《庐山远公话》来证实这一问题。《远公话》云：

> （白庄）作一客商，将三五个头匹，将诸行货，直向东都，来卖远公，向口马行头来卖。是时，远公来至市内，执标而自卖身……须叟之间，敢（感）得帝释化身下来，作一个崔相公使下，直至口马行头，高声便唤口马牙人："此个量口，并不得诸处货卖，当朝宰相崔相公宅内，只消得此人。"（众人直至崔相宅）门官有至厅前启相公："门生有一生口牙人，今领一贱人见相公，不敢不报。"③

此庐山远公，即东晋时于庐山盛弘净土法门之高僧慧远。他是雁门人。从释道安出家，后随道安自邺至襄阳，继又辗转至庐山。"然自卜居庐阜，三十余年未尝出山一步"。④ 焉能一变而舍身为奴，再变而东都卖身。经考此乃伪纂之慧远神变之事，即所谓"远公七狂"中

---

① 《敦煌变文集》(上)集卷一，第51—84页。
② 参见王重民：《敦煌古籍叙录》卷五《捉季布传文》。
③ 《敦煌变文集》上集卷二，第167—195页。
④ 《出三藏记集》卷一，《高僧传》卷六。

之"出庐放荡白庄三十年"、"为崔相公家奴"等神变故事之原型。①
故较前引《捉季布传文》更其荒诞不稽。然于描写远公卖身一段，却
本唐制，较前者更详尽地记录下奴婢买卖须"入市"投"口马行"的事
实，并记载该行还有专门从事中介之"口马牙人"，或称"生口牙人"。

据《唐会要》卷八六《市》条称：

> 天授三年四月十六日，神都置西市，寻废。至长安四年十一
> 月二十二日又置。至开元十三年六月二十三日又废，其口马移入
> 北市。

这里是说东都洛阳的西市废后，原有的"口马行"移入北市营业。又
《长安志》卷八东市条注云：

> 西市有口焉止号行。

此句不可解。故徐松《唐两京城坊考》卷三东市条，本抄《长安志》原
文，惟此句删去。今参照前引诸条，"焉"当是"马"之误。虽"止号"
二字仍讹，原文当是说长安的西市置有"口马行"。由以上两条史料
亦可见到长安、洛阳两京诸市，并非每市皆有"口马行"。《远公话》
中所云远公卖身之地，当亦在北市内。

此处所云之"口"，即唐律所云之"贱口"，亦即奴婢。自南北朝
以来，所谓"赏口"、"赐口"，皆称奴婢而言。"马"则不限于马匹，
也包括诸如牛、驴之类畜产。玄奘在凉州讲经时，曾得胡商布施之
"口马"，② 应即指奴婢及牲畜。在商业活动中，奴婢之所以与马、
驼之类畜产合为一行——"口马行"，首先应从当时习俗及奴婢所处
的法律地位去考察。

---

① 参见商务印书馆编：《敦煌遗书总目索引》二《斯坦因劫经录》，斯字
2073 号《庐山远公话》说明。
② 《大慈恩寺三藏法师传》卷一。

主人斥骂奴隶，即云"畜产。"①前引玄奘所得布施之物，"口"与"马"即连称。而在法律上也说：

> 奴婢贱人，律比畜产。②
> 及生产番息者，谓婢产子，马生驹之类。③

这里表明，在法律面前，奴婢等于畜产，因而唐律在解释"生产蓄息"的含义时，把奴婢与畜产等量齐观。不仅如此，我们还看到唐律规定：

> 余条不别言奴婢者，与畜产、财物同。

该条的疏议则进一步解释为：

> 谓反逆条中称资财并没官，不言奴婢、畜产，即是总同财物。又厩库律验畜产不以实者……即无验奴婢之文。若验奴婢不实者，亦同验畜产之法。故云：余条不别言奴婢者，与畜产、财物同。④

这里告诉我们，在唐律中，尽管某些条文没有讲到奴婢应如何处理，在执行过程中，均按照对于畜产、财物的法律规定，比附处理。无须再征引更多的法律条文，仅此就可看出唐律不仅规定了奴婢处于整个社会的最底层，而且在奴婢同畜产、财物之间划上了等号。

既然法律作了如此规定，那么，按照"名相近者相远，实相近者

① 《后汉书》卷二五，第888页。
② 《唐律疏议》卷六《名例律·官户部曲》条疏议曰，第132页。
③ 《唐律疏议》卷四《名例律·以脏入罪》条疏议曰，第88页。
④ 《唐律疏议》卷二〇《贼盗律·以私财奴婢贸易官物》条注，第368页。

相迩也"的原则，① 犹如干葡萄、大枣皆属"果子行"；梓州小练、河南府生绝、蒲、陕州绝、生绢同属于大练行一样，② 奴婢与马匹之类畜产在法律上的地位，确实是"实相近者"，故而会说话的工具与不会说话的工具也就"相通"而合成"口马行"。该行的牙人，也就称为"口马牙人"，或称"生口牙人"。

因此，这里必须指出，奴婢与马之类畜产同属一行，正是由于封建国家所规定的卑贱地位，由于罪恶的奴隶买卖制度所造成的。那么，仅据此件文书上记有"蕃奴"及马匹，就认为与养马有关，恐不确切。

根据唐令制定的日本律令记载：

> 市司准货物时价为三等，十日为一簿，在市案记。季别各申本司。③

作为"口马行"的货物——奴婢及马匹之类的畜产，同样要按照"三价均市"的原则，④ 按照精为上价、次为中价、粗为下价，列出三等价格。而本件正反映了这个残酷的现实。各"行"货物的时价，总合成为一市的时价簿，前所引吐鲁番所出土的《唐天宝某载交河郡某市时价簿》即是这种唐代的典型时价簿。按：《唐会要》卷八六市条引唐中宗景龙元年十一月敕云：

> 诸非州县之所，不得置市。

---

① 《唐六典》卷二〇，京都诸市令条引《周礼》。
② 仁井田陞：《西域发现的取引法关系文书，《西域文化研究》第三《敦煌吐鲁番社会经济资料》（下），第209—214页；又参见前引池田温：《中国古代籍帐研究》，第453—454页。
③ 仁井田陞：《唐令拾遗》关市令第26，注引《养老令》关市令第十二，第718页。
④ 《唐六典》卷二〇，京都诸市令条。

此件既云出自敦煌石室，又为某画家(应即两度赴敦煌千佛洞工作的张大千氏)携至成都，故当是沙州(或其属县)市的时价簿残片。因而本件的定名，宜正作《唐沙州某市时价簿口马行时沽》为妥。

本件中值得注意的另一个问题是，出现有"家生婢"、"家生马"的记载。不仅如此，在吐鲁番出土的唐代过所中，也往往见到旅客呈报随身所携带的奴婢及马匹之类畜产时，有的注明某处买得，也有的注明"家生"二字。正如张勋燎先生所考证，此"家生"是指由私人家内繁殖的，不同于官府的，张先生还进一步指出"家生"亦示区别于"蕃"。这一点，敦煌所出的唐河西节度判集中也记载着"蕃马家生，粗细有别"。①

"家生"一词，刘宋时人乔道元与天公书中，已见有此称谓。②唐代更见普遍，王梵志诗讥讽一个穷途潦倒而又"诈作达官子"的丑态时写到：

> 世间慵懒人，五分向有二……出语嘴头高，诈作达官子……逢人若相语，荒说天下事。唤女作家生，将儿作奴使，妻即赤体行，寻常饥欲死。③

表明"家生"奴婢是私人财产。这个懒而又穷的人，为了表示自己有钱，也就把自己的子女说成是"家生"的奴婢。但是，我们知道主人也可购进少数民族地区的奴婢及马匹，经过家内繁殖再出售，这对于地处西北边境的沙州地区而言，更易发生。因而从这个意义上讲，"家生"必然有别于"蕃"也就难说了。问题的关键在于时价簿及过所中何以定要注明"家生"二字？又前引《捉季布传文》中，季布设计卖

---

① 池田温：《中国古代籍帐研究》236号《唐年次未详河西节度使判集》第84行，第495页。

② 徐坚：《初学记》卷一九，奴婢第六，引乔道元《与天公书》，严可均辑《全宋文》作刘宋时人。

③ 刘复：《敦煌掇琐》卷三〇"五言诗"；又赵和平、邓文宽：《敦煌写本王梵志诗校注》，《北京大学学报》(哲学社会科学版)1980年第5期。

身时何以定要"假作家生一贱人"？这就要从唐代奴婢、马匹之类畜产作为货物买卖时，须要履行什么手续去考察了。

我们知道，唐代法律规定：

买奴婢、马、牛、驼、骡、驴等，依令并立市券。①

又，唐昭宗《改元天复赦》云：

旧格：买卖奴婢，皆须两市署出公券，仍经本县长吏，引验正身，谓之过贱。及问父母见在处分，明立文券，并关太府寺。②

昭宗为唐末皇帝，赦书所云"旧格"，应指开元格或删定开元格，表明奴婢买卖过程中，须先经"过贱"手续，方能立文券。这个"过贱"手续应包含哪些具体内容，值得探讨，前引《庐山远公话》云：

（远公告白庄云）"舍身与阿郎为奴，须尽阿郎一世……若不要贱（奴）之时，但将贱奴诸处卖却，得钱与阿郎沽酒买肉"。白庄闻语，呵呵大笑："你也大错，我若之（？）处买得你来，即便将旧契券即卖得你。况是掳得你来，交我如何卖你？"

远公舍身为奴，自愿被转卖。而白庄却表示是掳来的奴，无法再转卖。若是买来的，拿着旧契券，才可再转卖出手。这里表明"过贱"的一个很重要的手续是，卖主必须出示旧有契券，以证明其"合法"占有，而非掳掠、拐骗得来，方能在市上出卖。

吐鲁番出土《唐开元二〇年薛十五娘买婢市券》记薛十五娘从田

① 《唐律疏议》卷二六《杂律上·买奴婢牛马不立券》条疏议曰，第501页；又《唐六典》卷二〇，京都诸市条。
② 《唐大诏令集》卷五《帝王·改元下》。

元瑜买婢，券文中有如下记载：

> 今保见集，谨连元券如前，请改给买人市券者。①

表明买卖过程中，还要有保人在场，并出示"元(原)券"（即卖主原有买契）。今就上引《庐山远公话》中白庄所云，对此市券中的记载，试作解释：即原主田元瑜在卖婢时，为证实其"合法占有"，而非"压良为贱"，或以"舷诱"等非法手段占有，除有保人在场作保外，还须附交原买婢市券，即所谓"谨连元券如前"之意。而薛十五娘从田元瑜手中买得婢后，为今后证实其"合法"占有，必须重立一契券，写明薛十五娘是通过"合法"手续从原主手中买得的，这就是"改给买人市契"之意。

同样，在行旅途中，旅客为申请过所而呈报随身所携带的人口中，如有奴婢，亦须将买奴婢的"市券"之抄件附上，以备审查。目前我们所见到的吐鲁番出土的几份保存较为完整的买奴婢市券抄件（包括前引薛十五娘买婢市券在内），都是附于申请过所牒文之后，再粘接成卷。② 此外，敦煌千佛洞所出的《唐天宝某年王修智卖胡奴市契》，据敦煌文研所施萍婷先生的介绍，亦是一份抄件。施先生文中介绍同时出土一件申请过所残牒，与该市券文字笔迹相同，③ 足证沙州亦同西州，申请过所时，若有奴婢，定要附上券契的抄件，以备审查。

马匹因是"致远供军"，④ 为"军国所用"，⑤ 关系到国防军事，故控制严格。《唐律疏议》卷八卫禁律下，不应度关条云：

---

① 吐鲁番阿斯塔那 509 号墓，编号：73TAM509：8/4—3(a)。

② 王仲荦：《试释吐鲁番出土的几件有关过所的唐代文书》，《文物》1975年第 7 期，第 35—42 页。

③ 敦煌文物研究所资料室：《从一件奴婢买卖文书看唐代的阶级压迫》，《文物》1972 年第 12 期，第 69 页。

④ 《唐律疏议》卷一五《厩库律·故杀官私牛马》条疏议曰，第 282 页。

⑤ 《唐律疏议》卷一九《贼盗律·盗官私牛马而杀》条疏议曰，第 356 页。

> 即将马越度、冒度及私度者，各减人二等。

该条疏议云：

> 将马越度、冒度、私度各减人二等者，越度杖一百，冒度、
> 私度杖九十。

因而旅客申请过所时，如携带马匹，也须如同携带奴婢那样，交付买
马契券，以备审查。吐鲁番出土的《唐开元廿一年石染典买马契》就
是附于石染典请过所牒文之后的。①

　　但奴婢及马匹，除通过买卖途径获得外，尚有家内繁殖，即所谓
"家生奴婢"及"家生马"。"家生"既不来自买卖，也就没有"市券"之
类"公验"了。那么，在出卖及行旅申请过所时就遇到了一个问题，
即如何证实主人的"合法"占有了。吐鲁番出土《唐西州天山县申西州
户曹状为张无场请往北庭事》中记张无场携带"奴胡子"、"马一匹"、
"驴两头"欲往北庭，申请过所，内云：

> （前略）
> 5 将前件人畜往北庭请禄，恐所在不练行由请处分者。责问
> 上者，得
> 6 里正张仁彦、保头高义感等状称：前件人所将奴畜，并是
> 当家家生奴畜，亦
> 7 不是眩诱影他等色。如后有人纠告，称是眩诱等色，义感
> 等连保各求

---

① 王仲荦：《试释吐鲁番出土的几件有关过所的唐代文书》，《文物》1975
年第7期，第35—42页。新疆维吾尔自治区博物馆、西北大学历史系考古专业
编：《一九七三年吐鲁番阿斯塔那古墓群发掘简报》，《文物》1975年第7期。参
见同期第21页，图17。

8 受重罪者。（下略）。①

这里表明张无场所携带的奴婢及马匹因是"家生"，没有买奴及马匹的市券，故需得 5 个保人的保证辞，即"保白"（过去把"保白"释作"私契"，实误。）方能取得过所。在奴婢、马匹买卖过程中，我们迄今尚未见到有关"家生"的奴婢及马匹买卖活动，想必也同申请过所的手续一样，只要取得 5 个保人的"保白"，就可"合法"出卖，买主亦可因之而取得市券。

如上所述虽属推测，亦非毫无根据。在吐鲁番出土的《唐开元十九年唐荣买婢券》中，见到有一"兴胡"米禄山将婢失满儿于西州市上出卖给唐荣，券中并无前所引《唐开元二〇年薛十五娘买婢市券》中"谨连元券如前"语。可见米禄山之婢失满儿原来并无"市券"。原因在于米是一个"兴胡"，即"兴生胡"，亦即兴生贸易以取利的商胡。这在唐代，已是法律身份的专名。一个来自昭武九姓的商胡，带着奴婢到西州来出售，自无唐州、县市令发给的"市券"，但在得到保人石曹主等 5 人"保不是寒良眩诱等色"的"保白"，也同样可在西州市上"合法"卖了，买主亦在市上取得买奴市券。② 婢失满儿的来历不清，但米禄山在出售时，没有旧市券，这一点同于"家生"。故可推知"家生奴婢"只要有 5 个保人的"保白"，也可"合法"出售。

但是，我们还看到一种更其简易的办法，无需五人合保的"保白"，即可通过"过贱"手续而合法出售，前引《庐山远公话》中所记，当自庄表示无有买奴市券，"况是掳得你来，交我如何卖你?"而远公却云：

---

① 吐鲁番阿斯塔那 509 号墓，编号：73TAM509：8/5（a）。

② 新疆维吾尔自治区博物馆、西北大学历史系考古专业编：《一九七三年吐鲁番阿斯塔那古墓群发掘简报》，《文物》1975 年第 7 期。参见同期第 21 页，图 17。

阿郎不卖，万事绝言。若要卖之，但作家生厮（儿）卖，即无契卷（券）……（白庄遂携远公至东都北市口马行，由口马牙人带至崔相府出卖）相公问牙人曰："此是白庄家厮儿，为复别处买来？"牙人白相公："是白庄家生厮儿。"相公曰："既是白庄家生厮儿，应无契卷（券）。"

这番白庄与远公，口马牙人与崔相公的对话，正表明了只要有"口马行"牙人作证，不仅不需要旧券，甚至也无须保人的"保白"，即可成交。而本件中时沽所记：

> 上家生中婢壹口
> 上家生细敦父马壹匹
> 上家生口敦父马壹匹。①

"家生"并不构成奴婢、马匹各自价格的差别，但写进时价簿中，只能理解为：既已写明"家生"，又可得到本行"口马牙人"的中介，那么没有旧市券亦可通过"过贱"手续而"合法"成交了。

据前考，我认为"时价簿"中出现"家生"，它的特殊含义就在于这类奴婢或马匹，在买卖过程中，无需旧有市券，即可通过"过贱"手续而合法成交，只有理解了这一点，才能理解前所引《捉季布传文》中的季布在定计卖身为奴时，何以定要"假作家生一贱人"。在这份时沽中，还出现了"蕃奴"、"蕃婢"的记载。这个"蕃"指的什么？是否泛指"蕃口"而言？在唐代，从广义而言，"东至高丽，南至真腊，西至波斯、吐蕃及坚昆都督，北至突厥、契丹、靺鞨，并为入蕃。"②《唐会要》卷七二"诸蕃马印"条中，"诸蕃"包括40余部，整个唐王朝西北、东北，远至今撒马尔罕地区的康国，都包含在内。但我

---

① "敦"字，《集韵》引《字林》作"去畜势"，此处指经过阉割的公马（或公驼）。
② 《白氏六帖》事类集卷一六，和戎条引杂令。

认为这里的"蕃"应是一个狭义的专辞，也即指出这种奴婢的产地。我们往往看到吐鲁番出土的买奴婢市券及过所中，常提到"胡婢"。敦煌所出《唐天宝某年王修智卖胡奴市券》中就提到"胡奴"。前引《唐天宝某年交河郡某市时价簿》中记载：

> 突厥敦马壹匹
> 波斯敦父驼壹头

本件则记：

> 上蕃丁奴壹口
> 上蕃中奴壹口
> 上蕃丁婢壹口

上面提到，从广义而言，波斯、突厥都包括在"蕃"内，但交河郡某市时价簿中不采用这个广义的"蕃"，却列出具体的产地——突厥、波斯，无疑是为了在市上出卖时，标明产地，以便定价出售。那么，本件之"蕃"也理应为一具体产地，并且区别于"胡奴"。我认为这里的"蕃"，即指"吐蕃"，敦煌地近吐蕃，故沙州市上出售吐蕃奴婢亦属寻常。

　　通过以上考释，我们对于唐代的行、市制度及奴婢马匹买卖有了进一步的认识。作为"时价簿"中各行时沽的规定，本是商业活动的需要，但"口马行时沽"却反映了残酷的阶级压迫。奴婢不仅当作会说话的工具，与牛马等畜产为伍；而且时沽规定一匹"上家生细敦父马"值"柒拾千文"，一名"上蕃丁奴"则不过值"肆拾千文"（或多一点）。

　　补记：本文原草就于 1979 年 9 月，刊登在武汉大学历史系魏晋南北朝隋唐史研究室编《魏晋南北朝隋唐史资料》第 2 期（未对外发行）。略作增补后，收入本书中。本书既已编定，复于本月中得池田温教授寄赠近著《口马行考》一文（载《中国史·陶磁史论集——佐元间重男先生退休纪念》，1983 年 3 月）。拙著与池田教授文论点各有所重，故不作改动，仍收入本书中。

1983 年 5 月 28 日

（原载唐长孺主编《敦煌吐鲁番文书初探》，武汉大学出版社 1983 年版）

跋敦煌所出《唐景云二年张君义勋告》
——兼论"勋告"制度渊源

据记载，张大千氏于 1941 年夏，在莫高窟前沙中，无意发现一麻布袋，内盛有似被刀削去头顶骨之头颅一，左腕及右手拇指各一，此外尚有沾糊血迹之纸卷一。纸卷经水浸泡二日后，拆出文书计四件：

1.《唐景龙三年九月典洪壁牒为张君义立功第壹等准给公验事》。本件正面及粘接缝背部盖有"盐泊都督府之印"多处，当是正式官文书，非为抄件。又本件"典"下惟残剩一"壁"字，但参阅后件，知此"壁"字上当阙一"洪"字。

2.《唐景龙某年典洪壁牒为张君义立功第贰等准给公验事》。本件正面盖有"渠黎州之印"多处，当亦是正式官文书，非为抄件。又本件纪年残缺，但据考事当在景龙年间，且本件书法与上件类似，作牒之典亦为洪壁，故年代相去亦必不远。

3.《唐景龙某年典张旦牒为傔从张君义等乘驿马事》。本件盖有"四镇经略使之印"多处，当亦是正式官文书，非为抄件。

4.《唐景云二年张君义勋告》。本件系抄件，然前三件皆残甚，唯本件较为完整。以上四件文书，前三件今归日本天理图书馆收藏，张大千氏获得此麻布袋后所作题跋亦并藏之。惟第四件及头、腕、拇指等今收藏于我国敦煌文物研究所。[1]

---

[1] 承池田温氏寄赠大庭脩《关于敦煌发现的张君义文书》(载日本《文献》20，1961 年 10 月)，始获见有关张大千发现经过及有关情况。此外，笔者尚承敦煌文研所常书鸿、段文杰、史苇湘、施萍婷诸先生多次作过介绍，并志谢于此。

张大千氏根据上述文书及残骸，认为张君义被敌戕杀后，从者将其残骸之头手等及立功之状，先盛于囊内埋葬，后改葬至今地。此说甚是。据《卫公兵法》云：

> 诸兵士死亡祭埋之礼，祭不必备以牲牢，埋不必备以棺椁。务令权宜，轻重折衷。如贼境死者，单酌祭酹，墓深四尺，主将使人临哭；内地非贼庭死者，准前祭哭，递送本贯。①

据张君义勋告，张本贯沙州敦煌县。头顶骨被削去，又只剩左手腕及右手拇指，当是战死沙场无疑。按军令"不必备以棺椁，务令权宜轻重折衷"，故只撅拾其人数片残骸，以麻袋囊盛，"递送本贯"。据告身，张本"白丁"，从军为傔人，家中必不富裕。生前所得勋官，不过为比正第六品上阶之骁骑尉。② 故递归本贯后，亦无条件"备以棺椁"，仍以囊盛葬。至于究因何故落于莫高窟前沙丘中，则今尚不得而知。

据吐鲁番发掘之唐氾德达、郭毡丑、张无价诸墓情况观之，凡生前因立战功而得勋官者，死后皆将告身抄录一通，附葬于墓内，原件当留于其后人手中。张君义生前亦曾得勋官骁骑尉，故亦有抄录之告身附葬。另二件立功之"公验"，虽是正式官文书，然本非"告身"，故原件亦作随身之物葬入。另件为给乘驿马之牒，亦作为与死者生前有关之物，死后随葬。类似此种情况，在吐鲁番发掘之唐墓中，亦常有之。

一

告身之制，渊源不明，据后汉刘熙所云：

---

① 《通典》卷一四九《兵典二·杂教令》附引《大唐卫公李靖兵法》；又参见《唐律疏议》。

② 《大唐六典》卷二尚书吏部司勋郎中员外郎条。《旧唐书》卷四二《职官一》。

上敕下曰告。告，觉也，使觉悟知己意也。①

但此处之"告"，尚是"谕告"之意，亦即

谕者，告也。言布告王者之令，使四方闻之。

但后来"告"字衍义，成为"告身"。

今言告身，受其告令也。②

故以后

所以命官授职，皆为诰。③

由是观之，"告身"之意应是一方面使受者知授予者之"意"；另方面又是"使四方闻之"。故既有"任命书"之意，又包含"身份证明书"之意。事实上，这两方面的含义是不可分割的。在唐代，不仅"命官授职"有告身，因立战功而授勋，亦云"告身"。

关于唐代告身制度，白化文、倪平二位先生的《唐代的告身》一文已作了详尽的研究，并推论自周、隋以来已见"告身"之史实，④其说甚是。我们今天不仅能看到若干传世及出土的各种"告身"（包括石刻、纸质），也能在敦煌石室所出之唐公式令中看到唐代的告身式。⑤ 据此可见，各种"告身"的文书格式皆据所授官之品级之不同

---

① 王先谦：《释名疏证补》卷六，《释书契》第十九。
② 参见唐苏鹗：《苏氏演义》卷下，商务印书馆 1956 年 4 月重印第 1 版。《古今注·中华古今注·苏氏演义》。
③ 《事物纪原》卷二《公式·姓讳部》第八。
④ 《文物》1977 年第 11 期，北齐亦有"告身"，见《通典》卷二三兵部尚书条。
⑤ 仁井田陞：《唐令拾遗》公式令第二十一。

而异，故有册授、制授、旨授、敕授之别，白、倪二位先生已有详证。但若就其授受之缘由而论，则至少有"命官授职"及因立战功而授勋的区别，因而"告身"这种官文书的分类，还应据其授受的缘由之不同而再作区分。事实上，在唐代的法律中，在官府的行文术语中，甚至民间习惯的称谓上，皆有区别。《唐律疏议》卷二《名例二》"官当"门"其有二官"条脚注云：

> 谓职事官、散官、卫官同为一官，勋官为一官。

该条疏议云：

> 谓职事官、散官、卫官计阶等者，既相因而得，故同为一官；其勋官从勋加授，故别为一官。

既然唐律中已严格区分为"二官"，当然其"告身"亦应有别。因"命官授职"所得，应称之为官告（白、倪二位先生文中已有论述），那么，因战功授勋所得，理应称之为"勋告"。根据吐鲁番出土之唐开元九年官文书所记：

> 兵曹符为追邵忠礼等并勋告及身限符到当日赴州事。①

可见官文书中已有"勋告"之名。敦煌石室所出之《燕子赋》记雀儿自称其有战功：

> 蒙授上柱国勋，见有勋告数通。②

---

① 池田温：《中国古代籍帐研究》，第 357 页，"唐开元九年正月西州岸头府到来符帖目"。
② 《敦煌变文集》卷下。

上柱国为勋官之第十二转，为比正第二品，① 据唐制，应属册授，然赋中不云"见有册授告身数通"，而云"勋告"，亦必有如以上之缘由。在唐代，正因授予"告身"之原因不同而有不同之规定。"官告"在去官之后，当要收缴，即所谓"除名仍解官，告身夺入案"。② 但作为"勋告"，即使兵士已返归故里，亦由其自己永存。此外，在"用荫"上，勋官亦不同于职事官及散官。③

唐代的"告身式"已是相当谨严、完备的一种公文程式。周、隋虽见有"告身"的记载，但未知其公文程式。北周武帝遣韦孝宽招降齐行台右仆射傅伏：

> 授上大将军、武乡郡开国公，即给告身。④

按北周之"郡公"为正九命之封爵，⑤ 而上大将军则为正九命之勋官，⑥ 则后者必为"勋告"无疑。但北周之勋告又何所承袭，其渊源颇值得研究。

东晋南北朝时期，皆行"勋簿"、"勋书"之制。南齐虞玩之在论及勋簿之诈伪时云：

> 寻苏峻平后，庾亮就温峤求勋簿，而峤不与，以为陶侃所上多非实录。⑦

苏峻、祖约之乱，事见《晋书》纪传。时庾亮、温峤共推陶侃为盟主

---

① 《大唐六典》卷二尚书吏部司勋郎中员外郎条。《旧唐书》卷四二《职官一》。
② 刘复：《敦煌掇琐》卷三〇五言白话诗。
③ 《唐会要》卷八一《用荫》景龙二年七月条。
④ 《北齐书》卷四一《傅伏传》。
⑤ 王仲荦：《北周六典》卷九，封爵第十九。
⑥ 王仲荦：《北周六典》卷九，封爵第二十。
⑦ 《南齐书》卷三四《虞玩之传》，第609页。

以讨之，① 及乱平，庾亮欲取悦陶侃，故索取其所上"勋簿"，欲据之以论功行赏，可见东晋之制，乃由统兵主将上所部立功之勋簿，朝廷再据之以行赏。刘宋之世亦置勋簿，宋明帝遣萧惠基使蜀平乱：

> 惠基西使千余部曲，并欲论功，惠基毁除勋簿，竟无所用。②

此事表明，刘宋时期之"勋簿"一如东晋。但也表明这种"勋簿"是统兵将领所制作的一种登记簿之类，在军中并不发给立功将士以某种立功凭证，故勋簿一毁，则无从论功行赏，所以"竟无所用"。刘宋之世，在某种特殊情况下，亦将依战功定"勋阶"的权力交给某些大臣，据史籍记载：

> 司徒建安王休仁南讨义嘉贼，屯鹊尾，遣(褚)渊诣军，选将帅以下勋阶得自专决。③

此"义嘉贼"当指建元"义嘉"之刘宋宗室、江州刺史晋安王子勋。④ 时宋明帝刚立，"四郊多垒"⑤，为激励将士效命，故有此举。当时北魏，据肃宗朝卢同所云，亦有"勋簿"、"勋书"之制。这种"勋簿"，"唯列姓名，不载本属。"⑥ 当然除了列上姓名，还应该记录所立战功，否则无从据之定阶行赏。至于所谓"本属"，即指其籍贯，因是战功，故由五兵尚书下之中兵郎中具体掌管。卢同在讲到北魏旧制时，语焉不详，但反复揣摩，似亦同东晋南朝之制，由统军将领列上，然后奏申朝廷，此即所谓"奏案"，再根据皇帝批准的"奏案"，

---

① 《晋书》卷六六《陶侃传》，卷七三《庾亮传》。
② 《南齐书》卷四六《萧惠基传》，第 810 页。
③ 《南齐书》卷二三《褚渊传》，第 425 页。
④ 《宋书》卷八〇《孝武十四王·晋安王子勋传》，第 2059 页。
⑤ 《南齐书》卷二三《褚渊传》。
⑥ 《魏书》卷七六《卢同传》。

制作"勋簿",一式二份,一留中兵,一送吏部。

这种"勋簿"显而易见,还是非常简陋的,因此极易作伪。卢同说:

> 吏部勋簿,多皆改换。乃校中兵奏按,并复乖舛。臣聊尔拣练,已得三百余人,明知隐而未露者,动有千数……顷来非但偷阶冒名,改换勋簿而已,或一阶再取,或易名受级,凡如此者,其人不少。良由吏部无簿,防塞失方。何者?吏部加阶之后,簿不注记,缘此之故,易生侥幸。①

这里卢同讲的是北魏末年肃宗朝的情况,事实上,在东晋南朝也同样存在这种情况,前所引温峤认为陶侃所上"勋簿"多非实录。又虞玩之也讲到:

> 自孝建已来,入勋者众,其中操干戈卫社稷者,三分殆无一焉。勋簿所领,而诈注辞籍,浮游世要,非官长所拘录,复为不少……寻物之怀私,无世不有,宋末落纽,此巧尤多。②

因此,到了梁朝,已是"勋非即戎,官以贿就"了。③

这种作伪现象的普遍存在,当然首先是由于政治上的腐败、官吏的舞弊所造成的,但制度本身的缺陷,无疑也为作伪大开方便之门。卢同针对北魏肃宗世"朝政稍衰,人多窃冒军功"、旧制"勋簿"本身又多缺陷的情况,提出了改革建议,即以黄素为簿,具注官名、户属及吏部换勋之法,从三方面进行制度改革。

第一,在清查旧勋簿的基础上,建立起新的"黄素勋簿"。卢同云:

---

① 《魏书》卷七六《卢同传》,第 1682 页。
② 《南齐书》卷三四《虞玩之传》,第 609 页。
③ 《梁书》卷四九《钟嵘传》。

> 请遣一都令史与令仆省事各一人，总集吏部、中兵二局勋簿，对勾奏按。若名级相应者，即于黄素楷书大字，具件阶级数，令本曹尚书以朱印印之。明造两通，一关吏部，一留兵局，与奏按对掌。进则防揩洗之伪，退则无改易之理。

这里首先是将吏部、中兵所掌之"勋簿"与原"奏按"覆核，以去伪存真，大约当以"奏按"为准。若是三份之姓名与勋赏级别皆相符合者，是为真实，即于"黄素"上以楷书大字写明战功之勋阶，再以"五兵尚书"之朱印印之。所谓"素"者，本为未染色的丝绸，今以制"勋簿"，染成黄色，故名之曰"黄素勋簿"，以别于旧时之勋簿。造成之后，仍是一式二份，一留中兵，与"奏按"同时保存；另一份则关吏部。"关"者，"关通其事"，① 乃同级机构间相互行文之名称。这样，中兵所掌之"奏按"及"黄素勋簿"，与吏部所掌之"黄素勋簿"，相互监督，就可防止"揩洗"、"改易"等作伪手段了。

第二，增加"勋簿"记录项目，以防过简，仅记录姓名，"致令窃滥之徒，轻为苟且。"

> 今请征职白民，具列本州、郡、县、三长之所；其实官正职者，亦列名贯，别录历阶。仰本军印记其上，然后印缝，各上所司，统将、都督并皆印记，然后列上行台，行台关太尉，太尉检练精实，乃始关刺省重究括，然后奏申。

这里所讲，是指如何建立新的"黄素勋簿"。得勋者，无论是"征职"（当即有官职者），或是"白民"（犹唐之"白丁"），除登录姓名之外，还应"具列本州、郡、县、三长之所"。"三长"之制，魏孝文帝改革

---

① 《大唐六典》卷一尚书都省条："诸司自相质问，其义有三，曰：关、刺、移。"注云："关谓关通其事，刺谓刺举之，移谓移其事于他司，移则通判之官皆连署。"

时所定,① 今除见于文献记载外，已无实物可见。唯敦煌石室所出《西魏大统十三年计帐》所记，犹可窥见其制度之一斑。如户主王皮乱户内女丑婢名下注：

出嫁效檠(谷)县研(斛)斯已奴党王奴子。②

大约北魏"黄素勋簿"所记贯属应是×州×郡×县×党，与此类同。

以上两点，在唐代的告身中就可见到，如，张君义勋告中记载：

沙州张君义　　敦煌县

又"实官正职者，亦列名贯，别录历阶"的制度，在唐代公式令中所见告身式亦有规定：

若有勋、官、封及别兼带者，云某官及勋、官、封如故。③

由此可见，唐代的"告身"格式，实与北魏卢同改制存在着渊源关系。

值得注意的是：卢同首先明确提出了"黄素勋簿"的制作过程，即先由"军"一级开列名单，详细注明籍贯(当然也应注明所立战功及得勋等级)，然后，"仰本军印记其上"，包括粘缝处亦加印记，以防涂改、更换作伪，再送上"所司"，统将、都督并皆印记，再送行尚书台，由行台关太尉，太尉则有"检练精实"之责，再关刺五兵尚书"重究括"，然后奏申皇帝。奏按经批准后，据之以造"黄素勋簿"，加盖"本曹尚书"之朱印。"明造两通，一关吏部，一留兵局，与奏按对掌。"据此，我们可以将"勋簿"制作过程及各部门之职责，列表如下：

---

① 《魏书》卷一一〇《食货志》。
② 《敦煌资料》第1辑。
③ 仁井田陞：《唐令拾遗》公式令第二十一。

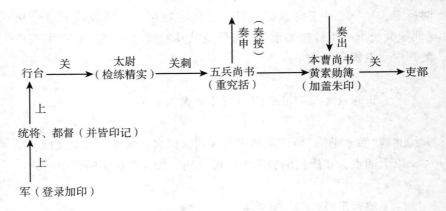

由上表可见，在制定"勋簿"的过程中，所历机构不少，但实际上，关键是"本军"的"登录加印"、太尉的"检练精实"，五兵尚书奏申前的"重究括"与奏出后的"黄素勋簿加印"。

第三，规定吏部如何进行"叙阶"及管理办法。

> 自今叙阶之后，名簿具注加补日月，尚书印记，然后付曹。
> 郎中别作抄目，印记一如尚书，郎中自掌，递代相付。

这就是说，吏部接到五兵尚书所关的"黄素勋簿"之后，就据之"叙阶"，并在"名簿"（即勋簿）上注明"加补"（即加阶补职）的日月，加盖吏部尚书的印记，然后付曹（当指吏部郎曹）。郎中又另作"抄目"（即所收文牒事由提要登录），亦加印记。此"勋簿"及"抄目"由郎中负责保管，郎中调职时，要移交给下一任。这是为了避免"一阶再取"、"易名受级"。

以上是卢同的三项改革要点，《魏书》称"诏从之"，可见是实行了的。但卢同认为"黄素勋簿，政(正)可粗止奸伪，然在军虚诈，犹未可尽"，因而又提出建议：

> 请自今在军阅簿之日，行台、军司、监军、都督各明立文
> 按，处处记之，斩首成一阶已上，即令给券。一纸之上，当中大

书，起行台，统军位号，勋人甲乙。斩三贼及被伤成阶巳上，亦具书于券。各尽一行，当行竖裂。其券前后皆起年号日月，破某处陈(阵)，某官某勋，印记为验。一支付勋人，一支付行台。记至京，即送门下，别函守录……诸有勋簿已经奏赏者，即广下远近，云某处勋判，咸令知闻。

卢同所说的券是"当中大书……各尽一行，当行竖裂"，一付勋人，一付行台。这种形制，实本于古代借贷、买卖契券。后汉刘熙云：

> 券，缘也。相约束缱绻以为限也。
> 莂，别也，大书中央，中破别之也。①

这种由军中给予勋人的"勋券"，无论在东晋或南朝都没有见到过；在北魏也是从卢同建议以后才有此制度。这种作为立功凭证的券，除了记载立功者的姓名，所在部队隶属之行台、统军的位号以外，还有若干新的、重要的规定。

首先，要书明在何地作战，即"破某处陈(阵)"。这点，在张君义的随葬文书中就可看到。如其景龙三年九月立功"公验"即记有破"连山阵"、"临崖阵"、"白寺城阵"、"□城阵"、"仏陀城阵"、"河曲阵"、"故城阵"、"临桥阵"。不但"公验"中有此项记载，唐代的"勋告"中也同样要记明在何地作战。如吐鲁番所出《唐永淳元年氾氾德达勋告》中云：

> 破句泪城阵，加一转。镇城阵□□②

又如《唐开元四年李慈艺勋告》亦记有：

---

① 王先谦：《释名疏证补》卷六《释书契》第一九。
② 卫江：《碎叶是中国唐代西部重镇》，《文物》1975 年第 8 期。

瀚海军破河西阵、白涧阵、土山阵、五里堠阵、东胡袄阵①

无疑，唐代的立功"公验"及"勋告"在"破某处阵"这一项内容上，是承袭了北魏末期的制度的。

其次，要书明具体的战功，即所谓"斩首成一阶已上，即令给券"。关于北魏如何计阶的具体规定，不甚清楚，但卢同下文又说，"斩三贼首及被伤成阶已上，亦具书于券"，则似是斩三首即得一阶。至于被伤成阶，据熙平二年五月辛酉诏云：

身被三创，赏一阶；虽一创而四体废落者，亦同此赏。②

按卢同本传，同于熙平初"转左丞，加征虏将军"，而其建议改制则叙于此后；《通鉴》则将卢同建议置于天监十六年（即北魏熙平二年，公元517）正月甲戌之后，二月丁未之前，③ 未知所据。依《通鉴》所记，则卢同改制与此次赏格之颁布，约略同时，未知其间是否有联系。但据此可知，北魏实有根据受伤程度之不同而得勋阶的制度。至于唐代，则有所谓"牢城苦斗"、"破城阵"、"杀获"、"跳荡"等功，又各有等第，皆须注入"勋告"，然后据之以定"转"。④ 唐代具体规定虽与北魏有所不同，但要注明战功及其等第，应是继承北魏之制。在张君义的随葬文书中，我们就可看到这一点。

其三，此种"勋券"，要"一支付勋人，一支付行台"。过去，只有"勋簿"，立功者本人并无执证。故刘宋时萧惠基将"勋簿"毁除之后，求勋者就"竟无所用"。卢同改制前之北魏亦只有勋簿，经卢同再次改制，始在军中即给"勋券"。我们看到的张君义随葬文书中的

①　参见王国维《观堂集林·附别集》卷一七，中华书局1959年版，第877页。
②　《魏书》卷九《肃宗纪》，第225页。
③　《资治通鉴》卷一四八，梁武帝天监十六年。
④　《大唐六典》卷五，尚书兵部郎中员外郎条。

两份立功"公验"，即是此种性质。关于"公验"，日本大庭脩氏文中已有详考。① 据《唐律疏议》卷二六《杂律》上，犯夜条议云：

> 但公家之事须行，及私家吉凶疾病之类，皆须得本县或本坊文牒，然始合行。若不得公验，虽复无罪，街铺之人，不合许过。

由此可见，官府文牒，同时亦可称为"公验"。"验"字本有证据、凭证之意，所谓"何以为验"②即此。官府文牒具有法律效力，故可称为"公验"。张君义之景龙某年立功"公验"记：

7　牒得牒称□□□□叛围绕安西道路隔绝君
8　义等不顾微命遂投□□□□使突围救援府
9　城共贼苦□□阵先□□□□訆件等阵当
10　□使对定□功第贰等讫，恐后无有凭准
11　请给公验请裁者依检□□□□使注如前者

又另件景龙三年立功"公验"记：

13　□□件蒙□□□□功第壹等于后恐无
14　凭准请给公验□□□□裁者件检如前
15　并准状各牒□□□□状牒□任为
16　公验故牒③

前件盖有"渠黎州之印"，后件盖有"盐泊都督府之印"。由此可见，在唐代军中，将士作战立功之后，在尚未得到兵部郎中发给的"勋

---

① 　大庭脩：《关于敦煌发现的张君义文书》。
② 　《史记》卷三九《晋世家》。
③ 　此公验，大庭脩氏已作了详考，尚有若干，拟另文讨论，本文从略。

告"之前，要发给"公验"以为日后凭证。这种"公验"，就是由军中典吏所发给的文牒。"公验"中所载事项，若与卢同之创制相比较，我们可以看到许多类同之处。

据记载，卢同的两次建议改制，皆得批准执行，唐代军中发给"公验"以及"勋告"制度，其渊源无疑可以追溯到这里，而其间的过渡形态则应是北周创立的"勋官"制度。《旧唐书·职官志》云：

> 勋官者，出于周齐交战之际，本以酬战士，其后渐及朝流，阶、爵之外，更为节级。①

隋、唐承袭北周，唐之勋官给告身之制，亦始见于北周时。②

这里值得注意的是，张君义的两件"公验"皆在景龙年间，一为"立功第壹等"，一为"立功第贰等"。据唐制：

> 谓军士战功之等级，若牢城苦战第一等，酬勋三转，第二、第三等，差减一转。凡破城阵，以少击多为上阵，数略相当为中阵，以多击少为下阵。转倍以上为多少，常据贼数以十分率之，杀获四分已上为上获，二分已上为中获，一分已上为下获。凡上阵上获第一等，酬勋五转；上阵中获、中阵上获第一等，酬勋四转；上阵下获、中阵中获、下阵上获第一等，酬勋三转。其第二、第三等，各递降一转。中阵下获、下阵中获第一等，酬勋两转；第二、第三等并下阵下获，各酬勋一转。③

观张君义此二"公验"，景龙三年"公验"云破"连山阵"等；另件景龙某年"公验"云破"蓿园阵"、"碛内阵"、"城西莲花寺东涧阵"等，可知皆为"破城阵"功。因"公验"残缺，不知此若干阵属于上、中、下

① 《旧唐书》卷四二《职官志一》，第1807页。
② 见前引《北齐书·傅伏传》。
③ 《大唐六典》卷五尚书兵部郎中员外郎条，第124页。

何种等级，亦不知其杀获之分，然仅据最低之"下阵中获第一等"，犹应酬勋二转，其立第二等功，最低亦应酬勋一转。如是，则两次所得勋共计三转，然只见关于破此等阵之正式"公验"，而未见有授与勋告之痕迹。景云二年勋告之抄件，又未见有关于其事之"公验"，或者因景云二年镇戍士兵普皆加勋，不同于破阵立功后即给"公验"，故无之。又据景云二年勋告，张君义得勋四转，故授勋官骁骑尉，[①]实未计入前所立勋之转数。据玄宗开元十七年十月敕云：

> 诸叙勋应加转者，皆于勋官上加……司勋格：加累勋须其小勋摊衔送中书省及门下省勘会，并注毁小勋甲，然许累加。[②]

若是，则此前并无加转叙勋之制，只是到了开元年间始定此制。我们看到吐鲁番出土的氾德达两份告身，一为永淳元年所得比从六品之飞骑尉勋告，[③] 一为武周延载元年又得勋七转，授比从四品之轻车都尉勋告。[④] 很显然，氾的第二次授勋，并未将第一次所授之转数"累加"入内，从而表明，在开元之前，普遍未有"累加"之制。

通过以上分析，我们可以看到，无论东晋、南朝或是北魏，都行用过"勋簿"的制度，而到了北魏末期，卢同进行改革，又创立了"黄素勋簿"和"勋券"之制。北周的勋官告身应与之有关，而唐代由军中给予的立功凭证——"公验"，无疑是北魏勋券制度的发展，它们无论在作用上、在记载内容上都有颇多类似之处；而唐代的勋告，从记载内容上看，亦类似于北魏之"勋券"。故唐代之勋告制度，实有其久远的历史渊源。

同时，我们还见到隋唐以来，命官授职不再采用东晋南朝时的版授之制而采用告身，疑亦当是受了勋告制度的影响，故唐代"官告"

---

① 《大唐六典》卷二尚书司勋郎中员外郎条，第 44 页。
② 《唐会要》卷八一《勋》。
③ 《文物》1975 年第 8 期第 9 页图版。
④ 《文物》1975 年第 8 期第 8 页图版。

与"勋告"并无格式上的区别，而只有因品级之不同而有册授、制授、旨授、敕授之别了。

二

张君义随葬四件文书中，两件"公验"及一件乘驿文牒，虽均为官府正式文书，但残缺较多；其《景云二年张君义勋告》，虽为抄件，然较完整，虽有残缺漫渍之处，尚无碍于大体。此件文书的珍贵之处，除了可藉以研究唐代告身制度、团甲制度之外，还在于它为我们提供了同甲授勋的 263 个人名及其贯属①，可以透过对其姓氏贯属的分析，看到我国各族人民为巩固我国统一所做的贡献。本件原文已见中外著录②，此处仅就有关部分，略作考释。

告身云：

　　1 安西镇守军镇起神龙元年十月至□□□□□□□至景龙元年十月贰

　　2 周年至二年十月叁周年至三年十月 肄 周 □□□□□五月廿七日敕

　　3 碛西诸军兵募在镇多年宜令□□□□酬勋又准久视元年六 4 月廿八日　　敕年别 酬 勋 壹转 总 □□

　　5　　傔白丁沙州张君义　　敦煌 县 （下残）

　　6　　　右骁骑尉

---

① 吐鲁番所出氾德达、郭毡丑、张无价等告身，于同甲授勋人员皆略去，惟留甲头之名。《李慈艺告身》（王国维《观堂集林》）虽经拼合，然残缺过甚，所保存之人名不多。本件为迄今所见保存较为完整之纸质勋告身。关于团甲制度，王国维氏已于《跋李慈艺告身》一文中加以论述。

② 参见大庭脩：《唐告身的文书学研究》，《敦煌吐鲁番社会经济资料》（下）。

此告身所授之勋，非如《唐六典》中所云因战功斩获所得，乃是多年征戍辛劳之酬，故引别敕述授勋事宜，可惜这"五月廿七日敕"及"久视元年六月廿八日敕"均不可得见，只知道有征戍一年酬勋一转的规定。然则这批和张君义一道受勋的战士共有几年征戍时间，告身此处有残缺。但据上下文推断，原文应为：

起神龙元年十月至二年十月壹周年至景龙元年十月贰周年至二年十月叄周年至三年十月肆周年。

何以计算年劳皆以十月为起止，据唐军防令：

防人番代，皆十月一日交代。①

是故，计算征戍年数，皆以每年十月为始。然自神龙元年（705）十月至授勋之景云二年（711）二月，已有 7 个年头，5 周年以上。而计劳只及于景龙三年十月，下距景云二年，尚有两年之谱。其所以有此差数，当是由于申报、复核、批准等手续繁多所稽延，又或是这批防人已于景龙三年十月下番，而张君义以身为傔从之故，仍续留军中，终于战死沙场。总之，张君义以白丁从军，因年劳得勋四转，授骁骑尉，正相符合。然其因破阵立功两次，共计三转以上则未计算在内，仅以"公验"随身，归葬黄沙。又据史载，自高宗咸亨以后，"战士授勋者动盈万计"，分番应役"有类僮仆，据令乃与公卿齐班，论实在于胥吏之下，盖以其猥多，又出自兵卒，所以然也"。② 是故，君义战死归葬，残骸犹不得一片棺木，仅以麻囊盛葬，可为叹息。

从同甲授勋之 263 人贯属考察，可以略知当时碛西诸军兵募之地域分布及民族成分。本件虽有多处残损、漫漶，然经考订，可辨识者犹为不少。笔者早在 1974 年，即已据本件照片进行辨识。后于去年

① 参见仁井田陞：《唐令拾遗》军防令第十六，第387页。
② 《旧唐书》卷四二《职官一》。

（1980）赴敦煌文物研究所学习参观，复承施萍婷先生出示原件，又帮助改正释文之误，始得纠谬补阙。今见菊池英夫先生所著《盛唐的河西与敦煌》一节，[1] 知菊池氏已为此告身作"加勋者的出身地"一表，所见大同小异，同者无庸赘述，今仅就其小异者论之。

菊池氏表	笔者试释
行 9 州名缺	契州
行 15 州名缺	甘州
行 21 作疆州	盐州
行 44 作素州	松州
行 53 作冀州	莫州
行 56 作帛州	归州

根据菊池氏所作表，当时碛西四镇战士籍贯，首先是关内道，以下依次为陇西、河南、河北、河东、江南东、江南西、剑南诸道。按中宗神龙元年赦文：

> 天下军镇……其应支兵，先取当土及侧近人，仍随地配割，分州定数，年满差替，各出本州，永为格例，不得逾越。[2]

但从告身所见，碛西镇兵不仅有来自中原地区者，更有远自江南之洪州、润州、婺州，及在今四川境内之昌州、湖北境内之归州者。其出于西北地区者尚少于关中各地。可见赦文所规定的"当土侧近"的原则实为虚文。

又分析告身所列勋人姓名贯属，我们可以看到，除了大量汉族以外，尚有不少的东北、西北地区的兄弟民族。如：

---

[1] 参见榎一雄主编：敦煌讲座二《敦煌的历史》，日本大东出版社 1980 年版。

[2] 《唐大诏令集》卷二《中宗即位赦文》。

龟兹白野那。龟兹为安西都护府治所，又为四镇之一。而"西域白氏，本龟兹族，原居白山，以山为氏"。① 此为龟兹族人姓白者参加碛西四镇征戍军队之实证。

玄州屈去住。玄州为唐太宗贞观二十年"以（契丹奚部）纥主曲据部落置，侨治范阳之鲁泊村"。② 契丹有"奚首领屈突于"，屈突氏本库莫奚，北魏太和十九年孝文帝改为屈氏。③ 可知屈去住为契丹之奚部人。

慎州李噎塞等9人。慎州乃唐高祖武德初以涞沫靺鞨乌素固部落置，隶营州。神龙初，隶幽州，④ 侨治良乡之故都乡城。⑤ 靺鞨李姓，得自唐赐，大将李谨行、李多祚、李怀光等皆靺鞨族。⑥ 故李噎塞必为靺鞨族无疑。其余8人虽不知姓名，但唐置羁縻州，本依部落设置，并未割汉族以隶属之，故仍可推断其均为靺鞨族人。

夷宾州莫失。夷宾州乃唐高宗乾封中于营州界内置，以处靺鞨愁思岭部落，⑦ 侨治良乡之古广阳城⑧。据姚薇元先生考证，北魏时有东部未耐娄大人倍斤入居辽东。魏孝文帝吊比干文碑阴有"监御令臣河南郡莫耐娄悦"，据碑志，未耐娄应正作莫耐娄。《魏书·官氏志》称："莫那娄氏，后改为莫氏。"莫那娄即莫耐娄⑨，靺鞨族亦原居辽东，隋末内迁，可见莫失仍为靺鞨族人。

同州钳耳思简。钳耳乃"西羌虔人种"，后汉安帝元初四年（117），"西河虔人种羌万一千口降汉。"苻秦时，其和戎一部居于同

---

① 姚薇元：《北朝胡姓考》外篇第九西域诸姓白氏。

② 《新唐书》卷四三（下）；又《旧唐书》卷三九云："隋开皇初置，处契丹李去闾部落。"

③ 《北朝胡姓考》内篇第九内入诸姓屈氏条。

④ 《旧唐书》卷三九。

⑤ 《新唐书》卷四三（下）。

⑥ 《北朝胡姓考》外篇第四，高车诸姓李氏条末附各族赐姓李氏者。

⑦ 《旧唐书》卷三九。

⑧ 《新唐书》卷四三（下）。

⑨ 《北朝胡姓考》内篇第三内入诸姓莫氏条。

州之冯翊郡。北魏时"冯翊古城"为"羌魏两民之交"，其时有王遇者，本姓钳耳，即冯翊羌人。① 可知钳耳思简当为居于同州之西羌虔人种，然其人或汉化已深。

含州安神庆、依州曹饭陁、鲁州康□、契州康丑胡。据《元和郡县图志》，唐高宗"调露元年，于灵州南界置鲁、丽、含、塞、依、契等六州，以处突阙降户，时人谓之六胡州"。② 可知此六州之设，为安置东突阙之降附者，即所谓归朝者。但上列诸人之姓有康、安、曹之属，本皆胡姓，又史称开元九年六州胡首领有康待宾、安慕容等叛乱，③ 而玄宗朝黄幡绰讥西院歌人，见"貌稍胡者"，则訾诟之为"康大宾阿妹"④，可见六胡州康姓者皆为胡人。又贞观元年，代州都督张公谨言东突厥可取之状云：

> 颉利疏其突厥，亲委诸胡，胡人翻覆，是其常性，大军一临，内必生变。⑤

向达先生据颜真卿《夏州都督康公神道碑》称，"公讳阿义屈达干。姓康氏，柳城人，其先世为北蕃十二姓之贵种"，疑其先世俱为臣属突厥之康部落人。⑥ 由是观之，东突厥强盛时，曾隶属不少中亚胡人，高宗时设置之六胡州，名为安置突厥降户，实际即为安置此种臣属于突厥之胡人，故时人称之为胡州。如是，则上列诸受勋人，盖皆先世归附突厥之昭武九姓胡，今则应募而成为镇守碛西之战士。

波斯沙钵那二人。波斯，今之伊朗。隋唐之际，其人或自陆路，经今新疆而入居中国；或自海道，由广州或扬州而入处内地，多经营商业。唐高宗之世，因大食侵逼，波斯王卑路斯入唐避难求援，后高

① 《北朝胡姓考》外篇第五西羌诸姓王氏条。
② 李吉甫：《元和郡县图志》卷四关内道新宥州条。
③ 《旧唐书》卷八《玄宗纪》（上）。
④ 崔令钦撰、任半塘笺定：《教坊记》"教坊制度与人事"唱歌条。
⑤ 《旧唐书》卷六八《张公瑾传》。
⑥ 向达：《唐代长安与西域文明》，1957 年三联书店版，第 15 页。

宗派裴行俭、王方翼以兵送卑路斯子泥涅师师归国。① 吐鲁番出土文书中亦有"送波斯王"的记载。可见当时唐朝与波斯之关系颇为密切。此沙钵那二人或系避大食之侵逼而由陆路转入安西四镇辖境，因而应募充当镇兵，并因征戍多年而获得授勋。

由以上诸人的姓氏籍贯的分析，可知当时守卫唐朝西北边防者，实包括我国国内许多兄弟民族，并有少量外籍士兵，他们都为唐朝空前的强盛统一贡献了力量。也正是由于各族人民的长期共同战斗促进了融合，并为唐代前期通往西方的"丝绸之路"的安宁，提供了保障。

（原载《中国古代史论丛》1982 年第 3 辑，福建人民出版社 1982年版）

① 《旧唐书》卷一九八《波斯传》及卷八四《裴行俭传》。

唐开元二年西州府兵
——"西州营"赴陇西御吐蕃始末

　　唐贞观十四年(公元640)九月，侯君集灭掉割据吐鲁番盆地的麴氏高昌王朝。当时，魏徵、褚遂良等列举种种利害关系，极力反对唐置州县，并劝"立麴文泰子弟，依旧为国"。① 但唐太宗力排众议，坚持把唐王朝行之于内地的一套政治、军事、经济、文化制度行之于高昌故地，由中央委任官吏，进行直接统治。此后，虽屡因形势的变化，多有周折，但太宗时所定的基本政策没有改变。

　　唐于高昌故地置西州，下辖五县，建立起一套完整的籍帐制度，实行均田及租庸调制等。同时，在西州也推行府兵制，建立了四个折冲府。这四个府是：前庭、岸头(一度改称交河)、天山、蒲昌。按唐律云：

　　　　州县有境界，折冲府有地团。②

唐在西州置高昌、交河、天山、柳中、蒲昌五县。

　　唐代军府设置的一个根本特点，正如陆贽所云：

　　　　太宗……列置府兵，分隶禁卫，大凡诸府八百余所，而在关中者殆五百焉。举天下不敌关中，则举重驭轻之意明矣。③

────────────

① 　参见吴兢：《贞观政要》卷九，安边第三十六，第279页。
② 　《唐律疏议》卷九《职制律》，刺史县令私出界条，第185页。
③ 　陆贽：《陆宣公奏议》卷一一《论关中事宜状》。

254

府号	地 团
前庭	在高昌县境（按：该县下辖十乡，后来，其中一乡可能一度归属岸头府地团）。
岸头（显庆三年一度改称交河） 天山 蒲昌	在交河县境。然据《唐显庆三年范欢进雇人上烽契》，云交河府卫士，其他文书又确证范为高昌县武城乡人，知高昌县西与交河县相毗邻之武城乡一度划归岸头地团。 在天山县境。 在蒲昌、柳中县境。

今仅据《新唐书》卷三七地理志所记，京兆一地，就置府 131 个，而江南一道计 51 州，247 县，所置折冲府不过 5 个，① 这种情况，正反映了"举重驭轻之意"。而西州五县之地，亦置有四府，远非江南道诸州所能比，这只能从西州所处的特殊地位去理解。

又据唐制：

凡府三等，兵千二百人为上，千人为中，八百人为下。②

西州之前庭等四府究属三等中何等，今尚不知。如果假设均为下等，则四府卫士共 3200 人。高昌麴氏王朝初降时，户不过 8046，口不过 37700。③ 到天宝年间，西州户口分别增长到户 9016，口 49476。④ 晚

---

① 按《新唐书》卷四一《地理志》所记，江南一道仅越州有蒲阳府，潭州有长沙府。《廿五史补编》册六所收谷霁光先生《唐折冲府考校补》又增温州三州府，福州泉山府，吉州永泰府，合为五府数。

② 《新唐书》卷五〇《兵志》第 1325 页；又《唐六典》卷二五折冲都尉条云，是武则天垂拱年间之定制。

③ 按《旧唐书》卷一九八《高昌传》作"户八千"，《元和郡县图志》所记亦同；又《唐会要》及《文献通考》并作"八千四十六"。

④ 《旧唐书》卷四〇《地理志》云，天宝间户作九千一十六；《新唐书》卷四《地理志》作户万九千一十六。高昌麴氏亡时，户不过八千，若据《新唐书》所记，至天宝间猛增至万九千余户，而两书所载口数相同。故疑《新唐书》有误，户数之"万"实为衍文。《元和郡县图志》卷四〇西州条则云开元户 11647。今仍采《旧唐书》说。

唐人孙樵曾云：

> 今天下常兵不下百万，皆衣食于平民，岁度其费，率中户五，仅能活一兵。①

若以天宝年间西州户口数与府兵数相比较，则不过三户即得"活"一兵，15.5人即须出一兵。孙樵所云，已是晚唐时期之苛政，而西州之负担犹过之。从出土文书看，除府兵外，尚有征招百姓入军，如武则天垂拱年间文书云：

> 西州管内，差兵一千二百人，准敕唯取白丁、杂任。②

开元年间又有所谓"三千军兵名"③。但此区区之兵员，远远不能适应唐王朝西疆形势的需要。为了安西四镇驻军，为了防范东、西突厥，还有稍后的吐蕃，就在平时镇戍，亦须从内地增调兵员。因此，早在唐太宗置西州，设安西都护府时，已是"每岁调发千人防遏其地"，又"兼遣罪人，增其防遏"。④ 至武周长寿元年（692），王孝杰等破吐蕃，复于阗、龟兹、疏勒、碎叶等四镇，复于龟兹置安西都护府，"用汉兵三万人以镇之"，皆是"征发内地精兵"。⑤ 平时尚且如此，若在战时，更须大量从内地发兵。从吐鲁番出土文书中，我们所见到内地折冲府号有坊州永平府、蒲州汾阴府、绛州正平府、秦州同城府等。此外，还有若干未知置于何州的府名。在敦煌石室出土《唐景云二年张君义勋告》中，所见同甲授勋263人中，西陲居人充兵者，仅有西州张淡等8人，龟兹白野那等2人，波斯沙钵那等2人。

---

① 《全唐文》卷七九四，孙樵：《复佛寺奏》。
② 参见金同祖：《流沙遗珍》。
③ 72TAM178：5、6土右营牒，现藏新疆博物馆。
④ 吴兢：《贞观政要》卷九安边第三十六。
⑤ 《旧唐书》卷九三《王孝杰传》，同书卷一九八《焉耆传》。

其余战士就其贯属而言，最多为关内道，以下依次为陇右、河南、河北、江南、剑南。① 从勋告本身看，这批战士至少已在西陲服役达 4 年之久。很显然，这是因为军事形势的发展，不得不从内地抽调大量兵员来弥补西陲兵力之不足。

但是，我们从阿斯塔那 108 号墓出土文书中，见到标明"西州营"的文书，说明由若干府的府兵组成的"西州营"曾在开元三年初到了陇西。陇西时属陇右道之渭州，地距西州 3000 余里。这就提出一个问题，本来兵员不足难以应付形势的西州府兵，何以远离驻地，千里迢迢地来到陇西县？

首先揭示出这几份"西州营"文书的是新疆博物馆的吴震同志。他撰文介绍了有关出土情况，并对文书进行拼对、释文、编号等工作。然后，他又引用文献资料进行考证，提出"西州营"是由西州几个折冲府的府兵组成的这一正确论点。文章中还进而提出这是一式三份的"名籍"，故定名为"西州营名籍"。认为这支队伍是临时组成，前往陇西执行运输任务。一式三份的名籍中，"火内人"姓名异常混乱，这是府兵制濒于崩溃的反映。如此等等，不一一列举。② 这些论点已为国内一些论著所接受，我个人在拜读之后，颇受启发，曾写过若干札记。嗣后，又见到日本菊池英夫教授亦撰文介绍吴震同志论文，并提出不同看法，颇有见地。故此处亦简要介绍菊池教授论文中有关文书定名、性质部分的观点，并结合个人札记，作若干补充。

菊池教授给这几份署明"西州营"的牒文定名作《开元三年四月西州营诸队请受马料帐》，认为不是什么"名籍"，而是西州营所属诸队的马料请求文书，是一种"支给簿"。③ 这个说法是很有见地的。原

---

① 本件告身藏敦煌文研所，参见大庭脩《唐告身的文书学研究》，《敦煌吐鲁番社会经济资料》(下)；菊池英夫：《盛唐的河西与敦煌》，榎一雄主编敦煌讲座二《敦煌的历史》。

② 吴震：《唐开元三年"西州营名籍"初探》，《文物》1973 年第 10 期；又载新疆社科院考古所编《新疆考古三十年》。

③ 菊池英夫：《新出吐鲁番唐代军制关系文书试释——关于开元三年四月西州营诸队火别请受马料帐》，《北海道大学文学部纪要》第 27 卷 1 期。

编号为甲、乙、丙三件"西州营"文书的首尾残存部分如下：

甲　件	乙　件	丙　件
西州营」 合当营□驮及 押官乘马总□ 佰肆拾贰头匹」 （中略） 右火别六头 头别付床□□□」 押官乘骑官马 两匹傔□□□□」 右匹别付床 壹㪷□□□」 牒件通当营请□□□	□□□马总 贰佰肆拾贰头匹」 （中略） 右火别六头 头别付床壹胜 半给一日料」 押官乘骑官马 两匹傔人杨客 右匹别付床伍胜 给一日料」 牒件通陇西县 请料姓名谨牒」 开元三年四 月廿日典李道牒」 给讫记」 廿五日	开元三年四月□□□」 给讫□□」 廿七日」 西州营」 合当营六驮及押官乘骑 马总贰佰肆拾贰头匹」 （后略）

从以上三件文书首尾残存部分，明显可以看出首先是申报西州营内"六驮"及"押官乘骑官马"总头匹数。乙件尾部保存相当完整，其中明确提到"六驮"每头一日给床一升半，"押官乘骑官马"每匹一日给料伍升。故乙件是记一日所给料床数。甲件尾部过残，但残存部分可见：

> 押官乘骑官马两匹□□□□□
> 　右匹别付床壹㪷□□□□□

前一行"两匹"下缺文，据乙件可知应是一负责领床料的傔人名。后一行"床壹㪷"下，若再无缺文，则所缺应是该行之脚注，根据乙件相比较，"壹鈄"下脚注应是"给二日料"四字。因此，这里表明所谓一式三份的"西州营名籍"，实是西州营典李道为逐日将从驻地陇西县领来的秣料发付给本营诸火"六驮"及"押官乘骑官马"而造的帐历。

既然我们把它当作"历"，那么甲、乙、丙三件时间顺序可作如下考虑，乙件后部剩：

开元三年四月廿日典李道牒
给讫记
廿五日

丙件首部剩：

开元三年四月☐☐☐☐
给讫记
廿七日

由此可见，乙件时间在前，丙件在其后。惟甲件首尾俱残，不辨月日，但该件系发放二日料，故必不在乙、丙二件之间。

如果我们作如是之解释，那么对牒文内所谓甲、乙、丙三件关于火内人姓名记载"异常混乱"的现象就可作出另一种解释了。牒文内所记之编制，每队五火，书火长姓名，其下脚注小字是"火内人"，再书写姓名，最下方为"指节印"。三件中，火长姓名基本不变，仅有一处不同，第二队内第四火之长，甲件作"☐伏度"，丙件作"贾思恭"，乙件此处残缺，未知系何人。而火内人姓名一项，三件基本皆不同。作为火长，总是相对稳定的，上所见火长两件记载不同，应是某些因素而导致任免变化的结果。而所谓火内人之"混乱"，菊池教授认为在一火之内，每日受领秣料的兵士"当番"不同，故三件火内人姓名皆不同。但在火内人不在的场合下，由火长自身领取，故在"火长"名下书"付身"二字（即付与火长本身之意）。同时，一火之内的秣料也可由别人代领。我们见到甲件第三队下第三、四两火记载

259

如下：

> 火长张修道_{同府人}巩福
>
> 火长王大敏_{火内人}巩福

表明张修道火当日未有人去领秣料，而由同队王大敏火的火内人巩福（按：过去释作幸福，实误）代领。巩福虽非张修道火内之士兵，但却是同一折冲府之卫士，故脚注"同府人"。吴震同志也是据此以定"西州营"是由西州若干折冲府组成的。但他又说这还表明"定籍（按：原指西州营名籍）之后逃匿"，以至用"同府人充替"。他还认为一火之内，仅火长及火内人二人，诸如此类，皆因对这三份文书性质误解而产生的。菊池英夫教授的研究纠正了这些说法。

在这份给受秣料历中，所见每日给床标准有两个：一是"六驮头别"一日给床"一升半"；一是"押官乘骑官马匹别"一日给床"伍升"。或许"六驮"与"官马"有别，故给料有多寡之分。"六驮"本隋唐府兵之制，唐代规定：

> 火十人，有六驮马。若无马乡，任备驴、骡及牛。①

"六驮"之用途，就在于为本火驮载资装之用。② 按规定，由本火自备，到武周时，一度增到"十驮"，并由政府支给部分购"六驮"之钱。而"押官乘骑官马"自然是军府战马，或许因此，给料标准有所不同。

但是，更重要的原因还在于"六驮"之"头"与"官马"之"匹"的区别。我们从出土文书中，可以看到这种区别。在出土的唐代"过所"及在天宝年间"马料帐"中，明确表示凡马皆算"匹"，凡牛、驴等皆称"头"。又前引《唐六典》中有关于"六驮"的规定："若无马乡，任备驴、骡及牛。"高昌并非无马之乡，据《梁书·高昌传》云，当地"出

---

① 《唐六典》卷五兵部；又《通典》卷二九武官折冲都尉条。
② 《新唐书》卷四〇《兵志》。

良马"。从出土文书可见，麹氏高昌王朝时期，官、私马匹数量很大，直到侯君集灭麹氏时，所得犹有"马四千三百匹"。① 此外，吐鲁番出土文书中，我们既看到西突厥首领来西州卖马，也见到内地来西州购买马匹。如大谷5839号文书就记载开元十六年有河西市马使来西州的情况。西州产马，而"西州营"之"六驮"皆非马，只能是因为卫士日益贫困，无力购马，转而购买较马低廉的牲口，如牛、驴之类。故称"头"。我想，更大可能是驴。

根据唐代制度规定，牲畜日食：

> 马粟一斗……乳者倍之，驼及牛之乳者、运者，各以斗菽，田牛半之……羊粟菽各升有四合。②

此处规定马日食为一斗，似与"西州营"官马标准不同。上引《唐六典》之规定之后又补充云：

> 象、马、骡、牛、驼饲青草日粟、豆各减半。

此件历作于四月末，此时之陇西当亦是青草丛生之日，故当有供料减半之举，押官乘骑官马每匹日食亦减至5升。驴之日食数不见于记载，但可推测少于驼、牛、骡而多于羊之日食数。一日驴料1.5升之数，想必亦是减半之数。从阿斯塔那506号墓所出"马料帐"中的记载，我们亦可见到月份不同，给料标准亦有不同。

这里的编制是"营"一级，其上冠以地区——西州之名。吐鲁番出土文书中，亦见有"庆州营"之名。阿斯塔那35号墓所出唐高宗仪凤末年的《唐西州高昌县下太平乡符》中，有"营司后更牒建忠"句。但目前所见记载"营"之组织最早、最为完整的，首推新疆巴里坤所出《武周万岁通天某年果毅□□基等造像碑》。据记，该碑已碎成三

---

① 《旧唐书》卷一九八《高昌传》。
② 《唐六典》卷一七太仆寺典厩令条。

块，字多残缺，今移录如下：

第一石

旸汩□□□□

救沉溺于爱□□□□□

功德熟能预于此今有果毅□□

基等跋涉砂碛效节边垂瀚海愁

云积悲心于万里交河泪下忽□

思于百年遂鸠集合营敬造□□□□

□所并尊像等剖厕雕录□□□□

第二石

□□□□斯功□□□□

□众□□□登觉道

万□通天□□

第三石

□□人□□□旸艺阳

□营主□□□仵

建忠帅□□□盖

立义帅□□□明德

司兵刘□□□

司胄王□□□□①

碑中除见用武周新字，如"年"作"秊"，"天"作"𠀑"外，尚见有"万岁通天"之年号。该营"跋涉砂碛、效节边垂（陲）"，当是执行征镇任务而来。此碑中之题名押衔结合菊池教授文中所引大谷3786（1）号文书背面之开元年间牒文，可以见到"营"的组成，有"营主"，其下有"建忠"、"立义"二"帅"（按赵之谦《六朝别字记》云"帅"为"率通

---

① 罗振玉：《西陲石刻后录》；王树枬：《新疆访古录》；徐松：《西域水道记》。三书释文皆有不同。本文主要采罗说。

字"，此处即为"建忠帅"、"立义帅"）以及司兵、司胄、司仓、司骑之序。又，在吐鲁番出土之"土右营牒建忠赵伍那"文书中，亦可见到在"营"下有"建忠"之衔名，与前引碑文及文书所记同。

造像碑中的"果毅□□基"，据推测应即"鸠集合营"造像的"营主"。据唐制，诸折冲府于都尉下置"左、右果毅都尉各一人"，其品级"上府果毅都尉从五品下，中府正六品上，下府从六品下"。① "西州营"共辖 8 队 40 火，则仅包括火长、士兵在内，即应有 400 人，正是一"下府"应有卫士数额之半。但在"西州营"文书中，未见有"营主"，而称"押官"。《唐六典》卷五兵部郎中条云：

> 凡诸军镇，每五百人置押官一人；一千人置子总管一人。

又云：

> 一千人置子将一人，以果毅充；五百人置押官一人，（以）别将及镇戍官充。

据此，则前引造像碑所记之"营"，以果毅充营主，则相当于六典所称之"一千人置子总管"一级的作战编制。故在"营主"下还有"建忠帅"、"立义帅"以及司兵、司胄诸司。若据前引大谷文书，还应有司骑、司仓。"西州营"文书虽亦称"营"，但人数不过 400 人，统兵之官亦称"押官"，乘骑官马不过 2 匹，故相当于六典所云之"五百人置押官一人"一级的作战编制。

根据《新唐书》卷四〇地理志陇右道渭州条，该州有襄武、陇西、鄣、渭源四县，本置有折冲府四：

> 曰渭源、平乐、临源、万年。

---

① 《唐六典》卷二五诸卫折冲都尉条。

其地团不见记载，估计四县各分置一府。那么"西州营"何以来到陇西请料？吴震同志认为是执行运输任务。据记载，唐中央每年除调发士兵到西部边陲外，还要由内地运输大批物资去。《通典》卷六食货典赋税下记云：

> 自开元中及于天宝，开拓边境，多立功勋，每岁军用日增，其费粢米粟则三百六十万匹段……给衣则五百三十万……而赐赍之费此不与焉。

根据以上引文的脚注：米粟一项中，"伊西、北庭八万，安西十二万"；给衣一项中，"伊西、北庭四十万，安西三十万。"这笔数字尚不包括随时的"赐赍之费"在内。根据出土文书，仅开元十三年北庭瀚海军兵赐至少有"六万八千屯匹"。① 开元以前情况不清，或许数字要少一些，但每年运输任务亦是很重的。

如前所述，六驮马是府兵驮载自身及同火辎重所用，当然不会用于执行运输任务。又据《唐律疏议》卷一一《职制律》奉使部送雇寄人条疏议云：

> 奉使有所部送，谓差为纲、典，部送官物及囚徒，畜产之属。

根据阿斯塔那 509 号唐墓所出开元年间案卷，我们见到京兆府华源县人王奉仙的答款记录，王自称在头年三月，

> 共行纲李承胤下驮主徐忠驱驴，送兵赐至安西输纳了。

同案卷中记录了京兆府云阳县嵯峨乡人蒋化明的答款，表明蒋亦是受雇驱驮送物至北庭。这些文献及文书资料都表明当时运输物资去安

---

① 大谷 4938 之二，见《敦煌吐鲁番社会经济资料》（下），第 162 页。

西、北庭，皆是由行纲主持，其下尚有"驮主"，而驱驮之人则是雇佣而来。

以上论证排除了"西州营"来陇西是执行某项运输的说法，但要解决这个问题就需要进一步考察这个时期陇右东部地区军事形势，也就是唐与吐蕃和战关系的变化。唐自文成、金城二公主的入嫁吐蕃，以及先进文化、生产技术传入吐蕃，进一步发展了汉藏两族亲密关系。但由于吐蕃奴隶主的掠夺欲望日益膨胀，也由于唐、蕃两方边境驻军将领贪图私利，邀功请赏，故时有战争发生，这一点也是毋庸讳言的。中宗景龙四年(710)杨矩送金城公主入吐蕃，后吐蕃遂贿赂杨矩，"请河西九曲之地，以为金城公主汤沐之所。矩遂奏与之。"吐蕃得之后，即"置洪济、大漠门等城以守之"，又"置独山、九曲两军、距积石二百里"。① 该地"其土肥良，堪顿兵畜牧，又与唐境接近，自是复叛，始率兵入寇"。② 可见此时吐蕃已阴有图谋进攻的准备了。至开元二年(714)五月，吐蕃宰相坌达延上书唐中央，请先遣朔方大总管解琬至河源"正二国封疆，然后结盟"。解琬已有察觉，故行前上言："吐蕃必阴怀叛计，请预屯兵十万于秦、渭等州以备之。"③事态的发展果如所料，结盟尚未成，吐蕃已大举进攻。

进攻前吐蕃的准备活动，不见于汉文史籍记载，但王尧、陈践二位先生译注之敦煌千佛洞所出古藏文本《大事记》中，记载了有关重要史料：

> 及至虎年(玄宗开元二年、甲寅、公元714年)夏，赞普驻于墨竹之谮塘，于墨竹之登木地方由大论乞力徐集会议盟……坌达延与尚·赞咄热拉金于"司古津"之"倭阔"地方征吐谷浑之大

① 《旧唐书》、《新唐书》中宗本纪及吐蕃传，《册府元龟》卷八四、一一三、九五六、九七九、九九二，《资治通鉴》卷二〇九。
② 《旧唐书》卷一九六《吐蕃传》，参见《新唐书·吐蕃传》，《资治通鉴》卷二一一。
③ 《册府元龟》卷九八一《外臣部·盟誓》，《资治通鉴》卷二一一，《文苑英华》卷三八〇苏颋《授解琬左散骑常侍制》。

265

料集。冬，赞普驻于辗噶尔。冬季会由论绮力心儿藏热于"嫩"地召集之，坌达延与大论乞力徐二人引上军劲旅赴临洮。还，是为一年。①

《大事记》出自吐蕃官吏之手，记载当比唐人所记可靠。惜记载过于简略，许多吐蕃之制亦难理解。幸赖王尧、陈践二位先生的研究，解决了许多疑难之处。记载中的赞普，即赤德祖赞（汉文史籍写作弃隶缩赞）。而记载中的"大料集"是耐人寻味的。据王、陈二先生的研究：

> 大料集，吐蕃奴隶制政权建设中的一项重要措施，检阅军事实力，征集兵马，征集粮草，征集后备兵丁，并划定负担范围。

王尧、陈践二位先生还据《贤者喜宴》一书，把"大料集"分为三个内容：

> 分别翼队，划定地域和区分武士和夫役（即武士与奴隶）

吐蕃本族人口少，为进行战争总要向被其征服之民族征集物资和人力。吐谷浑部自高宗龙朔三年（663）被吐蕃所灭，其可汗诺曷钵与弘化公主帅数千帐弃国走依凉州，后被唐安置在灵州，余部皆为吐蕃所役属。② 坌达延等亲自"征集土谷浑之大料集"，也即从吐谷浑部中搜括物资和人力，为进攻唐朝作准备。也正是这个坌达延与大论乞力徐带领"上军劲旅"开始了对唐的进攻。

据《新唐书》卷五玄宗纪云：

---

① 王尧、陈践：《敦煌本吐蕃历史文书》，民族出版社 1980 年版，第 111 页。

② 《旧唐书》卷一九八《吐谷浑传》，《新唐书》卷二二一上《吐谷浑传》。

（开元二年八月）乙亥，吐蕃寇边。

吐蕃发兵十万，进攻唐之临洮、兰州及渭州之渭源县。① 当时玄宗命薛讷为陇右道防御军大使，率副将杜宾客、郭知运、王晙、安思顺等御之。② 其中郭知运为唐西陲名将，据其本传云：

> 初为秦州三度府果毅，以战功累除左骁卫中郎将、瀚海军经略使，又转检校伊州刺史兼伊吾军使。开元二年春，副郭虔瓘破突厥于北庭，以功封介休县公，加云麾将军。擢拜右武卫将军。其秋，吐蕃入寇陇右，掠监牧马而去，诏知运率众击之。③

这里讲到郭在伊州任上奉命“率众”入援，所帅之众，自然首先是伊吾军之兵马。据《元和郡县图志》卷四〇陇右道下庭州条后云伊吾军：

> 景龙四年置。管兵三千人，马三百匹。

《旧唐书》卷四〇地理志伊州条所记亦同。又据敦煌千佛洞所出唐光启元年(885)写本《沙州伊州地志》残卷所记，兵额相同，惟马数作“一千卅（四十）匹”。④ 伊吾军兵员的来源不清，但也可能调遣西州之府兵编入其内。这一点没有直接证据。据吐鲁番所出《唐开元四年李慈艺勋告》所记，李慈艺本是西州高昌县人，白丁出身，可见非是府兵。但被征调入庭州瀚海军，随军作战，因破河西等六阵及保卫凭

① 《旧唐书》卷八《玄宗纪》，《册府元龟》卷九八六《外臣部·征讨五》。

② 《册府元龟》卷七八《帝王部·委任二》，《唐大诏令集》卷五九，开元二年八月《薛讷白衣摄左羽林将军击吐蕃制》云为“陇右道防御军大使”。

③ 《旧唐书》卷一〇三《郭知运传》，第3189—3190页；又见《新唐书》卷一三三《郭知运传》。

④ 羽田亨：《唐光启元年写本沙州伊州地志残卷考》，万斯年辑译：《唐代文献丛考》，商务印书馆1957年版。

洛城立功，而得勋官上护军。① 由此推测西州之府兵亦有可能被调遣编入伊吾军中，但由于并未混合编组，仍将西州之府兵编为一个营，并给予"西州营"的军号。另一种可能则是西州府兵本未编入伊吾军中，在郭知运奉命内调陇右东部抵御吐蕃时，因兵力不足，故又临时简点西州诸折冲府之府兵，组成"西州营"，随郭作战而到达陇西。总之，无论是上述中哪一条假设能成立，"西州营"府兵之到达陇西，都是与郭知运奉命帅军援御吐蕃有关。

同年十月，吐蕃复大举进攻渭源，玄宗甚至下诏，发兵10余万，马4万匹，准备"御驾亲征"。但薛讷、王晙等在武街、大来谷、长城堡等地大败吐蕃军队，形势有了变化，故玄宗亦停"亲征"之举。② 此时郭知运所帅之众处于何地，史无明言。《全唐文》卷二二七收张说《赠凉州都督上柱国太原郡开国公郭君碑》云："公兵以奇胜，寇不复踪。积甲山齐而有余，牧马谷量而未尽。"不见具体记载。而《旧唐书》郭知运本传云：

> 知运与薛讷、王晙等，掎角击败之。

但未云在何时。据上引薛讷、王晙事，则当在同一战役。此时薛讷、王晙军在渭源西北之武街、大来谷、长城堡一线与吐蕃作战。郭知运与之掎角，则郭军可能在渭源之东南。"西州营"之出现在陇西境，当与是役有关。同年十二月，唐置陇右节度大使，领鄯、秦、河、渭、兰、临、武、洮、岷、廓、叠、宕12州，以郭知运为节度大使兼鄯州都督。开元九年（721），郭知运卒于陇右任上。③

"西州营"随郭知运赴陇右御吐蕃，故直至开元三年四月，尚在陇西驻守，该管押官乘马及府兵"六驮"所需秣料，尚由陇西县供给。

---

① 王国维：《观堂集林·附别集》卷一七，中华书局1959年版。
② 《册府元龟》卷一四二《帝王部·弭兵》，《资治通鉴》卷二一一。
③ 《旧唐书》卷一○三《郭知运传》，《新唐书》卷一三三《郭知运传》，《资治通鉴》卷二一二。

所谓的"西州营"文书，也就是记载这时期陇西县秣料发放的帐历。"西州营"何时回到家乡，因文书残缺过甚，加之该墓未发现有墓志及衣物疏，亦难断定时代的下限。根据文献记载，到开元六年（718），陇右节度大使郭知运大破吐蕃于九曲之地，"获锁甲及甲马犛牛等数万计。"①可能由于吐蕃在陇右地区屡遭失败，而知运"自居西陲，为蕃夷所惮"，故吐蕃于开元六年以后，多次遣使向唐请和。②此时陇右军事形势缓和，而唐已置陇右节度大使，军事布置亦大大加强。且伊、西及北庭亦需大量驻军，故临时内调之"西州营"亦至迟在此时即返回旧地。可能在卫士散归于府后，这些旧时军府文书逾期之后，亦作为"故纸"，被民间利用作死者的服饰，如鞋靴、冠带、枕衾之类。

（原载《敦煌学辑刊》1985 年第 2 期）

---

① 《旧唐书》卷一〇三《郭知运传》，第 3189 页；《新唐书》卷一三三《郭知运传》，《册府元龟》卷四二《帝王部·仁慈》，卷三五八《将帅部·立功》，卷三八四《将帅部·褒异》，卷四三四《将帅部·献捷》。

② 《新唐书》卷二一六（上）《吐蕃传》，《册府元龟》卷九八《外臣部·通好》，卷九八《外臣部·盟誓》，《资治通鉴》卷二一二。

吐鲁番出土天宝年间马料文卷中
所见封常清之碛西北庭行

　　起自孤寒，立功边陲，终成名将，身领两镇节度的封常清，其事迹主要见诸于两《唐书》本传。关于他身领两镇节度的过程，据《旧唐书》本传云：

　　　　（天宝）十一载（752），（安西四镇节度使王）正见死，乃以常清为安西副大都护、摄御史中丞、持节、充安西四镇节度、经略、支度营田副大使、知节度事。十三载（754）入朝，摄御史大夫……俄而北庭都护程千里入为右金吾大将军，仍令常清权知北庭都护、持节、充伊西节度……十四载（755）入朝。①

《新唐书》本传所记类同，惟过简于此。《太平广记》据《谭宾录》所收封常清条，则未言及封之领伊西北庭节度事。②

　　关于封常清之充任安西四镇节度使，《资治通鉴》系于天宝十一载十二月丁酉。③ 封之复领伊西北庭节度，《唐会要》作天宝十二载（753）三月。④《旧唐书》玄宗本纪作天宝十三载三月乙丑。《资治通鉴》系于天宝十三载三月甲子。⑤ 由此故知《唐会要》误将"天宝十三

---

　　① 《旧唐书》卷一〇四《封常清传》，中华书局 1987 年版，第 3208—3209 页。
　　② 《太平广记》卷一八九，中华书局 1981 年版。
　　③ 《资治通鉴》卷二一六，中华书局 1964 年版。
　　④ 《唐会要》卷七八，上海古籍出版社 1991 年版。
　　⑤ 《资治通鉴》卷二一七。

载"书作"天宝十二载"。

综上所见，封常清于天宝十一载十二月丁酉任安西四镇节度使，复于天宝十三载三月乙丑(或作甲子)又领伊西北庭节度。

四镇、北庭，为唐控制西北边陲，保障河陇之屏障。且从军事上讲，两镇互为犄角之势。故《唐六典》、《唐会要》、《新唐书》诸书记开元间两镇曾一度合为一节度，① 恐亦与统一军事指挥有关。然二镇节度治所相距约 2000 里左右，② 其间地形复杂，气候恶劣多变，少水草，行旅艰难。封常清身充二镇节度，固是玄宗对其之荣宠，但以封之才干与威望而言，亦足以当之。至天宝十四载十一月丙寅，安史乱起，时封入奏在朝，是月甲戌，玄宗以常清为范阳、平卢节度使，募兵以讨安史。

由于史料记载的缺漏，因之天宝十三载至十四载期间，封常清一身任两镇节度后，有何作为，则付之阙如。特别是他是否去过北庭，不见记载。只是因岑参有《北庭西郊候封大夫受降回军献上》及《陪封大夫宴瀚海亭纳凉》诸诗，似可推测封亦到过北庭。③

1974 年秋，笔者承文物出版社借调，赴新疆博物馆整理吐鲁番出土文书时，得已故考古专家李征先生赐教，知 1973 年新博与西北大学考古专业师生合作，在阿斯塔那 506 号墓发掘所获大量文书中，有天宝十三、十四载马料支出账，内中出现封常清、岑参的记载。复于 1975 年末见到该墓发掘简报，内记云：

> 帐目中多次出现"封大夫"及其亲属。这封大夫无疑是当时摄御史大夫、北庭都护、持节伊西节度使的封常清。还有一处记载着，岑判官……当是唐代著名诗人岑参，他曾任封常清节度幕

① 参见唐长孺：《唐书兵志笺正》卷二安息道笺正，科学出版社 1957 年版。

② 参见严耕望：《唐代交通图考》二，河陇碛西区篇十四，文汇印刷厂有限公司 1985 年版。

③ 《岑嘉州诗》，四部丛刊本。

府判官。①

这里从出土文书中，探索到封常清行踪的点滴线索。而今天我们所要做的工作，则是根据这些点滴揭示，进一步探明马料文卷中多次出现有关封常清的记载，所反映出的封常清的北庭与安西四镇间往来行踪。

吐鲁番阿斯塔那506号墓墓主，据该墓出土文书所记，知为张无价，并知其于天宝十载（751）曾因战功得"游击将军守左武卫同谷郡夏集府折冲都尉"。② 根据宝应元年（762）后的文书记载，其身份为"乡官折冲"，③ 卒于大历四年（769）。④ 其晚年"家贫孑然"，由其出家女法慈"收将在寺安养。"法慈为一贫女尼，父死无力安葬。直至大历七年（772），始以其父生前有品秩为由，提出"准式，身死合有墓夫赙赠，"⑤始得入葬。这里无须（且亦难于）考清按制张无价卒后能得到多少"墓夫"及"赙赠"。但该墓出土官府故文书既多又完整，用心制作葬具，亦必与之有关。

据发掘报告所记：该墓出土"一件迄今仅见的特殊葬具——纸棺……长23，前高0.87，后高0.5，宽0.46米……死者是被置于一片糊以故纸的草席……上，再罩上纸棺。纸棺所用的故纸，大都是天宝十二至十四年（753—755）的西、庭二州一些驿馆的马料收支帐，其中有的盖有轮台、柳中县印。"

这个纸棺中拆出的若干文书片段，经整理者的努力，按文书背面粘接缝处押署编号顺序，大体复原为一个较为完整的文卷，由此可

---

① 新疆博物馆、西北大学历史系考古专业编：《1973年吐鲁番阿斯塔那古墓群发掘简报》，《文物》1975年第7期。

② 《吐鲁番出土文书》第10册《唐天宝十载制授张无价游击将军官告》，文物出版社1991年版。

③ 《吐鲁番出土文书》第9册《唐西州道俗合作梯蹬及钟记》，文物出版社1990年版。

④ 《吐鲁番出土文书》第10册《唐大历四年张无价买阴宅地契》。

⑤ 上引书《唐大历七年马寺尼法慈为父张无价身死请给墓夫赙赠事牒》。

见，是交河郡长行坊将属下各馆驿具申的牒状，依唐制，按收到先后，连续粘接，成为一个文卷。依今所见，可以看出大体保留了22件牒状。

就这22件牒状具申内容，可见主要是各馆驿申报天宝十三年内不同身份，逐日过往各类马匹（大量为郡坊所有马匹，次为各馆所有马匹，军马），甚至还有驿驴的"食䭾历"。并由各馆驿之"典"及"押官"统计总数（包括该馆驿收到及支出马料数），呈报交河郡坊。

由于"食䭾历"中简明列出逐日进出的馆驿与匹头数、事由、何人因何事乘骑，所食马料种类及数量，饲养领料人员等明细记载，故从中可见到身任安西北庭两镇节度使的封常清及其家属、僚佐的行踪。就在今所见的这份文卷中，就有8件牒状。今列举如下：

（一）《唐天宝十四载交河郡某馆具上载帖马食䭾历上郡长行坊状》

（四）《唐天宝十三载礌石馆具七至闰十一月帖马食历上郡长行坊状》

（五）《唐天宝十三载礌石馆具迎封大夫马食䭾历上郡长行坊状》

（一五）《唐天宝十四载某馆申十三载三至十二月侵食当馆马料帐历状》

（一六）《唐天宝十四载某馆申十三载七至十二月郡坊帖马食䭾历牒》

（一七）《唐天宝十四载某馆申十三载四至六月郡坊帖食䭾历状》

（二一）《唐天宝十四载郡坊申十三载九至十二月诸馆支贮马料帐》

（二二）《唐天宝十四载申神泉等馆支供（封）大夫帖马食䭾历请处分牒》。①

① 《吐鲁番出土文书》第10册，文物出版社1991年版。

上列 8 件，尽管有所缺残，且许多牒状由何馆驿申报亦难考察，而且"食醋历"中，记载亦有错误，甚至记载同一事亦多有抵牾之处，但亦可见封常清在天宝十三年间，往来于驿路上的行踪。经过初步考察，可以看到在当年四至十二月中，封常清由长安返回，不仅到了北庭治所，而且多次往返于北庭与安西四镇间。今将对这份迄今所见最长的文卷中所见往返路线与时间，分别归纳如后。

一、由伊吾至交河郡治所

就在这份文卷中列于最后的第(二二)件，列出了柳中县境之神泉、罗获、赤亭、达匪四馆为支供封常清一行经过的"帖马"食醋情况。由于本件牒文残阙，"食醋历"已不存，但尚见记载：

    5 右得郡坊帖马健儿赵璀等状☐☐☐☐

    6 大夫帖马食醋历……☐☐☐☐

    7 坊过大夫帖马先令每馆食前伴料☐☐☐☐

显然可见，这里是关于封常清一行曾经过此四馆驿的明确记载。

有关神泉、罗获、赤亭、达匪四馆之地望，今据前引严耕望先生书中《凉州通安西驿道》一文及其精心考定并绘制的《唐代瓜、沙、伊、西、安西、北庭交通图》，明显可见从伊吾到西州(交河郡)间，自东向西所过地点及馆驿，按其方位与顺序，应是：伊吾→独(狼？)泉→东华→西华→驼泉→神泉→罗获→达匪→草堆→赤亭→白力→柳中→高昌县。

这里可见神泉等四诸馆正处于这条交通要道之上，亦表明封常清一行正是由伊吾向西行的这一事实。

本件牒文申报时间，据牒文第十行所记，知为"正月"，年份已残。但据对这份文卷的考察，知为天宝十三载事，故牒件中所云支供封常清一行驿马食料事，必在天宝十四载正月以前。特别是结合两

《唐书》封常清本传进行考察，可以判断当是天宝十三载三月，封常清在长安入朝并得兼领北庭节度后，在返回任所途中，由伊吾西行，道经此四馆的记载。结合下面的考察，我们有理由认为封常清一行道经此四馆，当在天宝十三载四月下旬某日。

有关封常清一行抵达交河郡治所的记载，今见于本文卷者有：(一)《唐天宝十四载交河郡某馆具上载帖马食䭾历上郡长行坊状》；(一五)《唐天宝十四载某馆申十三载三至十二月侵食当馆马料帐历状》中。此2件中，不仅可见食䭾历中所记封常清一行行踪大致相同，且馆驿"判官"皆为"杨俊卿"、"杨千乘"，"槽头"皆为"张环"，故知实为同一馆驿具申。惜因残缺，不知馆名。但若要从文书学等方面去考察，以证该馆为何作大致相同的两"状"申上，则又有碍本文大旨，故今仅就有关封常清一行行踪，作如下考证。

上两件状中，据前件所记四月事：

39 郡坊迎　封大夫马肆拾捌匹四月廿四日……
42 同日天山军□　大夫征马……

由此可知，封常清一行，在经过神泉、罗获、赤亭、达匪四馆后，于四月二十四日抵达本件之阙名馆驿。

根据本件食䭾历所记，直至四月廿八日，封常清一行始离去。则可推知封常清一行因旅途劳累，复因公务及交河郡官员之迎宴，故必在交河郡治所歇息，由此亦可知该馆当在郡治所侧近。

天山军，据敦煌千佛洞所出《唐光启元年书写沙州伊州地志残卷》所记：

西州天山军交河县①

---

①　参见唐耕耦、陆宏基：《敦煌社会经济文献真迹释录》第1册《唐光启元年书写沙州伊州地志残卷》，书目文献出版社1986年版。

又见《元和郡县志》所记，知此军属北庭节度使所统辖，在"西州城内"。① "天山军"下缺一字，据此上行"郡坊迎封大夫马……"例，可补作"迎"字。新任北庭节度的到来，其统辖下之"天山军"出动骑兵以迎护之。惜因文书残阙，不知天山军派出之骑兵至何处迎接封常清一行。以理推之，当从神泉以西以来，一路护送至郡治所。

二、由交河郡治所至北庭治所

就在上引文卷之(一五)号文书中，记四月廿八日事云：

> 23 同日郡坊帖马七匹向金娑岭头迎大夫……
> 30 四月廿八日瀚海军征马伍拾贰匹送大夫至馆兼腾过向柳
> 谷来往……

又据上引该文卷之(一)号文书中之第五十三行、第五十五行记云四月廿八日：

> 53 同日郡坊……并石舍送大夫帖马……
> 55 同日大夫过腾北庭征马五匹……

上引两件文书，表明封常清一行于四月廿八日离交河郡治所，前往北庭节度治所。首先是派出"郡坊帖马七匹"，送有关人员去"向金娑岭头"，候迎封常清一行(金娑岭，据严耕望先生研究，在交河至庭州间唐之"他地道"上)。

瀚海军，前引敦煌所出唐末光启年写本地志残卷作：

> 庭州瀚海军

---

① 参见唐长孺：《唐书兵志笺正》卷二天山军条，科学出版社 1986 年版。

又据《元和郡县志》卷四〇,《旧唐书》地理志、《唐会要》卷七八,知为北庭节度所统。今因封常清新兼领北庭节度,故瀚海军亦派出骑兵迎护。

由交河郡治所北行至北庭,中间必过"柳谷",严耕望先生认为吐鲁番出土文书中的"柳谷馆",疑在"柳谷镇"。此说当可信。

由上可见,封常清一行离交河郡治所,北行赴北庭治所,其间所要经过的馆驿有石舍、柳谷及金娑岭。

三、由北庭返回交河郡治所

据上考,封常清一行于四月廿八日赴北庭,但何时返回交河郡,西去安西四镇节度治所,尚有必要考察。

据本文卷之第(一五)件《唐天宝十四载某馆申十三载三至十二月侵食当馆马料帐历状》所记:

> 32 六月十五日郡坊帖马伍匹为祗候大夫共食青麦贰斗伍升付帖马健儿范老子

其下又记:

> 33 十六日郡坊帖马伍匹共食青麦贰斗伍升付健儿范老子

如此相同的记载,尚见于此后之六月十七日至七月十一日。由此可见,该馆大约是得到上级通知,得知封常清一行将由北庭返回,故早作"祗候"的准备。当因有故,未能按时成行。直至八月中下旬,始见到封常清一行返回交河郡治所的记载。

四、由交河郡治所西去安西四镇治所

本文卷之第(四)件磧石馆牒记八月廿五日事:

86 同日郡坊马□匹帖银山迎封大夫……
87 同日郡坊卅一匹马帖磧石迎封大夫……

就在本文卷之第(一六)件某馆牒中，记八月廿五日事：

81 同日郡坊迎封大夫马册三匹 ▢▢▢▢

但就在本文卷之第(一)件中，记八月廿七日事云：

60 郡坊迎封大□马肆拾匹八月廿七日食麦 ▢▢▢▢

此前已论封常清一行于四月廿八日所到某馆，应是离交河郡治所最近之一馆，而第(四)件之磧石馆已在交河郡治所西去安西四镇路上，则封常清由北庭返回安西四镇，当先至第(一)件所属馆驿，即八月廿七日所到之地。那么，上列第(四)件磧石馆，第(一六)件阙名馆所记八月廿五日"迎封大夫"事，是作为预先所作"祗候"的准备。

就在八月卅日，前引第(四)件磧石馆牒又记：

95 卅日帖马卅五匹当日便送封大夫向天山……
97 同日郡坊帖马五十匹从银山送封大夫到……

从交河郡治西行去安西四镇沿路馆驿，据前引严耕望先生研究，主要有：

天山→磧石→银山→安西→吕光

何以磧石馆食醩历记载八月卅日一日内两事，其一云送封常清由磧石东去天山，一云封常清又由磧石以西之银山东返，殊令人费解，但足以说明封常清一行于八月廿七日到达交河郡治所后，已于八月卅日西行到磲石馆。此行之目的地，当是安西四镇节度使治所无疑。这里的推断，除因行程方向而定外，还应考虑到封常清于天宝十三载三月入朝，迟至八月末由北庭返回，而离开安西四镇已有半年左右，当应返回视事。

五、安西四镇与北庭治所之间往返

自前考，八月末封常清一行返还安西四镇治所后，是否再有北庭之行，迄今所有文献记录，均不见有记载。但就在这份文卷中诸件残存的食曆历中，尚可见到一项记载，表明身兼四镇节度使的封常清，于九月末、十一月中、十二月底，尚在安西四镇与北庭之间多次往来。

据本文卷中第（二一）件交河郡坊所申请馆支贮马料账记：

12……九月七日得坊官刘惠振等状称缘大夫欲过□□
3□交河等诸馆请支蹺料者其月十三日判牒交河县并仓曹司预令支给……
17……九月廿三日得西北两路巡官天山县人李大简
18状称恐大夫朝夕过请每馆预支帖马料……
19廿五日判牒天山交河两县预令支给……

又据本件所记，应预支帖马料之馆驿为交河、柳谷、石舍、磲石诸馆。

据前考，柳谷、石舍为交河郡治所北去北庭道上之馆驿。本件中又云：其预支帖马蹺料由交河县预支给，磲石馆为安西四镇治所东去交河郡治所道上之馆驿。由此可见，当是交河郡坊得知封常清拟赴北庭，故预作准备，事先贮存马料，以"祗候"封常清一行的到来。但尚不见九月、十月间有任何记载，足以证明此次北庭之行得以成行。

就在本文卷中之第（一）件文书中，我们见到十一月食曆历记载：

119 二日帖马柒匹便迎封大夫……
131 十四日郡坊后迎封大夫粗细马伍拾贰匹……

前项记载马 7 匹，为数过少，当是"祗候"准备，后项记载"粗细马伍拾贰匹"，则是封常清一行乘骑，表明此时封常清一行已抵达交河郡治所。

就在上引同件文书中，于十一月食醩历中，见到如下记载：

142 北庭送封大夫征马贰拾匹送至柳谷回十一月十八日……
144　同日北庭长行马壹拾贰匹准前至柳谷回……

两条记载相互印证，表明封常清一行由北庭返还交河郡。

由此可见封常清一行于十一月初到交河郡治后，复又北上北庭节度治所，并于十一月十八日南还交河郡治所。

就在本文卷之第(四)件碛石馆牒中，其十一月食醩历记载当月十七日事：

145　同日郡坊帖马卌五匹送大夫到本馆帖马匹其日宿……
146 十八日郡坊送大夫简退回马廿二匹……

而在本文卷之第(一六)件某馆牒中，于十一月十八日记载：

127　同日封大夫乘帖马卌二匹……
128　同日郡坊帖马卌五匹送封大夫到吕光迴回……

由是观之，封常清一行应是在十一月十七日已到达碛石馆，而于十八日到某馆后，当日即前往吕光馆，不仅与前去十八日方到交河郡治所有矛盾，且记载含混不清。但封常清一行已到过碛石，并继续西行到吕光馆，正是返回安西四镇的行程。

　　根据本文卷所见，唐天宝十三年闰十一月，这一点与传统文献记载及后人所编制年表、置闰在十月不同。本文卷中之(一)、(四)、(十六)诸件保存的食䊮历，均作"闰十一月"应是可信的。但该月"食䊮历"中，不见封常清之行踪记载，直至十二月，方才又见到封常清之行踪。

　　在本文卷之第(五)件礌石馆状中，有如下记载：

　　　2 合郡坊帖馆迎封大夫与从十二月一日至十九日食䊮历
　　　3 十二月一日迎封大夫郡坊帖银山礌石马共卌九匹

就在本文卷之第(一五)件文书中，记十二月事云：

　　　240 廿三日从柳谷来帖马陆拾匹送大夫至……

又见本文卷之第(一)件文书中，记十二月食䊮事：

　　　195 廿四日郡□□□大夫回马伍拾叁匹……
　　　196 廿五日魏琳下送大夫汉戍回马叁捌匹……

根据前引十二月一日事，表明封常清一行自西向东行，经银山到礌石。而第(一五)件即如前考，与第(一)件为同一馆，同近在交河郡治侧近，该件所论"从柳谷来帖马陆拾匹送大夫至"句，可理解为由该馆出发之封常清一行所乘"帖马"，是由柳谷方向所来之马。

　　上引第(一)件文书中所记十二月廿五日事中之"汉戍"，应即"石会汉戍"，严耕望先生考定从交河郡治所至北庭治所，由南向北，为交河县→龙泉→柳谷→金岑→石会汉戍→神仙→北庭治所，故尽管前引食䊮历记载可能有脱误，但依然可见，封常清一行于十二月一日由银山、礌石到交河郡治所后，就在当月下旬北去柳谷、石会汉戍，其此行目的地也必是北庭治所。

　　综前所考，我们可以见到封常清自天宝十三载四月末，由长安西归，到达交河郡治所后，迅即北上，赶赴北庭。在北庭停留至八月末，始南下交河郡治所，再西行返回安西四镇治所。其后，在九月末，曾一度准备由安西东去北庭，但未成行。直到十一月初，又见有北庭之行，至十一月十八日，又西返安西任所。中间经过闰十一月，到十二月又见封常清一行经交河郡治所，复又去北庭任所。

综观天宝十三载四至十二月共计 8 月（内含闰十一月），封常清数度往返北庭与安西四镇间，惟四月末去北庭治所，滞留最久达 4 个月。恐因封常清生长与成名在安西，未见到过北庭治所。此次封常清即兼领北庭节度，赴任后，当要熟悉当地形势，并与属下僚佐以及管辖内诸少数族首领联络感情。限于文献记载的缺乏，我们还不了解当时是否发生过战事。但即或有战事发生，其规模程度应必不致过大，否则文献中不可能没有记载。

今检《岑嘉州集》，有诗数首，当在此时所作。据闻一多先生考证，天宝十三载，封常清表请岑参为安西北庭节度判官，[①] 此必在天宝十三年三月，封常清在长安已兼领北庭节度时事。故岑参亦必随封常清一行，同于当年四月末经交河去北庭。今见岑集中有《陪封大夫宴瀚海亭纳凉》诗云："军中乘兴出，海上纳凉时。"[②]北庭有瀚海军，因"瀚海"而得此军号，此亭当亦因此而得名。北庭地在北疆，一年中气温最高正在七八月间。故僚佐陪同府主纳凉并作诗志之，恐在封常清第一次赴北庭任所时。

前已云封常清滞留北庭 4 个月，可能与战事有关，如此说能成立，则岑嘉州《轮台歌奉送封大夫出师西征》，恐亦与之有关。

至于天宝十四年（755）事，因不见有出土文书记载，且文献亦无记载，仅《岑嘉州集》有点滴可见。但仅就天宝十三年不完整的食䐂历中，就可见到封常清频繁奔波于四镇与北庭之间，两地路途遥远且

---

① 参见闻一多：《岑嘉州系年考证》，《清华学报》7 卷，1933 年 1 月第 2 期。

② 参见岑参：《岑嘉州集》，丛书集成本。

艰险，不仅见于文人诗歌之中，而且见于古今游记之中。而封常清如此恪尽职守，如岑嘉州诗"亚相勤王甘辛苦，誓将报主静边尘"。①他起自孤寒，因有战功，得到唐玄宗的提拔与重用，出于感恩，虽位极人臣，却始终尽瘁，直至讨安史乱，兵败潼关，虽事出有因，终遭玄宗枉杀，临终上《谢死表》犹云：

　　死作圣朝之鬼。若使殁而有知，必结草军前，回风阵上。引王师之旗鼓，平寇贼之戈铤，生死酬恩，不任感激。②

由上所见，封常清正是一位"鞠躬尽瘁"，死而无怨的大臣。

（原载《魏晋南北朝隋唐史资料》第 15 辑，武汉大学出版社 1997年版）

---

① 岑参：《轮台歌奉送封大夫出师西征》；又诗中"亚相"为御史大夫之别称，此处指封常清。

② 《旧唐书》卷一〇四《封常清传》，第 3211 页；又敦煌千佛洞所出文书，编号 P. 3620《封常清谢死表闻》，与《唐书》本传所记，文字虽有异同，但文义全通。

敦煌两种写本《燕子赋》中所见
唐代浮逃户处置的变化及其他
——读《敦煌变文集》札记（一）

上世纪末至本世纪初，敦煌莫高窟"藏经洞"的发现，引起外人觊觎，大量精美艺术珍品及各种写本卷子被掠至外国。一些本为一个完整的卷子，亦或是一种著作的若干写本卷子，也被肢解分割，散失在英、法等国。我国学术界前辈如刘复、向达、王重民、王庆菽诸位先生，早年致力于在海外搜罗被伯希和、斯坦因劫至法京英伦的卷子并整理出版。这个工作不仅仅只是一般的移录，还要具备渊博的学识和卓越的见解，经过反复的考证，设法拼合，并使被肢解分割、散在各国的一种著作的若干写本残卷能够复原，以成完璧。在伯希和、斯坦因所窃取的写本卷子中，分别以 P 字、S 字编号，可断为《燕子赋》的诸种写本残卷者，计有：

    P 字：2491、2653、3666、3757。
    S 字：0214、0554、6267。
经王重民先生的研究，断定这些写本残卷分属两种写本之《燕子赋》，并确定其归属如下：
甲种写本《燕子赋》：
    P 字：2491、3666、3757。
    S 字：6267、0214、0554。
乙种写本《燕子赋》：
    P 字：2653。
    经王重民先生校录的这两种写本《燕子赋》，已一并收入《敦煌变文集》上册中。① 当年王重民先生等学界前辈在法京英伦详阅了写本原卷，故于纸质、墨色、书法的辨识，较今日仅凭阅读器看缩微胶卷，无疑是有利多了。加之他们的真知灼见，为我们今日的进一步研究提供了极为有利的条件。抚今忆昔，备觉更应珍惜学术前辈为我们所开创的敦煌文书研究的业绩。

细读这两种写本之《燕子赋》，可以看出其相同之处均在于以"雀占燕巢"为创作题材，都是运用"拟人化"的创作手法。且就故事情节的发展而言，其基本线索与结局也是大致相同的。文中写到燕子夫妇如何辛辛苦苦造得一"房舍"，而雀儿如何横行霸道，先以言辞恐吓，称道"括客"，斥指燕子夫妇为违法之"浮逃户"。继而又仗着家中人口多，欺侮燕子夫妇"单贫"，诉诸武力，打伤燕子，夺去"房舍"。燕子无奈，只得向充当百鸟之王的凤凰投诉。经传讯用刑，最后判处雀儿有罪，"房舍"断还燕子。但在若干重要情节的变化与描写之中，却又看到大不相同之处。甚至某些在我们今日看来是极为重要的部分，在甲种写本中是作如是的叙述，而在乙种写本中却又作了迥异的改写。有的甚至在甲种写本中本无任何叙述，而在乙种写本中，又以相当篇幅增添进去。这种变化及其缘由，则是本文行将探讨的核心。

为了看出变化，今试作表对照如下：

	甲种写本《燕子赋》	乙种写本《燕子赋》
雀儿恐吓燕子语	(雀儿)仍自更著恐吓，云明敕括客，标入正格。阿你浦(迸)逃落籍，不曾见你膺王役，终遣官人棒脊，流向擔(儋)、崖、象、白。	雀儿语燕子：不由君事觜(嘴)头，问君行坐处，元本住何州？宅家今括客，特敕捉浮逃，黠儿别设诮，转急且抽头。

---

① 参见王重民等编：《敦煌变文集》(上册)，人民文学出版社1984年版，文中凡引此赋处，不再一一作注。

续表

	甲种写本《燕子赋》	乙种写本《燕子赋》
燕子答雀儿语		燕闻拍手笑，不由事君（君事）落荒（谎）， 大宅居山所，此乃是吾庄。 本贯属京兆，生缘在帝乡。 但知还他窟，野语不相当。 纵使无籍贯，终是不关君。 我得永年福（复），到处即安身。 此言并是实，天下亦知闻。 是君不信语，乞问读书人。
凤凰判雀儿有罪后雀儿恕语及改判词	（雀儿答凤凰云）今欲据法科绳，实即不敢咋呀。见有上柱国勋，请与收赎罪价……凤凰判云： 　雀儿剔秃，强夺燕屋。推问根由，元无臣（承）伏。既有上柱国勋收赎， 　不可久留在狱。宜即适（释）放，勿烦案责。	雀儿启凤凰：判付亦甘从。 王遣还他窟，乞请且通容。 雀儿是课户，岂共外人同， 燕子时来往，从坐不经冬。

由上表对照，可见甲、乙两种写本"燕子赋"所存在的迥异之处就在于：

一、当雀儿恐吓燕子时，两种写本均作"括客"，表明燕子夫妇是"浮逃户"无疑。在甲种写本中，不见有燕子答语的描写。而在乙种写本中，却增添了一定的篇幅，描写燕子闻雀儿恐吓之言后，居然敢"拍手笑"，毫不在乎，自报本"贯属"，并斥责雀儿："但知还他窟，野语不相当。纵使无籍贯，终是不关君。"最后还自称"我得永年福（复），到处即安身"。

二、凤凰经审讯，判处雀儿夺宅有罪时，甲种写本中写作雀儿提出要以己之"上柱国"勋官"收赎罪价"。但在乙种写本中，此段却改写成雀儿云："判付亦甘从，王遣还他窟，乞请且通容。雀儿是课户，岂共外人同，燕子时来往，从坐不经冬。"前者强调的是"勋官"，后者则改作"课户"。

上述的不同之处，也正反映了这两种写本的题材、写作手法以及故事基本情节虽然相同，但却又不是一个祖本的两个抄本。这种不同，正反映了它们是经过两度创作改写的结果。也正因如此，由于创作时代的不同，社会某些制度的不同，时代的变化，以及由此而引起的人们观念的变化，也就在不同时代的作品中，得到了不同的反映。笔者曾指出变文之类民间文学固然是以佛传故事、历史人物与事件、以及民间传说为题材，但作者往往于有意或无意中，把自己所处时代的种种制度及生活渗进作品之中。① 在以"雀占燕巢"为题材、以拟人化的创作手法所创作的作品中，我们可以看到作者内心的愤懑与不平，对当时社会弊端的揭露和谴责，因而它又是一部写实的作品。通过拟人化手法的描写，我们看到了一对受封建赋役沉重剥削，不得不离乡背井，逃亡在外"浦（逋）逃落籍"的"浮逃户"——燕子夫妇，辛辛苦苦"唧（衔）泥来作窟，口里见生疮"，好容易造得一"宅舍"，却被一无赖"雀儿"以恐吓及暴力霸占去了。当然，由于时代的局限性，在作者笔下，解决这问题还是只能依靠一个好皇帝——凤凰的公正判决。在经过不同时期的两度创作之后，我们也就看到如前所列举的变化了。

在封建社会中，封建国家的残酷剥削和压迫，以及地主、高利贷者的兼并进攻，是农民破产的根源，而逃亡则是农民经常采取的一种反抗斗争方式。封建统治者为了巩固统治秩序，为了保证赋役的来源，建立了一套完整而又周密的籍帐制度，并以种种严酷的法令条文，将农民牢固地控制起来。作为封建政权的各级官吏，上自牧令，下至里正的职责，以及封建政权对他们的考绩，很重要的一项，也就在于他们对自己治下的农民的控制是否严密有效。

① 朱雷：《伍子胥变文、汉将王陵变辨疑——读〈敦煌变文集〉札记（一）》，武汉大学历史系魏晋南北朝隋唐史研究室编：《魏晋南北朝隋唐史资料》1985 年第 7 期。

按照唐代法令规定，民户每年一造"手实"，三年一造"户籍"，严格地固住在本乡本土，只是在法令允许的范围内，可作有条件的迁徙。据唐制规定：

> 乐住之制，居狭乡者，听其从宽，居远者，听其从近，居轻役之地者，听其从重。①

这里所规定人口流动的前提有三：其一是从"狭乡"迁往"宽乡"。至于"宽"与"狭"之分，宋人马端临说得最为透彻。他说："田多可以足其人者为宽乡，不足者为狭乡。"②其二是可从偏远地区迁入统治中心地区；其三是可从役轻之地迁入役重之地。这里所指的迁徙之民，不是泛指包括官僚、商贾在内的所有居人，而是专指向封建国家承担所有封建赋役的"均田制"下的农民。因而复又加以限制：

> 畿内诸州，不得乐住畿外，京兆、河南府不得住余州，其京城县，不得住余县。有军府州，不得住无军府州。③

这里就对"乐住"之制复又加以严格的限制了。众所周知，两京所在之地，以及"畿内诸州"正是皇室及官僚集中之地，且人口亦多，故可用作"均田"的土地，也是极少的。史籍记载了唐太宗于贞观十八年(644)至零口的一段史料：

> (见)村落逼侧，问其受田，丁三十亩，遂夜分而寝。忧其

---

① 日本广池学园本《大唐六典》卷三，户部郎中员外郎条，第65页。
② 马端临：《文献通考》卷二，田赋考二，历代田赋之制，中华书局1986年版。
③ 日本广池学园本《大唐六典》卷三，户部郎中员外郎条，第66页。按"京兆"以下八字，系由内田智雄据残宋本补入，他本不见。

不给，诏雍州录尤少田者给复，移之宽乡。①

零口地处京兆府新丰县界，受田严重不足，自属"狭乡"无疑。只是在唐太宗产生了"悯怜"之心后，方允"尤少田者"在官方的安置下，移往"宽乡"。乙种写本《燕子赋》中，燕子自称"本贯属京兆，生缘在帝乡"。但雀儿以"括客"，"特敕捉浮逃"恐吓之，足证除皇帝特许外，并不允许京兆地区农民迁徙他乡。当然，既本非京兆，在所迁徙之地，凡属"逋逃落籍"，不"膺王役"，也是违法。对于京兆地区的特殊限制，是为了保证统治中心地区的赋役剥削有充分来源，以利形成"举重驭轻"的局面。至于有军府州的居民不许迁往无军府州的规定，则是为了保证诸折冲府有充足的兵源。而我们知道军府集中在关中，京兆地区尤多。除了用严格的制度控制农民之外，还建立了"五保"制度。唐制规定：

五家为保，保有长，以相禁约。②

仁井田陞氏据《欧阳文忠公文集》中有关记载所补充的唐代"五保"制度云：

诸户皆以邻聚相保，以相检察，勿造非违。如有远客来过止宿，及保内之人有所行诣，并语同保知。③

可见五邻相保"以相禁约"的主要内容，除了一般"守法"之外，很重

---

① 《册府元龟》卷四二《帝王部·仁慈门》，作幸"壶口"，同书卷一一三《帝王部·巡幸二》作幸"灵口"，中华书局 1982 年版。据贺昌群先生《汉唐间封建的国有土地制与均田制》一书上篇六"唐初的公田"注 39，知皆为"零口"之误。参见《贺昌群史学论著选》，中国社会科学出版社 1985 年版。

② 日本广池学园本《大唐六典》卷三，户部郎中员外郎条，第 65 页。

③ 仁井田陞：《唐令拾遗·户令》第十之乙条，日本东方文化学院东京研究所昭和八年版。

要的两项就在于对外来之人以及同保之内的人外出，都得令同保人相知。仿照唐令所制作的日本律令条文就写作：

> 凡户皆五家相保，一人为长，以相检察，勿造非违。如有远客来过止宿，及保内之有所行诣，并语同保知。①

对于"远客"、"止宿"、"行诣"，日本律令中还分别作了注释如下：

> 远客谓一日程外人也……此条大指，为防浮隐也……来过止宿，谓经一宿以上也。
>
> 有所行诣者，亦一日程以上外，可经宿是也。

由日本律令及其注释，可见唐代"五保"之制的"大指（旨）"就是防止逋逃，包括防止农民逃亡。敦煌所出《捉季布传文》中，记载汉高祖为搜捕季布，特下敕：

> 所在两（五）家圃（团）一保，察有知无具状申……藏隐一餐停一宿，灭族诛家斩六亲。②

这应是文学作品中反映的唐代"五保"之制的现实写照。固然这里季布是亡楚旧将，又因"辅佐江东无道主，毁骂咸阳有道君"，不同于一般的"浮逃户"。但同保之内，都要互相监督，"以相禁约"的原则是相同的。

同保之内，如发生逃亡现象，根据唐令仿制的日本律令规定：

---

① 日本吉川弘文馆本《令集解》卷九《户令》，昭和五十六年版，第267—268页。

② 王重民等编：《敦煌变文集》上册《捉季布传文》，人民文学出版社1984年版；关于"两家"为"五家"之误，"圃"为"团"之误，参见朱雷：《捉季布传文、庐山远公话、董永变文诸篇辨疑——读〈敦煌变文集〉札记（二）》，《魏晋南北朝隋唐史资料》1986年第8期。

凡户逃走者，令五保追访。①

该条注文又云：

> 此五保职掌。故其追访之人，不在折徭限也。古记云：问，
> 令五保追访，未知追访之间，免徭役不？答，己职掌事，不免徭
> 役也。

这就是说，当同保内有人逃亡，其余人户负有追捕之责。而在追捕期间，尽管他们不能从事正常的生产活动，但按照法令规定，所应承担的各项徭役并不因此而得到蠲免，因而这实质就是对同保之内，因防范不严，未能尽到"以相禁约"之责而造成人户逃亡，所给予的惩罚。

封建社会的基本矛盾，决定了农民必定走向破产、逃亡的道路。在唐代，农民逃亡的发展趋势，表明仅仅依靠籍帐管理，依靠"五保"之制，俱已失效。在农民逃亡已成为全国性的问题后，仅仅依靠一地区的州、县行政长官及地方胥吏，已是无力解决了，而农民的逃亡，不仅仅影响到国家赋役收入，而且势必发展为农民起义斗争，直接动摇封建王朝的统治。《金石萃编》所收姚崇《兖州都督于知微碑》记云：

> 长寿二年(693)，制授鄂州刺史。无何，又累除道、利二州
> 刺史。化被荆、楚，咸覃蜀汉……州界□有光火贼，剽劫相仍，
> 充斥为患。虽经讨□，曾不衰止。有果州流溪县丞邢昙之等，闻
> 公政术，深思拯庇……昙之因使入京，乃以父老等状上请。情词
> 恳到，□□天心，乃降优旨，授公检校果州刺史。褰帷一视，群
> □出奔，下车三令，□境□息。②

---

① 日本吉川弘文馆本《令集解》卷九《户令》。
② 参见王昶辑：《金石萃编》卷七一，唐三十一；姚崇《兖州都督于知微碑》，中国书店 1985 年版。

这里讲的是果州"光火贼"，因于知微的到任而平息了，是碑文美化其功绩。但据武周圣历元年（698）陈子昂《上蜀川安危事》云：

> 今诸州逃走户，有三万余在蓬、渠、果、合、遂等州山林中，不属州县。土豪大族，阿隐相容，征敛驱役，皆入国用（按："皆入国用"句，据上文意，当有讹脱。此处本云逃户为地方豪强荫庇而受其剥削。逃户既已"不属州县"，何得"皆入国用"？）。其中游手惰业亡命之徒，结为光火大贼，依凭林险，巢穴其中。若以甲兵捕之，则鸟散山谷，如州县怠慢，则劫杀公行。比来访闻，有人说逃在其中者，攻城劫县，徒众日多。①

由此可见，《于知微碑》中"光火贼"即是"诸州逃户"中"依凭林险、巢穴其中"的武装起义者。他们的反抗斗争，并不以于知微的到任而平息下去，所以到了圣历元年陈子昂还惊呼为"蜀中大弊"。在狄仁杰传中，也可见到江淮及河北、山东地区农民逃亡，比比皆是。② 表明武周统治时期，农民逃亡成为严重社会问题，并引起统治阶级中有识之士的重视。首先是李峤在武周证圣元年（695）上表指出：

> 今天下之人，流散非一。或违背军镇，或因缘逐粮，苟免岁时，偷避徭役。此等浮衣寓食，积岁淹年，王役不供，簿籍不挂。或出入关防，或往来山泽，非直课调虚蠲，阙于恒赋，亦自诱动愚俗，堪为祸患，不可不深虑也。③

这里李峤指出了农民逃亡的原因，也指出了对封建统治的不利影响。

---

① 参见徐鹏校：《陈子昂集》卷八，中华书局1960年版。
② 《旧唐书》卷八九《狄仁杰传》，《新唐书》卷一一五《狄仁杰传》，中华书局标点本。
③ 《唐会要》卷八五《逃户门》，中华书局1955年版。

接着他又指出按照传统的办法，已不足以应付这种局面。他说：

> 或逃亡之户，遇有检察，即转入他境，还行自容。所司虽具
> 设科条，颁其法禁，而相看为例，莫肯遵承。纵欲纠其僭违，加
> 之刑罚，则百州千郡，庸可尽科？前既依违，后仍积习。检获者
> 无赏，停止者获免。浮逃不悛，亦由于此。今纵更搜检，而委之
> 州县，则还袭旧踪，卒于无益。

李峤在这里指出了按过去州、县自行搜检的弊端，不能达到目的，并
又提出了他的意见是：

> 宜令御史督察检校，设禁令以防之，垂恩德以抚之，施权衡
> 以御之，为制限以一之。然后逃亡可还，浮寓可绝。

这时值得注意的是，令御史"督察检校"，就是把州、县自行检括浮
逃农民的传统办法，转变成全国的统一行动。有关李峤建议的研究，
中日两国学者作了大量工作，取得许多成果，此处不一一介绍，仅就
本文有关部分，吸取前贤之说以证之。

　　总之，李峤的建议，是在武周证圣元年（695）提出，但何时被采
纳并付诸施行，史籍中没有记载。根据吐鲁番出土《武周大足元年西
州残籍》中记载：

（前缺）
1 ⬜⬜⬜老男　圣历
2 ⬜⬜⬜括附田宅并
3 ⬜⬜⬜丁寡　　圣历二年帐
（后缺）①

---

① 池田温：《中国古代籍帐研究（概观・录文）》，日本东京大学东洋文化
研究所 1979 年版，第 239 页。

又见吐鲁番所出《武周大足元年西州某县男智力等户残籍》记载：

（前略）

1 ☐☐☐☐☐☐☐年帐后括附

2 ☐☐☐☐☐圣历二年帐后点入

3 ☐☐☐☐☐☐☐年帐后点入

（后缺）①

前件残户籍第 2 行以前当为一阙名户，据第 2 行所残剩记载，知该户为一新"括附"入籍浮逃户。"田宅并"三字以下虽阙，据吐鲁番地区出土之唐手实、户籍，知其下应阙"并未给授"数字。表明此一浮逃户，新经"括附"，但尚未按制度授予永业、口分及园、宅地。又据第 1 行脚注所残剩"圣历"二字，结合本件第 3 行脚注及后件第 3 行之脚注，知该户应是在武周圣历某年所括附。后件第 1 行脚注残剩"☐☐☐年帐后括附"，未知何年括附。但其后第 2 行脚注完整，作：

圣历二年帐后点入。

值得注意的是，后件此 3 行所记，本为一户。第 1 行应是户主，所残剩第 2 行、第 3 行应是该户户内成员。且第 2 行脚注完整，第 3 行脚注虽纪年残缺，据第 2 行脚注所记，知当亦是在"圣历二年帐后点入"。而第 1 行脚注作"括附"不作"点入"，从而表明虽是一户成员，但非同一年之事。第 1 行所记，应是指在圣历二年作"计帐"前"括附"入籍。前引陈子昂于武周圣历元年五月十四日所作奏疏中犹称云"天恩允此情，乞作条例括法"，知在此前尚未颁行全国范围之"条例括法"制度。上引前件残籍已见圣历某年"括附"记载，后件残籍第 2

---

① 池田温：《中国古代籍帐研究（概观·录文）》，日本东京大学东洋文化研究所 1979 年版，第 239 页。

行脚注作"圣历二年帐后点入",则第 1 行所阙,可补作"圣历元年帐后括附"。笔者有关唐代的"计帐"与"乡帐"制度研究一文中,已指出唐代为贯彻"量入制出"的财政原则,每年一乡诸里里正据"手实",作一乡之"乡帐",一县据诸乡之"乡帐",作一县之"计帐",再次第入州,入尚书省,作出全国之计帐以统计全国之户、口数,特别是应承担赋税、徭役的户、口数。① "圣历元年帐后"当指圣历元年"计帐"以后之变化。据《唐六典》卷一尚书都省条云,诸州计帐限六月一日前纳尚书省。故可推测李峤虽于证圣年间提出建议,但未实行。只是在陈子昂的上疏之后,于是年六月以后采纳李峤的建议,在全国施行"条例括法"。敦煌文书《武周长安三年典阴永牒》中出现的"括逃御史"(或称"括浮逃使"、"括户采访使"),也即前引李峤建议"宜令御史督察检校"的结果。

李峤建议中,对付"逋逃落籍"的"浮逃户"诸种条例中,最后所提到的"限制者"为:

> 逃亡之民应自首者,以符到百日为限,限满不出,依法科罪,迁之边州。

唐长孺师曾指出:"以迁送边镇作为对逃亡人户的处罚却是新办法。"②指明过去对逃户并无如此处罚,这一点,对于我们理解甲种写本《燕子赋》是有指导意义的。

《燕子赋》中的燕子夫妇,是作者笔下用拟人化的手法,将候鸟——燕子譬作"浮逃户"。如乙种写本中,雀儿称之"燕子时来往,从坐不经冬",而以留鸟——雀儿譬作在籍之"课户"。此种写作手法,实是贴切。作为浮逃户,"浦(逋)逃落籍",触犯了封建国家法

---

① 朱雷:《唐代"乡帐"与"计帐"制度研究》,为 1987 年香港"国际敦煌吐鲁番学术会议"论文。

② 唐长孺:《关于武则天统治末年的浮逃户》,《历史研究》1961 年第 6 期。

令。同时，他们逃亡他乡后，依然是一无所有的。逃入山林川泽，"不属州县"，且能隐匿的毕竟是极少数的，多数还是为土豪大族所"阿隐相容"，受其"征敛驱役"。这种情况也绝非仅仅只限于蜀川一地，敦煌文书《武周长安三年沙州敦煌县典阴永牒》中记载：

　1 甘、凉、瓜、肃所居停沙州逃户
　2 牒奉处分：上件等州，以田水稍宽，百姓多
　3 悉城居，庄野少人执作。沙州力田为务，
　4 小大咸解农功。逃迸投诣他州，例被招
　5 携安置，常遣守庄农作，抚恤类若家
　6 僮。好即薄酬其庸，恶乃横生构架。
　7 为客脚危，岂能论当。①

这里正反映了远在河西走廊的逃亡农民最终也只能如蜀川之地一样，托庇于地主阶级，为之"守庄农作"，受其剥削。所谓"薄酬其值"，表明他们所受剥削之沉重。更有甚者，一些地主"恶乃横生构架"，进行更残酷的欺诈。由于他们是"浮逃户"，不能不托庇于地主阶级，正是"为客脚危"，自然不敢与地主"论当"。

　　在逃户中，也有少量的逃户经过挣扎，积累了少量财产。如《燕子赋》中的燕子夫妇，"啣（衔）泥来作窟，口里见生疮"，辛辛苦苦，"取高头之规，垒泥作窟，上攀梁使，藉草为床"，终于造得一"宅舍"。虽较之"庄荫家住"②房舍俱无的逃户富有，但这并不能改变其"逋逃落籍"的浮逃户身份，因而遇到雀儿这种"豪横"之徒，使以"横生构架"的手段，"宅舍"终不免被霸占去。

　　在甲种写本《燕子赋》中，雀儿虽口出大言，自称"云野（野云）鹊

　　① 内藤乾吉：《西域发现之唐代官文书研究》，西域文化研究会编：日本《敦煌吐鲁番社会经济资料》（下），法藏馆 1960 年刊行；又见池田温：《中国古代籍帐研究》。
　　② 《唐会要》卷八五《籍帐门》引宝应二年敕。

是我表丈人，鹅鸠是我家伯，州县长官，瓜萝亲戚"。但当鸥鹕奉凤凰之命前来捕捉雀儿时，雀儿自感惊恐：

> 昨夜梦恶，今朝眼瞤。若不私斗，克被官嗔。比来徭役，征已应频，多是燕子下牒申论。

由此所见，雀儿也是要交租服役的百姓。及至雀儿被凤凰传讯后，犹不免"责情且决五百，枷项禁身推断"。躺在狱中，"口里便灌小便，疮上还贴故纸。"且不见有任何州县长官、"瓜萝亲戚"为之解脱。只能求神拜佛，"口中唸（念）佛，心中发愿，若得官事解散，验写《多心经》一卷。"雀儿此举，亦如燕子所云"人急烧香，狗急蓦墙"。最后雀儿所能自我称道的，不过是一勋官——上柱国。但是，他抓住燕子夫妇是"逋逃落籍"，违犯封建国家法令，故敢于"横生构架"，霸占燕巢。

在甲种写本中，雀儿恐吓燕子夫妇语作：

> 云明敕括客，标入正格。阿你浦（逋）逃落籍，不曾见你膺王役，终遣官人棒脊，流向擔（儋）、崖、象、白。

这里恐吓之言，已提到"明敕括客，标入正格"，以及如前引唐长孺师指出的新办法，"迁之边州"，应是表明武则天已将李峤建议作出"条例"，以"格"的形式颁布全国。李峤建议中所谓"权衡以御之"者：

> 逃人有绝家去乡，离失本业，心乐所在，情不愿还，听于所在隶名，即为编户。夫顾小利者失大计，存近务者忘远图。今之议者，或不达于变通，以为军府之地，户不可移，关辅之民，贯不可改。而越关继踵，背府相寻。是开其逃亡，而禁其割隶也。就令逃亡者多不能归，总计割隶，犹当计其户等，量为节文。殷富者令还，贫弱者令住。

这里所提到的"变通",正是对前引所规定"畿内诸州,不得乐住畿外,京兆、河南府不得住余州,其京城县,不得住余县。有军府州,不得住无军府州"的户籍管理传统政策的改革。但也不是毫无限制,任何浮逃户均可就地入籍。李峤仍然不可能完全摆脱传统的观念,所以提出按户等高下,即按照财产多寡的原则,"殷富者令还,贫弱者令住。"这里不仅仅是对关辅及有军府州县之浮逃户的限制。前所引《武周长安三年典阴永牒》中所反映的情况,表明自圣历二年派御史至各地括客,直至数年后,犹一再搜括,并力图使之迁回原贯,唐长孺师已有详考,表明李峤"变通"之法,是有很大限度的。

李峤建议中,为了诱使浮逃户自首,有所谓"恩德"之条例,其云:

> 逃亡之徒,久离桑梓。粮储空阙,田地荒废。即当赈于乏少,助其修营。虽有阙赋悬徭,背军离镇,亦皆舍而不问,宽而勿征。其应还家,而贫乏不能致者,乃给程粮,使达本贯。

又,前引《武周长安三年沙州敦煌县典阴永牒》后部记云:

> (上略)承前逃户业田,差户出子营种。所收苗子,将充租赋,假有余剩,便入逃人。今奉明敕:逃人括还,无问户等高下,给复二年。又今年逃户,所有田业,官贷种子,付户助营。逃人若归,苗稼见在,课役俱免,复得田苗。或恐已东逃人,还被主人眩诱,虚招在此有苗,即称本乡无业。漫作由绪,方便觅住。此并甘、凉、瓜、肃百姓共逃人相知。诈称有苗,还作住计。若不牒上括户采访使知,即虑逃人诉端不息。

上引牒文中所见"明敕"中有关"给复"及"官贷种子"的条文,应是李峤建议中所谓"恩德"的具体化。不同于牒文中所记过去招徕逃户的规定,而更有优待。又,前考武周括户始于圣历二年,但直至圣历四年后，仍在继续进行，表明其中固因地主阶级为保持"类若僮仆"的剥削对象而采取"眩诱"手法外，还因逃人本身未必相信这种"恩德"而回归一无所有的旧贯。敦煌县上给括户采访使的牒文，固然是想把本县逃往甘、凉、瓜、肃的浮逃户，重新括回本县，以增加本县人口，但也反映了武周括户所得浮逃户，不是无条件地允许就地落籍，若被认为本乡"有业"，即令迁回旧贯。而甲种写本《燕子赋》中的燕子夫妇，离乡背井，逃亡在外，且已小有家业，自不愿回归旧贯，就在武周括客之时，依然不肯自首。雀儿正是抓住了这点，所以敢于"横生构架"。

雀儿恐吓燕子夫妇云：

> 终遣官人棒脊，流向儋(儋)、崖、象、白。

这应是李峤建议中所谓"限制"之法提及的"依法科罪，迁之边州"的体现。但李峤只云"边州"，未云何地。武则天于光宅元年(684)杀裴炎后，其侄裴伷先首流迁岭外，后又徙北庭。[1] 足见武周时，岭南及远在西北的北庭，均为流徙之所。但作者何以借雀儿之口，直指流徙海南之地？这里给了我们一个启示：作者是在河西走廊某地创作，因而在描写之中，为加强雀儿恐吓燕子夫妇的语气成分，故不用与河西地区较近之西、庭二州之地，而用距之最远的海南地区，作为流徙之所。

武则天采用李峤的建议，派御史到全国各地行"括客"之制，运用恩威并举的手法，仍不能阻止农民逃亡。这固然是封建剥削造成的结果，也是因为同时存在若干地区人口与土地比例失调的现象。往往愈是经济发达地区，人口愈多，平均占有土地愈少(这里丝毫没有否定愈是经济发达地区，官吏、地主愈多，从而造成土地兼并愈严重这一现实)。因而无地或少地农民流向相应地广人稀地区，本是一合理

---

① 《太平广记》卷一四七《定数二》，裴伷先条，出《纪闻》，中华书局1961年版。

现象，是有利于生产发展的。李峤建议中虽有"变通"之举，但如前所考，仍有极大限制，其建议的基调仍然是迁回原籍。直到唐玄宗开元年间，采用宇文融的建议，才有了制度的变化。

唐玄宗开元九年(721)至十二年(724)底，用宇文融的建议，在全国范围内检括逃户。当然，宇文融的"检括"还涉及"籍外剩田"以及"色役伪滥"等问题。有关宇文融"检括"之制的研究颇多，中、日两国学者都发表了不少真知灼见，此处亦不须一一列举出。这里仅引若干有关条文如后。宇文融为招诱逃户自首，规定：

> 天下所检责客户，除两州计会归本贯以外，便令所在编附。①

似乎除雍、洛二州，即旧所云"关辅之民"外，逃户皆可就地"编附"入籍，但现实却未必如此。吐鲁番出土的唐开元二十一年(733)西州都督府案卷中，有一份讯牒记载了因遗失过所，而被捉审讯的蒋化明之辩辞如下：

> 1 先是京兆府云阳县嵯峨乡人，从凉府与敦(郭?)元暕驱驮至北庭。括
> 2 客，乃即附户为金满县百姓。② (下略)

蒋化明本是"京兆之民"，何时因何故到河西之凉州，复又于何时抵北庭，讯牒中无有记载，据此简略记载，可见蒋是一无所有、为谋生而浮逃在外的浮逃户。到了北庭，遇上"括客"(玄宗开元年间，采纳宇文融的建议，在全国范围内检括逃户)。从讯牒中，亦可见此时蒋化民并没有隐瞒其旧贯是京兆云阳县，但当时一经括出，"即附户为

---

① 《通典》卷七《食货七》，历代盛衰户口门，中华书局1985年版。
② 唐长孺主编：《吐鲁番出土文书》册9，文物出版社1990年版，第61—62页。

金满县百姓。"最后经审讯，查实蒋化明所说是实，遂令其雇主领回，并未因旧贯是京兆而令其回归本贯。这里表明了在实际"检责客户"的过程中，主要目的在于让浮逃户重新编附入籍，而不再强调"关辅之民"必须迁回旧贯。这一点在乙种写本《燕子赋》中也得到了证实。

宇文融的建议中，对经检括而编附入籍的"客户"，还给予优遇：

> 其新附客户，则免其六年赋调，但轻税入官。①

表明逃户一旦检括入籍后，可免除六年租调，在此期间仅交纳一笔轻税：

> 每丁量税一千五百钱。②

这就在一定时间内，造成了户籍上两种不同待遇的居民，一是土住，承担全部封建赋役剥削的"课户"，一是新经检出入籍、六年内但纳"轻税"的"客户"。这一点同样在乙种写本《燕子赋》中得到了证实。

在乙种写本《燕子赋》中，开端有一五言诗云：

> 此歌身自合，天下更无过。
> 雀儿和燕子，合作开元歌。

表明作者将此写本之时代，置于开元年间无疑。文中雀儿恐吓燕子夫妇语云：

> 不由君事觜（嘴）头，问君行坐处，元本住何州？宅家今括客，特敕捉浮逃。黠儿别设诮，转急且抽头。

---

① 《旧唐书》卷一〇五《宇文融传》。
② 《旧唐书》卷四八《食货志》。

按"宅家"据唐李匡乂云：

> 盖以至尊以天下为宅，四海为家，不敢斥呼，故曰宅家，亦犹陛下之意。至公主已下，则加子字，亦犹帝子也。①

这里雀儿所云，据前考，当是指开元年间，玄宗采纳宇文融的建议，在全国范围内，推行"括客"之事。

两种写本《燕子赋》中，雀儿恐吓燕子，均用"括客"。但在甲种写本中，不见燕子有任何论理之处，而在乙种写本中，却有较多的文笔，用于描写燕子论理之处，当雀儿口发恐吓之言后，燕子居然敢于"拍手笑"云：

> 不由事君(君事)落荒(谎)，大宅居山所，此乃是吾庄。本贯属京兆，生缘在帝乡。但知还他窟，野语不相当。纵使无籍贯，终是不关君。我得永年福(复)，到处即安身。此言并是实，天下亦知闻。是君不信语，乞问读书人。

在这里燕子敢于不惧雀儿恐吓，自报本是京兆贯属，而称逃住之地为"此乃是吾庄"，并还敢于斥责雀儿恐吓之言是"野语"，与"括客"之制的变化有关。李峤建议中，对"关辅之民"的逃户是否必定迁回原籍贯，虽有"变通"，但却是有限制。宇文融的建议原则上虽有限制的条文，而在实际执行中，只要"所在编附"，就地落籍即可。前引有关蒋化明的讯牒记载以及此处燕子云"到处即安身"，都表明了这一点。燕子所云"我得永年福"之"福"字如不误，当然可以理解为指下句"到处即安身"而言。但根据前引宇文融对新括附客户的优遇，

---

① 参见李匡乂：《资暇集》，《说郛》卷五八，中国书店 1986 年版；程毅中：《古小说简目》资暇条，中华书局 1981 年版；又《资治通鉴》卷二六二，唐昭宗光化三年条，记宦官刘季述、王仲先谋废昭宗，以兵入内，皇后云："军容勿惊宅家。"中华书局 1956 年版标点本。

则此处之"福",应是"复"之误。《唐会要》卷八四《移户门》记:

> 开元十六年十月敕,诸州客户,有情愿属缘边州府者,至彼给良沃田安置,仍给永年优复。宜令所司,即与所管客户州计会,召取情愿者,随其所乐,具数奏闻。

这里所讲,是指已经施行"括客"之后,已附籍之"客户"有愿迁徙边州的,除到后给与土地外,还"仍给永年优复",从而表明,燕子所云"永年福"应是"永年优复"。而这就是指宇文融允许新括附的"客户"在六年之内"但轻税入官"。较之前引《武周长安三年典阴永牒》中所云圣历年间括户,定"逃人括还,无问户等高下,给复二年",可谓"永年优复"了。

在甲种写本《燕子赋》中,当凤凰判处雀儿夺宅有罪时,雀儿诡称:

> 交被老乌趁急,走不择险,逢孔即入,暂投燕舍,勉(免)被拘执。实缘避难,事有急疾,亦非强夺,愿王体悉。

凤凰斥之云:

> 既称避难,何得恐赫(吓),仍更踬打,使令坠翮,国有常刑,合笞决一百。

而雀儿却提出:

> 今欲据法科绳,实即不敢咋呀,见有上柱国勋,请与收赎罪价。

按唐律中,本有"议"、"请"、"减"、"赎"诸章的封建特权法规。①

---

① 《唐律疏议》卷一《名例一》,中华书局 1985 年版,刘俊文校点本。

凡文、武职事、散官以及卫官、勋官，皆按品级享有特权。所谓"赎章"，即指凡属于"议"、"请"、"减"范围内，以及九品以上官，并及七品以上官的祖父母、父母、妻、子、孙，犯流罪以下的，允许以铜赎罪。雀儿身为上柱国，其品级为"视正二品"，① 当享有"赎"之特权。然按唐律，笞刑有五等，由笞一十至笞五十；而杖刑亦有五等，由杖六十至杖一百。② 故以笞刑计，不得"决一百"。若以"决一百"计，则已入杖刑。《燕子赋》本是民间文学作品，虽然反映了当时制度，但又未必精确，全如法律条文，亦不足为怪。且据下文所云"阿莽次第，五下乃是调子"，知非"决一百"。而在乙种写本中，此段描写则全部删去，作了迥异的改写，但称雀儿云：

> 判付亦甘从，王遣还他窟，乞请且通容。雀儿是课户，岂共外人同。燕子时来往，从坐不经冬。

我们认为经过两度创作改写的雀儿，由自称是"上柱国"到自称是"课户"的变化，正反映了唐代"勋官"地位下降，以及由于宇文融括户政策的结果，造成一定时间内"课户"与"客户"赋役负担有轻重不同这一现实。

按"勋官"之制：

> 出于周、齐交战之际，本以酬战士，其后渐及朝流。阶、爵之外，更为节级。③

在唐代，勋官由武骑尉至上柱国，共十二等。《木兰诗》云：

---

① 《旧唐书》卷四二《职官志》，《新唐书》卷四六《百官志》。
② 《唐律疏议》卷一《名例一》。
③ 《旧唐书》卷四二《职官志》，第 1807 页。

策勋十二转。①

即是由最低级之"一转"武骑尉至"十二转"之上柱国。武骑尉犹为"视从七品"。② 得勋官不仅仅只是一种荣誉，并可凭藉此升迁，享受特权。故隋唐之际，人重勋官。隋朝大臣韩擒虎临终犹云：

生为上柱国，死作阎罗王，斯亦足矣。③

敦煌所出民间文学作品《韩擒虎话本》，正是以此为题材，写作"身披黄金锁甲，顶戴凤翅头毛(牟)"的"五道将军"前来见韩，称道：

夜来三更，奉天苻(符)牒下，将军合作阴司之主。④

足见人世间的上柱国之地位，可与地狱之鬼王相匹配。就在《木兰诗》中也见到如下记载：

将军百战死，壮士十年归。归来见天子，天子坐明堂。策勋十二转，赏赐百千强。可汗问所欲，木兰不用尚书郎。愿驰千里足，送儿还故乡。

"十二转"即至上柱国。既得高勋，就有可能得到高官，在最后定型于唐代的文学作品中亦得到了印证。

但是，勋官的地位，就在唐高宗初年即已开始下降，史称：

① 参见逯钦立辑校：《先秦汉魏晋南北朝诗》下册、梁诗卷二九横吹曲辞，中华书局 1982 年版。此文早经前贤考证，完成于唐代，故其所云勋官之制亦是唐代制度。
② 《旧唐书》卷四二《职官志》，《新唐书》卷四六《百官志》。
③ 《隋书》卷五二《韩擒虎传》，中华书局 1973 年版标点本，第 1341 页。
④ 《韩擒虎话本》，《敦煌变文集》上册。

自是已后，战士授勋者动盈万计。每年纳课，亦分番于兵部及本郡。当上省司，又分支诸曹。身应役使，有类僮仆。据令乃与公卿齐班，论实在于胥吏之下，盖以其猥多，又出自兵卒，所以然也。①

这里反映了勋官地位下降为社会所轻视的变化。刘仁轨在高宗显庆末年(或稍后)上表讲到：

又为征役，蒙授勋级，将为荣宠。频年征役，唯取勋官。牵挽辛苦，与白丁无别。百姓不愿征行，特由于此。②

以上均表明唐王朝本以勋官授与立战功者，以激励士兵为其效力。但因战事频繁，授勋亦多，反而因此不能得到真正的"荣宠"。而且正因战事频繁，勋官往往首当其冲被征发，甚至还要身当"牵挽辛苦"之役。即令作为勋官，按制番上兵部，亦是"身应役使，有类僮仆"。故其品秩虽高，如上柱国为视正二品，相当于文散官之特进，武散官之辅国大将军，职事官之尚书令，而"论实在于胥吏之下"。所以雀儿虽得勋官上柱国，但仍不免只是一个交租纳役的课户。

当然，这种转变也要经历一个过程。上表称云勋官地位下降的刘仁轨，在高宗咸亨五年(674)以战功进爵为公：

并子、侄三人，并授上柱国。州党荣之，号其所居为乐城乡三柱里。③

① 《旧唐书》卷四二《职官志》，第 1808 页。
② 《旧唐书》卷八四《刘仁轨传》，第 2793 页。《新唐书》卷一〇八《刘仁轨传》。
③ 《旧唐书》卷八四《刘仁轨传》，第 2795 页。《新唐书》卷一〇八《刘仁轨传》。

此亦可见上柱国勋官尚有相当之虚名，为时人所重。但整个勋官地位下降的趋势，则是不可避免的，正如史书所云：

> 近日征行，虚有赏格，而无其事……赏绝不行，勋乃淹滞。①

此虽高宗仪凤年间魏元忠上封事，言命将用兵之工拙，但亦可见当时勋官地位之下降趋势。因而在敦煌、吐鲁番两地出土唐代户籍中，没有一户勋官是按制授足田地的。如按唐制，上柱国应授勋田三十顷，但《燕子赋》中的雀儿似乎还无一完好房宅。所以"见他宅舍鲜净，便即兀自占着"，"妇儿男女，共为欢乐"。当然雀儿是欺燕子夫妇为一浮逃户，同时也是仗着自己是上柱国，故"头脑峻削，倚街傍巷，为强凌弱"。当鹡鸰鸟将雀儿捉拿归案之际，"雀儿怕怖，悚惧恐惶。浑家大小，亦总惊忙，遂出跪拜鹡鸰，唤作大郎二郎。"在胥吏面前，亦自"类于僮仆"。只是待凤凰判处责罚时，才提出以己之上柱国勋，"请与收赎罪价。"

历经武周至唐玄宗世，勋官地位愈遭轻视。至于勋官是否仍然享有"赎章"特权，史无记载。在敦煌所出《唐天宝三载（744）写本妙法莲华经度量天地品》题记中有如下记载：

> 天宝三载九月十七日，玉门行人在此襟（禁），经二十日有余，于狱写了。有人受持读诵，楚客除罪万万劫记之。同襟（禁）人马希晏，其人是河东郡桑泉县上柱国。樊（楚）客记。②

---

① 《旧唐书》卷九二《魏元忠传》，第2949页。《新唐书》卷一二二《魏元忠传》。
② 参见许国霖：《敦煌石室写经题记与敦煌杂录》，商务印书馆1937年版。

由此可见，该经品为一禁囚之玉门行人在狱中为求神灵庇佑，消除灾难，发愿而写。正如同雀儿在狱中发愿写《多心经》一样。据记，知同时遭监禁者为一上柱国，此亦可见勋官地位之下降。作为乙种写本《燕子赋》的创作者，既忠实于原作的主题与创作手法，同时又忠实于时代制度与人们观念的变化，从而由勋官上柱国改写作"课户"，不同于纳轻税的"客户"，以求得凤凰的"通容"。

《燕子赋》无疑是优秀的民间文学作品，其文学价值已得学者的高度评价。① 本文主要在于吸取中日学者对李峤及宇文融关于处置逃户政策的研究成果，针对两种写本的差异，考出其变化缘故，进而指出两种写本之《燕子赋》，是经两度创作改写。甲种写本应作于武周圣历元年"括客"之后，乙种写本应作于唐玄宗开元年间"括客"之后，反映了唐代对浮逃户处置变化的历史过程及有关问题。

（原载唐长孺主编《敦煌吐鲁番文书初探二编》，武汉大学出版社1990年版）

---

① 参见张振离：《从"燕子赋"看民间文艺》，周绍良、白化文编：《敦煌变文论文录》下册，上海古籍出版社1982年版。

敦煌所出《索铁子牒》中所见归义军曹氏时期的"观子户"

1976 年秋，笔者在沪整理吐鲁番出土文书，暇时至上海市博物馆"寻宝"，见到该馆藏有若干敦煌、吐鲁番出土文书，且多数较为完整、清晰。其中编号为上博 8958/2 号的文书，即为《索铁子牒》。时馆方尚未定名、断代。询及该牒来源，亦无记载。承馆方支持，不仅得以抄录全文，并得反复揣摩纸质、笔迹、墨色。凭籍整理吐鲁番出土文书之经验，判断其并非近代以来之伪作。且近世伪作，多为佛经典籍之类片断，或为真迹残片而假作年款题记。而此牒内容涉及之制度、术语，亦非近世作伪者所能杜撰。1987 年 8 月，笔者与唐耕耦同志同赴上博，得汪庆正副馆长支持，又得见此牒，二人共同探讨释文，所得收益不少。今见唐耕耦、陆宏基二位所编《敦煌社会经济文献真迹释录》第 2 辑收有此牒，故始重整昔日札记，撰文以申拙见，了却多年心愿。

唐、陆二位所编《释录》二辑所收此铁子牒，[1] 释文与笔者录文手稿释文，尚有数处相异，且断句也因各自对牒文理解之不同，亦有差异。为便于研究牒文书式以供断代之用，照录全文于后，并注明二者释文之不同，

　　1 右鐵（铁）子其前头父母口分、舍宅、地水，三人停

---

[1]　参见唐耕耦、陆宏基：《敦煌社会经济文献真迹释录》第 2 辑，全国图书馆文献缩微复制中心 1990 年版，第 319 页。为便于引用，皆简称《释录》，又全书 5 辑，出版年份不一，为省笔墨，凡本文于后引用该书，皆不再作版本注。

2 冤(唐释文作"免")及弟铁子，又索定子男富昌，共计参分

3 下更无贰，三把分数如行。又后索定子于

4 债，贫不经巡，日夜婢(被)债主行逼，寸步

5 计思量，裴(被)迻(逆)世界，偷取押衙王善信马

6 定子投(唐释文作"头")取甘州去，捉不得，其子父及男

7 劳，合家官收，充为观子户。其房兄弟

8 铁子贰人分内，并(唐释文作"再")劫地壹分及舍分并物
再卖却

9 富昌意安宅，官劫得，空科(唐释作"料"，应作"科")户
役，无处

10 伏望

11 太保阿郎鸿造照察(唐释文于"冤"字右侧注"(免)"字)贫
儿索铁子日夜安　　　(唐释文"安"下不缺)

12 伏请期(唐录文作"明")凭载(唐释文直改为"裁"，应是)
下处分

13 牒件状如前谨牒

14 二月　日　平康乡百姓索铁子□

又，行14后唐录文尚有"安自承支"一句，因与牒文无涉，故笔者不录。至于断句处的差异，出于各自对牒文文意理解之不同，但恐所注太多，今仅就个人理解录出于上。

本件下部分多行有缺文，据原件所显示之残缺情况，应是一次将牒文行1至行11及行14下端剪去所造成，但据前后文字，尚可推断出其大意，无碍于大体。由于本件无纪年干支记载，唐耕耦同志将该件定名为《年代不明平康乡索铁子牒及判》，并在录文后注云：

本件当属归义军统治时期。

310

这个断代是非常有见地的。但归义军时期经过张、曹两家的统治，其间还有索、李两家的短暂统治。如能进一步通过对牒文书式、用语的比对，从而判断出较为接近的具体时期，并进一步探讨牒文内容所反映的特点，则是拙文的目的了。

平康乡本敦煌县属下一乡，索铁子为该乡"百姓"，亦即唐律下之"良人"。作出牒文目的，是呈上于当时当地的最高官员。首述其父母遗留下的"口分"（土地）、"舍宅"、"田水"（此处是指该户所享有灌溉渠水之份额，当另文专考之），业由其兄索定子、兄子富昌及其本人 3 人平分完毕。后其兄定子因欠债，被债主追逼，无法生存，遂偷盗王押衙马匹，逃往甘州。沙州地方官吏因"捉不得"，遂罪及其子，将富昌全家"官收"，罚充"观子户"，所有房、地产及物品，均全部没收，致使富昌无处容身，官府将其房舍没收后，复又"卖却"。富昌身陷"观子户"，家产全被没收，但官府仍然要"空科户役"。铁子只得代富昌向"太保阿郎"这位地方最高长官申诉，希望他体察贫儿困境，"载（裁）下处分"。或许此牒本是底稿，故不见有判辞。

首先从牒文书式所见，其第 10 行至 12 行行文用语，未曾见于敦煌出土吐蕃占领沙州前后的众多牒文及现已掌握的全部吐蕃出土文书中。上述时期的牒文，在叙述事由毕后，例书：

1……谨牒（或作"谨录状上"、"请处分"等）。
2　牒件状如前谨牒
3　年　月　日　×××谨牒

而《索铁子牒》于上所拟牒文书式第 1 与行 2 之间，复又增加 3 行，除了陈情之外，特别要署明地方最高长官之最高衔名，并加上"阿郎"这个唐代所习用的"主人"之代称，① 同时还要加上几句恳请之辞。

---

① 蒋礼鸿：《敦煌变文字义通释》（第 4 次增订本），上海古籍出版社 1988 年版，第 12 页。

这样变化，最早见于张议潮于咸通八年（867）入朝前的两处牒文中。

为了表明这种变化的发生及趋势，并为判断《索铁子牒》的时代归属，谨列表如下：

序号	文书号	文书时代及定名	牒文书写特点	引文出处
1	P2222b	唐咸通六年（865）正月敦煌乡张祗三请地状	……伏望」将军仁明监照矜赐上件地乞垂处分」	《释录》二辑
2	S3788	戊戌年（878）洪润乡百姓令狐安定请地状	……伏望司空」照察贫下乞公验伏请处分」	同前
3	P3281（1）	唐咸通八年（867）至大顺元年（890）二月间押衙马通达（稿）	……伏望」大夫详察……伏请处分」	《释录》四辑
4	P3281（2）	同前	伏望」大夫仁慈哀察……伏请处分」	同前
5	P3281（3）	同前	……伏望」大夫仁恩裁下伏请处分」	同前
6	罗振玉旧藏	唐大顺元年（890）正月百姓索吜儿等请地状	……伏望」尚书照察……伏请处分	《释录》二辑
7	P3711	唐大顺四年（893）正月瓜州营田使武君安牒	伏乞」大夫阿郎仁明详察……」望在……伏请判命处分」	同前
8	P3725（2）	唐大顺四年（893）康汉君牒	……伏望大夫仁恩详察无辜……乞赐文凭……请处分」	《释录》四辑①

① 本件无纪年，但夹书于《唐大顺二年正月普光寺尼定忍等牒》行12至行17间；又见汉君牒内称呈上于"大夫阿郎"。据荣新江研究，归义军时期唯索勋于大顺四年（893）称"大夫"。且序号为7的《唐大顺四年武安君牒》亦称呈上"大夫阿郎"，故将汉君牒置于安君牒后。

312

序号	文书号	文书时代及定名	牒文书写特点	引文出处
9	P2825	唐景福二年(891)九月卢忠达状	……伏望┃常侍仁恩照察乞赐公凭伏请┃处分┃	《释录》二辑
10	P3155b	唐光化三年(900)神沙乡百姓令狐贤威牒	……昨蒙┃仆射阿郎……伏乞┃……伏请公凭裁下 处分┃	同前
11	P3324b	唐天复四年(904)随身官刘善通牒	……伏乞┃司空阿郎仁恩照察 伏请公凭裁下处分┃	同前
12	P4974	唐天复某年(901—904?)神力牒	……伏望┃司空仁恩照察伏请裁下处分┃	同前
13	P4368	丙申年(936)正月武达儿状	……伏乞┃司空阿郎仁恩照察……伏听公凭裁下处分┃	《释录》四辑
14	P4040	后唐清泰三年(936)洪润乡百姓辛章午牒	……伏望┃司空仁造……伏请处分┃	《释录》二辑
15	P3257(1)	后晋开运二年(945)寡妇阿龙牒	……伏乞┃司徒阿郎仁慈照……伏听公凭裁判处分┃	同前
16	P4084	后周广顺二年(952)三月平康乡百姓郭憨子牒	……伏乞┃台慈照见苍生……特申如凭由伏请裁下处分┃	同前
17	P3501b(2)	后周显德五年(958)押衙安员进牒(稿)(1)	……伏乞┃台慈特赐凭由……伏请┃处分┃	同前
18	P3501b(3)	后周显德五年(958)押衙安员进牒(稿)(3)	令公鸿造特赐判印伏听凭由裁下处分┃	同前
19	P3501b(4)	后周显德五年(958)押衙安员进牒(稿)(4)	……伏乞令公鸿造惠照……伏请判验裁下处分┃	同前

序号	文书号	文书时代及定名	牒文书写特点	引文出处
20	P3501b(5)	后周显德五年(958)四月平康乡百姓莱幸深牒	……伏乞令公鸿造……伏请处分」	同前
21	P3501b(6)	后周显德五年(958)四月莫高乡百姓王员定等牒(稿)	……伏乞令公鸿造高悬志镜鉴照贫流特赐判凭伏请」处分……	同前
22	P3556	后周显德六年(959)十二月押衙曹保升牒	……伏望」令公恩造哀见贫乏……伏请处分」	同前
23	P4525	辛巳年(981)八月都头吕富定牒	……伏乞」太傅恩慈特赐」公凭专请处分」	《释录》三辑
24	P3186(1)	宋雍熙二年(985)六月某甲牒(稿)	……切望」大王处分……	《释录》二辑
25	P3186(2)	宋雍熙二年(985)六月慈惠乡百姓厶甲牒	……伏望大王高悬惠镜照察贫……特乞仁钧专侯处分」	同前
26	S4489b	宋雍熙二年(985)六月慈惠乡百姓张再通牒(稿)	……伏乞」仁恩特赐判裁下处分	同前
27	P3578	宋雍熙五年(988)十一月神沙乡百姓吴保住牒	……伏望」大王阿郎高悬宝镜鉴照苍生……伏乞」仁恩特赐判凭裁下处分」	同前
28	P3935	丁酉年(997)洪池乡百姓高黑头状(稿)	伏乞大王鸿慈特赐判印专侯处分」	同前

上表所列 28 件牒文，都是个人呈上之牒，由于作牒时代不同，更由于还有一些是书稿之故，与正式呈上牒文书式亦略有不同，但最基本

之特点，从已录出牒文书式的内容特征中，仍可看出是相符的。或许还有遗漏，或因过残未录者，但仅就上所列，仍可看出这一时期牒文的共同特点。

值得注意的是，这种呈上地方最高长官的牒文书式，在 P. 3753《唐大顺二年（891）正月普光寺尼定忍等牒》及 P. 3100《唐景福二年（893）徒众供英等牒》中，均可看到类同记载。尼定忍牒作：

> 11……都僧统和尚高悬朗镜，俯照两颗……
> ……伏请详赐处分……①

《徒众供英牒》类同于此，但作：

> 都僧统和尚仁明照察。

从而表明归义军时期这种牒文书式，同样通行于僧俗两途。

此外还必须指出，这一时期的牒文书式，依然还有遵照唐之旧制。甚或在同一年中，居然有此两种书式牒文的共同存在。与上表所列序号为 16、17、18、19 的牒文（后周显德五年牒）同年的《显德五年二月洪范大师牒》中，② 并无前表所列 28 件中的特点。另外，也要注意的是，凡下级呈报上级涉及公事之牒，亦依唐制，无此特点。如上表所列序号为 15 的后晋开运二年寡妇阿龙牒，《释录》二辑定名为《后晋开运二年（945）十二月河西归义军左马步都押衙王文通牒及有关文书》，实为一案卷，由数纸接成。第一牒，即阿龙牒，牒文后为判付王文通调查并上报结果之辞，并于判辞后有那位"司徒阿郎"之花押。紧接阿龙牒后数纸中，编号为（二）的一纸与编号为（三）的一纸，均为王文通对有关当事人的调查，而由王文通如实呈报。末云：

---

① 《释录》4 辑。
② 《释录》3 辑。

……——分析如前，谨录状上。

牒件状如前谨牒。

开运二年十二月 日左马步都押衙王文通牒

其后尚有判辞及花押，其花押同于阿龙牒后花押，但较之更为清晰，作"是"。

如所周知，此时统治沙州的是曹元忠，友人荣新江君的研究指出，据王文通牒知元忠时已称司徒。① 而阿龙牒上"司徒阿郎"，故由这位"司徒阿郎"判付王文通调查上报，并据报作判的二处花押，亦应是曹元忠所为。但牒文花押颇难辨识，若将此字分解为上、下两部，"心"字草书可写作"、"、"～"、"w"，"中"字作"中"，应可判断此为曹元忠所作之花押。唐韦陟"令侍婢作主尺牍……陟唯署名。尝自谓所书陟字，如五朵云，当时人多仿效。谓之郇公五云体。"②此乃韦陟个人所为。

但在敦煌吐鲁番出土文书中，官员花押例难辨识，未必如前云争效"五云体"，实为"改真从草，取其便于书记，难于模仿……此押字之初，疑自韦陟始也"。③ 故谓之"花押"，实指押署若花之纷飞之势，难于模仿。这种判辞后所作花押也出现于上表所列序号为 7 的《唐大顺四年（893）正月瓜州营田使武安君牒》中。当时正是索勋夺取张承奉的大权，主掌归义军节度使时期，而是牒上呈"大夫阿郎"，应指索勋。故《释录》释该处花押为"勋"无误。

若细审上所列 28 件牒文中，不难看出个人（无论其身份为百姓或为官吏）所申诉之事由，大量皆属诸种土地、财产等之民事纠纷以及赋役征收的问题。在吐鲁番出土唐代牒件及敦煌陷于吐蕃统治前唐

---

① 参见荣新江：《沙州归义军历任节度使称号研究》，载《敦煌吐鲁番研究论文集》，汉语大词典出版社 1990 年版。

② 唐段成式撰、方南生点校：《酉阳杂俎》续集支诺皋下，中华书局 1981 年版，第 227 页。

③ 高承撰、李果订：《事物纪原》卷二花押条，丛书集成本。

代类同牒件，皆上呈县令，即行处理。何以在张议潮掌归义军时期开始，即已改为呈报地方最高军政长官来处理，并由之作出批示，责令下级调查，最后根据调查，作出判辞。或许虽规定呈报地方最高长官，但因其事烦，例由僚佐处理。但最后必由其作花押。犹之如前引韦陟："每令侍婢主尺牍，往来覆章，未尝自札，授意而已……陟唯署名。"这种从由县令处理改为呈报节使的变化，无疑是值得研究的。但这已不属本文研究的范围，应是研究归义军时期权力机构的运作与唐制的同异问题了。

《索铁子牒》既无纪年，究属何时期？牒文内容所反映的"观子户"说明什么问题？将是笔者于后想要解决的问题。

按该牒的书式，与前所列 28 件之牒文书式特点基本形态相符。然前所列序号 1 之牒文，为唐咸通六年牒，时张议潮尚未入朝长安。但该牒文书式与此后牒文书式相比，反映了它的完整与成熟，并一直为索、曹两家统治时期所承袭。故从牒文书式比较而言，《索铁子牒》当属归义军时期应是无疑的了。前录《索铁子牒》行 11 云：

呈上太保阿郎鸿造照察

我们从前表所列 28 件牒文内容特点栏中，见到用"鸿造"二等者，为：

18 后周显德五年安员进牒"令公鸿造"
19 后周显德五年安员进牒"令公鸿造"
20 后周显德五年莱幸深牒"令公鸿造"
21 后周显德五年王员定牒"令公鸿造"

此四件皆为书稿，前三件粘接为一卷，均有纪年，根据文献及敦煌文书，可知是曹元忠统治时期。而"鸿造"二字，并未出现在其他 24 件中，据此，似可将《索铁子牒》断为曹元忠统治时期。

在《索铁子牒》中，我们还看到有"世界"一辞，同样出现于

P. 2155 背《弟归义军节度使曹元忠致甘州回鹘可汗状》中，因回鹘统治的甘、肃二州人劫掠沙、瓜二州人口、牲畜，故致状回鹘可汗，提出：

> 有此恶弱之人，不要两地世界，到日伏希兄可汗天子细与寻问，勾当发遣。①

这是为维护沙州安全的大事，故不得不提出对入侵劫掠者应"勾当发遣"，而不是索定子偷取匹马逃往甘州的小案。就在此牒文中，出现"世界"一辞。在敦煌吐鲁番出土文书中，除了佛经之类经典外，恐仅此两件出现"世界"二字。可能作为两件文书同出在曹元忠时期的一个薄弱的旁证，也不是没有可能的。

又，《索铁子牒》所呈"太保"老爷，据荣新江君研究称云：据上节引用的 P. 3388《开运四年(947)三月九日曹元忠疏》，元忠又从司徒进称太保。元忠的太保称号也只是昙花一现，就在开运四年年中，他又自称太傅。至迟从乾祐三年四月初，元忠重又号称太保。荣君复又指出，见于写经题记及莫高窟题记，知元忠在后周广顺元年(951)正月、四月、八月及广顺五年(955)正月，皆称太保。②

据荣新江君研究，曹氏统治时期称用"太保"者，尚有曹议金、曹元德、曹延恭、曹延禄。但结合"鸿造"及"世界"进行考察，初步判断《索铁子牒》应为元忠称"太保"时，并与前引显德五年牒相近，或在广顺五年。时正值显德二年，此时归义军节度使已不能领有甘州，曹元忠世，虽与回鹘可汗称兄道弟，但终曹氏时期，不复再能控制甘州。故此，《索铁子牒》中所云其兄逃往甘州，是为避州官吏的追捕，因此拙文断句为：

---

① 《释录》4 辑，第 402 页。
② 参见荣新江：《沙州归义军历任节度使称号研究》，《敦煌吐鲁番研究论文集》，汉语大词典出版社 1990 年版。

　　定子投取甘州去，捉不得。

是从对牒文时代背景考察而作此断句，故应属妥当。

　　如前所云，因索定子盗马后逃往甘州，沙州官府不能越界去捉，遂罪及其子。尽管早已分家，父祖之土地、"地水"、房舍、物业已作三份，由定义、索子、富昌平均分配，官府亦将定子、富昌家财全部没收，并将富昌罚充"观子户"。这种处罚，远较唐代为重，颇类五代时期的严刑酷法。

　　我们知道吐蕃占领瓜、沙等地时期，盛行"寺户制"，友人姜伯勤同志在他的力作《唐五代敦煌寺户制度》一书中，详尽而全面地研究了"寺户制"，指出"寺户"来源之一，就是吐蕃统治者"将俘囚配为寺户"，"吐蕃沿袭北朝以来以隶户、军户充当僧祇户和以罪人、官奴充当佛图户的传统，将俘囚、破落官配为寺户"，"配俘囚为寺户是为了扶植佛教，而扶植佛教是吐蕃当局为站稳脚跟而实行的对策。""敦煌寺户制度可以视为北魏僧祇户的余绪"，寺户即封建制下的农奴。① 根据这一科学论断，"观子户"也就相对于"僧祇户"了。二者的差别，仅在"观"与"僧"。后者"僧"应即指佛教寺院的代称，那么"观"又指何而言，则是笔者所要进一步探讨了。

　　相对于寺院的"观"，似应指道教的宫、观而言，在70年代中接触到《索铁子牒》后，曾主观臆断认为在吐蕃占领沙州后，提倡佛教，而对汉人信奉并得到唐政府提倡的道教采取压制政策。到张议潮逐吐蕃统治者主掌瓜、沙诸州后，遂又恢复道教，并将罪人罚充"观子户"，如吐蕃将"寺户"给予寺院的作法一样。但多年来个人并未发现归义军时期道教活动的资料，并就此事询及国内外敦煌学专家，均未获释。看来，正如姜伯勤同志所指出，在吐蕃占领沙州后，按个人职业建置部落，僧、尼均入"僧尼部落"，而"道门亲表部落"则由道士、女冠及其亲属组成。同时指出分建部落后，再未见到道教的活动。②

----

① 　参见姜伯勤：《唐五代敦煌寺户制度》，中华书局1987年5月版。
② 　参见姜伯勤：《沙州道门亲表部落释证》，《敦煌研究》1986年第3期。

大约此后，乃至归义军统治时期，道教作为一个组织不复存在，因而道教宫、观以及道教经典亦不再出现。由此可知，《索铁子牒》中所云"观子户"的"观"，必另有所指。

如所周知，古代的"观"之所指，并非是道教庙宇的专称，早在道教出现之前，即有"观"。《礼记》礼运篇记孔子"出游于观之上"，郑玄注云"观，阙也"。孔颖达疏云"《正义》曰《尔雅》释宫云观谓之阙"①，又"观"亦指"台榭"之类建筑。《左传》哀公元年条有"宫室不观"句，杜预注"观，台榭也"，又"有台榭陂池"句，杜预注云"积土为高曰台，有木曰榭"，② 故此台榭需要洒扫之类杂役。富昌因受其父牵累，被罚充"观子户"，应属执役之人。

但呈牒人署名"平康乡百姓索铁子"，百姓如前所云，指一般"良人"。当因出于叔侄关系，故铁子同情富昌的遭遇。富昌既已被罚充当观子户，家中动产与不动产均已没收发卖，连安身之房舍亦无，尚要被官府"空科户役"，故"贫儿"索铁子为其侄富昌向"太保阿郎"申诉，乞请"太保阿郎鸿造照察"，给予"处分"。这里所谓"处分"，当应指发还富昌房舍，并免去其"户役"。

作为吐蕃占领敦煌时期的"寺户"，他们只向所隶属寺院交租纳役。唐代所给宫、观的"洒扫户"，亦不再承担国家赋役。但《索铁子牒》中，铁子称富昌财产已没收，并被出卖，而官府尚要"空科户役"，其意是指被罪充"观子户"的富昌本不该再"科户役"，亦或是此时虽应"科户役"，但富昌既无财产，而不应再征收。只因地方官吏贪暴，所以尽管富昌既已充"观子户"，且已一无所有，依然征收。限于有关材料缺乏及牒文又有残缺之故，更由于笔者对牒文本身的理解过于浅薄，尚恐难于作出较为合理的结论。

在漫长的中国封建社会中，一种前代落后的身份制度虽然走向消逝，但类同的另一种名称的卑贱身份往往又会出现，如由"寺户"的消逝，到"观子户"的出现。然而时代的发展趋势，毕竟要荡涤这种

---

① 参见《十三经注疏》，中华书局 1983 年版。
② 参见《十三经注疏》，中华书局 1983 年版。

当时也是一种最不合理的身份制。时代毕竟不会重演,盛行一时的"寺户制",到了此时已趋消逝。而"观子户"在目前所见众多的归义军时期文书中,也仅仅只见于曹元忠时期的《索铁子牒》中,从而也更使我们倍感此牒史料价值的珍贵。

(原载《武汉大学学报》1993 年第 6 期)

敦煌所出《万子、胡子田园图》考

敦煌藏经洞所发现的众多文书中，就文书分类而言，仅只一见，且最令人费解之一的文书，无疑是编号为 P. 3121 号文书。最早收录于刘复《敦煌掇琐》中，[1] 商务印书馆编《敦煌遗书总目索引》将其定名为《某寺庙图》，同时于后加括号，注明该件"背面文字有三界寺字样"。[2] 细察该文书所示，实是一件绘制并加字注明为万子、胡子二人之园、园场、圈、厅、门、道、河之图，中间并无一处涉及寺院，大约是因该背部注有"三界寺"之故，因之失于考察，贸然定名为《某寺庙图》。

80 年代初，见到日本池田温教授在其《中国古代籍帐研究》之录文部分，发表了该件的临摹图形，并作断代，定名为《年次未详（9 世纪后期至 10 世纪）沙州□万子、胡子宅舍田园图》。池田教授的定名，准确地反映了该件文书的内涵，并作了文书的断代。池田教授断为 9 世纪到 10 世纪初，应是归义军曹氏时期的制作，所惜池田教授未注明其断代的依据何在。池田教授还指出：刘复最先在《敦煌掇琐》刊布此件文书，同时还将本件背面的三行文字，全部录文发表。[3] 此后，中国学者唐耕耦、陆宏基二先生在《敦煌社会经济文献真迹释录》（二）中，除了采用池田教授之断代、定名、刊布临摹图之外，并

---

① 刘复：《敦煌掇琐》（中）四七。

② 参见商务印书馆编：《敦煌遗书总目索引·伯希和劫经录》，商务印书馆 1962 年。

③ 池田温：《中国古代籍帐研究》，日本东京大学东洋文化研究所 1979 年版。

附上了原件照片。①

但多年来，尚不见中外学人著文研究。促使笔者研究该件文书，是日本京都大学文学部的金田章裕教授的提示。金田教授等日本学者，在研究日本古文书及古代庄园图过程中，通过对日本天平（日本圣武天皇年号）以来的古代庄园田图的研究，得出日本古代实行"条里平面图制"的结论。

金田教授就日本天平年间以来古田图，结合对日本古代法律的研究，指出：在条里平面图形成前，最早以图的形式表示土地占有的是天平七年（735）弘福寺领赞岐国山田郡田图，而最早以条里称呼表示土地占有状况的是天平十五年（743）弘福寺山背（城）国久世郡田图。而在赞岐国，从天平胜宝（孝谦天皇年号）九年（757）至天平宝字（淳仁天皇继用孝谦天皇年号）七年（763），是"条里称呼法"形成完备时期。

这种"条里平面图制"的出现原因，金田教授指出，与当时律令中土地政策的大变动有关。养老（日本元正天皇年号）七年（723）颁布三世一身法，天平十五年（743）颁布垦田永年私财法，肯定了土地的私有，随之而来的是垦田数的激增。但随着国家对私田之承认和私田数的激增，在校田、班田时，必须对私田和口分田、乘田加以严格区别，像以前那样在每份土地后加注四至，工作量是相当大而且繁琐的。条里称呼法正是适应这一形势而产生的极为有效而规范的田地称呼法。②

很显然，金田教授认为在日本实行类似于唐代"均田制"的"班田制"，有关土地记录方式，亦如唐之"四至"记载方式。这在敦煌吐鲁番出土文书中，有关手实、户籍、"均田"的文书中，皆可见到。但由于日本私有土地的激增，国家的承认，并为了严格加以区别，故而出现了绘制"田图"的、即被定名为"条里平面图制"的制度。根据保

---

① 参见唐耕耦、陆宏基：《敦煌社会经济文献真迹释录》（二），全国图书馆文献缩微复制中心 1990 年版。以下凡涉及此书，均简称《释录》。

② 金田章裕：《古代日本的景观》第一章，吉川弘文馆 1993 年版。

存的古庄园图，日本影印出版了不少图录，围绕这些图录，作了不少研究。①

在 7 世纪中，日本孝德天皇实行"大化革新"，学习并引进唐代的制度。故日本学者在见到 P. 3121 号文书后，认为可能中国早已有用于确定私有土地的"田图"，日本的"条里平面图制"可能是受到中国的影响。通过日本京都大学文学部砺波护教授的介绍，金田教授向我提出这个问题，并寄赠许多日本古庄园图录及包括金田教授在内的日本学者的研究成果，从而促使笔者开始对该件文书作认真考察，并利用有关文献，希望藉此探索有关中国从"四至"记载到"绘作田图"的历史演化过程。

现将 P. 3121 号文书绘录于下：

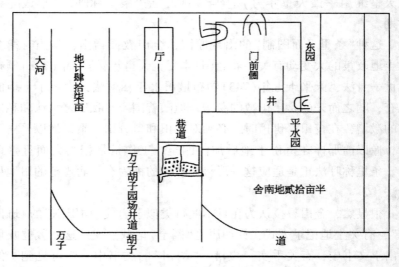

万子、胡子田园图

①　参见金田章裕、石上英一、镰田元一、荣原永远男编：《日本古代庄园图》，东京大学出版社 1996 年版。

今按上图所示，显系一幅绘制的长方形田园图。图中文字部分，有关该田园的主人，三处皆记"万子、胡子"，可推知为兄弟两人，万子名在前，故可能为兄。但并未书明姓氏，这一点很重要，涉及到此图出自何方之手笔及目的(后面将要论及)。而全图所示，并未见有"宅"的绘出。但在图中标明"门前圈"的长方形的上方(略偏西)绘有一门形图，其下标明"门前圈"三字，证明此处即门，"圈"即"圈"。《说文》云："养畜之闲也。"段玉裁注云："养牛马圈也。"①故应是夜间栏养家畜之用。敦煌固有养牛、马，但更多是羊群，故图中所见，此处"门前圈"面积颇大，似与下方所绘两块"平水园"、"万子、胡子园场"面积相同，故疑是为畜养羊群而设。由于惧遭夜间偷窃，故应离宅舍不远，因之图中所标明的"门前圈"疑即在宅门前。

特别是这个"门前圈"下方近东侧，绘有一小型方框，内绘一"井"字形符号。我们不知此处"井"字形符号的真实意义何在，设若贸然断定此为"井"，也不知敦煌凿井始于何时，只能推断可能是供圈养家畜饮水之处。至于其水之来源，或由灌溉渠道之水引入，或因万子兄弟地西邻"大河"，地下水位高，故易于掘井取水。

在图中所注明之"园"，一是"平水园"，从而表明这块园的主人，应是一未书姓名之"平水"所有。关于"平水"，王永兴先生早有考定，为渠道灌溉之管理人员，② 例由"前官"(西州例称"职资")充当。见图所示，此"平水园"与万子、胡子兄弟之诸块园、地之间，并无"门"及"巷道"标识，也正反映非他两人所有，故无须"门"及"巷道"相通。但在万子、胡子兄弟"门前圈"右侧，正是东部，绘有一长方形，注明"东园"，且在此处"圈"、"园"之间偏下，绘有一"门形"图。因之可推测此"东园"虽未如同其他部分注明所属，但亦应属万子、胡子兄弟所有。故于自家所有"门前圈"与自家所有之"东园"间，仍开有门，以便通行。

---

① 参见段玉裁：《说文解字注》，上海古籍出版社 1981 年版。
② 王永兴：《唐天宝敦煌差科簿研究——兼论唐代色役制和其他问题》，《敦煌吐鲁番文献研究论集》，中华书局 1982 年版。

　　另外尚有两处，皆标明"万子、胡子园场"。一在图中"门前僵"下，一在图西侧一"曲尺形"地右下侧内书"万子、胡子园场并道"。但"曲尺形"地左上方则书明"地计肆拾柒亩"，"场"、"道"及"地"之间，并未作出"分界线"，殊觉费解。但其上方，绘有一长方形地段，且该地段并未标出用途、面积。只是在这长方形地段东侧偏上，又复绘一长方形图，内标明一"厅"字，"厅"下绘有一门形图，就图形所见，其东即"门前僵"与"万子、胡子园场"，"厅"与"圈"、"园场"之前，标明"巷道"，而"巷道"下方，绘有一图，类似为此"巷道"南端之两扇门。据图所见，疑"曲尺形"地段下方所书"万子、胡子园场并道"，应指此一附带建有"厅"之长方形地段。此说如能成立，则其中之"道"，应是此"园场"与"曲尺形"地段之间的道路。

　　图中另两处，一是图中西半段所绘"曲尺形"地段，上端书"地计肆拾柒亩"，未知究属谁家，但因紧邻"万子、胡子园场并道"，并因下面将要论及"园场"之用途，故认为应属万子、胡子兄弟所有。

　　图中所见另一地段，在图之东部下端一长方形地段，其上标明"舍南地贰拾亩半"，如同前方之"曲尺形"地段，亦未书明究属何人。但"舍南"二字，无疑是指此地段位处万子、胡子宅舍之南，当属万子、胡子兄弟无疑。

　　图中所示，万子、胡子兄弟之"曲尺形"地段，左侧一条水道，上书"大河"。然敦煌诸种文书中，所见河名，仅有"东河"。① 现存敦煌所出诸种沙州之地志中，亦不见有"大河"之名。惟 P. 2005 号《沙州都督府图经残卷》中，记载沙州之诸"水"、"河"、"渠"名最多且详尽。惜卷首有残，今残存之第 2 行到 31 行，述一阙名水流径最长，且水源丰富。以此水所围造之堰，就残存部分，所见计有马圈、神农、阳开、都乡、宜秋五渠，内又记此水至沙州州城又分两支，"北流者名北府，东流者名东河"。又据该残卷第 50 行至 78 行，所

　　① 《释录》(二):《唐大顺二年正月沙州翟明明等户状》、S. 4172《宋至道元年正月沙州曹妙令等户状》。

记宜秋、孟授、阳开、甘泉、北府、三丈、阴安七渠皆为堰甘泉水所筑。① 故知此残卷之首所记阙名河水，实为"甘泉水"无疑。"甘泉水"以其流径之长、水量之丰富，以"大河"称之，应是当之无愧。

图中诸地段中，书明其用途者，有"地"、"园"、"园场"。"地"虽只两段，且书明面积，一为 47 亩，一为 20.5 亩，当是作为生产粮食（或包括油料、麻类生产）之用。作为"园"，顾名思义，作为蔬菜生产之用。唐行"均田制"，按制授田，犹有规定：

> 凡天下百姓给园宅地者，良口三人已上给一亩。②

在敦煌、吐鲁番出土的唐代户籍中，皆可见到"园宅"地的记载。但"园"不仅仅只是种菜。据《说文》云：

> 所以树果也。③

这里表明"园"除了可以种菜之外，尚可作为栽种果树之地。

又见《玉篇》云：

> 园，圃也……圃，菜园。④

但图中另两处书明为"园场"，与图中所书"东园"又有何别？据《说文》云"场"：

> 一曰治谷田也。⑤

---

① 参见《释录》（一），书目文献出版社 1986 年版。

② 《大唐六典》卷三户部郎中员外郎条，广池学园事业部本，1973 年版。

③ 参见许慎：《说文解字》口部，中华书局 1963 年版。

④ 参见（梁）顾野王：《大广益会玉篇》第二九卷口部，中华书局 1987 年版。

⑤ 《说文解字》土部。

又据《玉篇》云"场"：

> 一曰治谷处。①

这里表明"场"是供秋收后搬运至此的粮食作物脱粒、扬尘及翻晒之用。这种劳作图，在榆林窟第 25 窟北壁，属于中唐之《耕获图》及敦煌第 61 窟西壁下部，属于五代之《庄园与耕获图》中，皆可见到。②

但何以"园"、"场"合称？今检《毛诗正义》，见云：

> 九月筑场圃。

郑玄注云：

> 春夏为圃，秋冬为场……场、圃同地。物生之时，耕治之，以种菜茹，至物尽成熟，筑坚以为场。③

后汉崔寔《四民月令》云：

> 九月，治场圃，涂囷仓，修窦、窖。④

这里均表明古代农民于秋九月收获在望时，既要修理整治粮食收割后用于脱粒、扬尘之场地，也要修整盛蓄粮食的容器和仓库。往往是一地两用，即先种植季节性的蔬菜，待秋熟收获后，再整治"筑坚"，也即经平整后压实地面，供作脱粒之场所。由是之故，这类

---

① 《大广益会玉篇》卷二土部。
② 参见《敦煌》，甘肃人民出版社、江苏美术出版社 1990 年版。
③ 参见《十三经注疏》之《毛诗正义》卷八《豳风·七月》，中华书局 1980 年版。
④ 参见贾思勰著、缪启愉校释：《齐民要术》卷三杂说第三十，农业出版社 1982 年版。

地段称之为"场圃"。而在万子、胡子田图中称云"园场",实为同意。在图中,两处"园场",皆紧邻两处大面积之地段,正反映了"园场"邻近生产地段,便于搬运收割后的作物,就近脱粒,扬除尘沙。由此也可推知"东园"当是栽种果树,故不能再利用作脱粒之"场",因而有别于"园场",称云"园"。从图中所见,"东园"并不紧邻"地",亦足证非作脱粒之用。敦煌果类有桃、梨、葡萄之属,应植于此"东园"内。

"厅"(繁体作"廳"),《玉篇》云:

> 厅,客厨。①

由此可见,"厅"是区别于宅舍、用于接待宴会宾客之所。"厅"之东侧为"巷道",亦便于往来行走。

关于此图制作年代,如前所云,池田教授断定作于 9 世纪末到 10 世纪初。这段时间,在沙州地区是属于归义军曹氏统治时期,相当于中原之唐宣宗、懿宗到五代直至北宋。所惜池田教授未说明这个断代的依据,也未进一步说明这份"田园图"有何种特色。

在图中,见到两处标明为"道",一是"巷道",一是"地并道"。无须再作征引,这里的"道",也即"通道"、"路"。池田教授在其《中国古代籍帐研究》一书,考察"户籍的外形与形式"中关于"道和路",引《唐会要》及《册府元龟》所收玄宗天宝五载(746)六月十一日敕:

> 自今已后,应造籍帐及公私诸文书,所言田地四至者,改为路。

并进一步指出:

---

① (梁)顾野王《大广益会玉篇》卷二二广部。

这是玄宗崇信道教的影响及于籍帐的情形。①

玄宗崇道，这在两《唐书》、《唐会要》等文献中均可见到，在敦煌藏经洞内，也发现有玄宗御撰《道德真经疏》及在白鹤观之御注《道德经》。因此公私文书中"所有田地四至"犹言"道"，供人畜践踏，当然被崇道的玄宗认为"大不敬"。在西、沙二州出土文书中凡田地"四至"，涉及有"道"字，皆以此敕文颁布为分界线，"道"一律改为"路"。直至33年后，唐大历四年(769)，沙州敦煌县悬泉乡残籍中，尚遵循此制，于田地段亩尚用"路"而不用"道"。② 目前所见《唐大中六年十一月唐君盈申报户口田地状》、《唐大中六年十一月女户宋氏申报户口田地等状》、《唐大中六年十一月百姓杜福胜申报户口田地状》，有关土地"四至"中，皆用"道"代替旧时的"路"。③

由于敦煌藏经洞所保存的有关唐代户籍及土地"四至"记载的文书的残损，我们只知"四至"中用"路"代替"道"之制，至迟在大历四年尚在遵行。同时，至迟到大中六年，"四至"中已用"道"取代"路"，不再遵循玄宗崇敬道教的敕文。

在图中，我们还明确见到记载万子、胡子兄弟土地的记载：一段为20.5亩，一段为47亩，而且两段皆紧邻其园、圈、厅。据推测，圈北即其兄弟宅舍。在今所保存的西州、沙州之手实、户籍以及给授田、退田文书中，我们还未见到有如此现象。

在唐代的有关土地记载的文书中，我们见到一户的土地"授予"段亩，皆零星散布各方渠道灌溉系统，且面积狭小，而以西州籍中所见尤甚。这是由"均田制"下土地还授的特点所决定的。但随着土地兼并的发展，情况发生变化，前引大历四年敦煌县悬泉乡宜禾里籍中的索思礼户，有关"受田"的记载共9段，其中一段面积为1顷19亩，

---

① 参见池田温著，龚泽铣译：《中国古代籍帐研究》，中华书局1984年版。
② 《释录》(一)，《唐大历四年(769)沙州敦煌县悬泉乡宜禾里籍》。
③ 《释录》(二)。

另有五段"受田"面积在 10 亩以上,① 这是因为索本人身份为武散正六品上阶昭武校尉、从七品下阶别将、勋官正二品上柱国,其子索游鸾亦复为折冲、上柱国,有一段竟达 1 顷以上之土地,其余地段中,犹有四段,在 10 亩至 16 亩。但就本件文书中所见,就其身份而言,皆是"白丁"者。至于其他户内,一段地亩面积在 10 亩以上者,为数亦不少。足证虽然户籍中犹沿用旧制,尚称"合应受田",并有"已受"、"永业"、"口分"、"未受"诸项记载,但通过买卖等方式的兼并,大段面积的私有化,已事实上在发展中。这一点,在敦煌藏经洞中所出唐大顺二年(891)、宋雍熙二年(985)、至道元年(995)有关"受"、"请"田文书中,更可看出这种发展趋势。

今以宋至道元年"受"、"请"田文书为例,其中记载一段地面积虽有 10 亩以下者,但出现一段 50 亩以上者,为数亦远过前引唐大历四年文书:

户陈残友	一段五十七亩	户刘保定	一段六十亩
户景愿富	一段五十五亩	户董长儿	一段一顷六十五亩
户索昌子	一段七十亩	户何石住	一段一顷十亩
户高安三	一段七十五亩	户索富住	一段五十五亩
户李兴住	一段六十亩	户张富昌	一段五十五亩
户索住子	一段五十五亩②		

在这一份由两片残文书拼合为一的文书中,共残剩 13 户,就有 11 户拥有如此集中的一段大面积土地,这必然是土地兼并、集中的结果。

因此,仅就此而言,我们如果把万子、胡子家两段土地的集中成大片的现象,与之作一比较,认为均反映了到归义军曹氏时期土地兼并、集中这个过程,虽有可能是一个"偶合",但二者之间亦并非没有具有共性的可能。

---

① 《释录》(一),《唐大历四年沙州敦煌县悬泉乡宜禾里籍》,第 52 行。
② 《释录》(二),《宋至道元年正月沙州曹妙令等户状》。

池田教授的"附录"记载该件文书背部尚有三行字，其中两行记云：

  十一月七日陵司官□□王都头
  三界寺

早在1981年，已故日本京都大学藤枝晃教授来南开大学历史系讲学，笔者有幸聆听。藤枝教授指出，三界寺为吐蕃占领敦煌时所建，藏经洞所出大量写本讲经，多有押"三界寺"之印，此寺直到归义军曹氏统治时尚存（当时藤枝教授的讲学，作了课堂录音及记录，讲毕后，由部分听课者整理出，笔者亦得参预，后又经藤枝教授归国后审定）。故本件应作于"三界寺"建立之后。

  至于都头之衔名，始见于唐僖宗中和三年（883）。黄巢义军攻陷长安，僖宗逃往成都，令宦官田令孜为十军十二卫观军容制置左右神策护驾使。① 令孜"募神策新军为五十四都，离为十军……诸都又领以都将，亦曰'都头'。"②作为中国古代武官之一特色，即始置之时位高，而后逐渐降低。以"都头"而言，始为神策五十四都之将领，而到宋代打虎之武松，在阳谷县任"捕快"，亦得一"都头"之职。在本件图后所见"王都头"之衔名，也正反映了在9世纪末，或10世纪之初"都头"地位下降的这一过程。③ 从而表明这份文书制作年代，应在9世纪末"都头"之衔出现，并逐渐地位下降之后。

  以上三点的推测，若要单就某一点来作为本件文书的断代依据，均似乎不足以成立，但是综考此三点，从而考定制作于9世纪末至10世纪归义军曹氏某个时期，亦可聊备一说。

————————————

  ① 参见《新唐书》卷二〇八《田令孜传》，中华书局1975年版。
  ② 参见《新唐书》卷五〇《兵志》；又见《资治通鉴》卷二五五僖宗中和元年三月条，中华书局1956年版。
  ③ 虽然归义军官制和当时中原官制相较有其相对独立性，但其时中央官制对它的影响仍不可否认。如"押衙"一职，在唐安史之乱后大量出现，而归义军时期亦有"押衙"官职，"都头"官名在沙州出现，估计亦与受中原影响有关。

关于平面图的制作在中国始于何时,《周礼》小司徒条云:

> 乃经土地,以稽其人民,而周知其数……乃经土地,而井牧其野。①

根据该条郑玄注、贾公彦疏,均未讲到有作图之事。

又,孟子见滕文公曰:

> 夫仁政,必自经界始。经界不正,井地不均,谷禄不平。是故,暴君汙吏,必慢其经界。经界既正,分田制禄,可坐而定也。②

从郑氏注中,未见正"经界"是指作出表明土地"四至"的"平面图"。

又,汉孝文帝后元年(前164)诏云:

> 夫度田非益寡,而计民未加益。③

该条颜师古注云:

> 度谓计量之。

由此可见,汉初之"度田",亦非作出"平面图"。

在唐代,传世文献无疑远比唐以前为多,特别是敦煌吐鲁番文书的发现,引起了唐史研究的改观。唐行实行"均田制",在一般"均田民"的土地中,既有通过"均田令"授予的小块土地,同时还有旧有、继承、买卖所得土地,而土地兼并的势头与日俱增。在西、沙两州有

---

① 《十三经注疏》之《周礼注疏》卷一一。
② 《十三经注疏》之《孟子注疏》卷五上滕文公章句上。
③ 参见《汉书》卷四《文帝纪》,中华书局1962年版。

关户籍、手实、土地还授文书中，我们所见到的，依然是采用文字脚注的"四至"记载的方式。在众多公私文书中，不仅未见到土地的"平面图"，也未见到"田图"这一形式。笔者曾撰《唐"籍坊"考》一文，①曾涉及高昌县下某户在柳中县的田亩"四至"及方位记载有疑，高昌县判付柳中县"籍坊"勘查，这里不见有查据"田图"的记载，依然是据柳中县属于籍坊的段面及方位、"四至"记载核正。

这里并不表明中国古代尚不能绘制"平面图"。事实上，《周礼》记职方氏之职掌：

掌天下之图，以掌天下之地。辨其邦国、都、鄙、四夷、八蛮……之人民。②

该条郑玄注"天下之图"云：

如今司空舆地图也。

又见《史记·荆轲传》云：

（燕王）愿举国为内臣，比诸侯之列，给贡职如郡县……及献燕督亢之地图。③

清黄生考"督亢"之图云：

督亢犹言首尾，人身督脉在尾间穴，亢为咽喉，故首尾谓之督亢，言尽燕地之所至为图也。④

---

① 《武汉大学学报》1983 年第 3 期。
② 《十三经注疏》之《周礼注疏》卷三三职方氏条。
③ 参见《史记》卷八六《荆轲传》记蒙嘉言，中华书局 1959 年版。
④ 参见黄生撰、黄承志：《字诂义府合按》之《义府》卷下督亢条，中华书局 1984 年版。

又见《史记》、《汉书》之《萧何传》中，记刘邦克咸阳后，诸将争夺金宝，而萧何独先入收秦丞相御史府律令图书藏之。沛公（刘邦）具知"天下阨塞、户口多少、强弱处、民所疾苦者，以何得秦图书也。"①正因得秦之"地图"，故刘邦在楚汉相争之时，能知"天下阨塞"，故有利作战，从而表明应已有全国之"平面图"绘制技能。

但直到唐代，即令因行"均田制"，有关均田民"受田"段亩，有通过"均田令"授予之"公地"，也包括私有而名义上仍纳入"均田制"轨道中的地段，但依然采取段亩"四至"记载法，而未作出"平面图"。个中缘故，可能是手续过于复杂，可能还因为"均田制"下租调的征收还是以"丁身为本"，因此关键在于掌握人口，尤其是按制应交纳赋税及服役的那部分人口。这一点，在吐鲁番出土若干份西州高昌县的残"乡帐"及沙、西二州的残"点籍样"文书中，可以见到。② 故此，无须作出土地的"平面图"，而不是唐代尚没有手段与能力绘制出表明土地占有的段亩平面图。就是唐行"两税制"，改"丁身为本"之原则为"以资产为宗"后，亦不见有绘制"平面图"之制。

这份图是否归义军统治沙州时所创之制？就敦煌出土文书（指社会经济类）而言，归义军时期所占比重，远超过此前，尤其是归义军曹氏时期。这时期相当于五代后期到北宋初。但此图仅一见，其他所有文书中，也从未见过绘制"平面图"的痕迹。因而可以断定归义军统治时期并无此制。

由上可见此件"园地图"，只标"万子"、"胡子"二人名，连姓氏均未标出，亦不知何人为户主。这种情况，明显不符合唐、宋之制，因此，只能是私人行为的结果。而其目的可能在于表明兄弟两人共同拥有田、园、园场的数量和方位，也可能还为今后分家析财作一依据，也算聊备一说。但无论如何，直到归义军曹氏时期，尚未出现官府行为的制度，本件"田园图"仅属个别家庭的行为。

直到南宋时推行"经界法"，制"鱼鳞图"，置"砧基簿"，方始

---

① 《史记》卷五四《萧相国世家》、《汉书》卷四三九《萧何传》。
② 参见朱雷：《唐代"乡帐"与"计帐"制度研究》。

见到在南宋境内推行制作"田图"之制。南宋高宗绍兴十二年（1142），左司员外郎李椿年上言"经界"不正"十害"，议行"经界法"。高宗诏专委李椿年措置，遂设立"经界局"，由平江府（今苏州）开始，逐渐推广至两浙、诸路。有关"经界法"，前辈学者多有研究，遂成定论。其中已故华山教授与王德毅先生之专题研究，最为精当。① 而笔者不习宋史，只能老老实实吸取华、王二位先生成果，用以说明问题。

李椿年的建议与执行，无疑是古代核实土地占有状况的措施之新创举，"鱼鳞图"的措施也直接影响到明代的"鱼鳞图册"。所惜《宋史》未为之立传，其事迹散见于《宋史》诸纪传、《续资治通鉴长编》、《宋会要辑稿》、《文献通考》等书中。李椿年将土地占有的不均，归咎于"经界之不正"，他说：

　　　　仁政必自经界始……富者日益兼并，贫者日以困弱，皆由经界之不正。

这里，李椿年引用了孟子的名言，丝毫未提到南宋以前，正"经界"曾制作过反映土地占有的"平面图"。然而按中国封建社会官民在设制或著书立说，例要征引"古人所云"，从而足证绘制反映土地占有而制作"鱼鳞图"——即绘制土地占有"平面图"，是前所未有的创举。

"鱼鳞图"的制作，是以最基层的"保"为基础，将本保范围内，大则山川道路，小则人户田宅、顷亩阔狭，皆一一描图，使之东西相连，南北相照，各得其实。再合十保为一"都"之图，最后合一县所辖诸都图为县图。南宋时的"鱼鳞图"今已不可见，但从现存明代之"鱼鳞图册"，尚可窥见宋制之一斑。"经界法"的目的，在于通过"鱼鳞图"、"砧基簿"以核实土地占有状况，最终解决税收问题。

由于官吏豪绅（甚至包括薄有田产者）的反对与阻挠，在实际执

_____

① 参见华山：《宋史论集》，齐鲁书社 1982 年版，第 198 页。王德毅：《李椿年与南宋土地经界》，台北《宋史研究集》，第 75 辑。

行过程中，必然是困难重重，由"走样"、徒具形式，直到夭折。①因此，有关古代日本的"条里平面图制"，笔者亦曾听到日本学者对这一制度实施的实际可能性表示怀疑。

《万子、胡子田园图》不过是一份图，笔者之所以不惜笔墨繁琐考证，除因断代的需要，更主要在于试图解答一些日本学者提出的问题。而结论不过是，这份"田园图"只是个人行为，直到南宋绍兴年间，因推行"经界法"，创制了"鱼鳞图"，政府方开始制作"田图"。而日本在"大化革新"时虽大量吸取唐代制度，并对日本自身的发展产生深远广泛影响，但8世纪出现的"条里平面图制"，却是日本自身的创举。

（原载《敦煌吐鲁番文书论丛》，甘肃人民出版社 2000 年版）

---

① 参见梁太济：《经界法》，《中国大百科全书》中国历史卷第三册，第489 页，中国大百科全书出版社 1992 年版。

P. 3964 号文书《乙未年赵僧子典儿契》 中所见的"地水"

——唐沙、伊州文书中"地水"、"田水"名义考

敦煌藏经洞出土的这份文书，经唐耕耦先生考定，此"乙未年"为公元935年，亦即后唐末帝清泰二年。契中记云：

1 乙未年十一月三日立契，塑匠都料赵僧子，伏缘家中户内有地

2 水出来，阙少手上工物，无地方觅。今有腹生男苟子，只（质）典与

3 亲家翁贤者李千定……

4……自典已后，人无雇价，物无利润。如或典人苟子身上病

5 疾疮出病死者，一仰兄佛奴面上，取于本物。若有畔上及城

6 内偷却，高下之时，仰在苟子祇当……

7……限至陆年。其限满足，容许

8 收赎。若不满之时，不许收赎……

10   只典身男苟子（押）

11   只典口承兄佛奴（押）

12   商量取物父塑匠都料赵僧子（押）

（后略）①

---

① 唐耕耦、陆宏基：《敦煌社会经济文献真迹释录》第2辑，全国图书馆缩微复制中心1990年版，第50页。（以下简称《释录》）

上引文书中，称赵僧子将"腹生男"质典与他人六年，用以换取"典直"。虽到期限，可以收赎，不同于奴婢。但六年之中，则有同奴婢。而赵僧子只因"家中户内地水出来，阙少手上工物，无地方觅"。出于无奈，不得不出此下策。但"地水"究系何色怪物，一旦"出来"，逼得赵无奈将腹生子质典与人六年为奴。将身价以换"手中工物"，用治"地水"出来。

有关"地水"一名，在敦煌文书中，尚有多处可见，为考其名义，自不得不繁琐征引若干文书于下：

一、P.2222 背《唐咸通六年(865)正月张祗三请地状》记：

1 敦煌乡百姓张祗三等 状
2 僧词荣等北富鲍壁渠上口地六十亩。
3 右祗三等，司空准 勅矜判入乡管，未
4 请地水。其上件地主词荣口云，其地不办承料。
5 伏望
6 将军仁明监照，矜赐上件地，乞垂处分。
(后略)①

有关归义军时期的"请田"之制，不少学者做出了成绩，因本文不涉及"请田"之制，故此处不欲引证。但本文行 2 记欲"请"之地亩数，然行 3 至行 4 称"未请地水"，还望"将军仁明监照"，"矜赐"与张祗三。则在此处，"地水"又非前见之会带来灾难的"怪物"。

二、P.3443《壬戌年(902 或 962)胡再成养男契》：

1 壬戌年……胡再成，今则遂养同母弟兄王保住男
2 清朵作为腹生子……自养已后，便须孝养
3 二亲，尽终之日，不发逆心。所有城内屋舍，城外地水，

---

① 《释录》第 2 辑，第 468 页。

家资 ▢▢▢▢▢

　　4 并共永长，会子停之亭支一般，各取一分。
（后略）①

　　胡再成因无子嗣，故将同母弟保住之子清朵过继收养。作为养子的义务，便是"孝养"义父义母。其权力即应享有养父母之家产，包括"城内屋舍"、"城外地水"，及属动产皆是养父母与养子"亭支"，"各取一分"。蒋礼鸿先生指出"亭"即"均平"。②

　　又见同类立嗣文书，《宋乾德二年（964）史氾三立嗣文书》③，史氾三家因无子嗣，将兄史粉堆"亲男原寿"过继作"腹生亲子"。作为养子之权力，也如同上引文书，养父之"所有家资地水活业什物等"，养子原寿亦可参与"亭"分，"各取一分。"

　　上引之两件收养继子文书，在除了养子必须承担的义务外，还应与养父母共享家产，其中一项即"地水"。很明显，这与赵僧子"家中户内有地水出来"这一怪物，显系不同。

　　除"地水"外，我们还见到另一种称谓"田水"。S. 2174 号文书《天复九年（909）董加盈兄弟三人分家契》中，董加盈与弟怀子、怀盈三人立契分家：家内"所有些些贫资、田水家业，各自别居，分割如后"。从分家契中，可知三人所分，包括土地、房屋、园舍、牲畜，乃至果树、粮食、布等。④ 比照前引两收养立嗣文书，可知"地水"即"田水"。而"田水"也非"怪物"。

　　在吐鲁番阿斯塔那 226 号墓所出《唐开元十年（722）伊吾军上支度营田使留后司牒为烽铺营田不济事》中记载云：

---

　　① 《释录》第 2 辑，第 155 页。
　　② 蒋礼鸿主编：《敦煌文献语言词典》，杭州大学出版社 1994 年版，第 316 页。
　　③ 《释录》第 2 辑，第 156 页。
　　④ 《释录》第 2 辑，第 148—149 页。

5 ┌─────┐……又近烽地水不多……

7 ┌─────┐无│田│水，纵有者，去烽卅廿

8□□上，每烽烽子只有三人，两人又属警固，近烽不敢

9 不营，里数既遥，营种不济……

12 牒称伊吾军牒报┌─────┐烽多无田水……①

由上引可见，"地水"与"田水"之名，同出于一件官文书之中，同是讲到烽铺之类，均属"警固"机构②，均要遵制"营田"。作为"烽"，皆置于高处或砂碛之中，近处不仅少有可耕之地，且未必有可供灌溉之水源。故云"近烽之处"，少有"田水"或"地水"。也可据之判断"田水"、"地水"，即将耕地与水源合称。这里即可解释立嗣、分家及请地文书中之"地水"、"田水"之名相通。

在日本大谷探险队于吐鲁番所得之《武周长安三年（763）三月典阴永牒》中记载云：

1 甘凉瓜肃所居停沙州逃户

2……上件等州，以田水稍宽，百姓多

3 悉居城，庄野少人执作。沙州力田为务，

4 小大咸解农功，逃迸投诣他州，例被招

5 携安置，常遣守庄农作……③

这里讲到甘凉瓜肃四州，由于"庄野少人执作"，因而"田水稍宽"。故善于务农之沙州逃户，多被荫庇逃户之主人派去务农。从而表明甘

① 唐长孺主编：《吐鲁番出土文书》（图文本）第 4 册，文物出版社 1996年，第 90 页。

② 李筌著、盛冬铃译注：《神机制胜太白阴经》卷五烽燧台篇第四十六、马铺土河篇第十七，河北人民出版社 1991 年版，第 55、56 页；王文锦等点校：《通典》卷一五二《兵典五·守拒法》，中华书局 1988 年版，第 3901 页。

③ 《释录》第 2 辑，第 326 页。

凉等四州之土地及可供灌溉之水源"稍宽"。此亦可证前说,"田水"应包括耕地与水源。

但这个解释,并不能说明赵僧子家中户内出来的怪物——地水,究系何色。

就在 P. 3560 背《沙州敦煌县行用水细则》中,我们见到了"田水"的又一种解释。据此文书所记:

> 73……其水迟疾,田水多少,无有准定
> 86……随天寒暖,田水多少,亦无定准……①

这份"用水细则",是敦煌县根据"水部式"规定,结合敦煌县之渠道灌溉实际状况以及习俗与乡规民约所制定的渠水灌溉之细制,规定按作物生长季节的不同,既能"周遍"灌溉,保证用水,又能照顾高下种地之需,节约用水。这里可见,"田水"也即渠道灌溉田地之水的专名,与前见有所不同。

又据唐人李贽所纂《纪事珠》田水声条云:

> 渊明尝闻田水声,倚杖久听,叹曰秋稻已秀。②

此记陶隐居之情趣。能耳闻之"田水声",即指秋灌之水流声。因此,从狭义而言,"田水"、"地水"之名义,即指灌溉之水。

由于沙、伊二州,降雨量极微少,土地耕作所需之水,全靠渠道引入,故光有土地,而不能取得灌溉用水,则颗粒难收。故前引"行水细则"反映了灌溉用水之重要性。在吐鲁番出土文书中,我们见到从十六国、麴氏高昌国到唐代西州,对水利管理之严格,也如同沙州一样。

---

① 唐耕耦、陆宏基:《敦煌社会经济文献真迹释录》第 1 辑,书目文献出版社 1986 年版,第 398—399 页。

② 《说库》,浙江古籍出版社 1986 年版,本据上海文明书局石印本影印。

由于当时渠道管理之大权，掌握在地方政府手中，因而有种种之规定。在麴氏高昌立国到唐代之西州时期，但凡土地租佃契约中，除规定佃户交租外，皆有一项规定有关用水浇灌的责任，即"渠破水谪，仰耕田人了"。由于租佃人取得所租耕地，就应保证该段土地之渠道的完整。若有损坏，使渠水流散，造成损失，官中必然要责罚。"谪"字，诸字书所引诸类古籍，皆作"责"、"罚也"。在敦煌文书中的租佃契中，虽未见类似前引吐鲁番租佃契中明确规定佃田人义务的条文，但在 S. 1897 号文书《后梁龙德四年雇工契(样式)》中云：

> 11 ……或若浇溉之时，不慎睡卧，水落在
> 12 □处，官中书罚，仰自祇当。①

这里讲的是雇主规定雇工的义务，即在行水浇溉之时，须时时注意，如若偷懒"睡卧"，造成水的浪费，导致"官中书罚"，必由雇工承担责任。

由此可见，赵僧子"家中户内有地水出来"，即是其家所耕作地段内，灌溉渠道出现破损，必会造成渠水外溢。据立契之月，知是在隆冬之时。此地处塞外边沿之敦煌，天寒地冻，未必有渠水流出的现象发生，但亦应尽快修补。由于赵僧子"阙少手中工物，无地方觅"。根据敦煌藏经洞出土的某些"渠人转帖"，我们得知渠道维修，除了人工之外，还需若干器材，据统计有：白刺、柽(当即柽柳)、壁木、以"茎"作单位的"拎(掘)"、以"束"作单位的"枝"。至于修渠道之工具，除习知的掘土挖沟的"锹"外，尚见有"大斧"、"锯链"，以及本人尚不明之"阿蓝"等。《壬午年五月十五日渠人转帖》特注明修渠之人"须得壮夫，不用厮儿"。② 大约赵僧子家地段渠道破坏严重，又由于西北之黄土不同于江南，后者粘性重于西北，故易于挖掘成较坚

---

① 《释录》第 2 辑，第 59 页。
② 《释录》第 1 辑，第 400—409 页，所收之七、十、十一、十二、十三、十六、十九、廿一诸件渠人转帖。

实而又不易渗漏之渠道。前者土质见水易渗漏，且易于崩坏。故一旦崩坏，修治时即须用前所引之树枝、柴草，甚或木料，以助修治令固。

由此可见，"地水"亦可称作"田水"，西北之地依靠渠水灌溉，有耕地而无灌溉渠水之份额，如今之农家谚语所云"有土无水没得谷"，因而往往田与水合称作"地水"、"田水"。但从狭义而云，赵僧子典儿契中之"地水"与《敦煌县行用水细则》中之"田水"，即专指灌溉用水。

（原载《魏晋南北朝隋唐史资料》第 17 辑，武汉大学出版社 2000 年版）

东晋十六国时期姑臧、长安、襄阳的"互市"

梁僧祐所撰《出三藏记集》收有《渐备经十住胡名并书序》一文，作者不详，其中记云：

> 元康七年十一月二十一日，沙门法护在长安市西寺中出《渐备经》，手执胡本，译为晋言……大品出来，虽数十年，先出诸公，略不缕习……不知何以遂逸在凉州，不行于世……或乃护公在长安时，经未流宣，唯持至凉州，未能乃详审。泰元元年，岁在丙子五月二十四日，此经达襄阳。释慧常以酉年因此经寄互市人康儿，展转至长安。长安安法华遣人送至互市，互市人送达襄阳，付沙门释道安……《渐备经》以泰元元年十月三日达襄阳……与《光赞》俱来……《首楞严》、《须赖》，并皆与《渐备》俱至。凉州道人释慧常岁在壬申，于内苑寺中写此经。以酉年因寄，至子年四月二十三日达襄阳。①

这篇书序，并非仅仅只记了《渐备经》由西北到东南的传播经历，事实上还讲了《光赞般若波罗蜜经》、《首楞严经》及《须赖经》的传播经历。

《渐备经》，即《一切渐备智德经》，为《华严经·十地品》之异

---

① 《大正藏》目录部，梁僧祐：《出三藏记集》卷九，书序本文经校勘，有两处异文，但因不涉及讨论范围，故不一一注出。又下引佛教典籍皆本《大正藏》本，亦不再注出。

译，是被誉为"敦煌菩萨"的竺法护于西晋惠帝元康七年（297）十一月在长安开译的。① 译出后，大约是由于"八王之乱"以及随之而来的"五胡乱华"的混乱局面，此经未能流行。但译本可能是随着避乱而西迁的徒众到了凉州。这里是西晋凉州刺史张轨统治的地区，后张氏建立前凉王朝，都姑臧（今武威）。直至东晋孝武帝宁康元年（即书序所云酉年、公元373），凉土沙门释慧常将此经寄托凉州"互市人"康儿，由其"展转送至长安"。大约由于中途"展转"之故，所以此经送达长安已是东晋孝武帝太元元年（376）五月。② 长安僧人安法华又将此经送长安"互市"，由"互市人"送达襄阳，付予自称"弥天"的释道安。时达襄阳，为太元二年十月初。

同书序中尚记竺法护译《光赞经》、凉土月支优婆塞支施仑所译《首楞严经》及《须赖经》，③ 亦由慧常于宁康元年以同样方式"寄"出，但早于《渐备经》，在太元元年（即子年，376）四月即达襄阳。这两批佛典同在宁康元年"寄"自凉州，但是到达襄阳却有先后之别，相隔一个年头，足证自凉州"寄"出时，就非交与同一"互市人"，因而造成时间差误。

按释道安本在中原，因后赵石氏亡后，中原扰乱，乃率徒众，南投襄阳，居白马寺，后更创立檀溪寺，长期居于襄阳，为时所重。道安南行途中，为广布佛法，曾分遣徒众，令法汰诣扬州，法和入蜀。法汰临别对道安说：

> 法师仪轨西北，下座弘教东南，江湖道术，此焉相望矣。④

据此，可知道安虽避难迁到襄阳，但仍"仪轨西北"，也即在宣扬佛教活动方面，与河西走廊及关中地区保持着联系。故而长安安法华在

① 见《出三藏记集》、《高僧传》、《开元释教录》。
② 按：书序作"襄阳"，但综观全文，知应是长安之误。
③ 《出三藏记集》卷七，首楞严后记第十一。
④ 《高僧传》卷五《义解二·竺法汰传》。

得到凉州新译佛教经典后，迅即遣人交"互市人"，送给道安，恐系按照凉州僧人释慧常的嘱托。当前秦攻下襄阳时，虏获甚巨，但苻坚却说："朕以十万之师取襄阳，唯得一人半，安公一人，习凿齿半人也。"此"半人"即襄阳高士习凿齿，而"一人"即指道安。苻坚如此重视他，与他虽长期居于襄阳，但却能"仪轨西北"有关。而"互市人"之所以乐于充当宗教思想交流的传递者，除了与他们自己的宗教信仰有关外，可能还因在商业活动上需要得到寺院的某种帮助。

以上四部佛典由西北辗转寄到东南，时间是在公元373年至377年。此时，统治凉州的是前凉张天锡，[①] 统治以长安为中心的关中地区的是前秦苻坚。而襄阳则是东晋的重镇。三个政权相对峙，特别是前秦与东晋，经常处于战时状况。因此，南北人员交往处于隔绝状态。但这四部佛典的传播，之所以能由凉州而长安，最后到达襄阳，却是采用一种特殊的方式，即"寄"于"互市"内的"互市人"，由其分段递送，穿越过三个政权统治地区，而完成传递任务。因而这种南北对峙局面下的"互市"以及"互市人"，是一个值得注意的问题。

中国自秦汉以来，就形成一个统一多民族国家，内部各地区、各民族之间，经济、文化的相互交流，有着悠久的历史，并形成某种程度的相互影响的关系。我们说，封建社会经济特点是自给自足的、封闭型的，但这是针对资本主义的商品经济、生产的社会化而言。因此不能忽视或否认，在一个长期统一的封建国家内部，各地区经济的交流及相互影响关系的存在，以及某种程度的相互依赖。在封建国家内部，个人或是家庭，几乎可以闭塞在一地，但作为一个地区的政权，它却或多或少地需要与其他地区进行经济交流。西晋末年，经过所谓五胡乱华进入了东晋十六国时期，这是在统一历史长河中所出现的分裂局面。但这并不能割断统一局面所形成的南北经济交流。而作为南北各族统治者为了本身利益和需要，除了通过打仗掠夺外，在对峙的相对稳定时期，也要求进行正常的经济交流，以互通有无。这种

①　据《晋书》，前秦于东晋孝武帝太元元年(376)八月灭前凉，但释慧常将此部佛典"寄"出时，前凉尚未亡。故仍作为割据政权的存在提出。

交流活动，一种是通过双方使节交聘过程中附带进行，另一种就是采取"互市"的方式来进行。

"互市"，或称"交市"，史书上历来是指国与国之间，民族之间的相互贸易往来。《后汉书》西域传云：大秦国"与安息、天竺交市于海中，利有十倍"。同书《乌桓传》记，东汉与乌桓"岁时互市焉"。后汉顺帝阳嘉四年（135）冬，"乌桓寇云中，遮截道上商贾车牛千余两。"商贾拥有如此众多的车牛，当是入乌桓经商，可见"互市"规模之大。三国鼎立之时期，南北之间，亦有"互市"。①

这一时期最早有关"互市"的明确记载，见于后赵石勒与东晋祖逖之间。当祖逖北伐到河南时，石勒曾写信给祖逖：

> 求通使交市。逖不报书，而听互市，收利十倍，于是公私丰赡，士马日滋。②

由于祖逖兵强善战，石勒为笼络祖逖，并为得到南方的物资，故要求与祖逖"通使交市"。祖逖之所以"不报书"，很显然是出自"夷夏之分"的正统观点。但进行交流总有好处，故又"听互市"。由于"互市"对"公私"均有利，方能"收利十倍"。作为"公"的收利，除了本身可能进行的贸易活动获利外，恐怕对"互市"的双方，都要征收某些物资或税款。祖逖北伐，东晋政府是不支持的。及其渡江北伐时，晋元帝只给他一个奋威将军豫州刺史的空头衔，另外：

> 给千人廪，布三千匹，不给铠仗，使自招募。（逖）仍将本流徙部曲百余家渡江……③

及至祖逖北伐获捷时，出于猜忌，东晋政权也不会给其更多的资助。

---

① 《晋书·周浚传》。
② 《晋书》卷六二《祖逖传》，第1697页。
③ 《晋书》卷六二《祖逖传》，第1695页。

而祖逖依靠"互市"的"收利",居然能做到"公私丰赡,士马日滋"的地步,足见"互市"获利之巨。

前秦苻健世,其丞相苻雄遣卫大将军苻菁攻东晋:

> 掠上洛郡,于丰阳县立荆州,以引南金奇货、弓竿漆蜡,通关市,来远商,于是,国用充足,而异贿盈积矣。①

上洛即今陕西商县地,丰阳即今陕西山阳。上洛居丹水(今丹江)上游,丰阳在上洛南,亦距丹水不远。顺丹水东南入沔水(今汉水),沿沔水东南流,可达东晋之襄阳。又丰阳之西南,即东晋梁州之汉中郡。苻秦之"通关市",当如石勒与祖逖之"互市",其所谓"来远商",也即指东晋统治区内的商贾。这些商贾如果不是襄阳、汉中两地土著,也必是经此二地而来的"远商"。特别是襄阳,为汉水之重镇,"四方凑会"之处,南连江陵,北通丰阳,应是苻秦所注目之处所。苻氏立"市"所引之"南金",自然不是张华、顾荣所荐之"南金",② 而是指"元龟象齿,大赂南金"句中之"南金"。所谓"南",古谓"荆、扬"二州,古荆、扬之州,贡"金三品",③ 古代之金,亦多指铜。其实这里引用《诗经》、《禹贡》文句作典,不必拘泥。这里所指苻秦还是为了获得东南的金属。其余"弓、竿、漆、蜡"之物,也多是襄阳、汉中的特产。苻氏继石赵而立"互市",大得其利,所以"国用充足,而异贿盈积"。

根据《渐备经》书序所记,前凉之姑臧、前秦之长安,皆有"互市"机构,由"互市人"进行过境贸易活动。书序中虽未明言襄阳有"互市",但长安"互市"之"互市人"接连来到襄阳,从而表明在襄阳亦应有相应的"互市"机构。由长安到襄阳,"互市人"所走的道路,

---

① 《晋书》卷一一二《苻健载记》,第2870页。又《资治通鉴》晋纪二十一将此事置于东晋穆帝永和九年九月。

② 《野书·顾荣传》、《晋书·薛兼传》。

③ 《诗经·鲁颂·泮水》;《禹贡·九州》。

根据前引有关符秦于丰阳立荆州，以"通关市"的记载来推测，也应大多首先由长安到达上洛，或是丰阳，然后沿丹水东南流入汉水，直抵襄阳；或由长安南下走旱路，逾子午谷至汉中，再东南行达襄阳，襄阳又南通江陵，交通便利，本地条件优越。凡此种种，襄阳成为东晋与关中地区的"互市"，并能与江北、淮南一带的"互市"鼎足而立，固其宜矣。

更其值得注意的是，《渐备经》书序中提到凉州姑臧"互市人"，名叫"康儿"。我们知道，姑臧不仅是凉州之首会，为前凉之王都，而且是位于"丝绸之路"上的一个万商云集的商业中心。这里不仅有汉商，而且还有为数众多的所谓西域胡商，即来自中亚地区的商人。根据记载，北魏太武帝太延五年（439）灭北凉沮渠牧犍时，就在姑臧虏获不少粟特商人。史云：

> 其国商人，先多诣凉土贩货，及克姑臧，悉见虏。高宗初，粟特王遣使请赎之，诏听焉。①

这里所讲，虽已是北凉沮渠牧健时期的情况，但提到粟特商人"先多诣凉土贩货"，足见粟特人到姑臧经商是由来已久的事了。这一点，也同样为考古发掘资料所证实。

《中国史研究动态》1981年第4期刊登了陈俊谋同志所译日本森安孝夫《关于伊斯兰化以前中亚史研究资料导论》一文，其中关于中世纪的伊朗语史料部分，介绍了斯坦因在敦煌西北长城烽燧遗址中发掘的8件粟特文书中的第二号书信。继而，又见到黄振华同志《粟特文及其文献》一文，② 介绍了英国学者亨宁及匈牙利学者哈尔马达对这封书信的时代判断的研究。亨宁原著未曾见过，但黄振华同志摘要介绍了他的观点，即认为书信写于公元312年至313年，只有永嘉五年（311）洛阳被毁于匈奴一事可能是写信人之所指。亨宁的分析，当

---

① 《魏书》卷一〇二《粟特传》，第2270页。《北史·粟特传》。
② 《中国史研究动态》1981年第9期。

亦是指将信中有关"匈奴"以及"洛阳"与"长安"的被焚等，与《晋书》、《资治通鉴》中有关"永嘉之乱"的记载，作了比较、印证之后，得出这个结论的。

粟特人长期在中国经商，他们凭藉着悠久的经商经验，机灵敏锐的商人气质，掌握着贸易信息。而且所有贸易活动，须有一个安定的局面。因而商人们极其关注时局的变化，对于当时当地的战争，地区政权的更迭，都是十分敏感的。这份出土于敦煌西北长城旧址的第二号书信，就应是向粟特本土报告河西走廊的敦煌、姑臧、金城以及关中之长安，乃至中原的洛阳一带情况的函件。它当作于长安陷落于匈奴刘聪之手、西晋愍帝被俘之后。[①]

"永嘉之乱"后，关中地区士民，除大量向南迁徙外，还有不少向河西走廊迁徙。西晋所署凉州刺史张轨及其子孙在河西走廊建立前凉王国，都姑臧。这一地区当时还相对安定，故而没有像关中及中原地区那样遭到破坏。同时因为关中地区人口的迁入，经济、文化有了发展。粟特以及印度商人因洛阳、长安被匈奴刘渊所占据，而大受打击，如信中所云："（在洛阳的）印度人和粟特人都破了产，并且全死于饥饿。"[②]但留在河西走廊的胡商，却仍然在凉州地区进行着商业活动，正如信中所说：

> 自从我们失去了来自内地的支持和帮助，已经过去了有三年。在这种情况下，我们从敦煌前往金城，去销售大麻纺织品和毛毡（毯）。携带金钱和米酒的人，在任何地方都不会受阻。这期间我们卖掉了 x+4 件纺织品和毛毡。

本信前面所讲是指"永嘉之乱"后洛阳、长安被刘渊攻占，中断了粟

---

① 因笔者未能见到亨宁详考内容，故亦不便再作考订以免重复劳作，或抄袭之嫌。

② 王冀青：《斯坦因所获粟特文"二号信札"译注》，《西北史地》1986年第1期。

特商人的活动，后面所讲，是粟特商人还在凉州境内各地贩易大麻和毛织品。他们所携带的"金钱和米酒"，相当一部分（特别是后者）应是用来贿赂各地官府，以取得"支持和帮助"，所以信中说带了"金钱和米酒的人，在任何地方都不会受阻"。

流寓在凉州的粟特商人同时还与其本土保持商业贸易活动，这封粟特文书信的书写者给他主人这样写道：

> 高贵的爵爷，我已为您收集到成匹成捆的丝绸……接到了香料，共重八千司他特（stater）……又，我已派范拉兹马克（wnrzmk）去敦煌取32个麝香，这是我自己搞到的……

粟特的特产香料是"䏶香"和"阿萨那香"，① 无麝香，故须从敦煌采购，丝绸自是传统贸易的大宗货物。而一旦凉州地区政权与关中地区政权之间恢复"互市"时，这些粟特商人是不会放弃这个机会的。《渐备经》书序讲到这个凉州"互市人康儿"，应即是昭武九姓的康国人——粟特人，史称康国人"善商贾"。② 由此可见，中亚胡商不仅没有全部归其本土，而且利用"互市人"的身份，依然活跃在"丝绸之路"上。康儿自姑臧出外时间，据《渐备经》书序所曰，大约在东晋孝武帝宁康元年（373），但直到太元元年（376）五月方始到达长安。途中竟走了三年之久。大约其间正遇上太元元年（376）前秦灭前凉张天锡。③ 一度因战事阻隔外，还因康儿离凉州后，是"展转"而至长安。途中"展转"，当是指其沿途亦在从事贸易活动，故要多费时日。

通过粟特文二号书信的发现，以及《渐备经》书序的记载，也给了我们一个启示。既然"永嘉之乱"后，中亚胡商并未离开河西走廊，且与其本土保持着联系。河西走廊经济并未遭到破坏，而且通过"互市"及"互市人"的活动，保持着与长安的经济联系，并有中亚胡商充

---

① 《隋书·康国传》。
② 《魏书·康国传》、《北史·康国传》。
③ 《晋书·张轨传附张天赐传》、《晋书·苻坚载记》上。

当"互市人",奔走其间。而长安与襄阳亦设有"互市","互市人"往来其间,那末传统的"丝绸之路"贸易也势必没有中断,并由长安而延伸到襄阳。

唐长孺师根据文献记载,以及大量考古资料,指出在南北朝时期,联结南朝与西域间的政治、经济和文化的一条道路是由"益州到西域有一条几乎与河西走廊并行的道路"。① 这在整个南北朝期间,都是极其重要的通道。但是,在东晋十六国时期,当前凉、前秦、东晋的襄阳都存在"互市",有着"互市人"的活动,而且还有出自昭武九姓的胡人充当"互市人"。那么,传统的"丝绸之路"贸易也当能沿着这条"互市"路线,由"互市人"去进行,应是毫无疑问的了。当然,由于这条道路常要受到南北之间战争的影响,所以经常受阻,因而由益州经吐谷浑到西域的这条通道,特别在南北朝时期,地位越来越重要了。

由于"互市"是得到各地区统治者认可而设立的,而"互市人"是在得到各地区统治者的许可,故能穿越各政权的边境,直至心脏地区进行贸易活动的。因此,这也往往被某一政权的统治者利用来作为秘密通使的工具。据记载,东晋政权欲通前凉张骏,以耿访为使:

> 选西方人陇西贾陵等十二人配之。(耿)访停梁州七年,以驿道不通,召还。访以诏书付贾陵,托为贾客,到长安,不敢进。以咸和八年,始达凉州。②

这里记载东晋欲通前凉,以耿访等为使。其启程于何时,史未明载。但到凉州时,已在咸和八年(333),而在梁州就已停留七年,则耿访

① 参见唐长孺:《南北朝期间西域与南朝的陆道交通》,《魏晋南北朝史论拾遗》,中华书局1983年版。
② 《晋书》卷八六《张轨传附张骏传》,第2238—2239页;《资治通鉴》晋纪十七,成帝成和八年条。

出使，很可能在东晋明帝太宁末年，成帝咸和初年。是时，占据关中地区的是前赵刘氏。这次出使西行路线，亦当是耿访于"永嘉之乱"后，由长安奔汉中、自汉中东下入建康之道。① 此道必过襄阳。而东晋使人到梁州，亦必取道襄阳而过。所谓"驿道不通"，当非指道路本身崩坏不通，而是东晋使臣要通过统治关中地区的王国，前去与远在河西走廊的前凉通使，必遭猜忌，且此时前赵刘氏正与石勒在关中激战，故受阻而留梁州七年。但后来耿访将东晋诏书交付陇西人贾陵，令其"托为贾客"。《资治通鉴》说得更直接，是"诈为贾客"，也就是伪装成"互市人"，所以能到达长安。这亦足以证明过去七年不通，不是道路本身问题。当石勒灭前赵刘氏、占据关中后，恢复了与东晋的互市，此道又得开通。但贾陵等到了长安后，却"不敢进"向凉州。其原因，我想除了这个时期占据关中的后赵石氏政权与前凉之间的战争对峙外，可能还应是因为他们是来自东晋的"互市人"，到了长安后，不易获许再向西去凉州之故。直到东晋成帝咸和八年（333），贾陵等才到凉州。贾陵由长安去凉州，当亦是伪装"互市人"，方能到达。

张骏得到东晋诏书后，又回报东晋：

> 遣部曲督王丰等报谢，并遣（贾）陵归……（咸和）九年，（东晋）复使（耿）访随（王）丰等，赍印板进骏大将军。自是每岁使命不绝……自后，骏遣使多为（石）季龙所获，不达。后骏又遣护羌参军陈寓、从事徐虓、华驭等至京师。

张骏使臣前往东晋的路线，就是贾陵的西行路线。使臣往来，也必是伪装成"互市人"，以通过石赵统治区。这样伪装，依然是有极大风险的，所以前凉使臣"多为季龙所获"。但若不伪装成"互市人"，则恐全为石虎所获矣。

---

① 严耕望：《唐代长安南山谷道驿程述》，《唐代研究丛稿》，新亚研究所1969年版，考长安、南山通汉中、楚、蜀诸道共五条，可作参考。

　　综上所述，我们可以看到在东晋十六国时期，南北经济交流的特殊形式是"互市"，"互市人"奔走其间，以进行贸易活动。东晋的襄阳设有的"互市"，不仅是通向关中、河西走廊地区的经济窗口，而且是思想、文化交流的窗口，奔走其间的"互市人"承担起了这个交流任务。同时，这条道路还是将"丝绸之路"东段由长安伸向东晋的路线。在政治上，这条路线又是沟通河西走廊与东晋政治的路线。

　　（原载《古代长江中游的经济开发》，武汉出版社 1988 年版）

敦煌藏经洞发现之民间讲唱文艺作品的
历史考察——二十一世纪的展望

在敦煌藏经洞发现的变文、传文、话、赋之类文书，多有前贤从文书拼合、释文、标卷、断代、定名等方面，作了大量艰苦、细致的工作，并在此基础上，出版了多部各有千秋的集子，把这批珍贵瑰宝初步整理研究的结果，奉献于世人。这类集子的整理者所作的注释、校议等成果，也都是帮助读者领悟要义，或作进一步研究的入门津梁之作，前贤及同辈学人，从文字、语言、文学诸角度出发，进行了多学科的分工合作研究，亦取得了斐然成果。

这类民间文艺创作成果，从文艺分类上讲，无论是变文、传文、话、赋之类，其共同点是有讲有唱，一般说来是以讲为主，辅以韵文唱颂。如果归纳而言之，称作讲唱文艺作品亦未尝不可。

作为"讲唱者"，首先要掌握一文字记录之"底本"，平时不仅要熟读，以达到完整背诵之程度，而且要对底本所描写的事件的发生发展、人物喜怒哀乐情绪的变化等，有深刻体会，方能在讲唱之时，达到"声情并茂"的境界，方能使听众"乐闻其说"，并能达到最终目的，也即"以悦俗邀布施"。

向达先生在《唐代俗讲考》中指出：

> 宋代说话人以及傀儡戏弄影戏者，俱有话本，而齐梁以来僧人唱导，亦各有依据。①

———————————

① 向达：《唐代长安与西域文明》，生活·读书·新知三联书店 1979 年版，第 504 页。

这里虽说的是齐梁之世的"僧人唱导"及宋代的"说话人",但无论"唱导僧",亦或"说话人",在其"唱导"、"说话"时,"亦各有据",也即有"底本"。

鲁迅先生在《中国小说史略·宋元话本》中曾指出:

> 说话之事,虽各运匠心、随时生发,而仍有底本,以作凭依,是为话本。①

应是最早提出"话本"为"底本"之说。施蛰存先生在驳日本汉学家增田舍《论"话本"的定义》的观点——"话本"的定义不能解释为"说话人的底本"时,首先就引述了鲁迅先生上述论断。

施先生还进一步考定"底本"的涵义,应有三个阶段:

> 首先是一个能创造故事(话)的艺人,他自己记录下他的讲话,一则防止遗忘,二则以备随时修改,这是"底本"的最初意义,可以说就是"底稿"。重点在"底"字。这种"底本",每一个艺人都各有自己的一份,不向外传的。
>
> 第二阶段是,多数艺人不会自己创造故事。他们没有自己的底稿,就利用师傅的讲稿,作为他们的底本。这时候,所谓"底本",应当解释为他所依据的文本,重点在"本"字。②

以上虽主要就宋代"话本"而言,但无疑对讲唱文艺中的讲唱"依据"——"底本",理清了脉络,道出了原委,同样适用于在雕版印刷盛行前的唐代,即敦煌藏经洞所出变文、传文、话、赋之类,皆是民间讲唱艺人所持之"讲唱"的"底本"。

---

① 《鲁迅全集》十二册第九卷,人民文学出版社 1981 年版,第 110—117 页。

② 施蛰存:《说"话本"》,《文史知识》1988 年第 10 期,中华书局版。

　　据这些"底本"所见，作者固有一定文化素养，却也并非上乘，而且作为文艺创作之特性，并不等同于经史之作。故即令其本取材于佛典史传之题材，由于其自身素质之限制，大多生吞活剥，但若照本宣科，听者自感索然无味，"讲唱者"复何能得"布施"。故"讲唱者"为取悦世人，自然蔓生枝叶，添加杜撰，不顾史实真实，而作文艺夸张。至于取材民间传说之作，更是荒诞无稽。在这些作品中，也就往往出现或子虚乌有之处，或张冠李戴之处，因而往往易为世人忽视其真实性。如果揭去这层面纱，就会发现作者往往因时而作，总是直接间接反映了时代之特征，如世人所关心的现实问题，时代风尚变化发展与社会现实的变化发展、制度变化等。特别是作者总是在有意无意中，把当代风俗及现行之各种制度糅掺于自己作品之中，看似"无知"却又"有知"。因此，在进一步探讨这一批民间文艺瑰宝时，还应从历史角度去考察，方能进一步深入认识其价值，同时也更有利于对文字、标点、断句以及创作时代与动机的准确判断。

一、以断句为例

《伍子胥变文》(s. 0328)原件抄录如下：

　　1 至晓即至江西　子胥告令军兵　大须提搦　此是平王之境未曾谙悉
　　2 山川　险隘先登　远致虞候　长巡子将　绞略横行　傔奏偷路而行
　　3 游奕经余一月　行逞(程)向尽(下略)

大约由于此三段原件抄录行式如此，故诸本录文断句皆作如下：

　　未曾谙悉山川，险隘先登，远致虞候，长巡子将，绞略横行。傔奏偷路而行，游奕经余一月，行程向尽。

但若据此种断句标点方式，仔细玩味，几不可解。但若从历史研究角度出发，据《太白阴经》、《通典》等史籍，依照每种军职的执掌特点去进行考察，就可发现上种断句标点仅据原文书抄录形式而定，实欠妥当。

笔者曾撰文指出，据史籍，按照唐代之行军制度，并及虞候、子将、傔人、别奏、游奕等武职之执掌、择用标准诸方面去考定，应作如下断句标点：

> 未曾谙悉山川险隘，先登远致：虞候长巡，子将绞（较）略，横行傔奏，偷路而行游奕。经余一月，行程向尽。①

总之，这类民间文艺的"底本"的抄录，并不如佛、道经典的抄录，还要从其本身以及所涉及的各种制度去考察，方能找到一种比较符合原意的标点方式。

有关此类事例尚多，此处不一一指出。

二、以专有名词为例

《汉将王陵变》中，述汉军拟夜袭楚营，行前王陵语灌婴曰：

> 陵语大夫今夜出，楚家军号总须翻。

同文中，述及楚将季布奉霸王令巡营云：

> 中军家三十将士，各执阔刃蓦（陌刀），当时便喝："既是巡营，有号也无？"

---

① 朱雷：《〈伍子胥变文〉、〈汉将王陵变〉辨疑——读敦煌变文札记（一）》，武汉大学魏晋南北朝隋唐史研究室编：《魏晋南北朝隋唐史资料》第 7 辑，武汉大学出版社 1985 年版，第 19—24 页。

笔者复据李筌《太白阴经》第五十二夜号更刻篇及《通典》兵典引李卫公兵法，这"军号"及"号"即军中夜所行用之制，犹如近代以来军中之"口令"。

故当季布被问"有号也无"时，答曰：

> "有号，外示得？"中军将士答："里示！"合，惧（拒）马门霍地开来，放出大军。

根据《通典》引李卫公兵法的规定，"不得高声唱号"。故季布所云"有号，外示得"以及中军家将士答云"里示"，即是季布反问"能大声吗"之意，回答"里示"，即表示"小声"之意。而"合"，表明双方"掷号"相符于大将军所定当夜之"号"。故开"拒马门"放季布出营巡探。①

有关此类例证亦复有之，此处不一一列出。

三、以判断写作年代为例

以《舜子变》为例：

按舜以孝事亲，传说由来已久，且有儒家著作为证。但唐尧虞舜世事，历代相传，难免多有增改。而作为民间文艺创作，自必难于判断该篇变文创作年代。但该篇记舜父瞽叟唤言舜子云：

> 辽阳城兵马下，今年大好经记（纪）。阿耶暂到辽阳，沿路觅些宜利。

---

① 朱雷：《〈伍子胥变文〉、〈汉将王陵变〉辨疑——读敦煌变文札记（一）》，武汉大学魏晋南北朝隋唐史研究室编：《魏晋南北朝隋唐史资料》第 7 辑，武汉大学出版社 1985 年版，第 19—24 页。

该篇尾部题记用后晋石敬瑭天福年号，但此绝非创作年代。据前云"辽阳城兵马下，今年大好经纪"，则据两《唐书》及《资治通鉴》，应指唐太宗或者是唐高宗征辽之时。唐无"辽阳"，但或因用旧典，或指辽水之北，亦未尝不可。

以《唐太宗入冥记》为例：

按此文记唐太宗入阴曹地府，遇冥判官崔子玉及还阳之事，末云：

> 太宗赐崔子玉，蒲州刺史兼河北廿四州采访使……（崔子玉云）陛下若到长安，须修功德，发走马使．令放大赦，仍□□门街西边寺，录讲《大云经》。陛下自出己分钱，抄写大□□。

笔者据史籍补订：

仍 朱 崔 门街西边寺

抄写大 云 经

并考"朱雀门街西边寺"，应指"大云寺"。

从而表明该文应是作于武则天登基后，重视《大云经》，在全国各州县建大云寺时。而到唐玄宗时，于开元二十二年初置"十道采访处置使"后，此篇变文尚在民间流传，有人讲唱，故又将新出现的、亦为世人所尊重之衔名，加在崔子玉的头上。① 这也足证前引施蛰存先生所论及"一个能创造故事（话）的艺人的"讲稿"，以备随时修改"的论断是正确的。

此类例证尚多，不一一列举。

---

① 朱雷：《〈伍子胥变文〉、〈汉将王陵变〉辨疑——读敦煌变文札记（一）》，武汉大学魏晋南北朝隋唐史研究室编：《魏晋南北朝隋唐史资料》第7辑，武汉大学出版社1985年版，第19—24页。

四、因"与时俱进"而改写之例

在敦煌藏经洞中发现的两种写本之《燕子赋》，无论是文艺价值还是史学价值，都是引人注目的。两种写本之《燕子赋》，俱以"雀占燕巢"为创作题材，俱用"拟人化"的创作方法。且就故事情节的发展而言，其基本线索、情节发展及结局，也是大致相同的。由于创作者生活在唐代，虽然不悉制度，但直接统治其身的制度却又不可能不熟悉知晓，因为那些有关"编户齐民"严格控制、管理与惩治的法规，正是专制中央集权下的紧身咒。

因此作者以"候鸟"燕子比为"浮逃户"，以"留鸟"雀儿比作具有"编户齐民"身份的在"籍"之民。"雀儿"见"浮逃户"身份的"燕子"辛苦造得一宅，故先以"括客"恐吓"燕子"，继而以武力夺得。

"燕子"遂向百鸟之王凤凰投诉，经讯问判断，舍宅断还燕子。但在若干重要情节的变化与描写之中，却又看到大不相同之处，甚至某些在我们今天看来极为重要的部分，在甲种本中作如是的描写，而在乙种本中，却又作了迥异的改写。

笔者就两种写本，将若干部分，加以对比，看出其差异，结合《唐会要》、两《唐书》、《全唐文》等典籍，并结合敦煌吐鲁番文书，考定甲种本写在武周圣历元年（698），即李峤证圣元年（695）提出搜括"浮逃户"的方法之后。而乙种写本，则是作于唐玄宗开元九年（721）至十二年（724），采纳宇文融之搜括处置"浮逃户"的建议之后。

"浮逃户"的出现与地域、规模之扩大，不仅造成国家直接控制的"编户齐民"减少，以致影响国家赋税收入，并使兵源枯竭，而且一旦"浮逃户"成为"光火大贼"，还会影响社会稳定，最终都会危及封建国家的存在。

李峤、宇文融的建议被武则天、唐玄宗采纳，并以法令形式颁布实行，对社会都会产生重大影响。甲种写本《燕子赋》中的有关描写，反映了当时对"浮逃户"的处置方式。但到了玄宗开元时期"浮逃户"问题又在新形势下成为社会重大经济政治问题，宇文融根据当时形势，也考虑了武周圣历括户的情况，提出了新举措。如果讲唱者还照甲种写本讲唱，自然不为世人所喜。故在保留甲种本的描写手法、主要情节的前提下，作了适应新形势的改写。

由于从历史角度去考察，不仅解决了写作年代的问题，阐明了改定的历史背景，同时对一些可说是"关键"之字的理解，亦可避免单从文字角度去考察。如燕子云"我得永年福"之"福"，据宇文融之建议及《唐会要》所记开元十六年十月敕所记，"福"字应正作"复"，"永年福"即"永年优复"。

在所有讲唱文艺之中，仅此两件保存了改写的实物。它们不仅有重大文学价值，而且从历史角度去考察，不仅解决了许多本身存在的谜团，而且对历史研究也提供了重要的资料。

五、于怪诞之作中见真情之例

《庐山远公话》一篇，最为怪诞。刘铭恕先生在《敦煌遗书总目》中，引元人之说，指出"远公七狂"出于伪作《莲宗宝鉴》，周绍良先生更有详考。但如果从历史的角度去考察，《庐山远公话》中所云，大都有据。

如"话"中之"庐山远公"，实是孤明先发，首倡"一阐提人皆可成佛"而又上过庐山的竺道生，主净土，结莲社的身居庐山的惠（或作慧）远，以及立"涅槃宗"的小远（隋高僧慧远）。"话"中反映了"涅槃"、"天台"二宗之创立年代。尽管今天我们所见的文书后有开宝五年（972）题记，足证此时尚有人抄录，以供讲唱，但其中似并无禅宗明显之证。而远公之被掳掠下庐山，后又卖到东都，是因"寿州贼白庄"上庐山掳掠之故。考史东晋末卢循曾上庐山见远公，但并无丝毫掳掠之事。这个"寿州贼"，笔者考为唐末本为寿州屠户的王潮，后为光州刺史。因与秦宗权交恶，遂挟兵南下过江入闽，有途经江州之事。故此我们从历史（包括佛教史）的角度来考察，就可以从根据伪作生吞活剥、张冠李戴之作中，看到它的真实价值。

此虽列一例，但不少讲唱作品中，皆有此类。

　　综上所述，我们可以看到，作为多学科的、多视角的综合考察，研究敦煌藏经洞发现的这批民间文艺瑰宝的重要性。而从历史角度的考察，"以史证文"、"文史互证"，自能更加有力地、全面地发现和利用这批瑰宝，从而各学科皆可得到"互补"、"互利"的结果。

　　(原载项楚、郑阿财主编《新世纪敦煌学论集》，巴蜀书社 2003 年版)

敦煌写本《庐山远公话》中之惠远缘起及《涅槃经》之信仰

在敦煌藏经洞中所出唐五代写本民间讲唱文艺作品之中,《庐山远公话》无疑为怪诞之作。先是刘铭恕先生在《敦煌遗书总目》中,即已指出伪作惠远事迹,后二十余年,周绍良先生《〈庐山远公话〉与〈庐山莲宗宝鉴〉之关系》一文,更有详考,论及其伪作之渊源关系。二位前辈以其渊博之修养、精湛之考据功力所作之结论,当为可信。

作为当时民间讲唱文艺作品之"底本"作者,以其于佛学、文学等方面之修养而言,皆非上乘,复因其所针对听众之需要,更因要"徒以悦俗邀布施",必蔓生枝节,甚至"插科打诨"。犹如《高力士外传》中所言及幽闭中的唐明皇,每日"亲看扫除庭院……或讲经论议、转变说话,虽不近文律,终冀悦圣(指明皇)情"。从而表明,只有"不近文律",方能终达"悦圣"之目的。

这里的"不近文律",除了指明其作品的文学性不足外,更重要的在于作者"随心所欲"的创作手法,也即"真真假假",往往甚或"假"多于"真"。前言之"插科打诨",即是借用戏剧表演,以言语及动作,引得观众"笑口一齐开"。

这里的"假",也即"不近文律",有违史实,但也有真实作为基础。以这篇《庐山远公话》而言,如果从佛学史角度切入去考察,却又是"假"中有"真"之作。同时,虽然这篇讲佛学,而"俗讲者不能演空有之义,徒以悦俗邀布施而已"之作,却又说出了江南佛教理论之创见与发展。

这篇俗讲之"话本"中之主人公惠远,是指释道安的受钵弟子惠远,其中一些记载,亦见于《高僧传》中之本传。诸如惠远赴庐山等,

365

但却不见有惠远将一部《涅槃经》带往庐山修道之事，更不见惠远为该经作疏抄之事，更不见其有说"一阐提人皆能成佛"。

考法显于西天取经回，于建康译出六卷本之《泥洹经》，然法显所带回之经，非足本也。而能"彻悟言外"、大明涅槃理趣的竺道生，能于大本未传时，"剖析经理，洞入幽微，乃说阿阐提人，皆得成佛"，可真谓是"孤明先发"。而守旧诸僧囿于六卷本《泥洹经》中并无此话，"以为邪说……遂显大众，摈而遣之"，道生被迫离建康，先投吴之虎丘山，遂有"生公说法石点头"之传说，后又复入庐山。及至大本之传入建康，果称阐提悉有佛性，与生公前说合若符契。生公"既获此经，寻即讲说……德音复发……穷理尽妙，观听之众，莫不悟悦"。生公与旧学诸僧所争论之佛性说，即《涅槃经》之中心论旨：立善不报者，始有真正之善；凡人皆有佛性，此为《涅槃经》之本旨；顿悟成佛。

正因竺道生之昌明其学，适应了当时江南的社会诸阶级、阶层之需要，遂能使佛教之影响，更为广阔。门阀世族、官僚王公在世之日，皆能过着腐化生活，作恶多端，不持五戒，不修十善，业已堕入"一阐提人"之列，亦可成佛。而作为劳苦大众，虽因穷苦，难持"五戒"，难修"十善"，亦能成佛。佛教天国之门大开，至是信徒更广。这一点，在远公卖身为崔相国奴、入大福光寺与僧道安辩论涅槃要义时，提出"既言我佛慈悲为体，如何不度羼提众生？"即是上义。

但竺道生虽"大明涅槃理趣"，首倡一阐提人皆能成佛，却不见他为该经作疏之记载。而最早为《涅槃经》作疏者，乃隋净影寺僧惠远，人称之为"小远"者也，见于《续高僧传卷八·义解四·隋京师净影寺释惠远传》，曾作《涅槃疏》十卷，本传又记："本住清化，祖习《涅槃》，寺众百余，领徒者三十，并大唐之称者也……又自云初作《涅槃疏》讫，未敢依讲，发愿乞相，梦见白手造塑七佛八菩萨，像形并端，还自绩饰，所画既竟，像皆次第起行，末后一像，彩画将了，旁有一人，来从索笔，代速成之，觉后思曰，此相自流末世之境也。乃广开敷之信如梦矣。"由此可见，为《涅槃疏》作疏者，实为隋之小远，而非晋宋之际之大远。

由上观之，"话"本之惠远之原形来源，实有三人：释道安之受钵弟子，雁门楼烦人，居于庐山，为南方道俗之魁斗的惠远；释道安之同学竺法汰之一名弟子，巨鹿人竺道生，以大明涅槃理趣、首倡一阐提人皆能成佛而在佛教史上兴起壮阔波浪，成为一代宗师；本敦煌人，俗姓李，后居上党之高都的慧远，即人称之为"小远"者，著有《涅槃经疏》者也。三名高僧中，唯竺道生首倡一阐提人皆能成佛，大明涅槃理趣，并两度上庐山。"小远"虽为《涅槃经》作疏，但却未尝入庐山，但因庐山寺为修行之圣地，小远虽未入庐山，却因作疏之故，因而"俗讲"之人因《涅槃经》之传播，并因如前所云，为各阶级阶层人之信仰，为此就将三者糅合，也即是为《庐山远公话》中之惠远和尚之缘起也。

（原载刘进宝、高田时雄主编《转型期的敦煌学》，上海古籍出版社 2007 年版）

《伍子胥变文》、《汉将王陵变》辨疑

——读《敦煌变文集》札记(二)

敦煌变文本采民间传说，或以佛典、史传故事为题材，经多年流传，复由文人加工润色而成。其间虽或存有子虚乌有之处，但作者总是把当代社会风俗及现行各种制度，有意无意间揉渗于自己的作品之中。使得这种以神话、传说历史人物为题材的变文带有浓厚的时代特色。以伍子胥、王陵这种历史人物为题材的变文，就在许多事物情节的描述中，把大量唐代制度揉渗进去了，如《伍子胥变文》中，当述及伍子胥在吴招募兵人伐楚，募得精兵后，"赏排(绯)借绿"，及攻灭楚国后，"酬功给效：中有先锋猛将，赏绯各赐金鱼……自余战卒，各悉酬柱国之勋。"①这些制度都是唐代所行用的，但作者在创作过程中，搬进了以春秋史传为题材的变文中。又如《汉将王陵变》，以楚汉相争时的人物故事为题材，其中述及楚霸王派钟离末捉得王陵之母后，"髡发齐眉……兼带铁钳"，此种髡钳之制，仍是秦、汉时所施行。但述及王陵及灌婴之官衔时，写作一为"左先锋兵马使兼御史大夫，一为右先锋兵马使兼御史大夫"。兵马使，以及武将加宪衔，皆唐代之制度。②

对变文中所记载的这些制度进行考察，不仅有利于对此篇变文写

---

① 本文所引敦煌诸篇变文，主要依据周绍良编：《敦煌变文汇录》，王重民等编：《敦煌变文集》(上册)，但引用时，均与缩微胶卷校对过。凡文中所引变文，只在此处作注，其余均依此，故不再作注。

② 关于兵马使，可参严耕望：《唐史研究丛稿》第三篇《唐代方镇使府僚佐考》，新亚研究所 1969 年版。

作年代的考察，同时还可使我们了解唐代诸种制度实施情况，并对史籍记载的缺略，作有益的补充。往往对某些制度的考察，还有利于对变文本身的理解。笔者的读敦煌变文札记，就是这方面的尝试。

勒铺交横

按：《伍子胥变文》记伍子胥逃亡过程中，从渔人之说，走投吴国，途中：

> 北跨广陵，南登吴会，关、津急切，州、县严加，勒铺交横，镇代相续。

此处所云"勒铺交横"之"铺"，若从字面上理解，释为"捕"字，作动词用，在句中似亦可解。但若参照整段文字所述，有关、津、州、县、镇等机构名称，则此处之"铺"，亦应是各级行政组织及关防机构中的一级单位。根据文献记载，作为"铺"，有属边境地区烽铺系统中的"马铺"，① 有属行军系统的"更铺"，② 有属邮驿系统的"递铺"，③ 此外，还有一种设置在城内街坊及傍城的"铺"。本文中所涉及的"铺"，则应是属于后一种。

据《唐律疏议》卷八卫禁律，宫内外行夜不觉犯法条疏议曰：

> 宫内外行夜，并置铺持更，即是守卫者。

同书同卷，诸於宫城门外，若皇城门守卫，以非应守卫人冒名自代及代之者条疏议曰：

---

① 《通典》（十通本）卷 157 兵十，李筌《太白阴经》。
② 《通典》卷 157 兵十，李筌《太白阴经》。
③ 《太平广记》卷 220 医六，引《稽神录》陈宽条，中华书局 1961 年版。

谓宫城外队仗，及傍城助铺所。

同书同卷，诸越州、镇、戍、城及武库垣条疏议曰：

又依监门式，京城每夕分街立铺，持更行夜。鼓声绝，则禁人行。晓鼓声动，即听行。若公使赍文牒者，听。其有婚嫁，亦听。注云：须得县牒。丧、病须相告赴，求访医药，赍本坊文牒者，亦听。其应听行者，并得为开坊、市门。

由此可见，唐代规定在宫城旁及京城之内的坊、市，分街区，皆置有"铺"。其任务是"持更行夜"，守闭坊及市的大门，盘问夜间过往行人，也就是执行宵禁任务。这种形式的机构，直到宋代的东京汴梁，还相沿袭。据宋人孟元老的记载，北宋都城汴梁内：

每坊巷三百步许，有军巡铺屋一所，铺兵五人，夜间巡警，收领公事。①

宋汴梁之"铺"，一如唐《监门式》之制度。

但是，唐代的"铺"，并非仅宫城傍及京城街坊内才设置，根据《唐律疏议》卷八卫尉律，宫门等处冒名守卫条疏议云：

其在诸处，谓非皇城、京城等门，自余内外捉道守铺及别守当之处。

从而表明京城以外，亦有"铺"的设置。又据《唐六典》记载，唐代的"关"分三等，上关置"典事"六人，中关置"典事"四人，下关置"典事"二人。而"典事"的职掌则是：

---

① 邓之诚注：《东京梦华录》，中华书局1982年版。

掌巡划铺及杂当。①

由此可见，"铺"是"关"的下属"守当"机构，由关令属下的"典事"执掌，而关令的职责是：

掌禁末游，伺奸慝，凡行人车马，出入往来，必据过所以勘之。②

根据这个记载，这种置于全国各地"关"的下属守当机构——"铺"，较之设于京城内执行"宵禁"任务的"铺"，所执行的任务可能更广泛些。

变文中所述春秋时期的伍子胥在逃亡过程中，受到楚王的通缉：

楚王出敕，遂捉子胥处若为敕曰……唯有子胥逃逝，目下未获，如能捉获送身，赏金千斤，户封千邑户。隐藏之者，法有常刑，先斩一身，然[后]诛九族，所由宽纵，解任科微（征），尽日奏闻，固（锢）身送上。敕既下行，水楔（泄）不通，州县相知，牓标道路，村坊搜括，谁敢隐藏。

作者在描述整个逃亡过程中，有意无意把自己最熟知的年代——唐代军政关防机构都列入作品之中，因而唐代的"铺"出现在以春秋时代的史传为题材的变文中了。

虞候长巡

按《伍子胥变文》中述伍子胥统吴兵伐楚，进军途中，快入楚

---

① 《唐六典》（广池学园本）卷30，关令条，《新唐书》卷四九下作"掌巡蒩杂当"。

② 《唐六典》（广池学园本）卷30，关令条，《新唐书》卷四九下作"掌巡蒩杂当"。

境时：

> 子胥告令军兵，大须存心捉溺（搦）。此是平王之境，未曾
> 谙悉山川险隘，先登致远：虞候长巡……

关于虞候之制，严耕望先生已有考证。严先生在考证唐代方镇府史之武职军将时，指出虞候之职，"皆不出常衮所谓'职在刺奸，威属整旅'之范围。"①虞候在军中之地位与作用的变化，从北齐、北周均分别置有"虞候大都督"，丞相府帐内虞候大都督②，到《水浒传》中帮闲的小人陆谦亦称"陆虞候"，是一个复杂的问题，这里仅就"长巡"二字，从行军角度去考察。

史载西魏大统初年，宇文泰之任用韩果即因其人：

> 性强记，兼有权略。所行之处，山川形势，偏能记忆。兼善
> 伺敌虚实，揣知情状。有潜匿溪谷，欲为间侦者，果登高望之，
> 所疑处，往必有获，太祖由是以果为虞候都督。每从征行，常领
> 候骑，昼夜巡察，略不眠寝。③

韩果由于具有记忆强，善于观察地形，侦察敌情，判断敌军动向的优点，故被宇文泰用充虞候都督，在行军作战过程中，执行昼夜警戒巡逻的任务。

在唐代，则有更为具体的记载。李筌《太白阴经》第二十八，阵将篇云：

> 二人虞候，擒奸摘伏，深觇非常，伺查动静，飞符走檄。安
> 忍好杀，事任唯时者任。

---

① 严耕望：《唐史研究丛稿》第三篇《唐代方镇使府僚佐考》。
② 王仲荦：《北周六典》卷一，大丞相第六，中华书局 1979 年版。
③ 《周书》卷 27《韩果传》，中华书局标点本。

按此处"深"当为"探"之误。如是，则"探觇"宜正作"觇探"。在唐代，"觇探"就是在边境配合烽铺、游奕等，执行侦防任务。李筌书中不仅记载了虞候的职掌，而且表明了什么样的人才才能充当。根据《李卫公兵法》：

> 诸军每营队伍，每夜分更，令人巡探……当军折冲、果毅并押铺，夜尽更巡探，递相分付。虞候及军中官人通探都巡。①

这里讲的是夜间军中巡夜之制，虞候任务是"通探都巡"，李筌书第五十二夜号更刻篇对此作了详载：

> 夜取号于大将军处……每日戌时，虞候、判官持簿於大将军幕前取号……于将军前封锁，函付诸号，各到彼巡检所，主首以本钥匙开函告报，不得令有漏泄。

同书第五十一定铺篇云：

> 每日戌时严警，鼓自初动，虞候领甲士十二队，建旗帜，立号头，巡军营及城上，如在野，巡营外。定更铺疏密，坐者喝曰是什么人？巡者答曰虞候总管某乙巡。坐喝曰作甚行？答曰定铺。坐喝曰是不是？行答曰是。如此者三喝三答，坐曰虞候总管过。

有关"号"，以及巡营时"号头"与守"铺"者"问"与"答"制度，俟后《汉将王陵变》释"号"中再作考察。这里表明夜军营之"号"——口令，由虞候从大将军处领得后，密封发给有关主管人员，每夜虞候尚必带队巡查军营内外，任务大约不外是内查"更铺失候，犯夜失号，

___
① 《通典》卷157，兵十，下营条引。

373

擅宿他人者①", 外防敌军偷营。次日, 还须向统军将领禀报结果, 称之为"报平安"。李筌书四十九报平安篇云:

> 报平安者, 诸营、铺百司主掌者皆入, 五更有动静, 报虞候知。左右虞候早出大将军牙前, 带刀磬折, 大声通曰: 左右厢兵及仓库、营并平安。诺, 复退本班。如有盗贼, 动静紧急, 即具言其事。若在野行军, 即具言行营兵马及更铺并平安。

变文中述及伍子胥领兵伐楚, 进入楚国境内, 一则"山川险隘"不了解, 再则又恐楚军偷营, 其加强防范的措施, 首先就是"虞候长巡", 如前引宇文泰之用韩果。

子将绞略

唐制, 子将在军中"分掌军务"。②《唐令》云:

> (每军)子将八人, 资其分行阵, 辨金鼓及部署。③

李筌书第二十七将军篇云:

> 八人子将, 明行阵、辨金革、晓部署者任。

同书第二十八阵将篇云:

> 四人子将, 目明旌旗、耳察金鼓、心存号令、宣布威德

---

① 《通典》卷 149, 兵九, 杂教令。
② 《通典》卷 148 兵一, 令制条。
③ 《资治通鉴》卷 211, 玄宗开元四年六月癸酉条胡注引《唐令》, 中华书局 1964 年版。又《通典》卷 148, 兵一, 令制附, 所记与此同。

者任。

同书第四十八游奕地听篇云：

> 其副使、子将，并久谙军旅、好身手者任。

上引材料中，李筌书中所载子将员数就有不同，此处暂不论及。仅就记载可见子将在军队中的重要地位，故必须有丰富的作战经验、懂兵法、会布阵的人充当，其地位颇类后世之参谋长。

"绞"字当正作"较"字，"较略"即比较方略。唐符载《上巳日陪刘尚书宴集北池序》云："献奇较艺，钩索胜负。"[1]是指水上比赛技艺，以决胜负而言。此处"子将较略"，则当指伍子胥兵入楚境，将要与楚兵决胜负前夕，子将商讨战胜敌人的作战计划。

横行傔奏

"傔"指"傔人"，"奏"指"别奏"，俱是唐代军将之随从人员。唐制规定：

> 凡诸军镇大使、副使已上(按：据《旧唐书》职官志，应正作"下")，皆有傔人、别奏，以为之使。大使三品已上，傔二十五人，别奏十人……副使三品已上，傔二十人、别奏八人。总管三品已上，傔十八人，别奏六人……子总管四品以上，傔十一人，别奏三人。若讨击、防御、游奕使，副使，傔准品减三人，别奏各减二人。总管及子总管傔，准品各减二人，别奏各减一人。[2]

---

① 《文苑英华》卷711，序十三，游宴四。
② 《大唐六典》(广池学园本)卷五，兵部郎中条，又见《旧唐书》卷43，职官志。

按李筌《太白阴经》所记诸军镇将领傔、奏数与上所记有不同，且所列应配有傔、奏之军将亦较上为多。但此处不在于考察异同，而仅就"横行"二字去作考察。

按《大唐六典》云：

> 傔、奏皆令自招。

李筌《太白阴经》记充傔人、别奏的条件是：

> 忠勇骁果，孝义有艺能者任。

作为"傔"、"奏"，充当军将的随从，既是供其驱使，用为保卫，同时由于是按职事官品的高低配给，故军将出巡时，随从之"傔"、奏"数的多寡，也反映了军将本身地位的高低。唐高仙芝任都知兵马使时：

> 每出军，奏、傔从三十余人，衣服鲜明。

封常清曾投牒高仙芝，愿充高的傔人，但因封本人"细瘦目颣，脚短而跛，仙芝见其貌寝，不纳。"①由于封丑陋，又有残疾，若充其傔人，随之出巡时，当然有损高的威仪。

由于傔人、别奏长期跟随主人作战，保卫主人，故极易为主人所提拔，如王君㚟，曾为郭知运别奏，以"骁勇善骑射而得授官，后至河西陇右节度使。② 又如鲁炅，曾为陇右节度使哥舒翰之别奏，哥舒翰曾在宴席上指着鲁说："此人后当为节度使。"其后果然。③ 封常清之所以要投充高仙芝的傔人，当然不是为了"衣服鲜明"，而是要以

---

① 《旧唐书》卷104《封常清传》。《新唐书》本传同，中华书局版。
② 《旧唐书》卷103《王君㚟传》。《新唐书》本传同。
③ 《旧唐书》卷114《鲁炅传》。《新唐书》本传同。

"充傔"作为晋升的阶梯，以改变其孤贫的地位。

"横行"二字，司马相如《上林赋》云：

> 扈从横行，出乎四校之中。

颜师古注云：

> 四校者，阑校之四面也。言其跋扈纵恣而行，出于校之四外也。①

王先谦补注云：

> 扈从，从驾而缓行……横行谓军士分校，就列天子周回，按部不由中道行而旁出。②

作为汉天子的出巡，"扈从横行"句似应按王说为是。但颜师古的解释，应是反映了唐代人们的理解。由军将亲自挑选的"傔人"和"别奏"，他们既因军将的宠爱而衣着华丽，又因军将的提拔，往往由此当上大官，故而在他们随从主人出行时，也就个个流露出"跋扈纵恣"的"横行"神态。同时，此处"横行傔、奏"句也是同下句"偷路而行游奕"，作对比的文学描写手法。

偷路而行游奕

"游奕"字，本亦可作动词之用，如《南史》卷 67 樊毅传附弟猛传载隋灭陈，大军济江：

---

① 《汉书》卷 57 上《司马相如传》"上林赋"颜注。
② 王先谦《汉书补注》卷 57 上《司马相如传》"上林赋"王补注。

时猛与左卫将军蒋元逊，领青龙八十艘为水军，于白下游弈，以御隋六合兵。

此处"游弈"二字实含"巡逻"之意，也是为了侦察敌情。在唐代，"游弈"亦是一种武职，有"游弈使"，在边境地区，有与烽、铺等边防设施相配合的"游弈"。在行军作战部队中，亦有专司侦察、捉俘的"游弈"。此处仅就行军时配置的游弈之"偷路而行"作一些考察。

行军作战，必须了解敌境山川道路，军队分布，所谓"知彼"即是。伍子胥伐楚，既已入楚境，还是"未曾谙悉山川险隘"，当然更不知楚军驻防情况，故必须派出侦察人员。《破魔变文》记魔王与如来佛斗法：

于是魔王击一口金钟，集百万之徒党。〔当时〕差马头罗刹哲为游弈将军。

又《百鸟名》记凤凰"排备仪仗"：

鹞子为游弈将军。

魔王要同如来佛斗法，首先就派人身马头的地狱鬼卒为游弈将军。鹞子是一种凶猛骁捷的禽鸟。诗云："鹞子经天飞，群雀两向波。"①因而凤凰看中了这特点任之为游弈将军，这些民间传说和神话，经过文人加工，所以也都揉进了人世间的兵法和制度。

关于行军作战中游弈的派遣和使用，据李筌《太白阴经》第五十八衅鼓篇云：

军临敌境，使游弈捉敌一人，立于大纛之前，……乃腰斩之……取血以衅鼓鞻大纛……六从之而往出胜敌，亦名祭敌。

① 《乐府诗集》卷25，企喻歌辞曲。

这里所云"衅鼓"，本是迷信之举，但都要派"游奕"去活捉敌人以供使用，《通典》记载行军中，关于游奕的派遣和使用，更其详尽，其引李卫公兵法云：

> 诸军营下定，每营夜别置外探，每营折冲、果毅相知作次。每夜面别四人，各领五骑马于营四面，去营十里外游奕，以奋非常。如有警急，奔弛报军。①

这里讲的"外探"就是指"游奕"，《通典》引李卫公兵法云：

> 其游奕马骑，昼日游奕候视，至暮速作食吃讫。即移十里外止宿，虑防贼徒暮间见烟火，夜深掩袭捉将。其贼路左右草中，着人止宿，以听贼徒。

由上所引资料，可以看出在行军驻营时，派出游奕，侦察敌情，捕捉俘虏，尤其夜间，要埋伏在要道旁草中，以防敌人偷营。关于驻营后派出游奕，以及偷营事，《汉将王陵变》中有较生动的描写，今引如下：

> 王陵谓灌婴曰："此双后分天下之日，南去汉营二十多里、北去项羽营二十里。"王陵又谓曰"左将丁腰，右将雍氏，各领马军一百余骑，且在深草潜藏。"丁腰谓雍氏曰："断于汉将此处，敢为巡营。"二将听得此事，放过楚军……

汉将王陵、灌婴去夜袭楚营，楚霸王已派丁腰、雍氏充当游奕，但他们埋伏在路旁深草中已被王陵等探知。大约王陵也有前引韩果那种料

---

① 《通典》卷157，兵十，下营。

敌如神的本领，看出楚军潜藏地点，又有意放过楚军游奕部队，不去攻击，即所谓"放过楚军"。楚军游奕部队因暴露埋伏地点，没有尽到职责。霸王责之曰："遣卿权知南面游奕，何不存心觉察?"故被偷营，损失惨重。"二十人总著刀箭，五万人当夜身死。"游奕是执行巡逻侦察，或是埋伏侦察，捕捉敌俘，这些行动又往往需要深入敌境，脱离自己的大部队，故行动极为谨慎、保密，故而称之为"偷路而行游奕"。

在 S0328 号文书中，有关这段原文的抄录形式如下：

1. 至晓即至江西　子胥告令军兵　大须存心捉搦　此是平王之境　未曾谙悉

2. 山川　险隘先登　远致虞候　长巡子将绞略横行　傔奏偷路而行

3. 游奕经余一月　行逞(程)向尽(下略)

如果按照这个抄录形式断句，凡空格处即断开如下：

未曾谙悉山川，险隘先登，远致虞候，长巡子将，绞略横行，傔奏偷路而行。游奕经余一月，行程向尽。

则此段话几不可解，如果我们按照唐代的行军制度，而不考虑空格，就应作如下的断句：

未曾谙悉山川险隘，先登远致：虞候长巡，子将绞(较)略，横行傔、奏，偷路而行游奕。经余一月，行逞(程)向尽。

变文的抄录，并不如佛、道经典的抄录那样，有一套完整的抄录、校对制度，甚至还比不上儒家经典的抄写。因此，还要从变文本身以及种种制度去考察，才能找到一种比较符合原意的断句方式。

军号、号

按：《汉将王陵变》述及汉军拟夜袭楚营，行前王陵语灌婴曰：

> 陵语大夫今夜出，楚家军号总须翻。

又，变文中述及楚将季布奉霸王令巡营：

> 中军家三十将士，各执阔刃蓁（陌）刀，当时便喝……既是
> 巡营，有号也无？

按此："军号"、"号"，即今军队中之"号令"。因是夜间行用，故亦
称"夜号"，其制仍见于唐代兵书之中。

李筌《太白阴经》第五十二夜号更刻篇云：

> 夜号于大将军处，粘藤纸二十四张，张十五行。界印缝，安
> 标轴。题首云某军每年每月某日号簿。每日戌时，虞候、判官持
> 簿于大将军幕前取号。大将军取意于一行中书两字，上一字是坐
> 喝，下一字是行答，于将军前封锁，函付诸号。各到彼巡检行。
> 主首以本钥匙开函告报，不得令有漏泄。一夜书一行，二十四张
> 三百六十行。尽一载，别更其保。

李筌书中详尽记载了有关军中号令的制度，每夜均有新的号令。每天
戌时（即十九时至二十一时），军营中开始戒严。李卫公兵法云：

> 诸军每营队伍每夜分更，令人巡探，不得高声唱号。行者敲
> 弓一下，坐者扣稍三下，方掷军号，以相应会……掷号错失，便
> 即决罚。当军折冲、果毅，并押铺宿，尽更巡探，递相分付，虞

候及中军官人通探都巡。①

由于"军号"是夜间行用，戌时开始军中警严，即刻用号，因此楚将钟离末说："何期王陵生无赖，暗听点漏至三更。"三更已到亥时，正因要防止敌人偷听窃号，所以又规定"不得高声唱号"，故当季布巡营，遇见"中军营人"——"中军家三十将士"被责问：

> "既是巡营，有号也无?"季布答曰："有号，外示得?"中军家将士答："里示。"

这里季布反问"外示得"，我的理解，就是指"不得高声唱号"，以防敌人窃听更号。故中军家将士答云："里示。"

变文中，在"里示"句下写作"合"，就应当指季布所答军号与中军家将士所问"相应合"，故将"拒马门"搬开，放季布带将士出外巡营，因此，此处应改作：

季布答曰："有号，外示得?"中军家将士答："里示!"合。惧(拒)马门阖(霍)地开来，放出大军。

附志：本文中引用李筌《神机制敌太白阴经》，系据本室孙继民同志手自校点丛书集成本，今谨志谢于此。

（原载《魏晋南北朝隋唐史资料》第 7 辑，武汉大学出版社 1985年版）

---

① 《通典》卷 157，兵十，下营。

《捉季布传文》、《庐山远公话》、《董永变文》诸篇辨疑

——读《敦煌变文集》札记(三)

"两家圃一保"即"五家团一保"

按《捉季布传文》中,记汉高祖因屡次搜捕亡楚故将季布不获,遂又再下敕搜捉,云:

> 白土拂墙交画影,丹青画影更逼真。所在两家圃一保,察有知无具状申……察貌勘名擒捉得,赏金赐玉拜官新。藏隐一飡停一宿,灭族诛家斩六亲。①

变文集该《传文》校录者王重民先生于该条之"圃"字下作注,云:

> 己卷(按:即S2056)"圃"作"园",庚,辛两卷(按即S5437,S1441)作"团"。周云:当依庚、辛卷,作"团"。"团保",唐人习语,谓互相保任,见通鉴唐穆宗长庆二年。

"圃保",应正作"团保",所见甚是。唐代的习俗以及法令,把相同类的合为一,即称谓"团";如貌阅制度,貌定之时,又称"团貌";②

---

① 《敦煌变文集》上集卷一,人民文学出版社1984年版,以下凡引本书处,一般不再一一作注。

② 《唐会要》卷85,团貌条。

383

官吏应选时，"诸色出身人"皆按制，各色人合为一"甲"上奏，称作"团奏"，① 或又称为"团甲"，② 成群之奴婢亦可称"家人团"。③ 延及中唐以后之"团结兵"、"团练使"，皆本此意。

据唐代法令规定：

> 五家为保，保有长，以相禁约。④
> 诸户皆以邻聚相保，以相检察，勿造非违。如有远客来过宿，及保内之人，有所行诣，并语同保知。⑤

这里讲的是唐代的保任制度，也即五家"团一保"。前所引《通鉴》长庆二年，户部侍郎张平叔为行食盐官卖所上奏中，提及"检察所在实户，据口团保"。该条胡注云：

> 团保者，团结户口，使之互相保识。⑥

由上引可见"团保"之制，也即令五家相互监督。此处不欲详考其制之渊源及其全部内容，仅就有关"远客来过宿"句，结合传文，作一考察。

根据唐律令所制定的日本律令，照抄唐制作：

> 凡户皆五家相保，一人为长，以相检查，勿造非违。如有远客来过止宿，及保内人有所行诣，并语同保知。⑦

---

① 《唐会要》卷 75 选部下，选限条。
② 《唐六典》卷二，尚书吏部，广池学园本。
③ 《敦煌变文集》上集，卷二《庐山远公话》。
④ 《唐六典》卷二，尚书吏部，广池学园本。
⑤ 仁井田陞《唐令拾遗》。
⑥ 《资治通鉴》卷 242 穆宗长庆二年条。
⑦ 《令集解》卷 9，户令，吉川弘文馆本。

该条于"远客来过止宿"句下注云:

> 远客谓一日程外人也……此条大指,为防浮隐也……来过止宿,谓经一宿以上也。

这里表明,日本所照录的唐律该条文,目的是责令"五家相保",为防"浮隐"。但凡有相距"一日程外"的"远客"来访,或要留宿外人一夜者,皆须向同保报告。因此,传文内云令"团保"内"察有知无具状申",即令各"团保"都要报告有无"远客来过宿"者。如发现"藏隐一飡停一宿"者,就要"灭族诛家斩六亲"。这就是利用"五家相保"的"团保"制度来搜捕季布。

又,据上引唐制,"团保"皆为"五家相保",尚不见有"两家"一"团保"。汉代军中已实行"伍符"之制,[①] 吐鲁番所出唐代文书中,诸如买卖所立之"市券"、申请"过所"时所立保证书,乃至民间所立诸种私券中,凡涉及"保人"的,其数额皆限定要有五人作保,这类文书颇多,不一一举出。足见"两家圃一保",当应正作"五家团一保"。

据上考,传文中"两家圃一保",当应正作"五家团一保"。

"押良"即"压良"

按《捉季布传文》中,描述朱解被汉高祖差至齐地,搜捕"逆贼"季布。朱解至齐地后,并未将季布捉获,相反却中计将季布买做奴隶。传文云:

> 朱解东齐为御史,歇息因行入市门。见一贱人长六尺,遍身肉色似烟勳(熏)。神迷鬼惑生心买……遂给价钱而买得,当时便遣涉风尘,季布得他相接引,擎鞭执帽不辞辛。朱解押良何所

---

① 《史记》卷 102《冯唐传》。

似，由（犹）如烟影岭头云。

这里讲的是朱解买奴的过程。按唐制规定，商业活动被限制在"市"内进行。"市"内的商品经营又按其性质，分为许多"行"。朱解入"市"购奴，当入"口马行"内。① 据传文所记，买奴契券尚是季布自己所书写。凡此种种皆可证朱解买奴手续是符合唐代关于奴婢买卖之种种规定的，何以传文作者云其"押良何所似"？

按"押良"二字，旧有释作"相貌"，实误，此处"押良"，即"压良"，"压"、"押"二字相通。在敦煌及吐鲁番出土之买奴婢契券中，往往写作"寒良"。据蒋礼鸿先生之考证，"寒良"之"寒"，即是"拔取"之意。② 故"寒良"亦即"压良"。

在唐代，虽然盛行蓄奴之风气，存在着频繁的奴婢买卖活动，在"市"内还有专门作奴婢（以及牲口）交易的"口马行"，但另方面，法律上对此种交易活动仍有着严格的规定，并且严格禁止使用欺骗（即所谓之"眩诱"），以及利用权势及暴力威逼（即所谓之"压良"），等手段，将良人掠卖作奴婢贱口的。据唐律规定：

> "诸略人，略卖人为奴碑者，绞。为部曲者流三千里。"
>
> "诸略卖期亲以下卑幼为奴婢者，并同斗殴杀法。"
>
> "诸知略和诱和同相卖及略和诱部曲奴婢而买之者，各减卖者罪一等。"③
>
> "诸妄认良人为奴婢、部曲、妻妾、子孙者，以略人论减一等。妄认部曲者，又减一等"④

---

① 见拙作《敦煌所出唐沙州某市时价薄口马行时估考》，唐长孺主编：《敦煌吐鲁番文书初探》，武汉大学出版社1983年版。

② 蒋礼鸿：《吐鲁番出土唐契券字义考》，《中国语文》1980年2期。

③ 《唐律疏议》卷20，贼盗律。

④ 《唐律疏议》卷25，诈伪律。

从上引诸唐律本文，结合各条疏议，可知唐代严禁将良人压为奴婢贱口。不仅如此，对那些通过种种途径，已获释为良人的奴婢、部曲，还压为贱口的，亦加禁止。据规定：

> 诸放部曲为良，已给放书，而压为贱者，徒二年。若压为部曲及放奴婢为良而压为贱者，各减一等。即压为部曲及放为部曲而压为贱者，又各减一等，各还正之。"①

这里所规定的，是对"放贱从良"后主人复压为各类贱口的种种处罚。不仅在法律上，就社会道德而言，"压良为贱"也是受到谴责的。敦煌所出奴婢放良样文中写道：

> 吾闻从良放人，福山峭峻，压良为贱，地狱深怨。②

为了防止"压良为贱"，唐代还在奴婢买卖过程中，有一套严格的"过贱"制度。买卖时，除了买主交验旧有契券外，还要询问被卖奴婢本身是否贱口，即所谓"问口承贱"。最后，还要五个保人，保证不是"压良为贱"。吐鲁番所出《唐开元九年唐荣买婢市券》记载了唐荣在西州买婢时，"过贱"经过如下程序：

> 准状勘责，问口承贱不虚。又责得保人石曹主等伍人款，保不是寒良诙诱等色者。③

《传文》中所记周氏卖奴时，称云"缘是家生抚育恩"即称是"家生奴"，并夸称该奴能文能武。而买奴契亦非请人代书，亦由"奴"自书，即所谓"遂交书契验虚真。典仓牒纸而吮笔，便呈字势似崩云。

---

① 《唐律疏议》卷 20，户婚律。

② 中国社会科学院历史所编：《敦煌资料》第一辑，中华书局 1958 年版。

③ 吐鲁番阿斯塔那第 509 号墓出土，编号 73TAM509：8/12。

题姓署名似凤舞，画年著月象焉存。上下撒花波对当，行间铺锦草和真"。朱解令其自书卖身契，虽是出于考究周氏所夸奴之文才，但自书卖身契，必然"承贱不虚"。朱解入"市"内"口马行"买奴，奴旧主称是卖"家生奴"，奴又自书"卖身契"，此皆与唐制相吻合，如何尚称"朱解押良何所似"？

此皆因季布虽是亡楚旧将，只因"辅佐江东无道主，毁骂咸阳有道君"，故遭汉高祖之搜捕，四处逃匿。只是为了逃生，所以"兀(髡)发剪头披短褐"，一幅奴婢贱人的发型服饰；"假作家生一贱人"，冒充家奴生子；同时取了一个奴隶常用的名字——"典仓"。行此苦肉之计，故意让朱解买去作奴。而朱解其人是"心粗阙武又亏文"，故而上当，以致"神迷鬼惑生心买"，误将季布买做奴隶，故而《传文》作者云：

> 朱解押良何所似？

下一句话是：

> 由(犹)如烟影岭头云。

也就是以写景的手法，寓意朱解被季布、周氏二人所蒙蔽，不知真相，以致买了一冒牌之"家生一贱人"为奴。

"羼提"即"阐提"之误

《庐山远公话》中记善庆(庐山运公)得崔相之允助，入东都福光寺内厅，与宣讲《大涅槃经》之道安法师辩论《涅槃经》义。当道安法师"拟入经题"时，"其时善庆亦其堂内起来，高声便唤，止住经题，……渐近前来，指云……未审所游，是何经文？为众诸生，宣扬何法？谁家章疏，演唱真宗。欲委根元，乞垂请说。"道安法师怒而斥云："汝见今身，且为下贱，如何即得自由佛法。……汝可不闻道外书言，堪与言即言，不堪与言失言。……不与你下愚之人解说。"
这样，更激怒了善庆(远公)，故而就《大般涅槃经》义责问道安法师：

> 再问我佛如来，以何为体？道安答曰……我佛以慈悲为体。
> 善庆又问曰，既言我佛慈悲为体，如何不度羼提众生？道安答
> 曰：汝缘不会，听我说著。羼捉众生，缘自造恶业。譬如人家养
> 一男，长大成人，窃盗於乡党之内，事既彰露，便被州县捉入形
> (刑)狱，受他考(拷)楚，文案即成，招优(尤)怨罪，领上法
> 场，看看是死。父母虽有恩慈，王法如何救得。我佛虽有慈悲，
> 争那佛力不以(似)他业力，如此之难为救度。善曰(庆)问曰：
> 羼提众生，虽造恶业，我佛慈悲，亦合救之。

按：《庐山远公话》一文，实是将东晋南朝及涅槃宗之数名高僧事迹，
集于"远公"一身，详考俟见另文。此处仅就《庐山远公话》中所记，
亦可见善庆提出的一个问题，实是佛教传入中国后，在东晋南朝时
期，"涅槃"佛性学说的发生与发展。当时佛教界争论的一个重大问
题是：在成佛这一点上，是否众生平等。而提出这一问题的是说法能
让石头点头的竺道生。道生所倡为"阿阐提"人皆有佛性。"阿阐提"
或作"一阐提"，"阐提"，但非"羼提"。

按"羼提"，据慧琳解云：

> 羼提，上察限反，下丁以反。唐云忍辱，或云安忍。①

此为"六波罗密"之一，乃菩萨之大行。故辩论之中，善庆(远公)以
称道安：

> 座主身披法服，常空真经，合兴无量之心，其六波罗密行，
> 发菩提心，利兹众生，出于三界。

---

① 《大正藏》，慧琳《一切经音义》十二。

"六波罗密"之三云：

> 羼提波罗密，羼提译曰忍辱，忍受一切有情骂辱击打等、及非情寒热饥渴等之大行也。①

即以忍受一切种种的政治经济压迫与剥削，忍受一切的灾难困苦，逆来顺受，决不生任何仇恨与反抗之心，以此方法，取得"成佛"。故而唐王朝尊敬佛教，谓之：

> 以布施、持戒、忍辱、精进、禅定、智惠为宗，所谓六波罗密者也。②

综上所述，可知"羼提"为菩萨之大行。若是则何以具此大行之人，反不能成佛？且道安法师斥之为"羼提众生，缘自造罪业"，善庆(远公)亦曰"羼提众生，虽造恶业"，均可见他们所辩论的是一种做"恶"多端的人能否成佛。故此处"羼提"必误。《大涅槃经》中所讲，为一切众生，皆有佛性，如来常住，无有变易之教旨。竺道生据《涅槃经》义所倡导，乃云"阿阐提"人，皆能成佛。故知此处，误将"阿阐提"、"一阐提"、"阐提"误作"羼提"。

《涅槃经》最早之译本，乃东晋求法高僧法显得自印度摩竭提国巴连弗邑。法显归国后，于晋义熙十三年(417)译出，是为六卷本之《泥洹经》。③ 此经实为《大涅槃经》之前部，唯有十八品，经云除"一阐提"之外，皆有佛性。但道生法师剖析经义之义理，提出"阐提含生"，何得独无佛性？认为此经"未尽耳"，仍倡导"阿阐提"人皆有佛性，并得成佛，因而遭到那些食经不化的"旧学僧人"的攻击，被斥

---

① 《大正藏》，智者《法界次第》下之上，梵名出次条。
② 《唐六典》卷四礼部，礼部郎中条。
③ 《大正藏》，《出三藏记集》八。

为离经背道的邪说异端。在这一点上，竺道生比那些"旧学僧人"确实"高明"得多。因为他的倡导，适合于统治者的需要，使佛教更具有欺骗性。

竺道生受到攻击后，于是"拂衣而逝"，遁入山中。

> 于是束身还入虎丘山，聚石为徒，讲《涅槃经》。至阐提处，则说有佛性。且曰：我所说契佛心否？群石皆为点头。①

直至北凉昙无忏所译《大般涅槃经》传至建康，果称"阐提"皆有佛性，与竺道生所倡导"若合符契"。竺道生大为慰喜，即在庐山讲说。

按：隋智者禅师所撰《法界次第》云：

> 一阐提者，断灭一切诸善根本，不信因果，无有惭愧，不信业报，不见现在未来世，不亲善友，不随诸佛所说教戒，如是之人，名一阐提。诸佛世尊，所不能治。

由此可见，"一阐提"人为众恶之首，故而《庐山远公话》中，道安法师斥之"自造恶业"，"我佛虽有慈悲"，亦"难为救度"。故知此处所云"羼提"，实为"阐提"、"一阐提"、"阿阐提"之误。

在《庐山远公话》中，记远公与道安法师的辩论，远公提出"阐提"是否能成佛这一问题，除因是辩论《涅槃经》的经义中的核心外，当还与该文中，远公是以家奴身份出现，而道安法师"手把如意，身坐宝台"，傲视远公，声称"不与你下愚之人解说"，斥指远公"似顽石安在水中，水体姓(性)本润，顽石无由入得。汝见今身，且为下贱，如何得自由佛法"。甚至威胁远公，如不"解事低头莫语，用意专听"，"不取我指拶"，就要"请杖决了，趁出寺门，不得闻经"。故远公愤而就《涅槃经》义，提出众生皆有"佛性"，在成佛这一点上，众生皆平等，以驳斥道安法师。

---

① 《大正藏》，《佛祖统记》二十六，三十六。

"贱人行"即"口马行"

按《董永变文》中记董永卖身葬父事，云董永卖身葬父毕，赴主家途中，遇仙女询问，遂告卖身之事，仙女问云：

世上庄田何不卖，鹜（挚）身却入残（贱）人行？

变文校录者将"残"字校作"贱"，实为的见。"残人行"为"贱人行"之误。

按唐代"市"中诸"行"之"行名"，常有两称者。在北京房山所出唐石经题记中，多见幽州（范阳郡）诸"行"合资捐造题名，经查题记中所见"行名"及主人名，就可发现此种现象。今试作一表对照如下：

经名	时间	行名	主人名
《大般若经》	天宝四载		游金应
《大般若经》	天宝六载	丝绸采帛行绢行	游金应
《大般若经》	天宝七载		游金应①

一部巨帙之佛经，若要刻成，就财力或人力而言，均非一时所能完成，故要分期刻成。从题记主人名所见，皆"游金应"一人，但所题行名，则有称"丝绸采帛行"，有称"绢行"者。石经题记中，还见有"大米行"，亦称"白米行"者。足证唐代之"行名"，实有一"行"二名之现象。

唐制规定，奴婢买卖被限制在"市"内的"口马行"中进行。在法

---

① 据中国佛协油印本《房山云居寺石经题记》卷三十七，七·二四，卷三十八，七·三六，卷六十五，八·一九九，卷六十九，八·五四。

律上，奴婢均属於"贱口"，即所谓"奴婢贱人"。① 而在吐鲁番出土唐代"乡帐"中，亦将奴婢列作"贱"口统计。故而作为奴婢牲口交易的"口马行"，亦可称作"贱人行"。

（原载《魏晋南北朝隋唐史资料》第 8 辑，《武汉大学学报》编辑部1986 年出版）

---

① 《唐律疏议》卷六，名例律，官户部曲条疏议曰。

《舜子变》、《前汉刘家太子传》、《唐太宗入冥记》诸篇辨疑
——读《敦煌变文集》札记(四)

辽阳城兵马下　大好经纪　沿路觅些宜利

《舜子变》记瞽叟唤言舜子云:

> 辽阳城兵马下,今年大好记(纪)。阿耶暂到辽阳,沿路觅些宜利。去时只道壹年,三载不归宅李(里)。①

按:舜以孝事亲传说由来已久矣,历代相传,自然也就把许多后代事物掺杂进去。如本变文中既云唐尧虞舜世事,何得又有"辽阳城兵马下",自不待辩。而云舜子"先念《论语》、《孝敬》,后念《毛诗》、《礼记》",则更荒唐。这些看来是"无知"之举,却恰恰向我们提供了判断这篇作品创作年代的线索。

本文尾部题记云:"天福十五年岁当己酉。"按后晋石敬瑭建元天福,至七年(942)卒,石重贵立,初继用天福年号,至八年七月改元天运。三年(946),亡于契丹。天福十五年则当后汉刘承祐乾祐三年。唯若天福十五年,岁当庚戌,题记所记纪年及干支,二者必有一误。有关归义军曹氏奉行五代时期中原诸王朝正朔,接受封号事,中

---

① 王重民、周一良等编:《敦煌变文集》上册卷2,人民文学出版社 1984 年版,后凡引本书之处,不再一一注出。

394

外前贤学者考证精详，此处不欲赘引。笔者所要指出的是，这篇变文的创作年代，必在天福以前，是无疑问的了。

又本文结尾处，题作"舜子至孝变文"。变文作为一种创作文体，始于唐代，盛于唐代，亦为前贤所考定。由此可以判断，本文是唐代民间文学作家，以流传已久的传说人物虞舜以孝事亲的故事，加以整理，用"变文"文体，再度加工创作。其间也必然会在有意无意之中，把作者所处时代发生的事件，渗透进他的作品之中。

本变文中记"辽阳城兵马下"句，这里"兵马"二字给了我们一个启示，即在"辽阳城"集中了大量军队，当有大规模战事发生。然考有唐一代，并未见有"辽阳城"名。考诸史籍，在汉辽东郡下有辽阳县，① 今辽宁省辽阳市附近。后魏世有辽阳城，② 今山西省左权县。③ 汉武世及隋文帝、炀帝世，亦皆有辽海之役，似乎亦可指西汉及隋两朝之用兵。然以"变文"文体而言，又可排除这两种可能。

有唐一代虽无"辽阳城"名，但并非不见"辽阳"之记载，今忆唐太宗《宴中山王》诗，有云：

> 驱马出辽阳，万里转旆旌。对敌六奇举，临戎八阵张。斩鲸澄碧海，卷雾扫扶桑。④

此处无须作繁琐之考证，即可知作于贞观十九年(945)，御驾亲征辽海之时。仅就"碧海"及"扶桑"句，可知诗中"辽阳"地望，濒临朝鲜之地。唐虽无"辽阳"，太宗仍用汉旧地名入诗。此亦诗人用典手法，无足为怪。或即以"辽阳"指辽水之北，亦未必不可。有唐一代，太宗、高宗两朝，多次发动辽海之役，史有详载，且前贤多有论述，亦

---

① 《汉书》卷28《地理志》辽东郡条。

② 《魏书》卷106上《地形志上》，乐平郡辽阳县条。

③ 顾祖禹：《读史方舆纪要》卷43，山西五辽山废县。谭其骧主编：《中国历史地图集》第4册，中华地图学社1975年版。

④ 《全唐诗》卷1，太宗皇帝，中华书局1960年版。

无须于此一一赘引。

瞥叟称言"辽阳城兵马下，今年大好经记(纪)。阿耶暂到辽阳，沿路觅些宜利"系指何事？按"经纪"二字本意，据张文成云：

> 滕王婴、蒋王晖皆不能严慎。大帝(按指高宗)赐诸王，不予二王(按指滕、蒋二王)，约曰叔(按指滕王)、蒋兄自解经纪，不劳赐物与之。①

按，滕、蒋二王贪鄙聚敛，两唐书本传有载，由此可见，"经纪"二字，实指聚财而言。

瞥叟一介白丁，他的"经纪"，只能靠"辽阳城兵马下"而得以"沿路觅些宜利"。而此举指何而言？今考同时敦煌藏经洞所出之《韩擒虎话本》所记，韩领隋兵平陈，军至中牟，为探陈军机，派一官健作探。

> 丐(改？)换衣装，做一百姓装里(裹)。担得一栲栳馒头，直到萧磨呵塞内，当时便卖。探得军机，即便回来，到将军帐前唱喏便报……(萧军)大开塞门，一任百姓来往买卖。②

按此话本，虽言隋事，但未必作于隋代，且敢直言文帝之篡立，非隋时所敢道。而话本开宗明义讲到：

> 会昌既临朝之日，不有三宝。毁坼(拆)伽蓝。感得海内僧尼，尽总还俗回避。

此所指，为唐代会昌三年(843)灭佛之事。而以"话本"文体，亦为唐

---

① 赵守俨点校：《朝野金载》卷4，中华书局1980年版。
② 王重民、周一良等编：《敦煌变文集》上册卷2，人民文学出版社1984年版。

之文学形式。凡此种种，前贤多有考证，足见此《话本》，既创作于唐代，其间势必将唐代之事物渗进以隋代故事为题材的作品之中。也正反映了当时尚有小贩将馒头之类食品于军中出售。

按唐代军队之中，一般战士生活非常艰苦，王梵志诗记征行府兵生活云：

> 碛里向西走，衣甲困须擎。白日趁食地，每夜愁知更。铁钵淹乾饭，同伙共分诤（纷争）。长头饥欲死，肚似破穷坑。①

这里讲的是碛西行军之困境，背着沉重的衣甲，急行赶往前站宿营地，而军食量少质差，十人一锅就餐，不得不相互争抢。因此出现"肚似破穷坑"，长期处于饥饿欲死的境地。据刘仁轨所云，太宗朝辽海之役：

> 见百姓人人投募，争欲征行，乃有不用官物，请自办衣粮，投名义征。②

足见此"投名义征"者，尚有钱财。就是到高宗朝，虽不见有"义征"者，但被征发的府兵中，亦非俱是穷困百姓。吐鲁番阿斯塔那出土之高宗朝人左憧憙墓之墓志，表面他虽非如墓志所言"财丰齐景"之大富户，但仍是举放小额高利贷、并能购买园地者。据该墓出土《唐麟德二年（665）赵丑胡贷练契》记：

1. 麟德二年八月十五日，西域道征人赵 丑
2. 胡于同行人左憧憙边贷取帛练
3. 叁疋。其练回还到西州拾日内，还

---

① 张锡厚：《王梵志诗校辑》，中华书局1983年版。

② 《旧唐书》卷84《刘仁轨传》，商务印书馆1958年缩印百衲本。

4. 练使了。①

按麟德二年西域道行事，当与是年闰三月于阗战事有关，史称：

> 疏勒、弓月两国共引吐蕃之兵，以侵于阗。诏西州都督崔知
> 辩及左卫将军曹继叔率兵救之。②

据此则知，左、赵被征行，应与赴援是役有关。左墓同时出土二份《支用钱练帐》。其间涉及在"胡乍城"、"据史德城"、"拔换城"、"安西"。考读史籍，安西都护府置于龟兹，其余上述三城，俱在安西管内③。可见此二支用帐皆记左从行是役，赴安西管内，用钱练购物帐。有关此二帐考释，当另撰文论之，此处表明左与赵同赴安西之役，赵向左借钱，未必定作沿途行军改善生活用，但左必有钱财另行购买食物，以补军食之不足。

由上可知，唐行军途上，因军食之量、质俱差，且至少兵士之中，带有钱财的，要向商人购买。因此，瞽叟所谓之"沿路觅些宜利"，即是跟随大军，做些小生意谋利。此种情况，犹见于后世，近代左宗棠军西进时，天津及其附近小贩亦随之而西行，最后在迪化(今乌鲁木齐市)成为一帮强大的商业势力。

瞽叟所谓一去辽阳，三年不归。三年举其成数而言，且民间作家创作文学作品，数字未必精确，但言其停留久矣。太宗、高宗朝多次发动辽海之役，各次时间长短不一，此处亦无必要详考。总之，本变文作于太宗、高宗两朝辽海之役时(或稍后)，应是无疑的。

南阳白水张，见王不下床

按《前汉刘家太子传》云西汉末汉帝(当指平帝而言)患病，恐日

---

① 《吐鲁番出土文书》第六册，文物出版社 1985 年版。

② 《册府元龟》卷 995，外臣部，支侵，中华书局 1982 年版。

③ 《新唐书》卷 43《地理志》安西西出条，商务印书馆 1958 年缩印百衲本。

后权臣篡位，故遗言其子，若有难可投南阳郡，因"彼先有受恩之人，必会救汝"。后果有王莽篡位。

> 其太子逃逝，投于南阳郡……郡中唯有一人，名曰张老，先多受汉恩德……（遂遣其子）引（太子）至入门……便识太子，走至下阶，即便拜舞，问其事［理］已了，却便充为养男，不放人知……（后太子）遂兴兵却得父业。故云："南阳白水张，见王不下床。"此之事也。

本传早经前贤考定，事属子虚乌有，且笔者无意于文学作品探源，而旨在探讨创作年代。传文中既称"南阳白水张，见王不下床"，知其必为推崇"南阳白水张"一族，这里也就给了我们一个启示，使我们得以找出本传文创作的时代和地域。

张公救助刘家太子事既属子虚乌有，而虚构这个故事的目的，显然是为推崇"南阳白水张"，云其立有殊勋——保护刘家太子脱难，助其复国，因故得此荣宠——"见王不下床"。这也必然同该传文作者所属时代与地区有关。

敦煌藏经洞中所出各种文学作品，当然不少是来自沙州以外地区，但也有若干是出自当地民间作家的手笔。因此，这些作品也势必要反映当时当地政治生活上的一些重大事件，势必要歌颂当地的最高统治者。在《张议潮变文》、《张淮深变文》中，就可见到在归义军张氏时期，对两位节度使歌功颂德，已达无以复加的程度，若以本篇传文与这两篇变文相比较，有理由认为本传文也同样是在归义军张氏统治时期，由当地民间作家加工创作的。

按张氏之迁至敦煌，张氏之族源，以及自汉以迄于唐张氏家族之迁徙与地方政治，前贤多有考证，此处不欲赘引。我们知道，五胡十六国时期，长期生活在敦煌的一支张氏，迁入当时的高昌郡。在麴氏高昌王国时期，凡出土墓志，张姓例称敦煌张氏。但一入唐之后墓志则改为"南阳白水"。如吐鲁番阿斯塔那 206 号墓出土的《唐故伪高昌左卫大将军张君夫人永安太郡君麹氏墓志》，① 以及早年出土的《张怀寂墓志》，② 皆称张氏"源出白水"。敦煌藏经洞所出《张议潮张淮深别传》所记张氏源出，亦同前引二碑，俱云出自南阳白水，③ 有关张氏族源，前贤学人数有考定。此处不在于探讨何说有据，无须详辩。总之，无论张氏自汉由何地迁入敦煌，今所见明确提及"南阳白水"是在唐代。今见敦煌所出《天下姓望氏族谱残卷》所记，南阳郡十姓，张姓为首，④ 故敦煌张当在唐时，据氏族谱，而以南阳白水作郡望。

又自大中十年(856)，张议潮逐吐蕃，上表唐宣宗，而得授归义军节度使，此后张氏历代相传。唐此时已衰微，内外交困。沙州张氏虽奉唐正朔，受其封号，但唐已无暇顾及，而张氏坐大矣。反映在当时当地创作之文学作品中，明显地看到了这个现象。如《张议潮变文》中记：

> 三光昨来转精耀，六郡尽道似尧时……再看太保颜如佛，恰同尧王似重眉……某乙口承阿郎万万岁。

这里把张议潮比作唐尧圣主，比作释迦牟尼，并且在封建等级森严的时代，敢对之高呼"万万岁"，这都反映了在归义军张氏统治沙州地区时期张氏的特殊地位，以及权势之显赫。因此，在由当地民间文学家所创作的作品中，出现"南阳白水张，见王不下床"也就不足为怪了。

据此可知，题为《前汉刘家太子传》的文学作品，是在归义军张

---

① 新博、西北大学历史系考古专业：《1973 年吐鲁番阿斯塔那古墓群发掘报告》，《文物》1975 年第 7 期。

② 黄文弼：《吐鲁番考古记》。

③ 藤枝晃：《沙州归义军始末》，《东方学报》第十二册之三、四分册，第十三册之第一、二分册。按藤枝教授将两件文书拼合为一。

④ 唐耕耦：《敦煌社会经济资料真迹释录》，书目文献出版社 1987 年版。

氏统治沙州地区时期，由当地民间作家，据民间传说，进行旨在歌颂统治者张氏家族的加工整理，创作而成。

大云经　　□□门街西边寺　河北二十四采访使

《唐太宗入冥记》中，记唐太宗如阴曹地府，遇冥判官崔子玉事，云及崔判官敲诈太宗得官之事，并云崔嘱太宗还阳后，应做功德事。

> （太宗赐崔）蒲州刺史兼河北廿四州采访使……仍赐蒲州县库钱二万贯……（崔又云）陛下若到长安，须修功德，发走马使，令放天下大赦，仍□□门街西寺录，讲《大云经》，陛下自出己分钱，抄写大□□（云经）。

上段照抄《敦煌变文集》所收之文。有关本件文学作品，研究者甚多，已考其故事渊源，以及文中涉及的玄武门之变，同时研究了对后世小说，如《西游记》之影响，此处亦无须赘引。本文则在于考证该篇作品创作于何时，是否中间又经再度创作，以及有关寺名地望之解释。

按有关《大云经》的考释，观堂先生《唐写本大云经疏跋》已有详考。[1] 总之，《大云经》的受到重视，是武则天为取代李唐的政治需要，故令天下诸州置大云寺，颁《大云经》于天下。"寺各藏一本，令升高座讲说。"这个诏书是得到了认真贯彻的，我们从杜环的记载中，也可见到，直至碎叶城都建有大云寺。[2]

太宗既入冥，若要还阳，当然应该做功德，也就是要写佛经若干。同时敦煌藏经洞所出的黄仕强入冥记，就是要写《证明经》，[3] 这也正反映了某位民间文学家创作本作品当在武则天载初改元、尊崇

---

① 王国维：《大云经疏跋》，《观堂集林》册4。

② 张纯一笺注本《经行记笺注》，中华书局1963年版。

③ 许国霖：《敦煌石室写经题记与敦煌杂录》上辑，阳字21号《佛说普贤菩萨说证明经》题记，商务印书馆1937年版。

《大云经》之时。

至于"仍□□门街西边寺录，讲大云经"句，前因有残缺，甚或还有脱漏，故难于补阙纠谬。但若与后半句中《大云经》结合起来考察，似乎就可得到解决。

"寺录"仅就二字，殊不可解。唐虽有"僧录"，但不可写作"寺录"。今据宋次道《长安志》知：

> 当皇城南面朱雀门，有南北大街，曰朱雀街……东西广百步……万年、长安二县以此街为界。万年领街东五十四坊及东市。长安领街西五十四坊及西市①。

这里的记载，似乎可以帮我们补入缺字，应是"朱雀门街西边"。如果我们沿这条路线，再探索下去，就会发现一所寺院。前引《长安志》卷10记载了朱雀门街西之第四街，即皇城西之第一街，内有一怀远坊，坊东南隅有大云寺，该条下注云：

> 本名光明寺，隋开皇四年文帝为沙门法经所立……武太后初，此寺沙门宣政进《大云经》。经中有女主之符，因改为大云经寺。遂令天下每州置一大云经寺。此寺当中宝阁崇百尺，时人谓之七宝台。

由此可见，崔子玉嘱太宗还阳之后，所作功德，即指定于朱雀门街西边大云寺内，抄录《大云经》，并延僧升高座，宣讲是经，所谓太宗出"己分钱"抄写，即谓做功德，要心诚，须用自己分内之钱，而不得聚敛钱财来写经。此句亦可补正为："朱雀门街西边大云寺，录讲《大云经》。"据此，知这篇作品当作于武周推崇、宣扬《大云经》时期。

但文内又见太宗赐崔子玉官至"蒲州刺史兼河北廿四州采访使"。

---

① 宋敏求：《长安志》卷7，长安县志局本。

按，采访使，即采访处置使。"玄宗开元二十二年二月十九日，初置十道采访处置使，"①按采访使本按道分置，此处所言"蒲州刺史兼河北廿四州采访使"，当指太宗任崔子玉为蒲州刺史，又兼任河北道采访处置使。很明显，民间作家又把玄宗世置设之使衔名，加到太宗世。综前所述，从对《大云经》的尊崇，反映这篇作品创作于武周载初之世，从"采访使"名的出现，又反映了在开元二十二年后又经过再度加工。

（原载《魏晋南北朝隋唐史资料》第九、十期，《武汉大学学报》编辑部出版，1988年12月）

---

① 《唐会要》卷78诸使中采访处置使条，商务印书馆1955年版。

《李陵变文》、《张义潮变文》、《破魔变》诸篇辨疑

——读《敦煌变文集》札记（五）

军中"两个女子"　车上"三条黑气"

《李陵变文》中记李陵帅军深入漠北、与匈奴交战之事，内云：

> 顿食中间，陵欲攒军，方令击鼓，一时打其鼓不鸣。李陵自叹：天丧我等！叹之未了，从第三车上，有三条黑气，向上冲天。李陵处分左右搜括，得两个女子，年登二八。亦在马前，处分左右斩之，各为两段。其鼓不打，自鸣吼唤。①

今检《汉书》李陵本传所记与上引颇类，唯作：

> 陵曰："吾士气少衰而鼓不起者，何也？军中岂有女子乎？"始军出时，关东群盗妻子徙边者随军为卒妻妇，大匿车中。陵搜得，皆剑斩之。

该条颜师古注云：

> 击鼓进士而士气不起也。一曰，士卒以有妻妇，故闻鼓音而

---

① 王重民等编：《敦煌变文集》上册，人民文学出版社1984年版。

不时起也。①

由此可见该变文作者虽系一不知名民间艺人，然所择题材既是史传所载，大体尚能保持其原貌。变文既是民间讲唱文艺，为能吸引众多听众，故必作文学渲染。然此种文学渲染，亦非无根据。

今见李筌《太白阴经》云：

> 侵欺百姓，奸居人子女，及将妇人入营者斩，恐伤人，军中慎女子气。②

又《通典》引《卫公兵法》云：

> 奸人妻女，及将女妇入营，斩之。③

杜子美《新婚别》诗云：

> 妇人在军中，兵气恐不扬。④

据上所引，知唐代深恐军中携带有妇人，以致兵气不扬，影响军纪及战斗力，故严禁之。凡犯禁者，处以极刑。唯不知被士卒携带入营中之妇人是否亦同斩。《汉书》李陵传中，但见斩士卒之妻妇，不见斩士卒。当因李陵时已成孤军之势，士卒伤亡过多，而后援无闻。陵为保持战斗力，故舍犯禁士卒不问，而斩其妻妇。犯禁士卒既已无妻妇，身心亦断牵累，闻鼓亦必攻战神速而无后顾之忧。

---

① 《汉书》卷五十四《李广传附孙陵传》，中华书局 1987 年版。

② 李筌撰，盛冬铃译注：《神机制敌太白阴经》誓众军令篇第三十三，河北人民出版社，1991 年版。

③ 王文锦等校点：《通典》卷一四九，兵二杂教令引《大唐卫公李靖兵法》，中华书局 1988 年版。

④ 《全唐诗》卷二一七，中华书局 1979 年版。

该变文之作者所云李陵因见第三车上有"三条黑气，向上冲天"，遂处分左右搜出，斩于马前。似有文学渲染，但亦有所据。

马世长君对敦煌所出《占云气书》研究后指出：本卷"占云气书所据底本，大约是晚唐时期辑录的"。"占云气书的抄写，大约在五代时。"但军队作战要看云气以断定吉凶之类事，必非晚唐始出现。根据马君所录《占云气书》以及马君所引《通典》卷一六二兵十五风云气候杂占中有关资料，知但凡有"黑云"、"黑气"，皆为凶兆。① 变文之作者，正是根据此，为说明军中因有妇人，影响作战士气，故用"黑气"冲天以表凶兆。变文中的李陵，因身为将领，遂能据风云而占吉凶，见第三车上有"三条黑气，向上冲天"，知为凶兆，故遣左右，遂搜括得"两个女子"。李陵即"处分左右斩之"，以求破凶化吉。

又见本变文集中，收有《汉将王陵变》一文，内记西楚霸王项羽在楚汉相争时，遣钟离末将汉将王陵之母捉得，欲使陵母修书招降王陵。陵母不从，霸王大怒，遂下令：

> （钟离末）领将陵母，髡发齐眉，脱却沿身衣服，与短褐衣，兼带铁钳，转火队将士解闷。各决杖五下，又与三军将士缝补衣装。②

今检《汉书》王陵本传，所记为"项羽取陵母置军中"。③ 并未见有如变文所云。该篇变文作者之文学渲染与上所考似有相悖之处。笔者认为前者所云，系指作战部队，为解除士卒后顾之忧，以整肃军纪，提高士气，故严禁军营之中携带妇人。而后者则是为驻守军队解决性饥渴及生活服务之需，同时也是对"罪妇"最不仁道、最野蛮残酷的惩罚。

---

① 马世长：《敦煌县博物馆藏星图、占云气书残卷》，北京大学中国中古史研究中心编：《敦吐鲁番文献研究论集》一，中华书局 1982 年版。
② 王重民等编：《敦煌变文集》上册，人民文学出版社 1984 年版。
③ 《汉书》卷四十《王陵传》，中华书局 1987 年版。

凶　门

《张义潮变文》云：

> 仆射(按指张义潮)闻吐浑王反乱，即乃点兵，凿凶门而出，取西南上把疾路进军。

又见《张淮深变文》云：

> (张淮深)传令既讫，当即引兵，凿凶门而出。①

今见张鸿勋先生注《张义潮变文》凶门条云：

> 古代军将出征时，凿一扇向北之门，由此出外，以示必死的决心，称凶门。见《淮南子·兵略·注》。②

知已引书及篇名，但未录出是书所记文及注。又见项楚先生注该条云：

> 古代军将出征，凿开一扇向北的门，由此出发，以表示誓死不归的决心。《淮南子·兵略》：将已受斧钺，乃剪指爪，设明衣，凿凶门而出。③

今引汉高诱注《淮南子》该条云：

---

①　王重民等编：《敦煌变文集》上册，人民文学出版社 1984 年版。
②　张鸿勋：《敦煌讲唱文学作品选注》，甘肃人民出版社 1987 年版。
③　周绍良主编：《教煌文学作品选》，中华书局 1987 年版。

凶门，北出门也。将军之出，以丧礼处之，以其必死也。①

由是观之，则古代将军出征，必取北门。而即出军，将士应有有死无回之决心。故为表决心，须备作凶礼之仪式、即如《仪礼》中仪丧之制，预作"明衣"等。②《晋书》周处传云其与齐万年战于六陌，因遭梁王肜等之陷害，孤军作战，已成败覆之势，左右劝其退，然周处按剑曰：

此是吾效节授命之日，何退之为！古者良将受命，凿凶门以出，盖有进无退也……我为大臣，以身殉国，不亦可乎？③

可见此处周处之"绝命辞"，所用"凶门"之典，正出于《淮南子》文及高诱注。

至于"凿凶门"之"凿"义，见于《汉书》张骞传。苏林注"凿空"之"凿"字义，云："凿，开也。"④故"凿凶门而出"，即开北门而出。

附记：笔者昔年承马雍先生见告："清代出师，必取道安定门而出，班师回朝，必取道德胜门而入。安定、德胜，皆取吉祥之意"。此二门皆在北，唯前者偏东，后者偏西。是知清代出师，犹遵古制。

当今皇帝　府主仆射　府主司徒　国母圣天公主　合宅小娘子、郎君　佐大梁

《破魔变》云：

---

① 《淮南子》兵略篇，上海古籍出版社 1990 年版。

② 《十三经注疏》上册，《仪礼注疏》卷三十五至三十七仪丧，中华书局 1980 年版。

③ 《晋书》卷五十八《周处传》，中华书局 1987 年版。

④ 《汉书》卷六十一《张骞传》。

以此开赞大乘所生功德。谨奉庄严我当今皇帝贵位……伏唯我府主仆射……奉用庄严我府主司徒……次将称赞功德，谨奉庄严国母圣天公主……又将称赞功德，奉用庄严合宅小娘子、郎君贵位……然后衙前大将……随从公寮……自从仆射镇一方，继统旌幢左（佐）大梁。①

此处"押座文"所记乃当时讲经仪式，可见《庐山远公话》中记"道安"在福光寺（按应作福先寺，详考见下篇）内讲《涅槃经》时：

手把如意，身座宝台，广焚无价宝香，即宣妙义，发声乃唱，便举经题云……开经已了，叹佛威仪，先表圣贤，后谈帝德。伏愿今皇帝……愿诸王太子……公主贵妃……朝廷卿相……郡县官寮……②

由上可见，《破魔变》中"押座文"之形式，一如后者。所不同之处，就在于前者在称颂当今皇帝之后，加进了两处对"府主"（即瓜、沙地区实际统治者——归义军节度使）的谀辞。同时，用"府主"之母及子女取代了"诸王太子"、"公主贵妃"的地位；用"府主"的僚佐及下属（衙前大将及随从公僚）取代了"朝廷卿相"及"郡县官寮"的地位。这种变化，正反映了唐末五代时期归义军节度使的特殊地位。

根据该卷末之题记记云：

天福九年甲辰祀黄钟之月萱生十叶冷凝呵笔而写记
居净土寺释门法律沙门愿荣写

今按天福为后晋高祖石敬瑭年号，其卒于天福七年（942），从子石重贵继立，仍沿用天福，至九年（944）七月，方改元开运。当因关山阻

---

① 王重民等编：《敦煌变文集》上册，人民文学出版社 1984 年版。
② 王重民等编：《敦煌变文集》上册，人民文学出版社 1984 年版。

隔，瓜、沙地区尚不知改元之事，故至是年十一月，尚沿用天福年号。所记月日，经项楚先生考定为农历十一月初十日。① 此时瓜、沙地区统治者是曹议金之子曹元忠。又据荣新江君考证，曹元忠是在天福九年（944）三月九日曹元深去世后继任节度使的。②

又，该卷卷末题记所见沙门愿荣，是传授戒律的僧人，故此经变文必非出自其手笔，他不过是一抄写人也。那么此经变出于何时？其中被"称赞功德"的"当今皇帝"、"府主仆射"、"府主司徒"、"国母圣天公主"、"合宅小娘子、郎君贵人"系指何等人？"左（佐）大梁"句又系何所指？这些问题犹如一团乱麻，毫无头绪。如能解决写作年代，或是"府主"究系何人，就能理出经纬，一切问题皆能迎刃而解。由于上列诸人中唯有"国母"尚有公主身份，应是最易入手探讨的，且有研究成果可作凭藉，故欲从此处而入手，以解乱麻。

贺世哲先生及荣新江君皆已指出"国母圣天公主"即指曹议金为结好甘州回鹘而迎娶的回鹘圣天可汗之女。根据曹议金时所营建于鸣沙山下之第九十八窟，主室东壁门北侧供养人像列南向第一身题名，即"圣天公主"。其后二人为已故之索氏及当时尚在人世之宋氏。据敦煌研究院所作人像尺寸实测，其列前二人身像高六十九至七十厘米，宽则俱为九厘米。宋氏身像高四十三厘米，宽九厘米。③ 由此可知索氏虽是正室，并可能是索勋之女，但因曹议金为结好甘州回鹘，而娶圣天可汗之女，故特尊重，置为第一身。索氏虽因之屈就第二位，且已故世，然因系正室之故，犹在身像高度尺寸上，同于圣天公主。唯宋氏虽有所生，然既非正室，故居第三位，身像高宽尺寸，亦大为逊色于前列二妇。曹议金卒后，元德、元深、元忠兄弟相继承袭归义军节度使之位。在曹元德世所营建的第一〇〇窟中，犹见有据考确为圣天公主的"圣天可汗的子陇西李氏"的供养人像及题名。曹元

---

① 周绍良主编：《敦煌文学作品选》，中华书局1987年版。
② 荣新江：《沙州归义军历任节度使称号研究》，《敦煌吐鲁番学研究论文集》，汉语大辞典出版社1990年版。
③ 敦煌研究院编：《敦煌莫高窟供养人题记》，文物出版社1986年版。

深所营建第二十二窟中，今只见有东壁门南侧供养人像及题名有第
一、二身：

> 敕受(授)秦国太夫人天公主是北方大□(回)□(鹘)□(国)
> 圣天……
> □受(授)广平郡……

根据实测记录，二供养人像均高六十八厘米，宽八厘米。又据六十八
窟供养人像题记所记：

> 故慈母敕授广平郡君太夫人宋氏一心供养……

知此上"广平郡"虽有缺文，但据下可知是指宋氏，是为元德、元深、
元忠之生母。且元德、元深统治瓜、沙之世，这位回鹘"圣天公主"
犹在人世。

但在曹元忠世所营建的第五十五、第六十一两窟供养人像题名
中，我们见到如下两条记载：

> 故北方大回鹘国圣天的子敕授秦国天公主陇西李氏一心……
> 故母北方大回鹘国圣天的子敕授秦国天公主陇西李……①

由此似可判断"圣天公主"在曹元忠统治瓜、沙时期已去世。只是由
于我们不知第五十五、第六十一两窟作于曹元忠统治时期的某年某
月，因而不能判断是否在其继任之前，即已亡故。但可判断，至迟在
曹元深统治时期，营建第二十二窟时，"圣天公主"犹在人间。

在《破魔变》中，即称：

> 次将称赞功德，谨奉庄严国母圣天公主。

---

① 敦煌研究院编：《敦煌莫高窟供养人题记》，文物出版社 1986 年版。

则此时"圣天公主"尚在人世。设若"圣天公主"已逝，而因其为甘州回鹘可汗之女，曹氏欲倚仗回鹘王，尚自尊崇，则必于"国母圣天公主"前加"故"字，犹如前引第五十五、第六十一两窟供养人题名之例。事实上，我们据《庐山远公话》及《长兴四年中兴殿应圣节讲经文》所见，皆只称赞当今所在之主及其眷属。故由此可见，本卷必作于"圣天公主"尚在人世之时。据前所考，当在元德、元深统治时期。

在《破魔变》中，我们见到有关"府主"记载为二：一为"府主仆射"、一为"府主可徒"。所谓"府主"，今据潘安仁《闲居赋》该条及李善注引臧荣绪《晋书》曰，知本为下属及僚佐（即在本卷中之"衙前大将"、"随从公寮"）对其所属长官的尊称。在这里的"府主"，应是指归义军节度使。

然天无二日，人无二主。瓜、沙地区在同一时期内，也只能有一位节度使。因之，本卷中的"府主"，必指当时在位的归义军节度使。但卷中的"府主"，一称"府主仆射"，一称"府主司徒"，且后又有"自从仆射镇一方"句。那么当时在位的归义军节度使的加衔应有"仆射"与"司徒"，方能与前"一主"说相吻合。

今据荣新江君研究归义军曹氏所用称号年代表所记：

节度使	称号	年代
曹元德	司空	935—939
	太保	939
曹元深	司空	940—（941）
	司徒	942—943
	太傅	944
曹元忠	仆射	（944）—945
	司徒	946
	……①	

---

① 荣新江：《沙州归义军历任节度使称号研究》，《敦煌吐鲁番学研究论文集》，汉语大辞典出版社 1990 年版。

若据上表，三人之中，则只有曹元忠具有仆射、司徒二头衔。但笔者前已考"圣天公主"元忠世已卒，尽管这是一个很难站稳的论证。且元忠称司徒事在公元946年，时当后晋出帝开运三年，上距本卷题记抄写之时已有两年，故可排除本卷作于曹元忠世。

又据荣君所作称号年代表，只有曹元深尚有一"司徒"头衔。限于文献及出土文书的欠缺，故荣君作表，亦只能就所能见到的资料，以及前人研究成果而言。或许由于资料欠缺，尚未能完整反映元德、元深时的衔名。元深既称"司徒"，或许于此前已称"仆射"。今据荣君所作表，曹议金、曹元忠初立之时，皆已先称"仆射"，继之再称"司空"、"司徒"。在唐，"仆射"已成加官。"司徒"，本"三公"之末，亦作加衔。今据《破魔变》云：

> 伏唯我府主仆射，神资直气，岳降英灵，怀济物之深仁，蕴调元之盛业。门传阀阅，抚养黎民，总邦教之清规，均水土之座位。自临井邑，比屋如春，皆传善政之歌，共贺升平之化。致得岁时丰稔，管境谧宁，山积粮储于川流，价卖声传于井邑。

此处"自临井邑"句以下，应指初任归义军节度使后之功业。又，紧接上引文后，复云：

> 谨将称赞功德，奉用庄严我府主司徒，伏愿洪河再复，流水而绕乾坤，紫绶千年，勋业常扶社稷。

上引所见，非是指初临节使之情，而是赞其继开创之后，再长保功业。

由上所见，前段实是指曹元深初立称"仆射"时之功业，后段是赞曹元深称"司徒"后，能永葆其功业。这种称赞词已超过对"当今皇帝"的赞词的现象，只能用归义军节度使在瓜、沙地区的特殊地位来作解释。曹氏虽称臣于中原王朝，但那毕竟是节度使的大事。而在瓜、沙民众心目中，天高皇帝远，当今节度使才是当地的真正最高统治者。事实上，这种情况早在归义军张氏时期已出现。① 但因赞词过长，所以两度提及"府主"，对其初继之后所建功业，则用"府主仆射"称赞，而在其称"司徒"之后，复又祝愿其能永葆功业。从文中尚见有赞扬之句：

> 自从仆射镇一方，继统旌幢左（佐）大梁。

由此亦可见，笔者怀疑曹元深继立之初，曾一度自称"仆射"，也非毫无根据的妄断。

据上考，"府主仆射"及"府主司徒"，应是指当时的归义军节度使曹元深。

上表所见曹元深于公元九四〇年初继曹元德为归义军节度使，时当后晋石敬瑭天福五年。称"司徒"事至迟在公元九四二年之后，时当天福七年。称太傅事至迟在公元九四三年初，时为天福八年。则文中的"当今皇帝"，非后晋高祖石敬瑭莫属。

由此所产生的矛盾，就在于"佐大梁"之"大梁"指何而言。若以"大梁"指后梁，仅从字面而言，虽易理解，然与上所考，则相牴牾。前贤学者曾指出"大梁"未必指后梁，而释"大梁"作"栋梁"，"佐大梁"即"挑大梁"。这表明他们并不同意"大梁"为"后梁"。

笔者今试作另一解释。经考证此卷作于曹元深时期，中原王朝正为后晋石敬瑭统治时期。而据文献记载，石敬瑭本为后梁北京（太原）留守，后石敬瑭借契丹之力，于后唐末帝清泰二年（936）起兵反，灭后唐，建都大梁。《五代会要》及两《五代史》均有记载。唯《通鉴》记载较简练，且有胡注可资用，今仅就此，择其一二。石敬瑭于天福元年（936）十一月入洛阳，灭后唐，随即谋徙都大梁，桑维汉曰：

---

① 拙作《〈舜子变〉、〈前汉刘家太子传〉、〈唐太宗入冥记〉诸篇辨疑》，《魏晋南北朝隋唐史资料》第九、十合期。

> 大梁北控燕、赵，南通江、淮，水陆都会，资用富饶……

故石敬瑭"托以洛阳漕运有阙，东巡汴州"。四月丙戌达汴州。至天福二年（937）七月，

> 诏东都留守司百官悉赴行在。

该条胡注云：

> 洛都留司百官得赴行在，自是遂定都大梁。

天福三年（938）

> 帝以大梁舟车所会，便于漕运……建东京于汴州。

同年十月

> 太常奏：今建东京，而宗庙、社稷皆在西京（洛阳），请迁主大梁。①

由上所述，可见因后晋定都大梁，而大梁既为皇帝、宗庙、社稷所在，即应可代表这一王朝，故在本卷中，"继统旒幢左（佐）大梁"之"佐大梁"，即表示归义军曹氏效忠于后晋，愿作辅佐后晋之臣。

综上所考，可见《破魔变》作于曹元深任归义军节度使时期，并可推定在曹元深称"仆射"、"司徒"时，而在曹元深称"太傅"之前。"府主仆射"、"府主司徒"即指曹元深。现存之文献及敦煌文书，莫高窟供养人题名中虽不见元深称仆射的记载，但仅据《破魔变》及曹议金、曹元忠的称号，可推断曹元深始立，曾一度自称"仆射"，后

---

① 《资治通鉴》卷二八一，天福二、三年条，中华书局1956年版。

又改称"司徒"。"国母圣天公主"系指曹议金之未亡人，即回鹘圣天可汗之女。因曹氏欲结好甘州回鹘，故"圣天公主"位最崇。是故曹元深在营建第二十二窟时，将"圣天公主"像列为东壁门南侧第一位，生母广平郡君宋氏，反屈居第二位。故在《破魔变》中，列出"国母圣天公主"，广平宋氏反遭隐没。"当今皇帝"系指后晋高祖石敬瑭。"大梁"本是后晋之东京，"佐大梁"句是指曹元深臣属于后晋，故表忠心，愿作后晋辅佐之臣。至于"合宅小娘子、郎君"，应指曹元深之子女辈，或许会包括其兄弟之子女辈。也许根据供养人题名及敦煌文书尚能找出若干人，但就本札记而言，已属枝蔓，无须考证，故略去之。

（原载《魏晋南北朝隋唐史资料》第 13 辑，武汉大学出版社 1994年版）

吐鲁番出土唐"勘田簿"残卷中所见西州推行"均田制"之初始

吐鲁番哈拉和卓 1 号墓，据文书整理者称："本墓经盗扰，无衣物疏，亦无墓志。所出文书兼有麴氏高昌及唐代。其有纪年者，最早为高昌延寿十六年(639)，最晚为唐贞观十四年(640)。"①

由于缺乏该墓发掘报告，故难于判断该墓之年代下限。但该墓既出有"手实"残片，又出有贞观年间之"乡帐"，而"手实"作于贞观十四年九月，"乡帐"必始作于唐在西州实行"均田制"及"租庸调制"之后。故推断该墓下限有可能在唐高宗即位之前或稍后。

该墓出土文书，经整理者初步分类拼合为十一件。② 其中第七、八、九、十诸件，形制与内容记载方式皆同：首记人名(应是该户户主之名)，下记该人拥有田土之东、西、南、北"四至"方位。这在敦煌吐鲁番出土的唐代文书中，如"手实"、"户籍"、退田、授田等类文书，皆可见到。追溯其源，至少在西汉时的有关"地券"即有如是记载。文书末记"合田"若干，即该人拥有该段土地之面积。

整理者在为此数件文书定名时，出于传世文献之缺乏，不知当时唐政府法定此类文书应作何类、何名，亦无法在众多文书中找到同类项及当时所书写的"题名"，仅据文书之记载特点，暂拟名为"勘田簿"。仔细考察此数件"勘田簿"，不仅可看出该簿之特点，亦可推断

---

① 唐长孺主编：《吐鲁番出土文书》第 2 册，文物出版社 1994 年版，第 5 页。

② 唐长孺主编：《吐鲁番出土文书》第 2 册，文物出版社 1994 年版，第 12—17 页。

其制作的目的，即为施行"均田制"做最为必要的前期准备。换言之，该"勘田簿"就是唐平高昌后，为了解西州高昌县民各户实际占有土地状况以推行均田制而作的。

今择其中记载较为完整之七、八两件，分别据文做示意图考之。

唐西州高昌县顺义等乡勘田簿

（一）①

4　严怀保田东渠　西严候欢　南渠　北毛庆隆　合田六亩
5　毛庆隆田东渠　西道　南严怀保　北巩庆会三亩十二步
6　巩庆会田东渠　西道　南毛庆隆　北道　合田六亩

据以上三人田亩"四至"记载，可做出如下示意图：

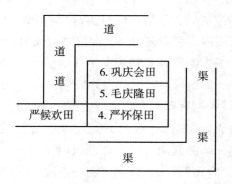

又文书8—9行内容如下：

8　邓女熹田东渠　西道　南何祐所延　北道　合田一亩半
9　何祐所延田东渠　西道　南□□□北邓女熹　合田一亩

---

① 唐长孺主编：《吐鲁番出土文书》第2册，文物出版社1994年版，第12页。

据以上二人所有田亩"四至"记载，可做出如下示意图：

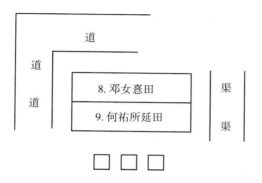

文书第(二)片2—3行内容引录如下：

(二)①

　　2　令孤延达东令孤泰女　西县尉田　南卫峻贞　北道　合田二亩九步

　　3　大女令孤太女田东户曹　西令孤延达　南卫峻贞　北道合田二亩九步

据此二人所有田亩"四至"记载，可做出如下示意图：

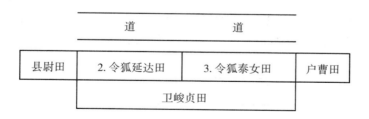

　　① 唐长孺主编：《吐鲁番出土文书》第2册，文物出版社1994年版，第13—14页。

又引该片文书4—5行内容如下：

4 马幸智田东渠　西渠　南令狐相伯　北渠　合田二亩
5 和文幸田东渠　西令狐相伯　南道　北渠　合田二亩半六
十步

据此二人所有田亩"四至"记载，可做出如下示意图：

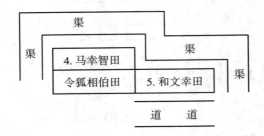

文书7—8行又记：

7 赵欢相田□□□□南毛客仁子　北渠　合四亩
8 毛客□□□□□南高文会　北赵欢相　合□□□□

据7行所记，赵欢相田之南邻为毛客仁子，又据8行主人残剩"毛
客"二字，而其田北邻为赵欢相，故该行土地主人"毛客"下所缺，应
是"仁子"二字。今据此二行所记，可做出如下示意图：

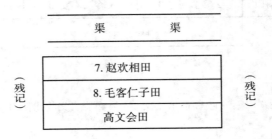

又引文书9—10行内容如下：

9 孟怀 □ 仁子　南高欢受　北张尸举　合 □
10 张尸举 □ 南孟怀　北孟欢信　合田一亩

据二人田亩残剩"四至"记载，做示意图如下：

（残记）	孟欢信田	（残记）
	10.张尸举田	
仁子田	9.孟怀田	
	高欢受田	

又引文书第(三)片1—2行内容如下：

（三）①

1 田阿父师田东渠　西大女田众晖　南张海子　北范明欢
合田四亩半
2 　　　□ 东渠　西大女田众晖　南道　北田阿父师

据1、2行"四至"记载，可知2行前缺之人必为张海子无疑，故做示意图如下：

———————————

① 唐长孺主编：《吐鲁番出土文书》第2册，文物出版社1994年版，第14页。

421

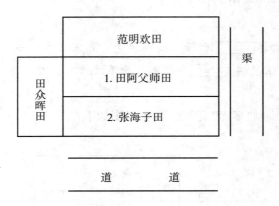

唐西州左照妃等勘田簿①

（一）②

1 ⬚⬚⬚二亩 东吕延海 西左照⬚⬚⬚仁 北严祐相

2 合田二亩

3 左照妃田二亩

4 东大女张如资 西道 南大女车⬚⬚⬚祐相

据 1 行"西左照□"，4 行左照妃田之"东大女张如资"，可知 1 行首缺应为张如资，而且张如资田北之严祐相，当即左照妃田北之□□相，故可做示意图如下：

①　唐长孺主编：《吐鲁番出土文书》第 2 册，文物出版社 1994 年版，第 15—16 页。

②　唐长孺主编：《吐鲁番出土文书》第 2 册，文物出版社 1994 年版，第 15 页。

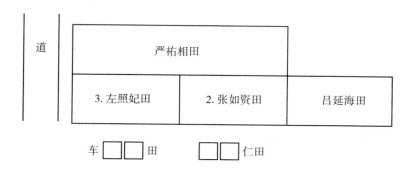

以上所做之田图，因恐记载缺漏或讹误，故仅能示意其相互关系。但据此即可看出如下之特点：

一、仅从上引文中，已多处见到"大女"这一只见于唐西州户籍之女性户主之特称，而勿论丁、中、婚否（或夫亡）。此制不见于麴氏高昌，足证唐平高昌后，即按唐制推行于西陲所设州、县地区；同时表明先做人户调查后，即做土地调查，以利"均田制"的推行。

二、依上所做诸示意图，足见"勘田簿"的制作，依人户、土地关联入手，故有多人土地紧密相邻。而这种情况，在敦煌、吐鲁番两地出土唐沙、西二州诸县户籍中，尚属罕见。个中缘由，很可能是唐平高昌后，不仅仅只据民户个人申报，而且还做了实地勘察，并对土地重新进行了丈量之结果。麴氏高昌既灭，唐在当地按政令推行一切制度，而麴朝旧亩制可能有别于唐，要推行"均田制"，就必须全面掌握原有的土地占有情况。

上述说法若能成立，则前引第七件《唐西州高昌县顺义等乡勘田簿》之片（二）中7、8、9、10行所记应相互关联：

7 赵欢相田□□南毛客仁子　北渠　合四亩

8 毛客□□南高文会　北赵欢相　合□□

9 孟怀□□仁子　南高欢受　北张尸举　合□□

10 张尸举□□南孟怀　北孟欢信　合田一亩

如上文所述，据 7 行之"毛客仁子"，知 8 行"毛客"下缺"仁子"二字；以逐地丈量勘田登录，则 9 行之"仁子"前亦缺"毛客"二字，故前所做两幅示意图，可拼合为一：

三、各人户土地登录表明各自皆只有一段，亩数虽各有别，但全不见各人户有两段者。这种情况在敦煌吐鲁番两地所出沙、西两州诸县户籍中实属罕见。在唐代，由于实行"均田制"较频繁出现的"还"与"授"，特别是"授田"时，考虑到诸如土质、距住处远近等多种因素，故"授田"面积小，一户"受田"分散在诸处而不相连。这正是推行"均田制"时期的一个特色。① 由此亦可足证"勘田簿"中所反映的人户土地占有状况，正是麴氏高昌王国灭亡后，唐于其地置西州高昌县，开始逐步推行各项政令，而为实行"均田制"所做的前期工作，通过勘察了解可供用作"均田"之土地总数，并了解人户实际已占有土地之总数及各人户所拥有土地，从而制定一县具体的"应授"标准。

① 参西嶋定生：《从吐鲁番出土文书看实施均田制的状况——以给田文书和退田文书为中心》，原载《西域文化研究》之二《敦煌吐鲁番社会经济资料》（上、下），中译文载姜镇庆、那向芹译：《敦煌学译文集》，甘肃人民出版社 1985 年版，第 168—474 页。

作为"均田制",依田令原则上"一丁百亩",但实际还应考虑各地应授田与实际土地数量之差别,即所谓"宽乡"与"狭乡"之别。① 由此可见,"勘田簿"之作用,即为西州行"均田制"之必不可缺的前提。但也正因这是唐朝统治下西州高昌县的"勘田簿",官府对该县人户所占土地做如此详尽的调查,恰好反映了麴氏高昌统治末期一般百姓土地占有实况,而在大量出土麴氏高昌文书中,却不得见到。因此,这也为研究麴氏高昌时期土地占有状况提供了珍稀的资料。

(原载《魏晋南北朝隋唐史资料》第 18 辑,武汉大学出版社 2001年版)

---

① 参见拙作《唐代"均田制"实施过程中"受田"与"私田"的关系及其他》,载《魏晋南北朝隋唐史资料》第 14 辑,武汉大学出版社 1996 年版,第 80—85 页。

敦煌研究院藏《唐景云二年张君义勋告》真伪辨

1974年笔者在新疆整理吐鲁番出土文书时，写氾德达、郭毡丑两告身之释文与定名时，首先借助于仁井田陞《唐令拾遗》，然该书所收为职官之"制授"、"敕授"两告身式，① 却与"勋官告身式"不同。后阅王国维《唐李慈艺授勋告身跋》一文，② 始见王氏考证之精当，更明唐之授勋制度，然该件已残"同甲"授勋部分。当时为工作便利，将《敦煌吐鲁番社会经济资料》上、下二册携至新疆，于该书上册得见大庭脩《唐代的告身》一文，③ 内收有《张君义勋告》之图版及录文，并就该文知，大庭教授尚有《关于敦煌发现的张君义文书》一文，但直到1978年，始承池田温教授寄赠该文复印件。④ 阅后方知张大千氏得此文书之原委，并知同时获得有关张君义的文书共四件，其中三件"公验"今存日本天理图书馆，而"勋告"仅存图片，原件下落不明。直至1980年10月，于莫高窟承施萍婷女士厚意，始得见原件，若干字的辨识，亦承施女士赐教。后即草撰《跋敦煌所出〈唐景云二年张君义勋告〉——兼论"勋告"制度渊源》一文，⑤ 对该告

---

① 仁井田陞：《唐令拾遗》公式令第二十一，开明堂1922年版，第559—562页。

② 王国维：《观堂集林》第3册，中华书局1959年版，887页。

③ 日本西域文化研究会编：《敦煌吐鲁番社会经济资料》，法藏馆1959年版。

④ 《天理圖書館報じフリア》NO. 20.

⑤ 原载《中国古代史论丛》第3辑，福建人民出版社1982年版，收入朱雷《敦煌吐鲁番文书论丛》，甘肃人民出版社2000年版，第225页。

身所涉及之问题作了详考，并就"勋告"之制始于北魏卢同改革之源流作了考察。

数年前，得荣新江君寄赠王三庆先生《敦煌研究院藏品张大千先生题署的〈景云二年张君义告身〉》一文，① 方知此告身经王氏考定，断为张大千所作伪品。笔者基于过去之研究，于此不敢苟同。今草就此文，用申愚见，以求教于大家。

张大千为一代画家宗师，其作画与临摹，皆已达登峰造极之境界，且国学与佛学功底深厚。故若要作伪晋唐人古画、写经等，自是易事，然于社会民间及官府文书，则是张氏之短处。

笔者有幸于南开大学听过日本敦煌学家藤枝晃教授讲学，并陪同至天津艺术博物馆鉴赏周叔弢先生所捐赠之敦煌卷子。故知藤枝教授所指出的作伪者，亦皆为写经，而无一处提及社会文书及官文书。今所知作伪者，皆写经一类。这显然是因为佛、道经卷及儒家典籍，自有"本"可依，只要善于模仿古人笔墨，即可作伪。然于后类，书画家并不熟悉唐制，复又不知当时官府、民间用语，自然无法作伪。故恐张氏即或作伪，亦必不会舍其所长，而就其所短。

笔者既已撰文考定，不复赘述，今仅就王三庆先生提出之问题，辨析如次。

一、唐之勋告式已佚，时已发现之《李慈艺告身》已残，作伪无本可据

今按，唐之令、式已佚，仁井田陞《唐令拾遗》仅据敦煌所出开元令残卷，补收制授告身式、奏授告身式。《金石萃编》所收颜真卿书朱巨川告身，② 与仁井氏所辑唐式令相符，然皆是官告，与将士立有战功、应得勋官之勋告有异。前引王国维《李慈艺勋告》，因"同甲"授勋人部分已残，故张大千绝不可能据之恢复唐之勋告式，并据之作出迄今所见最为完整之《张君义勋告》。从而表明即或以张大千之博学与多能，由于无本可依，亦无法作伪勋告。

---

① 《敦煌学》第 18 辑，台北。

② 王昶：《金石萃编》卷 102，中国书店 1985 年版。

二、《唐六典》中，虽有若干立有战功，加转授勋之规定，但为泛勋之制。张氏虽复博学，然亦无杜撰两道加勋敕文之可能

今按：《唐六典》兵部郎中员外郎条中，已有"战功之等级"的具体规定及据此以"记勋"、"加转"之制。① 然《张君义勋告》，显然不属"战功"。

1 安西镇守军镇起神龙元年十月至□□□□□□□□至景龙元年十月贰

2 周年至二年十月叁周年至三年十月 肆 周 □ □□□□ 五月廿七日　敕

3 碛西诸军兵募在镇多年宜令□□□□酬勋又准久视元年六

4 月廿八日 敕年别 酬 勋 壹转 总 □□

这里所记张君义授勋依据，显然不是《唐六典》所云之"跳荡功"、"牢城苦斗功"、"杀获功"之类个人战功，而是援引武周时两道敕文，普给在军镇镇守多年之兵募，按镇守年份所给酬勋加转的泛勋。

此种制度，张大千氏显然不知，故无法作伪。

三、"同甲"授勋二百余人之州贯、姓名，多有艰僻，张氏无法编造

授官与授勋不同，前者为一人一份，后者虽属一人一勋告，但因行团甲之制，同甲有多名，按唐制令式规定，每一勋告后，需将同甲人之州贯与姓名，书于每份勋告之后，第一人即为甲头。此等之制，张大千何以得知？何能随心所欲，任意作伪，而终能符合唐之令式？

王三庆先生还进一步指出《张君义勋告》中（除张君义外）其余人名并无所查考和对应，若就其籍贯，有些人还真是不知来自何方人氏，如含州安神庆……这些州名都非唐代文书上所应出现之州名，则此数人来历如何，已不无可疑了。

---

① 《大唐六典》卷5，广池学园1962年版。

其实笔者旧已考同甲人之州贯与姓氏，据两《唐书》所记，并及前贤所考，一一作了分析，指出除了因原件抄写字有讹误、原件破损及污染外，所见州名多为"六胡州"等唐所置羁縻州。其姓氏亦可考出，除昭武九姓胡人外，尚有东北之奚、靺鞨等。

张大千氏固博学之人，但既不悉唐之兵制，岂能作伪出"诸军兵募"句？须知"兵募"二字联用，为唐之术语，前者指兵，在当时指府兵制中之卫士，后者之"募"指招募而来自卫士之外的诸色人。在唐朝不仅均田民等汉人要服兵役，而且羁縻州之少数民族，虽无折冲府的建立，但其民依不同方式充当兵士，招募即其一途。

同时，张氏对于地志及唐之少数民族亦未必有深入了解，设若作伪，只要稍加考察，必然破绽百出。

四、王氏指出与"告身"同出两件张君义立功公验有官印，而告身无，故必为张氏作伪

今按：据前引大庭氏文，知同出尚有：

1.《唐景龙三年张君义立功一等公验》

2.《唐景龙某年张君义立功三等公验》

前件正面及粘接缝背面盖有"渠黎州之印"，从而表明此二件皆是正式官文书。

所谓公验者，本指凡正式盖有官印可作凭准之语气的泛称，犹如过所亦可称公验、验。

此处两件公验，即笔者考勋告制度渊源中所指出北魏卢同改制之规定，凡将士在军立有战功，即应当"登录加印"。张君义之两件公验，即体现了唐承北魏之制，在军还之后，尚要经过多重上级"检练精实"、"重究括"，方始"奏按"。因此张君义虽未因此而得勋告，但仍将在军所得立功公验保存下来。

作为勋告，张君义所得勋官为一骁骑尉，据唐志，为"正第六品上阶"。① 比照吐鲁番出土文书，可知勋官死后，例以勋告抄件随葬，由于抄写时省略，例于同甲授勋人抄录时，只写甲头某某下若干人。

①《旧唐书》卷42《职官一》，中华书局1975年版。

而原件勋告例留存其后人处。《张君义勋告》亦当由其后人保存,而抄件最大的特点,亦在于将同甲授勋人全部移录于抄件中①。而王氏既不悉"在阵即给(立功)公验"及复核、破勋之制,复又不悉当时死者例以此勋告抄件随葬而以原件留给子孙之习俗,故有误解,反认为出于张大千之作伪。

五、书法拙劣,必不出自张大千之手笔

笔者虽不擅书法,但在 20 余年中,所见西、沙二州晋唐人所书文卷亦颇多。本件勋告书写,书法亦当属劣等。且字亦有讹误,当出于村儒学童之手笔。

张大千氏既有作伪勋告之心,为取得他人认可,以高价出售,势必仿唐人书法书写。虽未必如颜真卿之写朱巨川"官告",但相去亦必不远,亦不至出现文字讹误。

据此,可知《张君义勋告》非张大千氏之作伪。

张大千氏为一代书画宗师,他一生虽有作伪之污点,但《张君义勋告》绝不是张氏之作伪。有关勋官告身,请参见拙文《跋敦煌所出〈唐景云二年张君义勋告〉——兼论"勋告"制度渊源》。故本文之作,非仅为张大千氏辩诬,亦是为己而作,以证上文之作,非是据伪,并证敦煌研究院绝不至以伪作入藏。

[原载敦煌研究院编《2000 年敦煌学国际学术讨论会文集——纪念敦煌藏经洞发现暨敦煌学百年(1900—2000)(历史文化卷)》,甘肃民族出版社 2003 年版]

---

① 但同甲授勋人,若一州有数人,亦只抄录第一人,其下云"第几人",看来也有所省略之人名。

唐长孺师与敦煌文书的整理

唐长孺师主持吐鲁番出土文书的整理与研究，早已为海内外学术界所知晓，但唐师在 20 世纪 50 年代中期，即已关注敦煌文书，在教学中业已引用，并撰写发表论文。特别是在 1957 年夏，开始着手系统阅读、分类抄录敦煌文书则罕有人知。

记得 1957 年夏，在给本科生讲授隋唐五代史时，讲到"均田制"时，就引据敦煌户籍残卷中所记"应授"、"已授"及"租调"，指出"均田"虽行，但看来多数授田不足，而"租"、"调"不变。讲到农村中的雇农问题时，引王梵志诗作证。诗云："妇即客春捣，夫即客扶犁。黄昏到家里，无米复无柴。男女空饿肚，状似一食斋……如此硬穷汉，村村一两枚。"用此表明农村雇农如何挣扎在饥寒交迫的境地。在讲到五代史时，就辽之"投下军州"，唐师说"投下"亦作"头下"，在解释完后，复又讲到敦煌文书中的"寺户"记载，犹云"某某团头下某某"之意。

也就是在唐师的讲授和答疑中，我们知道了刘复的《敦煌掇琐》，罗振玉的《贞松堂西陲秘籍丛残》，许国霖的《敦煌石室写经题记与敦煌杂录》，蒋斧的《沙州文录》，从此也就与敦煌结下了不解之缘。

1959 年 11 月，考取唐师的硕士研究生，本想能有机会好好随唐师认真读点书，但当时形势是继续深入"教育革命"，批判迷信资产阶级专家权威，研究生不能由专家培养，而应由集体培养，在斗争中成长。接着就于 1960 年 11 月中旬下乡，参加"整风整社"，至次年 4 月返校，就忙着补课，撰写毕业论文，也就没有时间向唐师请教敦煌文书了。

1962 年 9 月，毕业留校，在唐师所主持的魏晋南北朝隋唐史研究室工作。开始下乡劳动锻炼，11 月初返校。当时唐师交我两项工作：一是通读《全唐文》，并作出分类资料卡片；二是整理校对补充唐师所抄录的敦煌文书资料。这时我才对过去陆续听到的有关唐师早在 1957 年夏已开始着手系统阅读、抄录敦煌资料一事，有了较完整的了解。

1957 年夏，武汉大学的"大鸣大放"正在轰轰烈烈展开。唐师当时还是中国科学院历史研究所兼职研究员，在得知科学院图书馆有北京图书馆与英法交换所获斯坦因、伯希和敦煌文书的缩微胶卷后，遂赴北京阅读、抄录。但后来是反右斗争，接着又大办钢铁，教育革命，到 1958 年 11 月下罗田党史调查，唐师当然都免不掉的，尤其是教育革命这一关，所以不得不中止有关敦煌文书的阅读、抄录及其研究。

1961 年春以后，由于贯彻高教"六十条"，唐师建议成立魏晋南北朝隋唐史研究室被批准，唐师首先重视资料室的建设，调谭两宜女士(也是唐师抗战时在湖南兰田的国立师范执教时的学生)入室工作。同时唐师也购回北图所掌握的包括斯坦因、伯希和文书的全套缩微胶卷，唐师亦将他当年所录文书，一并交于研究室资料室中。这里附带要说明的是，因见施萍婷女士为《敦煌遗书总目索引新编》所撰前言中云："1962 年商务印书馆出版了《敦煌遗书总目索引》(以下简称"总目")。得到此书后不久，当时中国科学院的竺可桢副院长到敦煌考察，当得知我所尚无英藏敦煌遗书缩微胶卷时，答应回京后给我们从科学院图书馆拷贝一份……60 年初期，中国有这部份缩微胶卷的，只有北京图书馆、中国科学院图书馆、敦煌文物研究所三家。"(中华书局，2000 年版，第 1 页)事实上，至迟在 1961 年底，唐师即已为武大购回全套缩微胶卷拷贝。

1962 年 9 月工作后，唐师一再强调要细心认真阅读。同时唐师还将他已购的王重民、刘铭恕二位先生所编《敦煌遗书总目索引》给我，以利阅读缩微胶卷。我遂决定白天上班去大图书馆缩微阅读室看拷贝，晚上则阅读《全唐文》并作资料卡片。

唐师在 1957 年作录文时，买了一批蓝灰色封面的柏纸簿，共抄录40余本，用蓝黑墨水书写。校图书馆有一台屏幕较大的英制阅读器，已往罕有人用。初次使用时，颇有一些新鲜感，特别是可调成各种角度，放大缩小，极易变换。但看上一二天后，新鲜感没有了，而两眼吃不消。况且那间小室冬天极冷，夏天又极不通风，加之阅读器用久也发热，更难忍受。更困难的是文书拍成缩微胶卷，毕竟不如看原件，在阅读器上阅读总有诸多不便，唐代官府文书尚易辨认，而民间书写不仅字无规范，且多有涂改或污染，故辨认极难。当时所能借助的工具书不多，只有赵之谦的《六朝别字记》、罗振玉的《碑别字》等工具书，有的实在无法辨识，就只好依样画葫芦了。

以上两点回忆，是个人亲身经历，当年自己才二十五六岁，正当青年，阅读犹感困难，而唐师两眼深度近视，虽戴镜矫正后，右眼尚只有0.2，左眼0.4。如伏案看阅读器，反复辨识，再反复低头抄录，抄录后还需核对，这几个动作反复下来，眼睛的难受可想而知。而唐师用了不到两月的时间，就从斯坦因6980件文件、伯希和4039件文书中抄录出二大类文书。

根据唐师的录文所见，唐师挑选了两大类先作，一是契券类，一是社邑文书，此二类皆是从缩微胶卷上依原编号顺录，并未照每份文书所记年款按先后顺序编排。契券类包括租佃、借贷、买卖、典赁、雇佣等；社邑文书包括各类结社、社司转帖等。应该承认，唐师虽嘱我补入漏录部分，但唐师前期绝大部分皆已录入，所补部分甚少，就文字校对而言，唐师本工于书法，且所见前人书画法帖又广，我是不可能有什么更正的。

当时我的做法是购入一大册财会人员所使用的"万能表纸"，按校勘记法划出行格，凡有遗漏处，表中注明，遗漏文书则别册抄录，凡有误释者，用此勘误表注出。同时附带商务印书馆所出《总目索引》，据缩微胶卷，一一校勘。查出一些漏录，所引题记有讹有脱，一并作在勘误表上。因为当时我从唐师谈话中，已感到唐师于1957年在京抄录部分文书，绝不是只关注这两方面，而是计划分类抄录，限于时间，只能抄录这些。故1961年购入北图的缩微胶卷，也正是为今后全面开展敦煌文书的录文作准备。

　　1963 年夏，唐师交给我的这项校补任务已完成。是年秋，我因缺乏阶级斗争观念等原因，被派去"五反三清"办公室锻炼一年，接着劳动一月，1964 年秋下乡"四清"，也就脱离了业务工作。但我知道唐师为研究室购买了一台荷兰产的缩微阅读器，并由谭两宜先生使用这台"投射式"的阅读器，重新用唐师所录录文与我所作校勘表，再与原件拷贝核对，按"投影格式"用毛笔抄录在精美的白"磅纸"上。唐师于 1964 年赴北京参加校点二十四史工作，虽然其间发表过利用敦煌文书撰写的文章，但已无力量来作他早已关注并付出了相当大心血的抄录原文的后续工作。虽已购回斯坦因、伯希和与北图藏敦煌文书缩微胶卷及阅读器，但唐师亦无分身之术，作为他的学生，我也投入运动之中，无法继续从事敦煌文书方面的整理工作。

　　最后谭两宜先生完成了唐师交给的任务，然后将唐师的录文、我所作的补录及校勘表与谭先生的最新录文用布包好，放在资料室中，不知何故，被人盗走。记得 1973 年 5 月，我脱离困踬三载的襄阳隆中，回到系里即问及这包"宝贵财富"的下落，方知被盗，自然伤心。所以我自 1975 年任唐师助手十多年，一直不敢当唐师面提及此失窃事。因为我想他为录文所付出的牺牲如此之大，而且他寄厚望于将这批文书与传世文献结合研究，以解决他多年所关注的问题，如果把失窃事告诉他，恐会增添他的伤感。

　　关注敦煌文书是学界的共识，但斯坦因、伯希和文书缩微胶卷的回归北京，当时能够通读，并就其中某些类型文书作系统录文的恐亦不多见。只是在当时那种形势下，唐师无法继续坚持，因此这不仅是唐师个人的损失，也是学术界的一大损失。

　　[原载《魏晋南北朝隋唐史资料》第 21 辑(唐长孺教授逝世十周年纪念专辑)，《武汉大学文科学报》编辑部，2004 年，收入刘进宝主编《百年敦煌学：历史 现状 趋势》，甘肃人民出版社 2009 年版]

唐长孺师与吐鲁番文书

在回顾唐长孺师毕生学术贡献时，就不能不提到在他倡议并领导下，历时十三年才完成的吐鲁番文书的整理和出版工作。

唐师对吐鲁番文书的接触，据我所知，早年是通过王树枏的《新疆访古录》、金祖同的《流沙遗珍》等。新中国成立后，除了黄文弼的《吐鲁番考古记》，就是《文物》杂志 20 世纪 60 年代后所刊载的少量发掘简报，还有沙知先生利用出土文书研究有关契券制度的文章，以及所能见到的日本学者的一些研究成果。更集中地看到利用敦煌吐鲁番文书研究唐史的论著是在 1962 年。唐师嘱人由香港购回日本西域文化研究会所编的《敦煌吐鲁番社会经济资料》上、下两册，其中除引用敦煌文书外，还比较完整地引用了"大谷文书"。利用吐鲁番文书研究唐史中的某些问题，此时已引起了唐师的关注，只是由于"左"的干扰，特别是唐师于 1964 年去北京参加二十四史的校点工作，一去十年，直到 1974 年夏才完成，因而耽搁了下来。

1973 年夏，为了编写中国古代史教材，时任中共武汉大学历史系党支部书记的彭神保提出一个点子：为编写教材外出搜集考古材料。当时，居然得到校方同意，随即拟出路线图：洛阳——西安（包括周围诸县）——天水麦积山——兰州——乌鲁木齐——敦煌——大同。于当年 10 月初成行，12 月中旬由兰州赶到乌鲁木齐。

在新疆维吾尔自治区博物院展览厅中，看到了数件文书。在此期间，也看到了当年出版的第 11 期《文物》杂志，其中有多篇新疆同人利用文书撰写的论文。接着又得到新疆博物院的热情介绍，使我们大开眼界，异常兴奋和激动。当时，彭神保提议给正在北京中华书局做校点工作的唐长孺师写信，介绍初步所见所闻。当年 12 月底到达敦煌千佛洞后，接到唐师的信，认为这批文书的价值，就在于在某些问题上，"将使唐史研究为之改观"。同时，提到已向国家文物局领导王冶秋、刘仰峤建议整理这批出土文书，并获得同意。1974 年元月中旬，我们赶到北京，向唐师作了汇报，并见到国家文物局领导，知道王冶秋决定由唐师主持，由新疆与武汉大学合作，文物出版社负责出资，开展整理工作。

1974 年春节后，唐师决定动身前，考虑到整理工作本身之需要，也考虑新疆方面文献资料的缺乏，故开出了一大批书目。这些图书既有基本史籍，也有内典；既有学术专著，也有工具书。除了向武汉大学校、系及研究室、图书资料室借用外，唐师的一套扬州版《全唐文》也装箱。又考虑到工作的特殊需要，还将在西安购得的一台旧式国产复印机一起运到新疆。而就在动身前夕，唐师一人被强留下来，要他去做他不愿做的事——"评法批儒"。而其他能去的人，也因种种原因，一直拖到当年 9 月中旬才动身去乌鲁木齐。

1975 年 4 月底，唐师始成行赴新疆，先期带通晓英语、日语，熟知典籍的谭两宜先生和我去乌鲁木齐。唐师去了吐鲁番哈拉和卓、阿斯塔那墓葬区，看了发现文书的古墓，也参观了交河、高昌两座古城，激动不已。去了南疆的库车后，我们乘坐手扶拖拉机挂带的斗车，行走在路况极差的"机耕道"上，强烈的颠簸致使右眼眼底出血，造成失明。由于新疆医疗条件差，唐师不得不返回北京，住进工农兵医院(即同仁医院)诊治。我与谭两宜则留新疆继续工作，谭两宜负责清理博物馆藏文书登记，我则又下吐鲁番地区博物院，清理、拼合、抄录其所藏文书及墓志。

期间，王冶秋又专门给国务院写报告，提出由唐师负责，带领专班人员，整理吐鲁番文书。李先念副总理批示"拟同意"，又经邓小平副总理圈阅，遂决定将此项工作转至北京进行。我与谭两宜在 9 月底结束新疆工作，于 10 月初到北京，在医院了解到唐师因深度近视，视网膜极易脱落，因眼底出血，造成晶体混浊，复明有难度，直到 11 月 15 日唐师才出院。这时，新疆博物馆也将馆藏文书装箱运到北京，参加整理工作的各路人马也陆续抵达，唐师开始全身心地投入领导整理工作。

在唐师指导下，我根据 1962 年冬在唐师指导下所作敦煌文书录文校补的体会，以及 1974 年、1975 年在新疆初涉吐鲁番文书整理的点滴体会，加上学习历史所 1958 年所编《敦煌资料》第 1 辑，以及日本所出《敦煌吐鲁番社会经济资料》上、下册，吸取、借鉴其有益的方法，草拟了一个"录文须知"。经整理组讨论，定下了一个共同遵守的工作原则。

面对近万片的残片，首先要在辨识的基础上，作出准确录文，而录文和碎片的拼合是两项最基本的工作。但出于文物保护的要求，开始只能根据那些照、洗并不高明的小照片，做录文与拼合。唐师也和大家一样拿着小照片去做录文工作，但由于右眼已失明，左眼戴镜矫正也只有 0.3 度，困难远非常人所能想象。最后，唐师发现若在照片背后用台灯照射，正面看起来就比较清晰，这一经验也为大家所仿效。

在录文核对，以及准确进行碎片的拼合时，就要接触原件了，而这些出自千余年前古尸身上之物，其中不少还有血污等因素，辨识既难，且多有尸臭味，甚至可能还有细菌，但唐师毫不考虑个人健康，每道工序皆不免省。我考虑到唐师身体健康，劝他少接触，但唐师说："我不看原件，怎么知道对与不对？"只好在休息时和进餐前带他去洗手。

字难辨识，残片难拼合，这都是常人难以想象的。而进入"定名"、"断代"阶段，更是艰辛，因为判断文书整理成功与否的标志，主要是根据释文拼合之准确，"定名"之遵合古制，"断代"之清晰等诸方因素。其中，文书之准确"定名"和"断代"所要求的学术水准是很高的，难度因而也是极大的。故作为文书整理的领导者，尤须在历史及古文献、书法诸方面具有渊博精深之学识，方能对这批从十六国到唐代开元、天宝年间的官、私文书，以及古书、佛、道经典作出准确之定名。面对大量并无纪年之残片，既要考虑纸质，又要考虑书法之时代风格变化。除了这些"外证"，还特别需要从文书本身寻求"内证"，从而作出适当的判断(准确或比较接近的"断代")。

由于整理组成员来自多方，学识、性格不同，甚或间有"利益"之冲突，也会影响整个整理工作。但唐师不仅凭借自己的学术威望，而且以"求大同，存小异"的原则，处理以不同形式表现出来的各种问题，保证较快、较好地完成整理工作，并陆续出版了十册录文本和四巨册图文本的《吐鲁番出土文书》。在全书出版后，文物出版社的多位编辑都多次对我说："要不是唐先生的领导坐镇，你们的工作就不可能完成。"

人们往往只看到唐先生在整理工作上的贡献，可能忽视或不知，唐先生在完成整理工作过程中，又直接培养了那些有机会参加整理工作的同志，从具体到一个字的辨识，到文书的拼合、定名、断代，以及进一步的研究，皆直接或间接得益于唐师的教诲。特别是唐师决不搞知识私有，总是毫无保留地当众讲出自己的精辟创见。当时也有人立即抢先撰文发表。我曾和唐师谈及此事，但他毫不在意，依然毫无保留地告诉大家。

由于唐师的倡导和领导，开始于 1974 年的整理工作，至 1986 年春，历时十三年，终于大功告成。唐师提出对吐鲁番文书的整理，是在他年届六十岁时，这时他在学术上早已功成名就，但他在学术上永不止步，永不满足于已取得的成就，始终保持高度而敏锐的学术洞察力，始终肩负着强烈的学术责任感。

唐师长期离家，持续十年在北京校点"北朝四史"是这样，远赴新疆，克服目疾的折磨，在长达十余年的时间内主持吐鲁番文书的整理工作更是如此。在唐师身上，可以深刻体会到什么是"忘我"的精神，什么是真正的学人风范。

1976 年，唐山大地震。唐师虽有惊无险，并因避震入住故宫武英殿，接着又带领整理组转到上海继续工作，直到当年底，始返京。工作的繁重，生活的困难，加之年纪的增老，使唐师有时会生病，还入北京医院救治过。特别是在恢复研究生的招收后，唐师还要返校给他的研究生和系里的本科生开课讲授，又是为《中国大百科全书·隋唐卷》主编，还有国内外学术会议，这些都要花费相当的精力，但始终没有影响他对整理工作的指导。唐师返校是因为研究生的培养需要，但唐师母骨折住院，唐师却没有为此请假回武汉照料。唐师在京工作期间，绝大多数日子，中餐在食堂就餐，早、晚餐就由我这个自初中开始就吃食堂、而不会做饭菜的人去掌勺，但唐师从不高要求，更不责难我。

正是在唐长孺师坐镇和他身先士卒的率领下，终于完成了吐鲁番文书的整理和出版。今天我们在缅怀唐先生的风范时，学习和继承他光明磊落、无私奉献的高尚品德，这是最重要的，也是最难学到的。

（原载《河北学刊》2005 年第 5 期）